아시아태평양공동체와 한국

새 시대의 도래는 우리가 앞당길 수 있다

나남
nanam

나남신서 1561

아시아태평양공동체와 한국

새 시대의 도래는 우리가 앞당길 수 있다

2011년 5월 5일 초판 발행
2011년 5월 5일 초판 1쇄

저자_ 韓昇助
발행자_ 趙相浩
발행처_ (주) 나남
주소_ 413-756 경기도 파주시 교하읍
출판도시 518-4
전화_ 031) 955-4600 (代)
FAX_ 031) 955-4555
등록_ 제 1-71호(1979. 5. 12)
홈페이지_ www.nanam.net
전자우편_ post@nanam.net

ISBN 978-89-300-8561-8
ISBN 978-89-300-8001-9(세트)

책값은 뒤표지에 있습니다.

나남신서 1561

아시아태평양공동체와 한국

새 시대의 도래는 우리가 앞당길 수 있다

한승조 지음

나남
nanam

The Asia-Pacific Community and Korea

by

Sung-Joe K.S. Hahn

nanam

머리말

2010년 8월 15일 우리는 대한민국 건국 60주년을 맞이하여 이를 기념하였다. 그날부터 우리나라는 건국 60주년의 제 2차 주기로 들어선 것이다. 그동안 초기 60년간의 정치・경제・사회・문화의 미성숙, 불안정 그리고 초기의 어색함과 비정상적인 모습을 우리 국민은 어려움 속에서 참고 견디며 국권수호와 발전에 진력하였다. 그 결과 초기의 정치불안과 경제, 사회적 후진성에서 벗어나 제법 어엿한 중견(中堅) 국가로 올라설 수 있었던 것이다.

그러나 중위국가로 올라선 나라가 저절로 상위(上位)국가로 올라서게 되는 것은 아니다. 실제로 중위국가가 순조롭게 상위국가로 올라설 수 있는 확률은 대체로 10% 미만이다. 많은 나라들이 이런저런 어려움을 겪는 가운데 다시 하위국가로 내려앉거나 또는 다시 중위국가의 위치에 주저앉아 그 수준을 벗어나지 못한다. 한국도 1980년대 말에 개인소득 1만 5천 달러를 달성했으나 그 후 오늘까지 30년 동안 여러 정부를 거치면서도 계속 제자리걸음이며 아직도 2만 달러의 고지도 넘어서지 못하고 있다. 이런 사실만 보아도 지속적인 성장 발전이 저절로 이루어지는 것은 아님을 알 수 있다.

그런데 한국인들은 우리가 현재 세계의 10위권 경제대국이며 스포츠를 비롯한 몇몇 분야에서는 10위권 이내로 진입했음을 자랑하고 있다. 또 세계정상급 국가지도자들이 모이는 G20회의가 2010년 11월 서울에서 열리게 된 것도 이 때문이라고 풀이한다. 그러나 한국을 세계의 상위권 국가라고 인정하는 사람들은 전 세계에서 그리 많지 않다. 한국이 중위권 국가로부터 상위권 국가로 올라서려면 한국의 국위상승을 가로막아 온 몇 가지 국내외 난제들이 해결되어야 하며 국가위신이 더 높아져야만 한다.

첫째, 국내의 좌우(左右) 대립과 보혁(保革) 갈등의 해소 및 화해, 화합능력이다. 그러자면 남북한 대립과 분쟁에 대한 어른스러운 해결능력을 보여야 한다. 둘째, 주변 및 군소국가에 대한 리더십이며 그로 인한 지역적인 영향력의 증대이다. 셋째, 국제사회 및 세계문제에 대한 공인된 발언권과 영향력이 강화되어야 한다. 넷째, 세계의 5대 강국인 미국, 중국, 일본, 러시아 그리고 EU 등의 국가들에 꿀리지 않는 국가 이미지와 위세(威勢)의 강화이다.

그런데 이러한 국내외 문제의 해결을 어렵게 만드는 요인이 무엇일까? 중국과 러시아, 북한을 주축으로 하는 대륙세(大陸勢)와 미국, 일본, 남한을 거점으로 하는 해양세(海洋勢)가 한반도에서 대치하는 지정학적인 위치의 영향을 도외시할 수 없다. 그동안의 형세를 본다면 경제, 사회, 문화 면에서는 해양세의 우세가 뚜렷하였다. 그러나 정치와 군사 면에서는 북한과 중국이 남한을 짓눌러 왔는데 이러한 요인들이 남북한의 대치와 좌우대립, 여야갈등에 큰 영향을 미쳐왔다. 이런 대립과 갈등의 소지를 근원적으로 해소하고 해결하기 위해서는 그 영향력을 한반도 안에서보다는 밖에서 찾아내야 하는 것이 아닌지?

한반도의 문제, 특히 남북의 사상적 갈등은 국제세력과 밀접하게 연결되어 있는 문제이므로 그 해결과 수습이 용이한 것일 수 없다. 오히려 남북문제를 무리하게 빨리 수습, 해결하려다 보면 문제가 더 심각하게 꼬여버릴 우려가 있다. 이런 경우에 외부세력의 작용과 영향력을 완화하거나 조절하기 위하여 아시아태평양지역공동체를 창설하는 구상도 검토해 볼 만하다. 이런 구상은 대륙세력과 해양세력의 대립과 충돌을 근원적으로 중화할 수 있는 제도적인 장치 구실을 할 수 있다고 보기 때문이다. 그동안 동아시아공동체의 문제도 숱하게 많이 그리고 오랫동안 논의되어 오던 문제이므로 그 구상 자체도 전혀 새로운 논제가 아닌 것처럼 느껴지는 것이 문제이다.

다만 고양이 목에 누가 방울을 달아서 고양이의 위협을 제거하느냐는 해결책이 찾아지지 않았을 뿐이었다. 필자가 이 저술을 집필하게 된 동기도 그 해결방안을 상세하게 제시하며 설명하기 위한 것이었다. 필자가 제시하는 해법도 많은 사람들의 동의나 찬성을 얻기가 쉽지 않음을 필자도 잘 알고 있다. 그러나 이 시대적인 사명을 기필코 성취시키려는 사람들이 있고 그 노고를 회피하지 않는다면 그 방안도 불가능한 일이 아닐 뿐만 아니라 그 나름의 장점도 적지 않음을 알게 된다. 그 어려운 일을 하는 사람들의 중심에 한국인들이 있고 또 이웃나라들의 동조와 협력을 받을 수 있다면 한반도와 아시아의 평화와 번영은 불가능한 일이 아니며 세계평화의 목표도 끝내 성취될 수 있다고 자신하는 바이다.

이 책은 제 1부와 제 2부로 나뉘어 있다. 오래전부터 아시아태평양공동체 문제에 관심을 가져오다 보니 많은 문헌을 읽으며 또 여러 가지 문제를 다루며 글을 쓰게 되었다. 제 1부는 아태공동체의 문제와 직접 연관된 문제와 결부하여 써왔던 총론과 각론들이다. 제 2부는 아태공동체와 관련된 학술회의나 간행된 저술들의 내용들을 필자 나름으로 요약하면서 그에 대한 저자의 논평을 첨가한 것이다. 책의 부피상 많은 글들이 빠지게 되었는데 그 중 일부는 다음에 나오게 될 책에서 다루어질 수 있을 것 같다.

필자가 아는 한 아시아공동체의 연구와 논의는 일본에서 동경대와 와세다대를 비롯한 거의 모든 대학들이 경쟁적으로 많은 연구저술이나 총서들을 간행해 왔다. 이런 지역연구에 관한 한 아마도 일본학자들의 체계적이며 섬세한 세부사항에 이르는 많은 연구에 필적한 연구는 없는 것 같다. 그 중에도 중요한 문헌은 차후에 소개하며 논평을 하고자 하나 이것은 필자 혼자서 할 수 있는 일이 아닐 것 같아서 망설여진다. 그렇지만 앞으로 많은 독자제현의 적극적인 열의와 협조를 기대할 것이며 아울러 지도와 편달을 부탁드리는 바이다.

이 책의 출판을 맡아서 수고할 것을 결심해 주신 나남출판의 조상호 사장님과 편집부 직원들에게 감사드리고 싶다. 또한 보다 더 좋은 책이 되도록 시종 나의 집필을 도와준 종교사회단체협의회 손경희 간사에게도 감사의 뜻을 전한다.

2011년 새봄을 맞이하며

한 승 조

나남신서 1561

아시아태평양공동체와 한국

새 시대의 도래는 우리가 앞당길 수 있다

차 례

6 건국 60년사를 회고하며 미래 60년을 전망한다 107

분열과 부정의 과거사에서 화해와 긍정의 미래사로

7 아태공동체운동이 우리의 정치발전도 앞당겨 준다는 근거 123

2 동아시아공동체의 다양한 담론 215

3 동아시아공동체에 대한 진보좌파적 시각 303

4 아시아학자들의 동아시아공동체의 여러 담론에 대한 고찰 339

《동북아시아 공동체로의 길》, 松野周治·徐勝·夏剛 편저

제 1 부

국내외의 난국을 어떻게 타개하나

이웃나라를 돕고 키워주는 것이
우리가 소생 부활하는 길이다

1 아태공동체의 설립을 위한 구상

아태지역공동체 출현을 앞당기려면

1. 평화공동체운동을 우리가 주도해야 하는 이유

1) 평화의 장애요인을 제거해야 하는 우리의 당면과제

세계평화, 평화는 모든 사람들의 바람이다. 그러나 평화는 사람들의 바람만으로 마음대로 누릴 수 있는 것이 아니다. 세계평화는 더욱 그러하다. 평화를 실제로 누리고 싶다면 어제 오늘의 평화를 가로막아 온 장애요인이나 걸림돌이 제거되어야 할 것이다. 그것이 쉬운 일은 아니지만 그 장애요인들을 처리하지 않고서는 우리 현실에서 평화를 기대할 수 없는 것이다.

현재 우리나라 안팎에서 나라나 세계의 평화를 유지하기 어렵게 하는 요인이 무엇인가? 한국의 경우를 말한다면 북한의 김정일과 그를 떠받드는 권력계층일 것이다. 남한에서도 김정일 독재권력을 추종하며 방조하는 좌파세력이 만만치 않은 영향력을 행사하고 있다. 설상가상으로 바로 우리 곁에는 아시아에서 최강을 자랑하는 중국이 세계초강대국의 자리에서 북한을 보호 지원하고 있음을 우리 모두가 알고 있다.

2) 한반도 외부의 평화장애요인들

그 외에 미국과 서방국가에 적대하는 중동지역의 나라들이다. 이들 중 상당수는 언제나 서방의 기독교문명권과 적대하는 이슬람 과격파 내지 원리주의노선을 은연중에 부추겨 왔기 때문이다. 어떤 학자들은 이슬람세계가 반미·반서방적인 세력들의 압력을 받고 있어, 언젠가 이들 이슬람교도들이 중국공산주의와 손잡게 되는 경우 미국이나 서방국가들의 패권은 물론 국제체제의 안전마저도 위협받게 될 것을 우려하고 있다.

이러한 상황에서 한국이 국내외의 위협으로부터 세계의 평화를 유지하는 방법은 무엇이 있을까? 첫째는 김정일집단의 도발적인 핵무장과 핵위협을 원천적으로 차단하여 억제하는 일일 것이다. 둘째는 중국공산주의가 북한 측의 대남무력도발을 은연중 비호하거나 탈북자들을 잡아서 북한으로 넘겨주는 공범(共犯)행위를 허용해서는 안 되는 일이다. 셋째로는 중동지역의 이슬람국가들이 반미·반서방투쟁을 버리고 미국이나 서방국가들에게 적대하는 행위를 종결시키는 방법을 찾아내야 할 것이다. 이런 것이 종교사회단체협의회[1]가 당면한 관심사이다.

3) 평화운동의 추진 주체 창설이 요망되는 오늘의 현실

아시아태평양지역의 평화정착을 위해서는 그 장애요인 제거보다도 더 근원적이며 또 중요한 과업이 있다. 그것은 평화증진을 관리하고 주도할 실행 주체와 그 기관의 창설일 것이다. 그동안 북한의 대남무력도발이나 핵위협 협박을 저지해 온 것은 한미군사동맹이었다. 한국의 안전보장은 재정난으로 인하여 세계 유일 초강대국의 지위를 유지하기 어렵게 된 미국에만 의존할 수 없는 것이 아닌가 염려가 된다.

---

1) 2010년 9월에 창립된 NGO단체. '세계평화를 위한 종교사회단체협의회'(약칭, 종사협).

미국이 힘이 빠지고 북한이나 중국으로부터 한국을 지켜주기 힘겨워지는 경우에 북한의 평화협정제의를 받아들이지 않을까 염려가 된다. 그렇다고 중국이 미국을 대신하여 세계의 유일 초강대국 자리에 오르는 경우에 대한민국의 안전을 지켜줄 것이라고 믿고 의존할 수 있겠는가?

여기서 평화유지 업무를 미국이나 중국에만 의존하기보다는 아시아지역공동체를 출현케 함으로써 평화유지와 관리의 업무와 책임을 그 지역공동체에게 맡기는 편이 훨씬 더 안전할 것이 아니냐는 생각도 해보게 된다. 어떤 이들은 미국과 같은 세계의 유일 초강대국도 하지 못하는 일을 뿌리도 얕고 결속력도 취약한 아시아태평양공동체가 어떻게 감당할 수 있겠느냐며 의심할 것이다. 이러한 의심은 매우 당연하다. 그러나 여기서 우리는 자기를 알고 남을 아는 지피지기의 정확한 현실인식과 또 이상과 현실을 구분하며 그때그때 올바로 대처하는 정확한 지식과 깊은 지혜가 요청되는 것이다. 나라 안팎의 변화와 움직임을 예의주시하면서 우리의 안전추구와 국가 목표를 보다 잘 실천해 줄 수 있는 아시아지역공동체 기구를 만들어 나가는 일이 결코 단순하고 용의한 일은 아닐 것이다.

4) 현재 진행되고 있는 동아시아공동체의 창설노력

1990년대부터 동아시아에도 유럽의 EU나 미대륙의 NAFTA(북미자유무역협정)과 같은 국제조직이 생겨야 한다는 말이 분분하였다. 그러나 이러한 지역공동체구상이 국제회의 석상에서 공식적으로 제안된 것은 ASEAN+3 회의에서였다. 2001년 김대중 대통령이 처음으로 제안하였음에도 다른 국가로부터 별다른 호응을 받지 못하였다. 그 국제기구의 창설이 可하다 否하다는 반응을 각국정부가 보이지 않았던 이유는 그 일이 바람직하면서도 그 내용이 그만큼 단순한 일이 아님을 알고 있었기 때문이다. 2005년에는 노무현 대통령이 이 문제를 아시아지역정상회의(ARS)에서 다시 거론하였음에도 그런 제안은 아시아정상회의가 아니라 ASEAN+3의 국제회의 석상에서 거론되어야 한다는 미국 측의 발언으로 무산되고 말았던 것이다.[2)]

2009년 일본의 새 수상 하토야마 유키오(鳩山由紀夫)가 동아시아공동체안을 매우 구체적이며 자세하게 만들어서 제안하였다. 그가 국내 정치 사정으로 수상직에서 물러났지만 후임 총리인 간 나오토가 그 주장을 계승하여 중국과 한국을 그 공동체안으로 끌어들이려고 노력하고 있는 중이다. 공동체안의 협의를 위하여 일본과 한국 그리고 중국의 정부 관리들이 정기적인 회합을 거듭하고 있지만 현재의 국내외 사정으로 보아서는 현재 추진 중인 아시아공동체안이 성공적인 결실을 거둘 것이라는 밝은 전망은 보이지 않을 것 같다.[3)]

첫째는 현재 동아시아의 국제관계가 너무 불안하다. 남북한 관계가 매우 긴박하며 미국과 중국 간의 기 싸움도 과거 어느 때보다도 치열하게 진행되고 있다. 둘째, 남북한 관계도 과거 어느 시기보다도 긴박해진 상황이다. 중국이 6자회담의 재개만 되뇌고 있지만 이것도 북한에 대한 국제적 비난에 대하여 국면을 바꿀 목적이 아닌지. 지난 몇 년 동안 아무런 효과도 실적도 내지 못했던 6자회담을 이 시점에서 다시 언급하는 저의가 의심스러울 뿐이다. 셋째, 중국의 패권주의적 행태가 곳곳에서 드러나서 많은 사람들의 불안감을 북돋는 상황에서 어느 나라가 자국의 주권과 운명을 지역공동체에 맡기려고 들겠는가?

5) 아시아지역공동체로 접근하는 두 가지 길

아시아공동체라는 국제기구는 현실적으로 두 가지 유형으로 나누어질 것 같다. 하나는 종래 김대중, 노무현 그리고 일본의 하토야마 전 수상이 추진하고 있는 동아시아공동체안이다. 이것은 ASEAN+3의 국제기구의 모태(母胎)에서 구상되어왔던 동아시아공동체안이다. 여기서 중국, 일본 그리고 한국이 상호 견제하면서 주도권을 잡아 나가려

2) 유현석, 이 책의 제 2부 2장, "아시아공동체 논의와 한국적 전략" 참조.
3) 《東アジア共同體白書2010》, 日本 國際フォラム叢書, 東京, タチバナ 書店, 2010.

고 경쟁을 하게 되지만 미국은 아시아 지역 밖의 국가이므로 그들은 회의에 초청받아서 참석은 하더라도 아마도 참관인(*observer*) 이상의 지위는 얻기가 어려울 것이다. 이런 상태에서 회원국가가 아닌 미국이 공동체 기구의 운영에 대하여 중요한 발언권이나 영향력을 행사할 기회가 주어질까?

ASEAN+3 또는 +6 등 지역공동체구상 이외에 또 하나의 공동체구상의 근거가 될 수 있다고 생각되는 것이 APEC(아시아태평양경제협력기구)일 것 같다. 미국이 아시아태평양지역에 국제적 협력기구를 만든 것은 1966년 ASPAC(아시아태평양협력체)였으며 본부 사무실도 서울에 두었다. 중국이 1973년 UN안전보장이사회의 상임회원국의 자리에 오르면서 ASPAC은 중국에 의하여 비토되어서 해체되었는데 1989년에 미국의 제안으로 APEC(Asia Pacific Economic Cooperation)이란 이름으로 다시 설치되었다. 공산권과의 냉전대립이 수습되는 상황이라 안전보장문제가 전혀 염려되지 않는 상황이었기 때문인지 오로지 미국과 일본의 무역마찰 완화를 기약하며 아시아의 경제문제에 집중하는 지역기구로 창설되었던 것이다.

이 기구에는 미국, 러시아와 일부 남아메리카 국가와 호주, 뉴질랜드 등 대양주의 나라들이 가입되어 있고 ASEAN+3의 기구가 활성화되면서 APEC에도 기대되는 역할이 생긴 탓인지 2000년이 지나면서 다시 활성화되는 조짐을 보이고 있다. 2010년 서울의 G20회의가 끝나자 일본 요코하마에서 제 18차 APEC정상회의가 열렸으며 여기서 일본의 간 나오토 수상은 기필코 이 지역에 지역공동체가 출범하도록 하겠다는 열의를 보이며 아시아의 지역통합사업에 박차를 가했던 것 같다. 2011년 제 19차 APEC정상회의는 아마도 미국의 워싱턴에서 열리게 될 것이다. 이 시점에서 필자는 한국정부가 APEC기구를 아시아태평양공동체로 확대 개편할 것을 제안해 주기를 바라는 이유를 말하고자 한다.

6) 한국이 아시아태평양공동체를 선택하게 되는 이유

앞에서도 말했지만 아시아에서 지역공동체가 생겨난다면 중국이 중심이 되는 동아시아공동체안이든 미국, 일본, 한국이 중심이 되는 아시아태평양공동체안이든 둘 중에 하나를 선택해야만 할 것 같다. 이러한 상황에서 우리가 세계의 초강대국 자리에 오른 중국이 중심이 되는 동아시아공동체안보다는 아시아태평양지역공동체를 선호하는 근거를 검토해 보고자 한다.

첫째, 북한은 1950년대부터 한국을 멸망시켜서 북한으로 적화흡수통일하려고 획책해왔다. 그 북한공산정권을 혈맹이라고 두둔하며 시종일관 북한을 지원 보호하여 온 것이 중국이다. 그런 중국이 세계유일 초강대국의 지위에서 군림하게 된다면 한국이 어떤 위치를 차지할 수 있을까? 종래의 국가관계로 보아서 북한이 남한보다도 상위국가로 자처하며 한국을 서자 내지 시종(侍從)하는 종속국가로 대우하며 푸대접하려 들지 않을까 염려된다.

둘째, 한국은 미국의 보호나 도움 없이 북한 김정일 집단의 위협에 마주치게 될 뿐만 아니라 중국의 크기나 횡포에 억눌릴 가능성도 염려된다. 또 일본의 높은 기술력으로 인한 한국과 일본의 마찰도 미국의 중재 없이는 수습되지 못하는 경우도 적지 않았다.

셋째, ASEAN 여러 나라와의 관계도 한국은 능히 대등하면서도 멋진 외교를 해낼 수 있다고 자신하겠지만 미국의 배경이나 뒷받침이 없어서 힘 받지 못하는 데다가 중국에게 계속 눌리고 휘둘리는 나라를 누가 그리 존대하며 추종하겠는가?

넷째, 중국이 아시아태평양공동체안에 소속하게 될 때 그 나라 크기가 상대적으로 작아지는 경우에 강대국의 오만이나 방자한 태도를 덜 보이게 될 것이다. 성숙한 사람들은 나라 크기에 영향을 받지 않겠지만 일반 중생들은 크게 영향을 받을 것이라고 생각할 때에 중국의 오만을 줄이면 중국영토의 상대적인 크기에 비례하는 횡포는 그만큼 줄어들 것이다. 정상적인 상황에서 중국 사람들은 양식을 가지며 염치도 잘 아는 대국민이다. 그러나 그런 국민이 교양 없고 오만불손해질 수 있는 상황과 여건은 미리 줄여주는 것이 바람직하다고 생각한다.

7) 아시아태평양지역공동체를 어떻게 창설할 수 있을까?

아시아태평양공동체는 물론 이 지역의 국가들 그리고 그 대표자들이 여론을 따라서 또 심사숙고한 다음 관련 국가들의 합의를 얻어서 추진되어야 할 일이다. 그러나 그런 원칙을 따라서 추진하려다가 보면 시간이 무한정 늦어지게 되며 어쩌면 5~60년의 세월이 흘러도 아무것도 성사되지 못한 채 입방아만 찧다가 말 수도 있는 일이다. 무슨 일을 한다고 해도 당위와 현실, 원리 원칙과 현실적인 여건이 불합치하면 정법과 편법 간의 괴리를 메우는 방법을 찾기 어려워진다. 이런 상황에서 무슨 일이건 이루려다 보면 현실여건을 감안한 임시방편과 편법에 의존하지 않을 수 없게 된다. 이런 상황에서 아시아태평양공동체의 구상을 현실화할 수 있는 구체적인 방법에 관한 졸견을 참고해 주기 바란다.

(가) 우선 현존하는 APEC의 기구를 확대 개편하는 방법으로 아시아태평양지역공동체를 창건하는 것이다. 현재 APEC 기구는 이 지역의 경제협력기구로서 정치, 외교, 안보, 사회, 환경, 문화, 교육, 종교 등 다양한 기능을 감당할 수 없으므로 새로 만들어내는 수밖에 없다.

(나) 그러나 현존 기구 안에서 처리하지 못하는 부분은 새로운 기구를 설치함으로써 수용한다. 국가 간의 합의를 얻을 수 있는 부분은 신설될 수 있지만 그런 합의를 얻기가 어려운 부분은 관심을 갖는 국가의 NGO기구들이 모여서 임시기구를 설치하여 운영해 나갈 수밖에 없다. 이것은 아시아태평양지역공동체(APRC) 안에는 ① 이미 존재하는 APEC 기구가 계속 작동하며 ② 여기에 신설 추가된 기구가 생겨나며 ③ 신설된 NGO단체들 모임들로 구성된 임시적 국제기구 등 세 가

지의 기구가 병존한다는 것이 된다.

(다) 아시아태평양지역공동체에 포함된 나라는 아마도 30여 개국에 달할 것이나 그 모든 나라가 똑같은 열의와 관심을 가지고 이 지역공동체운동에 참여하는 것은 아닐 것이다. 여러 나라의 NGO단체들의 경우에는 초기에는 참여하지 않는 나라가 훨씬 더 많을 것이므로 이런 경우에 공동체기구는 참여한 나라 NGO 간의 합의로 추진되는 수밖에 없다고 여겨진다.

(라) 이 지역공동체 30개 국가 중에서도 친소관계가 있으므로 초기에는 몇 개의 소국가군이 경합할 수도 있다. 예를 들어서 NGO부분에서 한국은 미국과 일본과 행동을 같이해 나갈 수 있으며 반면에 중국은 북한과 러시아가 한편이 될 수도 있다. 그 소국가군이 통합되기 전에는 제각기 공동체의 비공식 기구로서 기능하면서 다른 회원국가의 NGO들을 자기편으로 끌어들이는 경쟁도 일게 된다. 복수집단이 활동하더라도 지역공동체는 평화공동체의 성격상 곧 포용하고 화해 협력하는 기관이므로 초기에 벌어지는 과정상의 파벌경쟁행태에 크게 신경 쓰지 않아도 될 것이다.

(마) 마지막으로 한국이 아태지역공동체를 만드는 일에 앞장서려는 것은 세계평화에 기여하려는 의지 때문이다. 이런 목적을 위하여 여러 지역에 거주하는 해외 한인교포 700만 명이 큰 자산이 될 수도 있을 것이다.[4] 아시아태평양지역에 거주하는 한인교포들을 대상으로 아시아태평양공동체를 만든다는 목표를 내세우게 될 때 이 지역공동체운동은 그만큼 빨리 성장할 수 있다. 우선적으로 한국, 미국, 일본 각지에서 그 목표에 찬성하는 사람들을 모아서 클럽 활동을 통하여 가능한 국제교류와 업무들을 선정하여 지역공동체의 창설에 기여하는

---

4) 주간 〈미래한국〉, 2010.10.13일자(통권 380호), p.9.

국제교류활동을 주동해 나가는 방법이 연구되어야 한다.

8) 평화공동체 설립의 궁극목표는 주도하는 국민의 인격향상과 영성화(靈性化) 개발에 있다

세계평화는 어차피 인류의 도덕성이 보편적으로 개선되며 영성화의 수준이 높아지지 않고서는 이루어질 수 없는 꿈이며 이상이다. 인간성이 동물성이나 악마성에서 벗어나지 못할 때 그 사회의 평화는 언제 어디서나 쉽게 깨어지게 되어 있다.

만일 우리가 세계 각국을 영성화 수준으로 판단하여 하층, 중층, 상위층으로 나눌 수 있다면 후진국과 선진국 그리고 한국은 현재 어느 위치에 놓여 있을까. 후진국에는 하층이 다수를 이루며 선진국에서는 중층이 과반수를 이룬다고 볼 때 한국이 현재 어느 위치에 있다고 추정될 수 있을까?

한국이 아시아태평양지역공동체를 창설하려면 자그마치 국민 과반수가 중층이나 상층으로 올라서야만 그 일이 비로소 성사될 수 있을 것 같다. 그런데 한국의 국민들 과반수가 중층 이상이라고 장담할 수 있는지 대다수의 국민들이 그런 평가에 동의하지 않을 것 같다.

자기 나라도 지키기 어려운 사람들이 무슨 지역공동체를 설립하겠다는 것이냐 하는 비아냥거림과 냉소주의(冷笑主義)도 나올 것이다. 그러나 평소의 언행은 그렇지 못하더라도 어떤 계기가 생기면 주변 분위기에 휩쓸려서 평소에 하지 않던 선심덕행도 할 수 있는 것이 인간이다. 한국 속담에 '친구 따라 강남 간다'는 말이 있다. 한국 주변의 몇 나라의 도움을 얻어서 아시아태평양공동체를 창설하도록 발심하고 노력하면 한국인들의 인격수준은 과거보다 훨씬 높아지며 결과적으로 리더십이 향상되어 한국의 국격도 훨씬 높아지는 계기가 생기지 않겠는가? 이것이 우리 민족과 우리들 자신의 업장소멸의 수단이며 자아(민족)원력(願力) 성취의 길임을 믿고 발심하고 분발하게 된다면 한국 국민은 크게 달라질 소지도 갖고 있는 사람들이다.

상구보리(上求菩提) 하화중생(下化衆生)을 강조하는 불교에서는 모든 사람들에게 자기성취를 이룬 다음 중생성취(衆生成就)를 위하여 진력해야 할 것을 가르친다. 중생성취가 바로 보살도이며 세계평화의 목표를 달성하는 길이 아닐까? 또한 인격완성이 미진한 사람도 중생성취와 세계평화를 위하는 시민운동에 헌신하는 과정에서 자신의 자기성취와 인격완성을 이룩하는 계기가 될 수 있을 것이다. 이것이 우리가 추구하는 평화공동체의 창설이 우리의 중간 목표라고 말한 근거다.

아시아태평양공동체를 창설한다는 비전은 겉보기에는 훌륭하나 매우 멀고도 험난한 길이다. 누가 나선다고 해도 구설과 반대 그리고 저항이 만만하지 않을 것이다. 그러나 현실적인 성패(成敗)에 신경 쓰지 말고 꾸준히 그리고 가능한 일부터 차분하게 그리고 힘들여서 추진하면 되는 것이다. 얇은 냄비와 같이 쉽게 달아오르고 또 쉽게 식으며 심술과 변덕이 심한 것이 한국인의 국민성이다. 그러나 한국국민이 세계의 평화를 위하여 그리고 인류의 번영을 위하여 무언가 큰일을 할 때가 왔다고 생각하며 그것이 한국국민의 합의를 이루게 된다면 사람들 사고와 행동은 크게 달라질 수 있다. 이것을 통해 한국국민의 자신과 민심이 크게 선회하게 될 것을 바라는 마음으로 전망한다고도 말할 수 있다.

다음의 글들은 이 1절에 대한 부연설명으로 추가된 내용이며 내용상 중복이 있을 수도 있으니 양해를 바란다.

2. 동아시아의 지정학적 위치와 공동체 논의

지도를 펴놓고 보자. 동아시아, 특히 동북아시아가 우리의 관심을 끌게 되는 이유는 무엇인가? 우리가 거주하는 한반도 주변에 세계의 4대 강국이 서로 마주 보며 계속 기싸움을 하는 듯이 느껴진다. 남북한 대립도 해양세력과 대륙세력의 전초(前哨)일 뿐이므로 그 배경세력이 만만치 않다. 공교롭게도 주변 4대 강국은 멀고 가까운 과거에 세계의 패권을 장악했거나 한때나마 장악하려고 모험을 했던 나라들이다. 현재 세계 유일의 초강대국인 미국은 급부상하는 중국으로 인하여 그 지위를 위협받고 있는 것 같다.

EU지역공동체도 처음에는 세계패권을 노리던 소련의 위협에 맞서 보려는 여러 나라들에 의하여 만들어졌다. 그러다 소련이 붕괴하여 군사적 위협이 없어졌는데도 EU는 해체되지 않았으며 국가연합으로 잘 운영되고 있는 중이다. 역시 선진국가사회는 다른 지역 나라들과는 다른 면이 있으며 남들의 부러움을 살 만하다.

동아시아지역은 유럽이나 기타 지역보다도 더 강력한 성장 잠재력을 보여주는 지역이다. 그러므로 앞으로는 EU와 같은 지역공동체가 결성되어야 하는데도 동아시아공동체의 출현은 말만 요란할 뿐 지금까지 그 태동의 기미조차 보이지 않고 있는 실정이다. 그 이유가 무엇일까? 아시아 강대국들 간의 이익대립과 타국에 대한 여러 가지 의구심이나 불신감정이 가시지 않아서 지역통합에 걸림돌로 작용하고 있는 것이다.

그 이유가 무엇인가? 여기서 동아시아공동체 지역통합에 대한 미국과 중국 그리고 일본 등 각 나라의 기본적인 입장과 그 문제점을 살펴보아야겠다. 미국은 세계의 초강대국이며 아시아에도 막강한 군사력을 보유하는 나라이다. 미국은 해양국가다. 바닷길을 통해서 모든 나라와 접촉하기를 좋아하기 때문에 전 세계를 조망하면서 여러 가지 구상과 대책을 세워 오늘에 이르렀다. 동아시아에 보다 많은 관심을 가져온 이유는 아마도 아시아를 지배하는 나라가 전 세계를 지배한다는 사실을 의식하기 때문일 것이다. 다만 다음과 같은 문제가 있다. 정상적인 아시아국가도 아닌 나라가 왜 아시아공동체 문제에 개입하려고 드느냐? 또 아시아의 수문장은 중국이다. 그런데 북한이나 북한을 보호해 오던 중국까지 위협하려고 드는 것은 침략주의의 근성을 버리지 못한 악습이 아니냐? 과거와는 달리 동아시아의 문제는 앞으로는 지역공동체에서 잘 해결해 나갈 터이니 미군은 그만 참견하고 조용하게 물러나시오. 이것이 미국이 가장 듣기 싫어하는 말이다. 이런 말씽을 의식해서인지 미국은 아시아공동체 창설에 대하여 지대한 관심을 가지면서도 동아시아공동체 창설문제에 대해서는 보이지 않게 비토 파워(*veto power*)를 행사할 뿐 말을 아껴왔다.

미국 다음의 초강대국가이면서 아시아문제에 지대한 관심을 갖는 나라가 중국이다. 그들은 조만간 미국을 능가하는 초강대국이 될 수 있다는 자신감에 충만해 있다. 과거 수천 년 동안 중국은 아시아지역의 맹주(盟主)로서 패권국가(霸權國家)로 존속해 왔다. 거대한 대륙 한가운데 권위 있는 중심부는 중국이며 그 주변을 미개(未開)한 변방 및 종속국가들이 둘러싸고 있다. 그러므로 아시아에서 침략주의적인 미국만 물러나면 그 전 지역이 중국의 지배하에 들어오게 되어있다. 이러한 자고자대(自高自大)의 독선의식이 다음의 일간 신문기사에서도 여실히 나타난다.

지난 2009년 8월 3일자 〈조선일보〉 등 모든 일간신문에 일제히 보도된 기사가 있었다. "北정권 붕괴대책 논의하자. 美中에 제안. 中은 거절"이라는 제목에 '미국 오바마 정부가 김정일 국방위원장 사후, 북한이 붕괴하는 상황을 대비하여 긴급사태대책(*contingency plan*)을 논의하자고 중국에 제안했으나 중국이 이를 거절했다고 2일 AP통신이 보도했다'라는 내용이다. 중국은 부시행정부 때에도 북한정권의 붕괴 이후 대책을 논의하자는 제안을 수차례 거부한 바 있었다. 진찬롱 런민대학 국제관계학원 부원장은 AP통신에 '중국의 지도층 내에 미국에 대한 신뢰도 아직 부족하다'고 논평했다는 것이다.

김정일이 죽든 말든 북한문제는 중국의 소관이다. 북한의 뒷일은 우리가 알아서 할 터인데 외부세계가 왜 나서서 끼어들려고 하느냐? 말은 물론 이처럼 노골적으로 하지 않으나 중국 측 태도에서 그들의 마음을 읽을 수 있다.

3. 아시아태평양공동체[5]의 문제점과 그 해결방법

1) 아시아지역의 나라크기 불균형은 지역 확대로 완화될 수 있다

김대중, 노무현 그리고 일본의 하토야마 수상의 공동체구상이 아시아 여러 나라에 의하여 받아들여지지 않았던 가장 큰 원인도 미국배제에 기인한 것이었음을 지적하였다. 미국이 아시아지역에 위치하지 않음이 사실이나 아시아 국가들의 정치, 경제, 사회, 문화, 교육 그리고 과학 등 모든 아시아인들의 국가생활에서 미국의 역할이 지대하였으며 그 영향을 무시하거나 부인할 수 없다.[6] 실제로 미국 영토 안에도 얼마나 많은 아시아인들이 살고 있으며 미국이 아시아인들과 얼마나 자주 드나들며 관계를 유지하는 국가인가 말이다. 이러한 현실을 무시하며 현대 각국 문명 속에 미국의 긍정적인 역할이나 영향을 외면한 채 미국을 공동체에서 배제한다는 것은 비현실적인 사고방식이라고 할 것이다.

또 미국이 물러나고 중국이 동아시아의 유일 강대국으로서 패권을 차지하는 경우에도 중국의 패권을 견제하거나 완화해주는 요소들이 없어지면 곤란하다. 그 지역공동체 안에서의 중국의 패권과 횡포에 대한 견제장치가 작용해야 하는데 그에 대한 견제장치가 없어진다는 것은 중국을 위해서도 바람직한 일이 아니다.[7]

---

5) 무릇 이름과 실체는 일치하는 것이 보통이나 그렇지 못한 경우도 많다. 아시아공동체란 이름도 예외가 아니다. 이 말은 늘 써와서 입에 붙은 말이 되었지만 이 책의 내용으로 보아서는 아태공동체라는 말이 더 정확한 이름이다. 이 책에서는 아태공동체라는 말 이외에 아시아공동체·아태커뮤니티·동아시아공동체 등 여러 명칭이 나오더라도 모두 같은 의미로 사용되었으니 독자 제현의 너그러운 양해를 바란다.

6) 미국은 아시아국가가 아님에도 아시아지역에 개입해 왔던 나라이며 식민지배를 포기한 후에도 많은 경제, 정치적인 이해관계를 가져왔다. 또한 해양국가로서 이 지역 여러 나라에 근대화와 민주주의의 가치를 확산함으로써 아시아의 역사와 문명에 지대한 기여를 해온 나라임을 부인할 수 없다.

또 지역공동체를 동아시아로 국한하는 경우에 문제가 되는 것이 개별적 나라의 크기격차로 인한 불균형이다. 거대한 중국은 국제사회의 균형과 안정을 위협하는 요인이 될 수 있다. 세계에 중국 한 나라만 있고 많은 인구를 가졌다면 그것을 가지고 시비할 사람이 없다. 그러나 국제사회의 경우라면 한 나라가 불균형적으로 크다거나 인구가 너무 많은 경우에 국제사회의 균형이 깨짐으로 인하여 지역적인 불균형이 생겨날 수 있다. 어느 식물이나 동물이건 크기가 고르지 못하면 불균형이 생기며 불안해진다.

산이나 숲에서도 거목 옆의 작은 나무들은 햇빛도, 땅속의 영양분도 제대로 공급받을 수 없어진다. 오늘의 중국은 작으면서도 알찬 질의 나라를 만들어내는 것이 자신을 위해서도 또 남들을 위해서도 바람직하다. 사람이든 국토든 덩치만 크고 속이 따르지 못한다면 그런 사회는 순조로울 수 없고 오래 지탱되지도 않는다.

만일 중국인들이 주변국민들에게 위압감이나 불편함을 덜어 줄 목적으로 자진해서 나라를 분할하여 2~3억 또는 3~4억의 인구를 갖는 나라를 몇 만들고 경영한다고 생각해 보라. 그러면 적어도 2~3개 나라는 아마도 미국이나 유럽 또는 일본 등에 뒤지지 않는 또는 오히려 여러 면에서 미국이나 유럽을 능가하는 고도문명국가를 만들어내는 데 많은 시간이 걸리지 않을 것이다. 그 인구의 1인당 GNP도 머지않아 3~4만 달러의 소득을 넘을 것이며 세계최고의 과학기술이나 인문과학의 수준을 자랑하는 문화복지국가로 발전할 수 있다고 보인다. 그러나 오늘의 중국정부는 중국을 인구는 엄청 많으며 가난하고 거친 야만적인 무산계급(프롤레타리아)의 나라로 키우려는 것이 아닌지. 그렇다면 자신을 위해서도 또 남들을 위해서도 바람직한 일이 아닐 것이다.

7) 어떤 생명유기체라도 촉진과 억제작용이 균형을 유지해야 안전할 수 있다. 미국도 중국도 상호 억제기능을 유지하는 것이 그 두 나라의 건강과 안전을 위해서 큰 도움이 된다. 이런 원리를 모른다면 국가조직을 유지할 지혜가 없는 사람일 것이다.

특히 중국이 아시아이고 아시아 대륙 거의 전부가 바로 중국이라는 견해에서 벗어나야만 한다. 아시아의 여러 나라와 조화롭게 협력하며 모든 세계인의 존경과 선망을 받는 나라를 만들어내면 이것이 얼마나 아시아태평양공동체를 빛나게 할 수 있겠는가 말이다. 어지간히 넓은 연못에 한 마리의 거대한 고래가 서식한다고 상상해 보라. 보통 물고기들은 모두 움직임도 자유롭지 못하고 숨도 제대로 쉬지 못하는 괴로운 생활환경으로 변해버린다. 이와 같이 나라크기의 불균형으로 인한 불편함을 완화하고 지역공동체를 균형감 있게 운영, 관리하려면 미국, 캐나다, 호주, 뉴질랜드를 포함하고 또 중앙아시아 여러 나라, 파키스탄 그리고 인도도 아시아태평양공동체에 포함시키는 것이 현실적인 대안이며 보다 더 바람직한 지역공동체안이 되는 것이다.

2) 중국의 이념적 경직성도 공동체생활의 부담이 된다

동아시아공동체에서 또 하나의 문제가 될 수 있는 것이 정치이념의 문제이다. 중국은 아직도 공산주의 이데올로기를 받들고 있다. 경제성장을 위해 일시적으로 보류하고 있을 뿐이지 공식적으로 폐기한 바가 없다는 것을 대부분의 사람들이 알고 있다. 공산주의 체제하에서는 경제가 성장할 수 없기 때문에 중국의 경제력이 더 커질 때까지 일시적, 편법적으로 중단하여 서방의 자본주의적인 방식을 원용했을 뿐이다. 중국의 정치이데올로기는 공산주의이지만 마오쩌둥(毛澤東; 모택동)의 공산주의는 맑스나 레닌의 공산주의와 크게 다르다는 것이 많은 사람들의 상식이다.

마오쩌둥이 생각하는 공산주의는 부르주아 민족주의보다도 훨씬 더 강렬한 저항적, 전투적인 민족주의였다. 이러한 사상은 아마도 덩샤오핑(鄧小平; 등소평)에게도 공유되어 있었던 것 같다. 중국공산주의가 과감하게 자본주의적 생산양식을 편법(便法)으로 받아들일 수 있었던 이유가 여기에 있었다. 그러나 어느 정도의 경제성장이 이루어진 다음에는 다시 어느 쪽으로 돌아설 것인지 현재로서는 아무도 예측할 수 없다.

분명한 것은 중국의 집권층 내부도 이런 문제로 분열과 파쟁이 일어날 조짐이 보인다는 사실이다. 아마도 노년층 당원들은 공산주의로의 회귀를 선호할 것이나 청장년층 중에는 국력의 신장과 국위선양을 위하여 중국공산주의의 원형(原型)에서 벗어나 보다 더 자본주의와 자유주의 쪽에 가까운 전환을 선택하려 들 것이다. 중국공산주의는 이러한 방향전환을 위하여 끈질긴 당내 투쟁을 겪게 될 것인데 이런 이유로 중국의 정치안정이 어려워질 수도 있다. 이러한 변화과정에서는 지역별로 이념적인 색깔이 달라질 수 있다. 유유상종(類類相從)이라는 말처럼 비슷한 나라들과 어울리게 되면 어떤 지역은 사회주의정권과 밀접한 협력관계를 유지할 것을 선호한다. 그래서 지역공동체 안에 여러 색깔의 정치사회조직이 생기게 되면 이것이 체제분열과 불화의 요인이 될 수도 있다.

아시아인들이 만들고자 하는 아시아공동체는 아시아 여러 나라와 NGO단체들이 절대 평등의 위치에 서서 자유로운 교류 협력이 가능한 국제협력기구이라야만 한다. 민간단체가 벌이는 시민운동이 큰 몫을 차지하는데 적어도 초기단계에서는 자유로운 시민단체들이 이런 움직임을 선도해 나가는 것이 바람직하다. 공산주의체제 하에서는 대부분의 사회·문화단체가 당이 설정한 정치적 목표를 달성하기 위하여 또 당의 엄격한 지시와 통제를 받아서 움직이려고 든다. 그 밖의 자유로운 민간활동을 생각하기도 어려운 상황이라면 비공산국가의 자유로운 사회, 경제, 문화활동이 어떻게 보장될 수 있겠는가.

나라의 이념과 체제에 구애받지 않고 자유롭게 활동하기를 좋아하는 자유민주국가의 시민단체들은 엄격한 공산당의 지시와 통제를 받는 외곽단체나 전위기관과 대등한 조건에서 협력, 교류활동을 계속해 나가기가 쉽지 않음을 느낄 것이다. 아시아태평양지역에서 공동체적인 교류와 협력, 경제관계가 계속되려면 비정치적, 비이념적 분야에 한정하면서 그런 분야에만 국한되는 수밖에 없다. 공산국가에서는 비정치적, 비이념적인 활동이 인정되지 않는다. 비공산국가의 민간단체와 교류 협력 거래의 목적이 진솔하고 인도주의적인 취지에 부합된다면 처음부터 의도적으로 공산국가를 배제할 필요가 없다.

다만 공산국가가 이런 기회를 이웃 나라를 공산화할 목적으로 이용하려고 한다든지 방문자들을 납치하거나 폭행하는 등 반인권적이거나 지역공동체적인 교류, 협력 이외의 정치활동으로 이용하여 정상적인 관계유지가 어렵다고 판단되는 경우에는 공산국가와 비공산국가의 지역협력 및 거래활동은 중단하거나 특수한 범주 안에서만 제한해 버리는 수밖에 없다. 그러므로 공산국가는 아무래도 공산국가나 좌경국가와 더 깊은 민간교류와 협력을 하기에 어려움이 있을 것 같다. 지역공동체 내부에는 과격한 보혁(保革)과 좌우(左右) 노선투쟁 따위는 없어야 한다. 그러나 이념적 색깔의 편차로 인한 다양성은 면하기 어려울 것이다.[8]

이것은 무슨 뜻인가? 예를 든다면 대륙의 동해안, 남해안 그리고 동북부 등은 대만지역과 비슷한 시장경제와 자유민주주의에 가까운 서방의 개방형 자유민주체제를 보다 많이 닮은 정치사회체제를 갖게 되지만, 서북부나 서남의 내륙지역에는 중국의 사회주의체제에 가까운 정치사회체제가 들어설 수 있다는 이야기이다. 다시 말해서 아시아태평양공동체 내부의 이념과 체제는 획일화될 수 없으며 지역에 따라서 상당히 다른 정치사회체제를 가지되 사회체제는 달라도 상호포용하면서 공생관계를 유지함이 바람직하다. 그래야만 평화(지향)공동체라는 이름이 진실성을 갖게 된다.

8) 최악의 경우에는 중국과 북한이 그들의 친근한 국가들을 끌어들여서 별도의 국제조직을 만들어낼 수도 있다. 그러나 이러한 분파작업도 대통합으로 가는 도상에서 일어나는 일시적인 과정이므로 크게 염려할 필요가 없다. 극단적으로 말해서 친미계의 지역공동체와 친중계의 지역공동체가 생겨나도 조만간 융합될 것이므로 과정상에 일어나는 현상 때문에 긴장할 필요가 없는 것이다.

4. 아태공동체의 제도적 장치가 출현하고 발전하는 과정

아태공동체가 출범하려면 아시아·태평양지역의 모든 나라가 자국의 국가대표를 국제회의 장소로 보내 오랜 회의를 거듭해야 한다. 그 다음 지역공동체의 헌장을 채택하고 그 헌장의 정신에 입각하여 지역공동체라는 국가연합기구를 설립하여 각 국가원수나 통치권자의 동의를 얻어야 한다. 그리고 입법부의 동의를 얻어서 국제조약을 만들어 정식으로 조인해야 할 것이다. 이것은 각 나라가 정부 간의 합의를 거치고 아마도 국민투표를 거친 다음에 아시아태평양공동체를 정식으로 출범하는 수순을 겪어야 한다. 유럽국가연합이 만들어지던 정규과정을 거쳐서 지역공동체기구가 정식으로 합법적으로 출범하게 되는 것이다. 이것이 가장 바람직한 일이긴 하나 오늘의 국내외 상황을 볼 때 모든 국가 간의 합의가 이루어지고 국민대중이 모두 합의하여 이런 복합국가 또는 공동체가 출범하게 될 가능성은 매우 희박하다.

지역공동체가 만들어질 수 있는 또 하나의 경우는 합법적, 정규적인 절차가 아니라 사실적(*de facto*) 또는 편법적인 방법으로 지역공동체가 출범하는 경우이다.[9] 기구는 전체적으로 일시에 만들어지는 것이 아니라 부분적, 단계적으로 국제적인 교류와 협력이 지속되고 확대되는 과정을 겪는다. 국제관계도 아시아태평양지역의 모든 나라가 동의하여 일제히 시작하지 않을 수 있다. 먼저 2~3개의 국가기구부터 시작하여 7~8개 국가기구로 증가하고 또 국제적인 교류, 협력과 거래가 빈번하게 또는 간헐적으로 이루어지던 것이 점차적으로 증가하여 확대되어가는 것이다.

그러나 지역공동체운동이 계획적인 노력 없이 자연발생적으로 생겨나기를 예상하고 기다려서는 안 된다. 아시아태평양공동체는 누군가가 원대한 비전을 가지고 계획적으로 추진해야 하며 꾸준한 노력 없

9) 박사명, 《동아시아공동체와 한국의 미래: 동북아를 넘어 동아시아로》, 동아시아공동체연구회 지음, 이매진, 2008.

이는 계속될 수 없을 것이다. 어떤 사람은 국가안보나 외교문제를 가지고, 어떤 사람들은 경제적 이익을 위하여, 어떤 사람들은 이웃 나라의 빈곤과 복지후생을 위하여, 또 어떤 사람은 특정국가의 자연재해 구조 또는 특정 질병을 치료해줄 목적으로, 또 어떤 사람들은 종교적인 화해와 협력을 위하여 특정지역국가의 NGO들과 협의하며 교류, 협력하려 들 것이다.

위와 같은 개별활동이 통합되어 가고, 또 교류, 협력의 종류도 다양화하며 그것이 많은 사람들의 큰 호응을 얻게 되면 민간인들만의 활동도 관민협치(官民協治)의 기구로 발전하게 된다. 그리고 이것이 지역공동체운동의 원형 또는 출발점이 되는 것이다. 이러한 비공식적, 편법적인 기구도 기능적으로는 지역공동체 업무의 거의 70~80%를 해낼 수 있다고 본다.10)

아시아공동체 문제에 관해서 원초적으로 다음 세 가지의 단계를 생각해 볼 수 있다. 첫째는 현재 실존하고 있지는 않으나 사람들의 상념의 세계에는 존속함으로 인하여 자주 거론하려 드는 단계이다. 실물은 없으나 상상의 가공적 국제기구는 사람들 머릿속에 있으며 동아시아연구소나 연구기관이 단골 연구거리로 삼아 학술적으로는 계속 논의대상이 되는 단계이다.

두 번째의 단계는 상념의 단계로부터 불완전하게나마 실존물로 형상화되기 시작한 단계이다. 현재로 보아서는 한국정부나 연구소가 상당한 액수의 자금을 제공함으로써 시민단체 간의 교류와 협력이 이루어지며 여기에 관권이 개입하게 되면 다양한 관민협치(官民協治)의 기구로 발전할 수 있다.

세 번째가 국가 간의 관권(官權)과 관권의 교류협력으로 초국가적인 조직체로 발전하는 단계이다. 또 국가 간의 확고한 합의에 의하여 교류 협력이 제도화되는 방법도 생각해 볼 수 있다. 현재로 보아서는

---

10) 졸고, "'이제는 경제보다 외교다'라는 주장을 찬양하며", 宗社協 홈페이지 www.aprc.or.kr 2010.10.6일에 올린 게시판 글 참조.

절차를 논의하며 아태공동체라는 상위국가연합을 설립한 다음 국가기능의 상당부분을 그 새로운 국가연합기구에 위양하는 단계로 진입하려면 상당한 시간이 걸릴 것이다. 몇 나라는 그런 방향으로 움직일 자세를 보일지라도 대부분의 나라는 여러 가지 이유로 동의를 보류하며 기구설치를 망설일 수 있다. 이런 경우 아쉬운 사람들이 민간단체의 형태로나마 지역공동체 일을 계속해 나가는 수밖에 없다.

거의 지구의 반 정도를 차지하는 지역에서 초국가 조직이 단시간 안에 공식국제기구로 만들어져 정상기능할 것이라고 기대하기는 어렵다. 처음에는 5~6개국의 특정분야만 참가하는 초라한 모습으로 시작하겠지만 시간이 지날수록 공동체의 규모도 커지며 기능도 충실해져 갈 것이다. 그러한 활동을 계속하는 나라도 있으나 또 하다가 마는 경우도 생각할 수 있다. 최후의 결정자는 정부가 아니라 정당과 국회이며 또 정당이나 국회보다도 국민, 대중 그리고 유권자들이다. 그들의 의지와 노력이 국제적 교류와 협력을 지탱해 나가는 원동력이 되는 것이다.

아시아태평양공동체는 어떠한 과정을 거쳐서 출현하며 또 어떠한 성장발전의 과정을 밟게 될까? 그 발생과 성장과정에 대하여 생각해 보자. 지역공동체 건설의 가장 빠르고 안전한 방법은 이명박 정권이 아시아태평양공동체안을 공식적으로 선언하는 것이다. 그리고 MB정부가 그동안 사용해 왔던 ODA자금을 공동체의 구상실현을 위하여 사용하기로 할당하고 또 외무부의 KOICA(한국국제협력단)의 인력과 금력을 아시아공동체를 추진하는 데 전력투구했으면 좋겠다. 여기에도 미국과 일본의 적극적인 호응과 지지는 필수적인 요건일 것이다.[11)]

뿐만 아니라 수많은 시민사회단체인 NGO조직을 이런 국가목적으로 활용한다면 한국이 주도하는 아태공동체운동은 출범하게 될 것이

11) 황원규, "국제개발협력의 변천과 한국의 공적개발원조(ODA)의 전망 및 과제", 김인, "UN천년개발목표(MDGs) 달성을 위한 한국 ODA 추진방안", 한국국제정치학회 외 주최 세미나 유인물, *Global Korea, and Diplomacy & Peace*, August 12~14, 2010, p. 22.

틀림없다. 물론 모든 분야에서 모든 사람들의 동의나 찬성을 얻기는 어려울 것이며 나날이 생겨나는 갈등이나 온갖 잡음 그리고 시민사회단체를 트집 잡고 방해하려는 움직임도 예상해야만 한다. 그러나 꾸준하게 장기적으로 계획하고 추진해 나간다면 빠르면 10년 전후 늦으면 20~30년 이내에 아시아태평양공동체는 차츰 안정된 모습을 드러내며 건실하게 발전해 나갈 것을 예상할 수 있다.

세상에는 호사다마(好事多魔)라는 말이 있듯이 새로운 운동에는 새로운 반대와 저항의 힘이 작용할 것임에 틀림이 없다. 국제관계에서는 아시아지역에 대하여 대단한 주인의식을 갖는 중국이 미국을 비롯한 태평양국가들을 이 지역공동체 안으로 끌어들이는 일을 달갑게 생각하지 않을 수 있다. 국내적으로는 MB정권이 임기를 마친 다음에는 정권장악을 준비해 온 야당과 친북좌경세력이 MB정권의 아태공동체 구상에 찬성하고 동조해 올 가능성이 매우 희박하다. 이런 저항이나 반대를 무릅쓰고 국가경영을 이끌고 나갈 만한 소신과 배짱을 한나라당 정권은 가져야 할 것이다. 만약 없는 경우라면 지금까지 그러해 왔듯이 아시아공동체에 대한 관심과 말은 많으면서도 구체화되지도 현실화되지도 못할 것이 염려된다.

그러나 아시아공동체나 아시아태평양공동체를 영원히 불가능하다고 단정(斷定)해서는 안 될 일이다. 그 나름의 지역공동체에 대한 희망과 미련을 버리지 않으면서 계속 노력한다면 NGO단체들에 의하여 생겨난 비공식적 국제기구가 정규적, 공식적 국가연합기구로 발전하면서 아시아태평양공동체는 세계의 평화와 인류의 번영을 위하여 커다란 기여를 하게 될 것이므로 낙관해도 좋을 것 같다.

5. 아태공동체의 성격특징과 그의 운영원리

아시아태평양공동체가 나아갈 방향과 취할 수 있는 방법 그리고 그 국제기구의 특징은 어떠한 것이 될까? 이 지역공동체의 성격으로 말한다면 강대국 중심의 지역공동체가 아닐 것이며 그런 시대역행적인 방향으로 나아가서는 안 된다. 다시 말해서 이 지역공동체는 강대국을 받들고 그에 복종하기 위하여 생겨난 것이 아니라 도리어 후진적 약소국 그리고 일반 주민들을 보호하고 떠받들기 위해서 생겨났으며 그와 같이 활동하게 될 것이다. 패권국가 몇 나라가 마음대로 결정하고 군소국가가 패권국가의 명령과 지시에 순종하는 국제기구라면 그런 국제조직은 애초에 만들어낼 필요가 없으며 강대국의 상부지시만 따르면 되는 것이다.

모든 국가는 크기에 관계없이 모두가 평등하기를 바란다. 또 초기에는 지역공동체의 주체는 국가가 아니라 시민집단 또는 개개인들이다. 그러니 이 공동체 내부에서는 국가주의나 민족주의의 영향이나 지시를 받는 것이 금기시된다. 그런 불순요소나 감정이 개입되기 시작한다면 이 지역공동체운동은 중도폐기 될 수도 있는 것이다.

이런 지역공동체가 존속되기 위해서는 빠른 시일 내에 국제기구가 설치되어야 한다. 여기서 필요한 것은 각국대표들로 구성되는 총회(總會)일 것이다. 이 총회에는 각국의 대표자가 파견될 것이나 약소국이나 후진지역에게 유리하고 강대국이나 선진국에게는 불리할 것을 각오해야만 한다. 대표자는 그 나라의 크기를 감안하여 잠정적으로 다음과 같이 약소국에 유리하고 강대국에 불리하도록 배정됨이 바람직하다. 인구 1,000만 미만의 나라는 1인, 6,000만 미만일 때는 2인, 1억 5,000만 미만일 때는 3인, 4억 미만일 때는 4인, 4억 이상일 때는 5인의 대표자를 보낼 수 있다. 이렇게 되면 중국과 인도는 5인, 미국은 4인 이상의 대표자를 보낼 수 없다. 공동체에 행정기구가 설치된다면 안보외교기구, 경제사회기구 그리고 교육문화, 종교기구가 들어설 수 있다. 또 사법부가 들어설 수 있다. 총회에 참석하는 대표자(대의원)가 이러한 행정, 사법업무를 겸직하는 경우를 생각할 수 있다.

이와 같이 거대국 또는 강대국 대표자 수를 억제하는 이유는 중소국가 또는 약소국가의 권익을 거대국, 강대국으로부터 보호하기 위해서이다. 이런 지역공동체에서는 군사력이나 경제력보다도 합리성과

도덕성이 더 중요시되어야 하며 강대국의 압력이나 영향력도 자유, 정의, 진리라는 보편적 가치 앞에 제약을 받는다는 원리원칙을 중요시한다.12)

아시아태평양공동체도 초기에는 국제적인 공식기구로 인정받지 못하며 또 국가 간의 조약에 의해서 발족한 공식적인 국제연합기구가 아닐 것이다. 우선은 각 국가에서 그런 취지의 국제활동에 협력할 의사가 있는 여러 분야의 NGO단체들만이 자기들의 관심과 이익을 확대하기 위하여 이런 지역공동체를 발전시키려고 노력할 뿐이다. 이러한 이름의 국제조직 활동에 동의하는 사람들의 자원단체(*voluntary association*)이기 때문에 가입하고 안 하고는 시민들의 개별적 자유의사에 달려있다. 따라서 이러한 단체활동에는 공법(公法)보다는 민법(民法)이 적용되어야 할 것이며 어느 정도의 깊이로 공동활동에 참가하느냐는 것은 참가자들 간의 합의와 열성 여하에 달려 있는 문제이다.

나라에 따라서는 이러한 자원적(自願的)인 시민단체의 활동을 정부기관이 적극 장려하고 지원하는 경우도 있겠고 또 반대로 통제하려는 나라도 있을 것이다. 예를 들어서 중국이나 북한에서 정부가 그 나라 주민들이 자유롭게 외국인들과 교류, 협력활동을 벌이는 것을 금지하거나 통제하려고 들 수 있다. 그러한 나라는 여러 분야에서 당분간이나마 공동체 활동에서 제외되는 수밖에 없다. 또 모든 나라가 처음부터 의무적으로 아태지역공동체(亞太地域共同體)의 회원국이 되라고 강요할 필요도 없다. 그런 사람들은 도리어 방해분자노릇을 하기가 쉽기 때문이다. 그러므로 적어도 초기에는 어떤 활동이라도 할 수 있는

---

12) 아태공동체 총회에서의 대표자(대의원) 수 제한은 중국이나 인도와 같은 10억 이상의 인구를 가진 나라에게는 매우 불리하다는 불평이 나올 수 있다. 그런 나라는 국가를 4억 미만의 여러 나라로 분할하면 보다 많은 총회의 대의원을 확보할 수 있다. 예를 들어서 인도를 4~5개국으로 분할하는 경우 그들 대의원의 수는 3~4배로 증가한다. '작은 것이 아름답다'는 말처럼 무엇이나 너무 큰 것은 불편하며 힘이 많이 든다. 나라 큰 것이 더 부담된다는 것을 아는 것이 지혜의 시작이다.

나라들끼리 공동체 활동을 시작할 것으로 보아야 한다. 또는 유유상종하듯이 이념과 체제가 유사한 나라끼리 국제협력기구를 만들어서 운영할 수도 있다. 그러므로 이런 지역공동체의 창립은 오랜 시행착오의 과정을 겪는다고 생각해야 할 것 같다.

미국이나 호주뿐만 아니라 인도나 스리랑카도 포함된다면 이 넓은 지역공동체는 어지간히 균형 잡힌 지역공동체로 거듭나게 된다. 여기에다 중앙아시아의 나라들까지 포함하게 되면 세계의 거의 반을 차지하여 큰 영향력을 행사하는 거대한 지역국가가 출현하는 것이다.

이렇게 되면 사해동포(四海同胞)의 이상이나 세계일가(世界一家)의 명분에 접근하는 것이 되며 지구촌의 공동체로 접근하게 되는 것이므로 굳이 마다할 이유가 없다. 어떤 사람은 그런 것이 실현가능한 구상이냐고 의심하겠지만 이에 대하여 다음과 같이 답변할 수 있다.

첫째, 이것은 세계정부(世界政府)라는 궁극적인 목표로 접근하는 도상에 있으므로 방향은 잘못 잡은 것이 아니다.

둘째, 지역공동체의 크기가 지역공동체의 기구를 설립하는 데 방해되지 않는다. 다만 그런 목표를 향하여 접근하는 과정에서 우리는 작은 것부터 출발하여 계속 대규모로 커가는 것이므로 빠르게 가든 천천히 가든 시간에 구애받을 필요가 없다.

셋째, 우리가 그 지역을 통괄할 수 있는 국가연합제도를 추구하기보다 일정 기간 동안 국제적인 NGO들 간의 자유로운 협력체제로부터 시작하는 것이 안전하다. 공동체 업무는 반드시 모두가 통합되어야만 추진될 수 있는 것이 아니다.

넷째, 공동체의 규모는 앞으로 매우 커지더라도 이 지역통합운동을 주도하는 것은 사실상 5~6개국이다. 정식명칭은 아태공동체라는 이름으로 불리나 편법적으로 동아시아공동체라는 약칭으로 불려도 무방하다고 본다.[13)]

---

13) 중국이 너무 커서 국제적 불균형을 이루게 되므로 중국대륙을 4~5개의 국가로 분할하라는 말을 반중국적인 발상이라고 분개하는 사람들이 적지 않을 것이다. 그러나 국제사회에서 인구 2천만 명을 가진 나라도 한 표, 17

6. 세계평화를 위한 디딤돌이 되는 아태공동체운동, 어떻게 추진할까?

오늘날은 세계화 시대라 국제교류나 협력은 모든 분야에서 일상화되어 있다. 아시아태평양공동체가 출현하든 말든 국제적 교류 협력은 모든 분야에서 활성화되어 있으며, 이것이 오늘의 정상적인 사회생활의 방식이 되어 있다. 아태커뮤니티 활동도 많은 사람들의 시선과 관심을 끌 수 있는 초점(焦點)을 만들어내야만 지역공동체의 형성과 창립을 앞당길 수 있다. 기왕에 이 사회운동의 출범과 기구의 창설이 필요해진 상황에서 그의 출범과 정상가동을 앞당길 수 있는 방법과 초점을 어디서 어떻게 찾아내는가? 여기서 필자의 소견을 개진하겠다.

아프간전쟁의 종결과 중앙아시아 및 중동지역의 평화증진의 과제이다. 제2차 세계대전이 민주연합국의 승리로 끝나자 세계는 서방의 자유민주주의와 동방의 공산주의 및 그 동조세력으로 분열되어 동서의 이념대립으로 이어졌다. 그것이 공산주의의 몰락으로 자유민주주의의 전성(全盛)시대가 오나 했더니 예상하지 못했던 기독교문명과 이슬람문명 간의 충돌현상이 벌어지고 있다.[14] 이것도 비교적 부유하고 문화수준이 높은 기독교문명권과 상대적으로 못살고 뒤처진 이슬람문명권 간의 대립으로 이어지고 있는 것이다.

사무엘 헌팅턴(Samuel P. Huntington) 교수는 아랍이슬람국가는 중국공산주의와 결탁하여 서방의 선진민주국가와 그 문명을 위협할 것이라고 예언하면서 그런 위협에 서방세력은 대비해야 한다고 경고하였다. 이것이 21세기가 겪어야 할 세계적 또는 세기적 재앙으로 성장한 것이다. 그러는 동안 한국은 성공적인 산업화 과업으로 빈곤을 탈

억 명을 가진 나라도 한 표를 갖고 행사한다는 것은 불공평하다. 필자의 주장대로 한다면 중국은 25표를 갖게 되는 것이며 이것이 중국에게 불리하게 작용하지 않을 것이다.

14) Samuel P. Huntington, *The Clash of Civilizations and the Remaking of World Order*, Simon & Schuster, 1996.

출하였다. 권위주의체제를 탈피하면서 세계 10위권의 경제력을 지닌 중견국으로 도약할 수 있었다는 것은 놀라운 일이었다. 그러나 한국은 정신적, 도덕적으로 병환이 깊어진 탓인지 중진국 탈피과정에 기력탈진상태로 빠져든 감을 주고 있다. 이러한 현실에서 민족재생의 활로를 어디서 찾으며 민족웅비의 기력을 어떻게 되살릴 수 있겠는가?

우리는 아시아태평양공동체의 창설을 통하여 21세기의 새로운 문명전환을 주도할 수 있기를 바란다. 기독교문명과 이슬람문명의 충돌을 해결, 수습하는 일이나 선진국과 후진국, 가진 사람들과 덜 가진 사람들 간의 감정대립을 한국의 고유사상인 해원상생의 사상으로 풀어주며 모두를 하나 되게 화합시키는 일이 아시아태평양공동체의 설립취지이기도 하다.[15] 이러한 사상과 정신전력을 배양하고 길들이는 것이 바로 아프간평화의 과업수행의 목적이다. 아프간의 전쟁종결과 중앙아시아와 중동지역의 평화, 안정, 번영을 아태공동체의 첫 번째 업무 내지 당면과제로 생각하고 싶어 하는 이유도 여기에 있는 것이다.

7. 남북갈등과 평화통일의 과제도 저절로 달성된다

어떤 사람들은 우리에게는 남북한의 갈등과 평화통일의 과제가 훨씬 더 화급한데 왜 우리 민족의 문제를 제쳐 두고 남의 나라 일을 먼저 챙겨주려고 설치느냐고 의문을 드러낼 것도 같다. 그런 의문에 대하여 필자는 자신 있게 다음과 같이 응답할 것이다. 아시아태평양공동체운동은 남북한 화해와 평화통일로 가는 우회길일 뿐이다, 아태공동체의 목표가 성취되면 한민족통일의 과업은 자동적으로 해결되는 것이다.[16]

---

15) 이 문제는 이 책 3장 "동아시아공동체의 정신적 사상적 기조"에 자세히 다루어져 있음.

16) 북한에 김정일 체제라는 변태적인 정권이 지속되는 한 남북한관계나 통일의 전망은 불투명하며 예측이 곤란하기 때문이다.

많은 사람들은 북한의 120만 병력과 핵무기 또는 수천문의 장사포를 비롯한 대량살상무기를 겁낸다. 그러나 북한은 그런 병력과 무기를 가지고도 남한을 침공하거나 협박조차 하지 못한다. 그 이유는 남한이나 미군병력이 아니라 아태공동체의 20여 개국이 가만히 보고 있지 않을 것이기 때문이다. 아태공동체는 바로 집단적인 안보공동체이며 또 평화수호의 공동체이다. 공동체의 평화를 어지럽히는 집단은 우선 이 아태공동체의 힐책과 응징을 받게 된다. 북한 측은 중국의 비호와 보호를 기대하겠지만 중국도 20여개 회원국의 비난과 응징을 두려워한다. 중국이 아무리 크고 강하다 해도 아태공동체로부터 외면, 왕따를 당하면 그들도 설자리를 잃고 만다.

미국은 북한의 핵무기 제조나 핵 공갈을 중국이 의장으로 있는 6자회담을 통해서 억제하려고 지겨울 정도로 기대해 왔으며 중국이 북한을 억제시켜 줄 것을 기대해 왔다. 그러나 이미 3년째가 되도록 아무런 효과를 보지 못했다. 그것은 6자회담이 국제적인 대화의 창구일 뿐 아무런 실권을 가진 기관이 아니었기 때문이다. 그러나 아태공동체는 매우 다르다. 단순한 대화의 창구가 아니라 국가연합이라는 이름의 초(超)국가 기구이므로 그의 위세(威勢)나 위령(威令)은 미국의 국력을 훨씬 능가한다. 중국이나 북한은 세계의 외톨이가 되지 않으려면 아시아태평양공동체라는 이름의 국가연합의 명령을 따르지 않을 수 없는 것이다.

남북통일 문제도 그렇다. 남북한의 통일은 한민족이라면 거부할 수가 없으나 상대가 김정일이다. 김정일 같은 흉악한 망나니와 어떻게 안전하게 통합할 수 있겠는가? 그런 자와 하나가 된다는 것은 비록 고려연방공화국이라는 국호는 달더라도 적화통일로 귀결되는 것임을 많은 양식인(良識人)들이 염려해 왔다. 그러나 아태공동체가 성취되면 그 자체가 평화통일이므로 김정일이나 김정은 따위를 염려할 필요가 없다. 이처럼 남북문제나 평화통일 문제가 깔끔하게 해결될 수 있는 것이다.

일본 측 동아시아공동체평의회에서 준비해 놓은 동아시아공동체헌장 헌법안이 있다.[17] 그 법조항을 인용하여 남북한 문제를 고찰한다면 필자가 말한 내용을 무섭게 실감할 것이나 여기서는 굳이 소개하지 않을 것이다.

8. 맺음말

지금까지 필자는 아시아태평양공동체의 형성이 현 시점에서 왜 필요하며 또 어떻게 지역공동체의 업무를 시작할 것인가, 또 그런 국제조직이 오늘의 이 시점에서 어떠한 업무를 수행할 수 있는가를 논하였다.

'필요는 발명의 어머니'라는 말이 있다. 아시아태평양공동체를 한국의 주도로 실현하는 가장 손쉽고도 빠른 방법이 있다. 그것은 이명박 정부가 이 지역공동체를 기필코 임기 내에 시작하려는 굳은 의지를 가지고 MB정부가 관리하는 공적개발원조(ODA) 지원금과 인력 그리고 외무부 산하의 KOICA의 지원예산과 1500명 정도의 인적자원을 아시아태평양공동체를 만드는 데 활용하는 일이다. 물론 ODA자금이나 KOICA예산의 용도는 이미 법에 의하여 정해져 있기 때문에 이명박 정부가 마음대로 다른 용도로 쓸 수 없을 것이다. 그러므로 2010년도 예산은 이미 정해진 바대로 써야 한다.

또 아프리카나 중남미 또는 아시아 이외에 나가야 할 자금도 이미 정해진 예산과 용도에 따라서 써야 한다. 그러나 아시아태평양지역에서 사용될 자금이나 인력이라면 그런 자원을 지역공동체의 활동과 관련하여 조금이라도 도움이 되는 방향으로 사용하는 경우에는 지역공동체를 창조하는 활동에 활용할 수 있는 부분도 있을 것이다. 사실 연간 8000억에 달하는 예산은 정부가 아니면 마련할 수도 사용할 수도 없는 액수이다.

17) 나카야마 데루오(中山 輝夫), 《東アジア共同體憲章》, 近刊.

KOICA(한국국제협력단)의 국내외 많은 인적자원은 아태공동체 발전 업무에 적합한 사람들로 차출, 충원되어야 할 것이다. 필자가 염려하는 것은 MB정부의 확고한 의지이다. 모든 변화에는 반대와 저항이 따른다. 우선 중국과 북한이 이러한 MB정권의 아태공동체 창설의지를 좌시하지 않을 것이다. 국내의 친북좌파세력들도 MB외교정책을 묵종하거나 동의해 주지 않을 수 있다. MB에게 과연 그러한 반대와 저항을 제압할 의지나 용기가 있는가 하는 것이다. 이명박 정권의 임기는 앞으로 2년 정도 남아 있다. 그러므로 남은 2년 동안 아시아태평양공동체를 창설할 준비나 하고 앞으로 그런 외교정책을 힘있게 밀고 나갈 수 있는 차기집권 세력을 키우는 일에 전력투구해야 하는 것이다.

21세기 세계의 추세는 국가나 정부의 공식적인 활동보다도 비정부(NGO) 기구의 활동이 더욱 많아지며 활성화되어가는 추세이다. 그럴수록 시민들의 자유의 폭도 넓어져간다. 과거에 정부기구가 공적으로 해오던 일까지 인수하여 대행하려는 추세도 증가하고 있다. 이런 이유로 아시아공동체 형성의 업무는 각국 정부의 관심사가 되기 이전에 시민들이 실제적, 단기적 이익을 추구하려는 경제, 사회, 문화단체와 더불어 먼 미래의 이상국가를 표방하는 그 언저리의 종교단체나 민간단체에 의해서 관할, 감시됨이 더 효과적일 것임도 시사했다.

여기서 각 분야의 자생적인 시민단체 활동이 공신력을 높여나가며 그들이 범하기 쉬운 과오와 비리를 어떻게 미연에 방지할 것인가. 또 손해를 끼쳤을 경우에 보상할 수 있는 방법도 민간단체나 NGO가 스스로 협의하고 만들어 나가는 것이 바람직하다. 어느 시민단체도 신용할 수 없는 외국의 시민단체와의 거래를 애초부터 시작하지 않을 것이다. 국제적인 사회풍토에서 정직하고 성실하지 못한 시민단체들은 저절로 도태될 것이다.

어찌 됐든 아태커뮤니티(아시아태평양공동체)의 전망은 매우 밝다. 비록 비공식적인 기구나마 생겨나면 없는 것보다는 훨씬 바람직하다. '꿈은 이루어진다'는 말이 있지 않은가. 그 꿈이나 구상을 실천하려는 시민단체들이 활동하기 시작하면 시간의 흐름과 함께 초기의 엉성하고 불완전했던 기구도 차츰 충실해지고 개선 발전해 나가다가 공식적인 기구로 전환할 전망도 보일 것이다.

여기서 중요한 것이 아시아공동체의 출현과 발전을 위한 한민족의 역할이다. 앞에서 말했듯이 아시아공동체를 만들어 가는 데 한민족은 적극성을 보여야 하는 좋은 위치에 있다. 한국은 1990년대 후반부터 원조 받는 나라로부터 원조를 주는 나라로 전환하기 시작했다. 이를 위해 치러야 할 희생과 봉사도 한민족이 앞으로 감당할 부분이다. 한국국민은 과거에 여러 인접국가들의 지원과 보호를 받고 성장했으므로 이제 그러한 도덕적인 부채를 갚으면서 보은(報恩) 할 때가 온 것이다.

왜냐? 홍익인간의 이념으로 건국된 한민족의 국가적인 정체성에 정확하게 부합되기 때문이다. 첫째, 세계사적 과업을 수행하고자 국민대중이 단합하고 노력하는 과정에서 한민족의 도덕성은 더 크게 격상되며 세계적 공인을 받게 될 것이다. 둘째, 이런 지역공동체를 선도해가는 과정에서 남북한의 대립이나 남한 내부의 지역적인 갈등도 자연적으로 완화, 해소, 봉합되어서 한반도의 평화와 안정이 앞당겨진다. 셋째, 이것이 해원상생(解冤相生) 공영조화(共榮造化)를 강조해 오던 한민족 조상들의 전통사상에도 부합되는 일일 것이다.

아시아태평양공동체의 구상은 언뜻 보기에는 우리들 자신이나 국가이익에 별 관계가 없는 것 같으면서도 사실을 알고 보면 우리 자신을 위한 일임을 알 수 있다. 또한 우리 시대의 긴요한 문제와는 무관한 일인 것처럼 보이면서도 동시에 가장 중요하며 성공과 영광의 첩경임을 깨닫게 된다. 과거부터 알게 모르게 지어왔던 자기 자신, 가족, 지역과 나라의 죄업을 효과적으로 탕감하는 방법도 되는 것이다. 이 나라의 발전을 방해해 왔던 업장(業障)이 소멸하는 좋은 기회라고 생각하면서 이러한 시대적인 과업에 우리들이 몸소 부딪치며 도전해 보는 시기가 온 것이다.

2 세계를 받들고 이웃을 섬겨야 하는 대한민국의 행보

'세계를 받들고 이웃을 섬긴다'라는 말은 하늘을 받들고 어른을 섬긴다는 말과 표리(表裏)의 관계를 이룬다. 이런 말에 대하여 즉시 다음과 같이 반문하고 나서는 사람도 있을 것이다. 오늘과 같이 세계경제도 어렵고 동족을 먹여 살리기도 어려운 시기인데 타국이나 외부세계에 선행을 벌일 처지가 되느냐?

요즘 우리 나라살림도 어려운 판이다. 우리가 무슨 힘으로 세계를 받들고 지역전체를 섬기겠다는 것이냐. 건성으로 하는 말이라면 몰라도 남들을 받들고 섬기려다가 이 나라 경제에 부담만 더 커지는 것이 아니냐? 공연한 생색내기나 위선(僞善)을 떨지 말자.

보통 사람들이 듣기에 외부 사람들을 받들고 섬긴다는 것은 힘들고 고달픈 인생을 연상케 한다. 잘나고 복 있는 사람일수록 많은 사람들의 받듦과 섬김을 받으며 산다. 약하고 못난 사람들이 남들, 이웃들을 섬기고 사는 것인데 왜 우리가 못난이 역할을 자청하려는가? 우리가 설 자리를 더 낮추며 힘 있는 나라들에게 굴종하려고 들며 외국인 섬김을 자청(自請)하려는 것인가? 이렇게 반문하는 사람은 남들을 위하는 행위가 바로 자기 자신을 위하는 가장 효과적인 방법이며 지혜임을 인식하지 못하는 이들이다.

다음과 같은 말을 들어본 일이 없는가? '자신을 높이려는 자는 남들이 끌어내리나 자신을 낮추는 자는 남들이 그를 끌어올려준다.' 이웃을 깎아내리고 짓밟으려는 사람일수록 도리어 남들로부터 거친 푸대접을 받게 되지만 이웃을 높이고 섬기려는 자는 도리어 이웃의 받듦과 섬김을 받게 된다. 그러므로 세계를 받들고 이웃을 섬기려는 행위도 알고 보면 자신을 더 높이려는 의도의 간접적인 표현일 수 있다.

그렇다면 우리가 벌이고자 하는 아시아태평양공동체시민운동(亞細亞太平洋共同體市民運動, 약칭 아태커뮤니티)도 겉보기에는 자기 잇속도 못 차리며 남들만 위하는 바보 시민운동처럼 보일는지도 모른다. 그러나 이런 행위가 궁극적으로 한국의 국가위신과 품위를 높이려는 정신문화운동(精神文化運動)이며 브랜드올리기운동임을 알게 된다. 종교철학의 깊이로 들어가 남이 바로 나이고 남들을 위한 행위나 활동은 나 자신을 위한 행위임을 깨닫게 된다. 이것은 수준 높은 고급인간들의 정신세계로 들어와 있음을 자각하게 된다.

여기서 필자는 인생과 사회관계를 보는 두 가지 대조적인 관점, 곧 이상주의적인 사회관과 현실주의적인 사회관을 대비하며 비교해 보겠다. 현실주의적 또는 비관주의적인 사회관은 일반서민이 사는 사바세계가 오탁(汚濁) 악세(惡世)이며 인생은 언제나 고해(苦海)라고 인식한다. 대부분이 상품수준이 하품저질의 수준에 있으므로 그런 고통과 위해(危害)를 면하기 어려울 것이다. 그래서 사람들은 외부의 위해로부터 자신을 지키기 위해 정신을 바짝 차려야 한다. 또 긴장 속에서 살아야만 한다. 만인에 대한 만인의 투쟁이란 말이 있듯이 사람들이 모두 자신의 이해관계에 대하여 민감하며 외부의 위해나 손실로부터 자신의 안전이나 위엄을 지키고자 힘쓴다.

이러한 현실주의적인 사회관과 대조되는 것이 이상주의 내지는 출세간(出世間)적인 사회관이다. 사람은 본래 누구나 신이나 부처의 아들딸이기에 이성적인 존재이다. 그런 높은 수준의 인간들이 모여 사는 이상사회에서는 사람들의 사고나 행실이 모두 이성적이며 타인들에 대하여 성의 성실로 대하도록 되어 있다.

한국은 고래로 신과 하늘을 정성껏 받들어 왔으며 현자(賢者)들과 어른들을 잘 섬기는 문화적 전통을 지켜왔다. 과거 한때 나라가 쇠퇴하여 망조의 역경을 겪었지만 다시 융성(隆盛)하기 시작하였으므로 세계를 받들고 지역 국민들을 섬기는 습관이 다시 소생되어야 한다. 이제 대한민국은 아시아태평양 국가들을 선도(先導)하며 이끌어 나갈 능력과 심성을 발휘해야 할 좋은 시기를 맞이하고 있다. 그러므로 사람들이 더 고품격이어야 하기 때문에 하늘을 받들고 이웃을 섬기라는 말이 나오고 있는 것이다.

속담에서 늘 들어온 말이 있다. '많이 그리고 널리 베풀어라. 그러면 베푼 양에 비례하여 당신도 많은 복을 거둬들일 수 있다.' 이런 전통사상과 인과응보의 윤리에 따라서 살아온 우리 선조들과 국민들이 그동안 안팎으로 지어왔던 공덕은 엄청나게 많았을 것이다. 거기에다 앞으로도 지어 나갈 공덕을 더욱 키우기 위해서 아시아태평양공동체를 건설하고 확대하는 일을 주도하려고 발심(發心)하고 있는 것이다. 이러한 발상과 노력은 한국인의 국민성과 도덕수준을 크게 높여줌으로써 한국인을 세계 일등국민으로 격상시키는 결과를 가져온다는 사실에 유의해야 할 것이다.

1. 위를 받들고 아래를 섬기는 민주적 정치문화로의 변화

필자가 젊었을 때(40대 초반) 우연히 어린 딸아이들이 노는 것을 보고 흥미롭게 생각했던 일이 있었다. 어린애들이 소꿉장난을 하는데 서로 자기가 식모를 할 터이니 너는 안방마님 역을 하라고 자리다툼을 하는 것이었다. 일제시대에 태어나고 해방 후 한국에서 살아온 필자는 어른들은 물론 아이들까지도 서로 주인이나 어른행세를 하려고 다투었지 아랫사람 노릇을 맡아서 하겠다고 싸우는 모습을 본 일이 없었다. 식모는 지위는 낮으나 장을 보고 음식을 만들고 상 차리는 일을 한다. 그래서 주인이 되어 아무 일도 안 하고 있기 보다는 권한을 행사할 수 있는 역할을 더 좋아하는 모양이었다. 이것은 과거 신분사회로부터 근대적 기능사회로의 전환을 보여준 것이다.

식모나 아랫사람들은 지위는 낮으나 일을 주재(主宰)하고 처리하는 능동적이며 '주는 역할'을 하는 데 비하여 안방마님이나 윗분들은 아랫사람들에 의존하고 대우를 받으나 수동적인 위치에 내몰려 실권을 행사하지 못한다. 지배자의 지위에서 아무 일도 안 하느니 봉사자의 역할을 떠맡으려 자리싸움을 하는 데에서 엄청난 시대문화와 가치관의 변화를 읽을 수 있었다.

한국전쟁을 전후하여 미국 군인들이 다음과 같은 농담을 주고받는 것을 목격한 일이 있다. 계급은 같은데 한 사람이 자기 동료를 가르치며 "He is my boss"라고 말하니까 그 말을 들은 자는 펄쩍 뛰면서 "No, No, you are my boss"라며 반격을 한다. 이런 모습은 한국인 친구사이에서는 절대로 볼 수 없는 광경이었다. 여기서 한국인의 권위주의적인 성격과 미국인들의 민주주의 내지 평등주의적인 성격의 문화적인 차이가 극명하게 드러난다. 대인관계에서도 잠시라도 상대방의 우위나 장점을 인정하지 마라. 알아도 못 본 체해야지 상대방의 미덕이나 장점을 인정하다가는 앞으로도 계속해서 머리를 못 들게 될 우려가 있다는 것이다.

한국의 정치, 사회, 문화도 과거와 비교해 본다면 많이 문명화되고 또 민주화되어 감이 느껴지고 있다. 과거에는 윗자리에 올라서야 아랫사람들의 순종, 협력을 기대할 수 있었다. 그러나 현재는 윗자리에 올랐다고 아랫사람들이 내 마음대로 움직여주지 않는다. 오히려 비판, 공격당하는 기회가 더 많아질 수 있다. 그래서 윗자리로 오르는 데 열정을 보이기보다는 중간에 안주(安住)하며 윗사람들의 보호와 아랫사람들의 지지나 협력을 다 얻는 실리를 더 선호하며 실제로 많은 사람들을 움직이는 활동력을 더 중요시 하는 경향이 생겨났다. 이것은 한국문화수준이 높아졌고 또 사람들이 그만큼 성숙해졌음을 보여주는 것이다.

2. 선진사회와 공산국가의 중간 완충지대에서 한국이 할 수 있는 역할

이런 추세가 틀림이 없다면 중국이나 북한도 아시아태평양지역공동체 안에 들어오는 경우 그 사회, 문화 분위기에 적응해야 할 것이며 실리를 추구하며 실권을 행사하는 방향으로 격상되기를 바랄 것이다. 필자는 오늘의 지역공동체의 출현도 바람직한 자유화와 선진화의 방향으로 변화를 촉진하는 기회이며 세계 속의 한국의 영향력을 더 높이는 계기가 될 것으로 믿고 있다.

아시아대륙에 접경하여 태평양지역으로 돌출해 나온 한반도 특히 대한민국은 권위주의적인 대륙국가와 민주주의적인 해양국가에서 그 완충지대의 역할을 할 수 있는 위치에 있었다. 한국이 북한공산주의와 체제경쟁을 해야 하는 상황에서 초기에는 반공권위주의(反共權威主義)의 체제로서 공산주의의 공세를 맞서야 했다. 그러나 시간이 지남에 따라서 권위주의체제에 대한 회의와 싫증도 생겨났으며 또한 반체제 민주화운동의 꾸준한 성장으로 인하여 한국정치도 차츰 민주화의 방향으로 변했다. 그러다 보니 결과적으로 폐쇄주의적인 공산주의국가에 접경하게 되어 개방주의적인 민주정치체제의 중간에 위치한 셈이다.

제2차 세계대전 후에는 지구상에 가장 잘사는 나라와 가장 못사는 나라 간에 간극이 생겨났다. 우리나라는 후진적인 나라로부터 가장 빠른 시일에 선진적인 사회로 전환하여 중간 완충지점으로 올라서면서 세계적인 주목을 끌게 되었다. 2008년에는 직업외교관인 반기문 씨가 UN 사무총장으로 선출되었다. 이것도 자유진영과 공산진영의 어느 쪽에서도 적극적인 반대나 저항이 나오지 않았기 때문에 가능했던 일이었다. 한국의 중간자적인 위치나 그에 대한 호감이 작용했을 것으로 짐작된다.

한국이 이러한 국제정치적인 역할과 위치로 인하여 대한민국은 미국과 중국을 중재하며 일본과 러시아도 끌어들여서 아시아태평양지역공동체를 발전시키는 일도 잘해낼 수 있는 위치에 올라선 것이다. 대립과 충돌을 완화하는 완충적 중간자적인 역할도 아무나 하겠다고 나서서 되는 일이 아니다. 이런 말은 노무현 전 대통령도 공언하고 나섰지만 그 역할을 하지 못한 이유는 중간자적인 또는 관계조정의 역할은 쌍방으로부터 깊은 신뢰와 지지를 얻지 못하고는 해낼 수 없는 일이다. 그러나 김대중·노무현 정권은 그런 리더십을 발휘하기에는 정신적 도덕적 깊이를 갖추지 못했다고 보아진다.

한국이 그 중간자, 조정자의 역할을 하는 데 필요한 것이 무엇인가? 아시아의 최빈국(最貧國)이나 후진국도 한국국민이 주도하는 일을 잘 따르기만 하면 후진성이나 빈곤의 문제가 해결되는 데 그치지 않고 멀지 않은 시일 안에 잘살게 되리라는 확신 또는 신뢰를 얻는 일이다. 선진국이나 부유국(富裕國)의 입장에서도 한국 측의 말을 받아들이면 후진적 빈한(貧寒)국가의 국민감정이 순화되어 중국이나 북한과의 관계도 좋아지리라는 기대를 가질 수 있어야 한다. 그런데 중국과 북한은 반미·반일선전과 선동을 일삼아 왔다. 좌경정권하에서 한국도 그런 좌파노선에 동조하는 인상을 주게 되면 한국의 대외적인 이미지나 국격 상승이 더 낮아지는 것이 아닌지 반성해야 한다.

한국의 지난 좌경정권은 국내 좌파세력의 반미·반일선전과 선동을 규제하기보다 오히려 방치하거나 때로는 조장하는 인상을 주지 않았을까? 종북좌파(從北左派)의 반미와 반일정서나 행동을 추종함으로써 어떤 정치적인 이득을 취하거나 생색을 낼 수 있는 것인지. 한국정부나 한국국민들도 이런 행태에 의하여 미국이나 일본인들 또는 기타 자유우방에게 지지나 공감을 얻을 수 있겠는지 의심스러운 일이다.

중국과 북한 그리고 한국의 좌파세력은 지금도 기회만 있으면 일본의 명예나 위신을 깎아내리는 행동이나 발언을 삼가지 않으며 망설임이 없다. 일본이 더 잘살게 되고 국가적 위신이 오르면 자기들의 위신이 떨어지고 상대적으로 왜소해진다고 겁내기 때문일까? 보통 사람이 남을 모욕하거나 나쁘게 말하면 자신의 품위도 함께 떨어지는 법이다. 더구나 이웃을 높이고 대우하면 그 자신도 따라서 올라가지만 깎아내리고 짓밟으려 들수록 자신도 함께 격하된다는 것을 모르는 것인가?[1)]

요즘도 80년 전 태평양전쟁에서 있었다는 위안부문제나 강제징용 문제가 심심치 않게 미국 국회에서 논의되고 또 거의 정기적으로 미국의 언론보도거리로 오름을 볼 수 있다. 이런 일은 자연발생적으로 일어나는 현상이 아니라 미국 내 또는 유럽국가 내부에서 공작하는 좌경세력(左派勢力)의 정치공작이며 언론조작에 의해서 계속되는 것 같다. 그러나 이런 행동이 세상을 평화롭게 만드는 행위일까? 아니면 분쟁을 주장하는 행위일까? 또 한국이 미국이나 일본과 멀어지고 중국, 북한 쪽으로 동화되어서 얻는 국가이익이 무엇일까?

만일 한국이 하늘을 받들며 이웃을 섬기는 자세를 유지하고자 하였다면 한국정부가 나서서 그런 악의적인 공작이나 언론조작을 중화 내지 제어하는 활동을 벌이려고 기도하였을 것 같다. 만일 그런 노력조차도 보이지 않았다면 거의 악행하는 집단에 동조함으로써 오히려 더 손해를 보는 경우라고 보아야 하지 않을까?

"하늘을 받들며 이웃을 섬기는 정신자세"는 공연한 말잔치가 아니다. 이런 현실적인 문제에서 실리를 외면하며 허세나 위선적인 언행을 계속하는 경우가 드러난다면 타국과의 관계개선이나 국제적 신뢰 획득에 아무런 도움이 되지 않는다. 하늘을 받든다는 것은 자유, 정의, 진리라는 대의(大義)에 봉사한다는 뜻이다. 이웃을 섬긴다는 말도 선의의 도움 주기를 계속하겠다는 고상한 정신자세를 유지하겠다는 뜻이다.

논어에 欲己立이면 先立人하라(당신이 일어서고 싶으면 먼저 남들을 일으켜 세워라)는 말이 있다. 한국이 아태지역공동체를 설립하는 데

---

1) 사회공동체 모임을 성공적으로 발전시키려면 사람들이 3사를 잘 지킬 수 있어야 한다고 어떤 이는 말했다. 3사란 감사, 찬사, 봉사를 뜻한다. 이런 견지에서 말한다면 좌경세력의 입에 붙어있는 말은 감사가 아니라 원망과 불신 그리고 악구이다. 찬사가 아니라 비방과 사실 왜곡, 봉사가 아니라 제거 말살이다. 이런 정신태도는 공동체를 망치는 악습이며 발전케 하는 말들이 아니다.

앞장서려는 이유도 바로 남들을 일으켜 세움으로써 우리 자신을 일으켜 세우기 위한 것이다. 우리가 남들로 인하여 누리게 되는 이익이나 혜택도 남을 성심껏 받드는 행위, 세계에 기여하는 선행인 자원봉사에서 모든 어려움을 불사하며 좋은 일의 최선두에 서기를 주저하지 않는 정신자세로 인하여 생겨나는 것이다. 이런 대외활동으로 한국의 새로운 국제적 이미지가 높아질 때 한국의 국가브랜드도 틀림없이 높아질 것이다.

3. 이웃을 섬긴다는 말은 무조건 따른다는 뜻이 아니다

하늘을 받들고 이웃을 섬기겠다는 말뜻을 잘못 이해하는 사람들이 있을 것 같아서 보다 더 구체적으로 설명해야겠다. 섬긴다는 말은 남들에게 무조건 신종하거나 맹목적으로 복종한다는 뜻이 아니다. 그런 말속에는 상대방이 잘못 나가지 않도록 살펴주며 바로잡아준다는 뜻도 담겨져 있음을 알아야 한다.

우리나라의 이웃이라면 우선 일본이나 중국 그리고 미국과 러시아 등이다. 이웃을 섬긴다는 말이 그런 이웃 나라들에게 비굴하게 굽실댄다는 뜻이 아니다. 이웃을 섬긴다는 말은 하늘을 받든다는 말과 밀접한 관계를 가지고 있다. 하늘을 받든다는 자세를 가지고 이웃을 섬길 때 그들의 과오를 일깨워주고 잘못을 바로잡아준다는 뜻도 담겨져 있는 것이다.[2] 우리가 이웃 나라의 비위를 맞추며 굴복 순종하거나

---

2) 안중근이 이토 히로부미(伊藤博文)를 총격한 후 뤼순 감옥에 갇혀 있었을 때 일본의 형리 간수 중에 안중근을 미워하고 잔인하게 구박하고 괴롭히려던 사람이 있었다. 그러나 안중근의 당당하면서도 정의로운 태도에 감명받아서 안중근을 존경하고 받드는 사람으로 변했다고 한다. 안중근이 사형을 당한 후에도 그는 안중근의 위패를 일본 자기 집에다 모셔놓고 오랫동안 제사를 지내주었다고 한다. 그런 존경의 행위로서 일본인의 품격이 낮아졌나? 아니다. 오히려 더 높아졌다. 그는 안중근을 기리고 존경하는 일본인

맹종하겠다는 뜻이 아니다.

삼국시대에 나당(羅唐) 연합군이 고구려와 백제를 멸망시킨 후에 당나라군은 백제와 고구려를 직접 지배하려고 들었다. 그러자 신라는 당나라군의 거동을 억제하며 백제나 고구려 백성들과 힘을 합하여 당나라군과 전쟁함으로써 당나라의 간섭을 물리쳤다. 그 후 당나라 왕이 군사령관이었던 소정방에게 왜 신라의 저항을 제압하지 못했느냐고 질책하자 소정방이 대답하기를 자신들이 신라의 국내를 살펴보니 군신(君臣)이 화목하고 나라기강이 제대로 잡혀 있어 고구려나 백제와는 같지 않았기 때문에 더 이상 싸우기를 포기하고 귀국하였노라고 대답하였다는 것이다.

요컨대 이웃을 섬긴다는 말이 이웃 나라들이 무슨 짓을 하든지 모두 받아주고 추종한다는 뜻이 아니며 오히려 이러한 행동을 못하도록 바로잡아 주는 것이 이웃 나라를 도와주는 길인 것이다. 근래에 와서 중국의 동북공정(東北工程)이 적지 않은 사람들의 큰 관심거리가 되었다. 고대의 고구려사를 자의로 중국의 역사 속으로 편입시킨다는 것은 한국사에 대한 명백한 모독이며 침탈행위이다.

기원전 221년 중국을 통일한 것은 진시황(秦始皇)이었다. 진시황이 축성한 만리장성 바깥지역, 특히 만주지역은 본래 중국의 영토가 아니었다. 기원전 108년부터 107년에 한(漢) 무제(武帝)가 요동지방을 침략하여 낙랑, 임둔, 현도, 진번의 4군을 설치하였다. 그런 한나라의 지배에 저항하여 고구려가 무력으로 나라를 건국하였다. 그런 고구려가 어떻게 중국의 역사로 둔갑될 수 있겠는가. 이런 주장은 중국측이 자신을 크게 낮추는 번뇌 망상이며 중국민족의 품격을 스스로 낮추는 과오라고 보지 않을 수 없다. 이웃 나라에 대한 이러한 비리(非理) 무례(無禮)는 중지해야만 한다.

불교의 교리에 의하면 번뇌는 탐(貪), 진(嗔), 치(癡), 만(慢), 의(疑) 다섯 악견(惡見)을 말한다. 이것은 동북공정이라는 발상부터가

소모임을 만들어서 활동을 계속 하였다고 한다.

중국 측의 탐욕(貪慾), 진심(嗔心), 우치(愚癡), 아만(我慢), 의혹(疑惑), 악견(惡見)의 산물이라는 뜻이다. 이것은 중국이라는 대국의 위엄과 품위 그리고 도덕성에 대한 중대한 손상이며 그런 태도를 고집하다가는 망신으로 귀결될 수밖에 없음을 의식해야 한다. 이런 사실을 중국당국과 식자들에게 명확하게 일러줌으로써 시정(是正)과 반성을 요구해야만 한다. 이것이 중국을 올바른 이웃 나라로 받드는 길이며 우리의 자유, 정의, 진리에 봉사하는 길이다.

이웃을 섬기는 데 있어서 받아들여지기 어려운 문제는 미국도 예외가 아니다. 미국은 한국의 가장 가까운 맹방(盟邦)이므로 미국의 어려운 문제가 우리의 관심사가 아니 될 수 없다. 현재 미국이 벌이고 있는 아프간전쟁은 그대로 방치할 수 없는 상황으로 악화되어 가고 있다. 많은 사람들이 아프가니스탄은 침공하는 대제국(大帝國)들의 무덤이라는 말을 해왔다. 기원전 3세기에 알렉산더대왕이 이 지역을 원정(遠征)해 오다가 뜻을 이루지 못하고 죽었다. 19세기에 대영제국이 아프간을 군사적으로 공략하다 원정군이 전원 전멸당하는 수모를 겪었다. 1980년대 소련이 침공하다 실패 끝에 고르비 정권의 몰락을 재촉하는 결과를 가져왔다. 미국이 바로 이런 전철을 밟지 않도록 미국을 선도할 필요가 있다.

미국이 9·11 테러에 놀라고 분개했던 심정은 이해할 수 있지만 9·11 테러의 주모자 오사마 빈 라덴을 보호한다는 이유만으로 아프간을 침공해 들어간 것은 지나치게 감정적인 처사였다고 보인다.

이런 경우에 우리가 할 수 있는 일, 또는 해야 할 일은 무엇인가? 아프간전쟁을 종식시키고 그 뒷수습을 해줌으로써 평화를 회복하는 일이다. 이런 일은 전쟁 당사자인 미국도 탈레반도 할 수 없다. 그렇기 때문에 한국이 나서서 국제적인 지지 세력을 규합하여 미국과 이슬람 근본주의자들의 화해, 기독교와 이슬람교의 대립을 화해 협력의 관계로 전환시켜주며 그 나라의 산업화와 현대화를 도와주어야 한다. 그것이 쉬운 일이 아님은 사실이나 한국이 나서서 열심히 노력하면 결코 불가능한 일도 아닐 것 같다. 어쩌면 이것은 한국만이 할 수 있는 일일지 모른다. 자세한 방법은 다음 기회에 다시 거론하겠다.

4. 맺음말

역사는 전진해야 한다. 인위적으로 구시대로 후퇴함은 현명한 처사가 아니다. 또 과거의 잘못된 정책은 지속되어서도 안 된다. 이미 산업화사회의 단계에서 탈산업사회, 개방화, 다원화되고 국제화, 자유화가 진전된 현대사회가 그 이전 시대로 역행, 회귀해서는 안 될 일이다. 오늘의 중국, 베트남 그리고 북한도 현 위치에서 어느 쪽으로 나가야 하나? 그 나라들이 멸망하지 않으려면 탈산업화, 국제화, 분권화, 자유화, 다원화의 방향으로 나가야 하는 것이 아닐까? 그 나라들이 경직한 정치사회체제에서 벗어나야 하며 그렇게 되는 것도 시간문제일 것이다. 아태공동체는 이러한 전망을 가지고 공산주의체세의 성숙과 발전을 도와주기 위해서 설립되는 것이라고 주장하고 싶다. 이것이 바로 하늘을 섬기며 이웃을 섬긴다는 말의 뜻이다.

한민족의 선지자(先知者)는 말했다. 과거는 천존(天尊)시대였다. 그래서 사람들이 천존지이(天尊地異)란 말을 따라서 벼슬 높은 사람, 부유한 상류사회, 고관대작만 받들며, 못사는 사람과 하류계층의 사람들은 무시천대해 왔다. 그러나 이제는 인존(人尊)시대이므로 과거에 못살고 존대 받지 못했던 서민들, 이방인들까지 존대하고 지내야 하는 시대가 되어 간다. 이제 우리는 강대국, 부유국가가 돌보지 않았던 후진지역 위험지구에 사는 국민들을 돌보는 것을 하늘을 섬기는 행위로 알고 받드는 활동에 주력해야 한다. 이런 목적으로 아태지역공동체가 창건되는 것이므로 그 운영을 바로 하는 것이 아태공동체 설립의 취지임을 되새겨야 할 것이다.

3 아태공동체의 정신적 사상적 기조

아태공동체를 밑받침하는 사상과 문화의 뿌리

21세기 아태지역공동체와 같은 미래사회의 건설사업은 과거에 그랬던 것처럼 어느 초강대국가가 나서서 회원국가들에게 명령하는 식으로 만들어질 수 없다. 오늘날의 문명사회의 단계에서는 개별적인 주권국가의 정치지도자들 또는 시민운동단체간의 의견교환이나 협의과정에서 국가연합이나 연방국가의 기구도 만들어지나 그 후에도 국민들이 동의하고 지지를 표명하는 과정을 거쳐야 한다.

지역공동체의 출범도 많은 사람들이 한 배를 타려는 경우와 같다. 각자가 가고자 하는 방향과 항로에 공감대나 합의가 있어야 한다. 고기를 잡으러 바다로 가자는 것인지, 바다 건너 다른 육지로 여행하려는 것인지 먼저 항해의 목적과 과정에 대한 이해나 합의가 필요하다. 그런 합의가 없으면 자칫 승객들 간의 불평불만, 노여움 그리고 다툼이 심해질 수 있기 때문이다. 앞으로 세워질 국가연합이나 공동체 기구도 통합성, 안정성, 지속성이 유지되려면 그 정신적, 사상적인 기조가 먼저 다져져야 한다.

1. 아시아태평양지역공동체의 정신문화

아시아태평양지역의 정신문화라고 할 때 우리는 그 정신적 이질성과 문화적 다양성을 포함하는 지역의 크기나 너비에 압도당한다. 현대과학과 물질문명이 보편적인 성격을 가진다고 하지만 나라마다 정신문화의 수준 차가 큰 것이 문제이다. 또 각국의 전통문화도 내용을 보면 기독교문명, 불교-힌두문명, 유교한자문명, 아랍-이슬람문명을 포함하여 다양하므로 아시아태평양지역은 세계전체의 축소판이나 다름없다. 그러나 극은 극으로 통한다는 말처럼 가장 어려운 문제가 있다고 해도 겁낼 필요가 없다. 왜냐하면 다문화적인 갈등을 해결하는 것이 한두 문화적 갈등상황보다 오히려 쉬울 수 있기 때문이다.

아시아태평양지역 국가들의 정신문화와 사상은 다양할 뿐만 아니라 매우 다층적(多層的)이므로 그에 상응하는 분석이 필요하다. 우선 현대사회에서도 유력한 보편적 사상이 있다. 다음에 공통적인 정치이념이 있다. 또 역사적으로 계승해온 전통사상이 있다. 전통사상에도 정통적인 사상이 있는가 하면 비전통적이며 편법적인 산물들이 있다.

우선 현대의 보편사상 내지 우세한 가치관을 무엇이라고 할까? 필자는 자유, 정의, 진리의 보편적 가치관이라고 하겠다. 자유는 선진민주국가들이 중요시하나 정의는 사회주의국가들이 더 강조해온 가치였다. 진리는 통시대적이며 모두가 중요시하는 보편가치이다. 이것이 바로 아태커뮤니티가 추종하는 현대적인 가치라고 말할 수 있다.

현대정치사상이라고 한다면 민족주의와 민주주의 그리고 사회복지사상 등을 내세우겠다. 이런 정치사상도 현대세계의 보편이념이나 나라별로 차이가 있다. 그 강도로 보아서 상중하로 나눠지나 유사성이 있더라도 현대정치이념의 수준은 나라마다 다르다. 예를 들어서 북한은 민족주의는 최고로 강조하나 민주주의와 사회복지는 최하 수준이다. 그에 비하면 남한은 민족주의도 민주주의도 사회복지도 거의 같은 수준으로 중요시한다. 미국은 어떠할까? 미국은 민족주의는 下이나 민주주의와 사회복지는 上으로 중요시 한다.

현대사상이 그러하다면 전통사상은 어떠할까? 아태공동체 안에서도 중심적인 역할을 하게 될 나라는 미국, 중국, 일본, 한국, 인도 5개국이다. 미국은 감시자, 감독자의 입장에서 관여하려고 하나 전통사상의 문제로 어느 나라와도 목숨을 걸며 싸우려 들지 않으며 오히려 실용주의를 더 중요시 한다. 그러므로 이 지역공동체에서 가장 중심적인 역할을 할 수 있는 나라는 한·중·일, 극동 3국일 것이다. 그런데 이 극동 3국의 전통사상은 다행스럽게도 아시아공동체를 밑받침할 수 있는 철학적 사상적 요인들을 공유하고 있다.

그것이 바로 유불선(儒佛仙) 3교의 철학사상이다. 이것이 앞으로 세워질 아태지역공동체를 만들어내는 사상적 토대가 될 뿐만 아니라 21세기 세계를 이끌어 나갈 정신적, 사상적인 뿌리가 될 수 있다. 기독교, 이슬람교를 선교(仙教) 중 서선(西仙)의 갈래로 보는 경우가 더욱 그러할 것이다. 그 사상의 핵심내용을 여기서 간략하게나마 요약 정리하겠다.

2. 아시아공동체를 밑받침해 줄 전통사상으로서의 유불선

먼저 유교사상(儒教思想)부터 생각해 보자. 유교에는 형이상학으로서의 《주역》(周易)이 있고 정치도덕철학으로서의 《논어》(論語), 《대학》(大學), 《중용》(中庸) 등이 있고 역사철학으로서 《춘추》(春秋), 문학으로서의 《시전》(詩傳)이 있다. 정치도덕철학의 격언은 '大學之道는 在明明德 在親民하고 止於至善也'(대학지도는 재명명덕 재친민하고 지어지선야)라는 말 속에 나타나 있다. 사람이 타고난 내면의 밝은 덕을 밝혀서 실현하며 백성을 사랑하여 모두 친근하게 하며 최고를 지향하라는 뜻이다.

또 '자신이 바라지 않는 일은 남에게 행하지 말라'(吾所不欲之事 勿施於人)는 말은 남들을 차별하지 말고 자신이 원하지 않는 것이면 남들에게도 강요하지 말라는 뜻이다. 또 자신이 서고 싶으면 먼저 남을 일어서게 하라(欲己立 先立人)는 말 뒤에는 자신이 세상에 도(종교신앙)를 세우고 싶으면 먼저 남으로 하여금 세상에 도를 세우게 하라(남의 도를 세상에 행해지도록 하라)는 뜻이 포함되어 있다.[1]

이런 말은 유교사상도 남들을 자기 자신과 다름없이 또는 오히려 더 잘 대우하라는 뜻이다. 각자가 자기 자신보다도 남들을 더 위하고 잘 대우하라. 또 자신의 이익보다도 공동체 이익을 더 우선시하라는 문화풍토로 보아 사회공동체의 이상을 실현하는 데도 어려움이 없다. 다만 이러한 덕행(德行)은 보통 이상의 인간들에게 기대할 수 있는 것이지 수준 이하의 인간들에게까지 적용되지 않는다.

도(眞理)가 사람을 위대하게 만드는 것이 아니라 사람들이 도를 위대하게 만드는 것이다.[2] 이 말도 기독교, 불교, 유교, 도교, 이슬람교 등의 종교사상 중 어느 종교신앙이 가장 우수한가를 따지며 싸울 이유도 필요도 없음을 뜻한다. 종교신앙을 받들고 실천하는 사람들의 활동과 공능(功能) 및 성과여하에 따라 그 철학사상이나 신앙의 가치가 높아질 수도 또 낮아질 수도 있다는 뜻이다. 이런 면에서 유교사상은 어느 종교사상보다도 합리적이며 매우 실용적인 경천애인(敬天愛人)의 철학사상이라 하겠다.

불교사상이 세계평화를 위하여 크게 기여할 수 있는 종교라고 말할 수 있는 근거가 무엇인가? 그것은 현대인들은 서양문법의 이분법적(二分法的)인 사고방법에 따르기를 거부하고 불교를 세상의 시비(是非) 곡직(曲直)이나 선악을 따짐이 없이 모든 의견을 포용하며 자비로 대하는 종교라고 생각하기 때문이다. 사람이 시비와 선악을 따지게 되면 자칫 우리는 좋고 올바른데 상대방은 나쁘고 글렀다고 주장하게 되므로 남들과 다투게 되는 것이다. 어떤 사람들은 이런 사고방식은

---

1) 《論語》, 제 15권 이령공편 28장, 人能弘道, 道不能弘人.

2) 《論語》, 같은 책. 유교에 관해서는 그 문헌을 일일이 거론하기가 어려울 정도로 많으나 그 중에서도 그냥 스쳐보기 어려운 책 중의 하나는 금장태 지음, 《儒敎思想과 宗敎文化》(서울대학교 출판부, 1994)이나 여기서는 언급할 계제가 아니다.

논리성이 약하기 때문에 그런 흐리멍덩한 소리를 하는 것이라고 폄하하겠지만 불교는 그 나름으로 심오한 철학적 인식론과 초세간적인 논리에 따라서 그런 주장을 하고 있는 것이다.

서양의 이분법적인 논리를 부정하게 되는 근거는 불교의 공론(空論)과 가론(假論)은 바꾸어 말하면 無論과 有論으로 해석되는데 불교는 그 양 쪽을 모두 시인(是認)하다 보니 그 쌍방을 모두 인정하면서 경우에 따라서는 이것이 옳고 또 어느 경우에는 저것도 옳다는 논리가 성립되는 것이다. 선이란 것도 경우에 따라서는 악이 되는 것이지 언제나 선이고 또 악이 되는 것이 아니다. 그러므로 선악을 따지지 말고 모두에게 자비를 베풀어야 한다는 주장도 이해될 수 있으며 이것이 불교적 중도철학(中道哲學)의 기본을 이루고 있다. 이런 불교철학은 서양적 사고방법으로는 받아들여질 수는 없는 것이나 이런 논리가 아니고는 세계평화를 이룩할 방법이 없는 것 또한 사실이라 하겠다.

불교의 최고사상은 화엄(華嚴)사상이라고 한다. 그 사상의 핵심이라는 것도 한마디로 말한다면 一卽二 多卽一 一卽多, '내가 바로 너이고 네가 바로 나다'라는 자타불이(自他不二)의 사상으로 귀결된다.[3] 아태지역공동체를 만들고 그 결속력을 만들어내는 정신적 기조(基調)도 바로 여기서 찾아지는 것이 아닌가? 불교사상의 실천윤리를 찾다 보면 자연 보살도사상과 그 실천으로 나타나게 되는 것이다. 아태지역공동체의 창설이 이러한 보살도실천의 당면목표가 되는 이유가 또 여기에 있는 것이다.

이러한 사상과 정신문화가 어떻게 동아시아의 국제환경에 투영되고 현실화될 수 있을까? 쉬운 문제는 아니나 불교인들과 기독교인들에게 주어진 시대적인 과제로 받아들일 것이다. 선각자들이 시민단체를 만들어서 그 사상의 원리를 실천하며 다수 국민이 그 깊은 뜻을 이해하며 적극적으로 따르고자 노력한다면 아시아태평양지역공동체를 만들

---

3) 카마다 시게오, 《화엄경 이야기》, 도서출판 장승, 1996;
금강선원, 《화엄경 입법계품》, 《대한불교입법계품》, 2010.

어내는 그 시대적인 과업은 어려움 없이 이루어질 수 있다.

마지막으로 선교를 논할 차례이다. 선교라고 하면 보통 중국의 노장사상(老莊思想)이나 고래로 전래되어 내려온 무격(巫覡)신앙 또는 산신(山神)숭배 등을 연상한다. 이런 것이 전통적으로 선교 또는 도교(道教)라고 일컬어져 왔으나 필자는 히브리교나 이슬람교사상도 선교의 일부이며 동선(東仙)과 대조되는 기독교와 이슬람교도 서선(西仙)의 중요부분이라고 믿고 싶다.

서양에서도 '빛은 동방에서'라는 말과 같이 구약과 신약성서를 포함한 기독교도 '동방에서 온 종교신앙'이라고 믿어져 왔다. 그 후에 생겨난 이슬람교도 구약에서 파생되어 나온 종교이다. 일신교(一神教)이며 인격신(人格神)에 대한 신앙은 선교, 도교의 옥황상제(玉皇上帝) 신앙과 그 뿌리를 같이한다. 이것도 선교 중에서 서선에 뿌리를 두는 것인데 예수가 십자가에서 죽은 지 600년 후에 무하마드가 이슬람교를 펼쳐서 중동지역과 중앙아시아지역을 이슬람교로 일색화하는 데 성공하였다.

그러나 현대화, 산업화된 기독교사회가 전 세계에 패권을 장악하며 문명을 주도해 나갈 수 있었으나 이슬람교도들이 거주하는 중동 및 중앙아시아 등지가 서구사회의 패권에 저항하는 지역으로 남게 된 것이다. 여기서 기독교사회와 이슬람교지역은 이른바 문명충돌이 일어날 수 있는 소지가 생겨난 것이다.

3. 기독교집단의 우수한 활동력과 공동체시민운동

기독교는 가장 발달한 구미 선진국에서 신봉하는 유력한 종교사상이다. 기독교신앙이 아태공동체를 형성하고 유지하는 데도 주도적인 역할을 하게 될 것이다. 미국 캐나다, 대양주 국가들이나 극동 3국 중에서 기독교신앙이 가장 활발한 나라는 한국이다. 한국은 유교, 불교 문화에 있어서도 중국이나 일본에 비교해 보아도 뒤지는 바가 없었다. 기독교사상도 가장 심도 있게 받아들이며 또 전 세계적으로 큰 영향력을 발휘하는 능력도 과시해 왔다.[4)]

기독교도 역시 자기 자신보다도 남들을 더 받들고 우대하라는 경천애인(敬天愛人)의 종교신앙이다. 남들을 사랑하기를 내 몸과 같이 하라. 하느님 앞에 나서기 전에 먼저 이웃들과 화해하라. 남들을 미워하고 이웃과 싸우는 사람들은 하느님 앞에 나서도 사랑을 받기 어려울 것이다. 이러한 정신적, 사상적인 요소는 마태복음 5장에 나오는 '산상의 수훈(垂訓)'에 명백하게 드러나 있다. 하늘을 올바로 받들려면 먼저 이웃들을 사랑하라는 예수의 가르침을 구체적으로 명시한 것이다. 여기서 그 가르침을 깊이 있게 음미해 보기 위해 성경을 인용해 보겠다.

> "심령이 가난한 자는 복이 있나니 천국이 저희 것이요. 애통하는 자는 복이 있나니 저희가 위로를 받을 것이요. 의(義)에 주리고 목마른 자는 복이 있나니 저희가 배부를 것이요. 긍휼히 여기는 자는 복이 있나니 저희가 긍휼히 여김을 받을 것이요. 화평케 하는 자는 복이 있나니 저희가 하나님의 아들이라 일컬음을 받을 것이요. 의를 위하여 핍박을 받는 자는 복이 있나니 천국이 저희 것임이라. 나로 인하여 너희들을 욕하고 핍박하고 거짓으로 너희를 거슬려 모든 악한 말을 할 때에도 너희에게 복이 있나니 기뻐하고 즐거워하라. 하늘에서 너희의 상이 큼이라. 너희 전에 있던 선지자들을 이같이 핍박하였느니라."

현대세계에서 또 아시아태평양지역에서도 모든 종교 중에서 가장 활력을 가진 종교세력이 기독교(개신교와 천주교) 집단들이었다. 기독교인들은 평소에도 하나님 나라의 모습이 지상에서도 펼쳐지게 해주소서, 하는 기도를 계속해 왔다. 또 그런 신앙의 열의와 그들의 활동

4) 한국은 기독교 선교에서도 미국 다음으로 세계의 선교대국이 되어 있다. 김한식, 《동남아 선교전략》, 기독교문서선교회, 2006.

력은 유교나 불교의 신도들을 훨씬 능가하는 편이었다. 이 기독교인들의 왕성한 활동력이 아니고는 아시아태평양공동체의 창설이나 운영이 어려울 것이라고 말할 수 있을 정도이다.

세계평화와 인류의 복지를 증진하기 위하여 아태지역공동체운동을 전개하는 21세기의 현시점에서 공동체의 건설이 우리의 관심사가 아니라고 망설이거나 물러서려는 사람은 기독교인이라 말할 수 없다. 오히려 아시아태평양공동체의 당위성과 필요성이 역설되는 현시점에서 기독교도들은 더욱 크게 재도약할 수 있는 기회로 믿으며 더욱 열심히 활동할 종교세력이라고 보아도 좋을 것 같다.

현실적으로 한국의 기독교계는 중국이나 북한에도 적지 않은 수의 목사나 신도들을 투입시켜서 선교활동을 계속해 왔다. 심지어 공산독재 체제하에서 엄격한 감시, 통제와 박해를 받아가며 선교활동을 계속하여 온 것으로 보인다. 만일 동북아시아 국가연합이 출현함으로써 선교활동에 어려움이 크게 완화되고 환경이 더 좋아진다면 그들은 얼마나 더 알차게 활동하려 들 것인가?

북한에서는 아직도 초기 기독교인들이 지하동굴에 모여서 비밀선교를 은밀하게 지속하고 있다는 말도 들리고 있다. 성과 면에서 기대하려면 상당한 시간과 인내를 필요로 한다. 근대국가에 있어서는 종교활동이나 신교(信敎)의 자유도 인간의 기본권에 속한다. 동북아시아에 한중일, 삼국을 포함한 아시아태평양국가연합이 형성되어서 신교의 자유와 권리가 보장된다면 기독교인들이 이렇게 소망스러운 선교활동의 기회를 외면하려 들겠는가?

4. 기독교와 이슬람교의 갈등을 수습할 방법은 없는가?

아시아대륙을 거시적(巨視的)인 안목에서 볼 때 기독교 인구보다도 이슬람의 인구가 더 많고 또 기독교세력과 이슬람세력은 상호 불신하는 경향이 심각한 것이 오늘의 현실이다. 제2차 세계대전 후 세계는 자유진영과 공산권으로 분리되었으며 제 3차 세계대전이 일어나는 것이 아닌가 염려되기도 하였다. 소련을 비롯한 공산권이 무너짐에 따라서 동서냉전은 화해와 협력의 국면으로 전환되어 시간은 많이 걸리더라도 평화세계가 도래하는 것이 아니냐는 희망적인 전망을 가져보았다.

그러나 2001년 세계 초강대국인 미국의 상징적 건물이라고 할 뉴욕의 거대한 무역회관이 이슬람 과격주의 테러리스트들의 항공기자폭테러에 의하여 붕괴됨을 누가 예측하였겠는가? 이에 크게 충격을 받고 분개한 조지 부시 대통령은 미국 테러공격의 지령자라고 알려진 오사마 빈 라덴을 은닉하며 보호하고 있는 아프가니스탄에 대한 군사공격을 시작하였다. 현재 미국-아프가니스탄 전쟁은 시작된 지 9년째가 되는데도 아직도 끝날 기미조차 보이지 않고 있다.

이 아프가니스탄 전쟁도 단순한 미국과 아프가니스탄 양국 간의 전쟁이 아니다. 서방의 자유민주국가 40여 개국과 아랍의 이슬람국가들이 참여하여 벌이는 사실상의 제 3차 세계대전이라고 보아도 된다. 또 보기에 따라서는 세계의 기독교권과 이슬람권의 전쟁이라고 말할 수 있을 정도이다. 그렇다면 기독교문명권과 이슬람문명권 간의 문명의 충돌이 일어날 것을 예측하였던 사무엘 헌팅턴(Samuel P. Huntington) 교수의 비관적인 미래전망과 예언이 옳았음을 시사하는 것인가?

좌우대립의 사상에 추가하여 기독교와 이슬람문명 간의 전쟁이 중동전쟁에 이어서 현재 아프가니스탄의 전쟁으로 계속되고 있다. 현재 서방세계의 선진민주국가와 중동과 중앙아시아의 후진적인 이슬람국가진영의 대립이 잠재적으로 세계의 평화와 번영을 어지럽히는 위험요인이 되어 있다면 이러한 전 세계적인 재난을 극복하고 수습할 방법을 찾아내야만 하는 상황이라고 할 수 있다.

기독교와 이슬람교의 갈등을 어떻게 수습하는가? 유교가 배운 사람과 배우지 못한 사람(동물적인 인간)을 구별하였듯이 기독교는 하나님을 믿는 사람과 믿지 않는 사람들을 심하게 차별하는 버릇을 가지고 있다. 이슬람교도가 차별대우를 받아 왔으므로 이슬람의 원한과 보복심은 뜨거웠던 것이 사실이다.[5] 기독교는 모든 사람들을 기독교신앙으로 입교시키거나 개종시키려고 드는 집념을 보였다. 이런 점에서는 이슬람교도 기독교와 다를 바가 없다. 이슬람이란 하나님을 받들고 그에 복종하며 산다는 뜻이다. 서로가 다른 유일신을 믿고 서로 미워하니 그 싸움을 해결할 길이 없었던 것이다.

유교와 불교는 무신론이 아니지만 유일신이나 인격신의 존재를 믿지 않는다. 그래서 기독교나 이슬람교처럼 다른 유일 인격신을 믿는 종교신앙과 대립하거나 싸우려 들지 않는다. 기독교와 이슬람교처럼 각기 다른 인격신을 믿고 다툰다면 화합하거나 공존하기가 어렵다. 인도에서 파키스탄과 방글라데시가 분리해 나간 이유도 힌두교의 신들과 이슬람의 유일-절대신을 상호 용납할 수 없었기 때문이었다. 또 최근 이슬람을 믿는 아랍권 국가들이 미국과 유럽의 기독교국가가 지배하는 세계질서에 저항하고자 전의(戰意)를 불태우고 있는 것도 사실이다. 이것은 이 세상에 자신과 자기의 우상(偶像)만 있어야지 남이나 남의 우상은 용납하지 않겠다는 정신상태이다.

하늘은 하나다. 그러나 어떤 사람은 그것을 '天'(*Tien*)이라고 하고 어떤 언어는 그것을 '하늘'이라고 하고 일본인은 '소라'라고 부른다. 영어로는 'sky'(스카이), 독일어는 'Himmel'(힘멜) 등 실체는 하나인데 이름만 다를 뿐이다. 하나님도 실체는 하나인데 어느 집단은 'Jehovah' 라고 하고 또 'Allah'라고 부르고 있는 것이 아닐까! 또 어느 집단은 '天' 또는 '옥황상제'라고 이름 붙였다. 일본인은 '가미사마'라고 한다. 가미사마, 옥황상제, 한울님, Jehovah, 어느 것이 '진짜 신'이냐고 싸우는 것은 인간의 어리석음일 뿐이다. 그리고 보면 신명(神明) 초월자의 이름을 가지고 대립하고 다투는 것은 그만 끝내는 것이 바

5) 알라신은 Mecca 주변 부락들의 수호신이었는데 무하마드에 의해 이슬람교를 믿는 아랍인 전체의 수호신으로 격상된 것이다. 기독교, 유태교, 이슬람교는 신과 아브라함 그리고 모세까지도 믿는다는 점에서 동조동근(同祖同根)의 종교신앙이었다. 기독교와 이슬람교의 차별화는 생활환경이 좋은 유럽인들과 사막 불모지에서 사는 아랍인들의 신앙의 차라 하겠다.

람직하다. 기독교나 이슬람교의 싸움도 신의 이름을 가지고 싸우는 것과 같은 것은 아닌지. 그런 명분을 가지고 사생결단으로 싸우는 행위를 중지하는 것이 바람직하다는 생각이 든다.[6]

6) 이스라엘이나 아라비아의 사막이나 초원의 불모지 같은 거친 환경을 지배하는 서방의 신들은 모두 사납고 무자비하거나 비극의 주인공 같은 모습을 보인다. 모두 자연환경의 영향을 받아서 사납고 노여움을 잘 타는 복수와 징벌의 인격신의 모습으로 나타난다. 사막이라는 자연환경은 생물이 살아남기 어려운 험악하고 거친 곳이다. 또한 언제 어떻게 자신의 삶이 끝나게 되는지 예측할 수 없으며 한치 앞도 내다보기 어려운 위험한 환경이다. 적들이 언제 어디서 나타나서 이쪽의 모든 사람을 몰살하며 가축과 여자들을 납치할지 예측할 수 없다. 사람들마다 각자 자신들을 강력하게 보호해줄 절대신(絶對神)을 찾아서 매달리게 된다. 그러다가 유태인들이 찾아낸 유일신의 이름은 여호와(Javeh)였으며 아랍족이 받드는 절대신은 알라(Allah)신이었다. 유태인들이 숭앙했던 Javeh, 또는 Jehovah(여호와)신은 예수를 통하여 이방인들에게 전파되어서 오늘의 기독교로 성장하였다. 유태인들이 선택했던 여호와 신(神)은 예수에 의하여 이방인들의 숭배를 받는 사랑과 희망의 대상으로 바뀌었다. 그 후 그리스와 로마 등 타 지역으로 전파되면서 유태교는 기독교로 변모하였다. 안정된 농경사회와 근대산업사회의 고급종교로 진화하였던 것이다. 그에 반하여 아랍인들이 숭앙했던 신은 무하마드가 살고 또 선교활동하던 Mecca 지역에서 거주하는 부족들의 수호신이었다. 그 Allah신도 태양과 같이 절대적 권능을 갖는 신이 되어 아랍족들 그리고 동남아시아 사람들의 절대신으로 숭앙받고 있다. 무하마드는 Mecca에서 이슬람교를 만들어 포교하기 시작했으나 기존세력의 억압을 견디지 못하여 일단 Madina로 가서 세력을 구축한 다음 다시 Mecca로 쳐들어가서 저항세력을 제압하여 아랍족들을 이슬람교 휘하로 통일시키는 데 성공하여 부족들에 의하여 Allah신이 이슬람교의 절대신으로 옹립되었다. 일설에는 아브라함의 아들 이삭은 히브리 기독교의 조상인데 비하여 이삭의 이복동생 격인 이스마일이 이슬람 종교의 원조가 되었다고 한다. 그렇다면 유태교 기독교와 이슬람교는 한 핏줄 두 형제의 세력싸움이라고 보아도 좋을 것이다. 그렇다면 기독교와 이슬람교는 화해할 수 없다는 말이나 쌍방의지 여하에 따라서 해원상생할 날도 올 수 있다고 기대해도 좋을 것이다. 한승조, 《인류역사와 세계문명》, 집문당, 1999 참조.

5. 아태공동체시민운동은 전통사상과 신앙운동의 격상재활의 호기이다

앞에서 우리는 한국의 전통사상이 유불선 3교인데 그 철학사상은 바로 아시아태평양공동체를 만들어내는 사상이며 또 그 기구를 움직여갈 사상임을 시사했다. 그리고 그 전통사상 중에서 기독교사상은 활기가 충천하여 한국의 기독교는 현재 지구상의 기독교국가 중에서 가장 우수한 두뇌와 뛰어난 활력을 과시해 왔다. 그러므로 아태공동체를 만들고 발전시키는 데 가장 우수한 활동력을 과시할 것임을 예견하며 기대하고자 한다. 그러나 잘 생각해 본다면 이러한 무조건 긍정론이나 기독교세계에 대한 지나친 낙관론이 과연 크게 기대하며 믿고 의지할 만한 것이냐 하는 데 대한 회의론도 없지 않다.

애초에 필자는 아시아태평양공동체가 종교세력의 주도에 의하여 탄생하게 될 것이며 또 종교적 신앙과 그 세력에 의하여 성장 발전을 기대할 수 있음을 강조해 왔다. 그러나 아시아태평양 지역주민들이 모두 기독교인들은 아니다. 그러므로 유교와 불교를 비롯한 타종교세력의 지지와 협력이 매우 중요하다. 따라서 기독교세력은 독선을 삼가며 조심함으로써 유불선 3교와 특히 이슬람교도들의 지지(支持)와 협력을 최대화할 필요가 있다. 그러지 않으면 타종교세력의 외면과 냉대를 모면하지 않을 수 없을 것 같다.

하기는 아시아태평양공동체를 준비하는 데 부족하고 미흡함은 기독교만이 아니다. 다른 종교들도 차제에 깊이 그 내부 실상을 반성하고 참회하며 다시 거듭나는 노력을 기울여야만 할 것 같다. 말하자면 아시아태평양공동체를 출범시키려는 현재의 상황이 전통적인 유불선 3교가 크게 면모하고 격상될 수 있는 호기라고 생각해도 좋을 것이다. 다시 말해서 이 지역공동체의 존재가 유불선 3교와 기독교신앙의 격상시기이며 부활절에 해당한다고 생각해야 할 것 같다.

유불선 3교가 5000년 인류문명의 보물이며 광명이었음은 인정한다고 하더라도 지난 2~3000년 동안 전 세계적으로 해 온 일들 그리고 특히 지난 1000년 동안 깊은 잠속에 혼침(昏沈)으로 빠져 들었던 것은 아닌지 깊이 성찰하며 참회해야 할 일일 것이다. 지난 1000여 년 동안은 유불선 3교가 모두 같이 쇠퇴와 방황을 계속하던 시기였다. 기독교는 십자군전쟁에서 6~7차에 걸쳐 전투를 계속했다가 패전하고 중동에서 밀려났다. 그 후는 기독교국가나 이슬람국가도 몽고족의 침공을 받아서 살아남는 일에 급급했던 것 같다. 그러는 동안 중세가 무너지면서 유럽은 신·구교의 대립과 격렬한 종교전쟁을 치렀으며 한편으로는 상업화 산업혁명과 영토 및 식민지 확장과 자본주의 경제 쪽으로 방향을 틀어서 부강한 서방세계의 활력을 유지할 수 있었다.

또 한편에 유태교나 기독교와 결별한 아랍국들과 이슬람교 국가들은 무하마드의 서거 후 교리수호와 영토확장에 주된 관심을 가졌다가 몽고족의 침공 후 정교일치의 강력한 국가유지에만 매달리다가 차츰 침체와 쇠퇴의 길로 들어섰다. 그리고 서방의 팽창주의 국가들에 종속되는 길로 들어섰던 것 같다. 기독교와 이슬람국가들은 본래 같은 아랍의 사막지대 유목민으로 시작했던 동조동근(同祖同根)의 자손들이며 유일신을 받드는 동일한 종교신앙을 신봉했던 유사종교였음에도 불구하고 어째서 계속하여 불화와 결별의 길을 걷게 되었는지 한편에서는 여호와 신을 또 다른 쪽에서는 알라신이라는 각기 다른 절대신을 받들게 되었는데 이것은 불행한 천년 역사의 유산이라고 보아야 할 것이다. 굳이 이러한 역사적 유산의 원인을 캐묻는다면 아랍의 사막, 초원에서 살아야 했던 유목민들과 비옥한 농경사회의 생활을 했던 유럽농민의 차이와 그 두 세력 간의 역사적인 대립관계가 그러한 역사적인 유산을 남겨놓았다고 설명할 수 있는 것이다.

다른 한편에 유교와 불교는 어떠한가? 유교는 한대(漢代)에 와서 중국의 국교로 받들어졌다. 당나라에 와서도 크게 위세를 떨쳤으나 송대(宋代)에 와서 유교철학사상은 전성기를 이루게 된다. 그러던 것이 그 이후로는 차츰 침체와 쇠퇴의 길을 가기 시작하다가 청나라에 와서는 서양의 과학문명과 천주교가 퍼지는 상황에 이르렀다. 유교철학이 조정에 의하여 받들어지면 그것이 관학(官學)이 되고 그것이 권세자리와 결탁하게 되면 차츰 형식화(形式化)되다가 마침내 형해화(形骸化)의 상태에 이르게 된다. 그러다가 사람들이 새로운 지식을 찾아서 외래사상을 좇게 되니 민중의 세력에서도 밀려나기 시작한다.

나라의 위기를 염려하는 애국지사들 식자들의 자강운동도 별 효과를 발휘하지 못하다가 끝내 공산주의 혁명의 대상이 되고 만 것이다. 한반도에서도 유학은 신라시대에 들어왔고 고려왕조에서 계속 강화되다가 역성(易姓)혁명을 일으킨 이씨왕조에 의하여 국교로 받아들여진다. 그러나 그 역시 조선왕조 하에서 형식화되고 형해화되니 거기서 나라를 지키는 힘이 나올 수 없었다. 조선왕조는 망하고 일본총독의 식민통치를 받아들이는 결과를 맞이하였다. 생자필멸(生者必滅)이라고 하더니 종교 역시 예외일 수는 없음을 알 수 있다.

국망(國亡)에 유교사상의 흔적은 면암 최익현이 대마도에 잡혀가서 단식사한 것과 을사조약 체결소식에 분개하여 자결한 충정 민영익의 최후에서 유교도덕의 흔적을 볼 수 있었을 뿐이었다. 또 말한다면 일본 명치천황의 교육칙어(教育勅語)에 유교철학 정신이 짙게 스며 있었다. 그 사상에서 조선조 퇴계 이황의 영향을 감지할 수 있다.

한국의 불교신앙 역시 통일신라부터 쇠망의 과정을 겪어 왔던 것이 아닌가 생각된다. 석가모니는 불교의 성쇠(盛衰)과정을 ① 정법(正法)시대, ② 상법(像法)시대, ③ 묘탑(廟塔)시대, ④ 말법(末法)=무법(無法)시대=암흑시대의 과정을 겪는다고 설하셨다.

필자가 보기에 통일신라 때 이미 상법시대에서 묘탑시대로 들어와 있었던 것이 아닌지. 조선조대는 말법시대였고 일제(日帝)식민통치시대는 무법시대였다고 보아도 좋을 것 같다. 문제는 이와 같이 쇠퇴한 정신상태를 가지고 이 넓은 아시아 지역의 많은 국민들을 어떻게 설득하고 이끌며 아시아태평양공동체의 시대로 진입해 들어갈 수 있겠는가이다. 한국의 기독교인이나 불교인들, 특히 이슬람교인들은 과거보다도 훨씬 격상된 정신상태를 가지고 새 시대 새 사회를 만들어간다는 각오를 가지고 대처해 나가야 한다. 과거에 보았던 안일한 정신자세를 가지고는 아무것도 이루어지는 것이 없다는 것을 알아야 한다.

한국불교도 소수의 예외를 제하면 대체로 국태민안과 개인적인 기복과 제사에 국한되어 왔으며 불경공부나 참선도 거의가 소승적인 깨달음을 추구하는 상태에 머물러 있었던 것이 아니었는가 반성해 보아야 한다. 불교의 사홍서원(四弘誓願)은 늘 입에 달고 지냈으나 중생무변서원도(衆生無邊 誓願度)의 범위를 더 넓혀서 불국정토를 이룩하려는 원력을 가지고 노력 정진하려는 종교 풍토는 거의 찾아볼 수 없었지 않았는가? 아태공동체는 과거보다는 훨씬 강한 원력을 가지고 지상천국 불국정토를 우리 생전에 만들겠다는 발심과 보살도정신의 발휘를 요구하고 있는 것이다.

6. 선교의 맥을 계승해 온 한국의 신흥민족종교

동양의 유교, 불교 그리고 기독교가 연합하면 위에서 말한 문명 간의 충돌도 무사히 수습하고 화해의 길로 끌어들이는 종교사상은 없는 것인가? 물론 유불선 3교나 기독교도 교리 상으로나 실천수행능력으로나 실제로 각기 그들 나름의 해법은 가지고 있다. 그러나 이론적으로 또는 교리적으로 가능할 것 같으면서도 실제적으로 전혀 해결하지 못해 왔던 것이 사실이었다.

전통사회에 있어서 불교는 거의가 왕실불교이며 유교공부도 거의가 권문을 비롯한 양반계급의 독점물이었다. 그래서 일반 서민들이 배우고 익힐 만한 시간적, 경제적 여유를 갖지 못하였다. 세상이 어지럽고 나라가 위태로워지자 몰락한 귀족이나 서얼과 중인들 그리고 하층계급 중에서 신들린 자나 비상한 신통력을 가진 소수인을 중심으로 구세(救世) 제민(濟民)의 뜻을 펴고자 하며 여러 종교를 혼합 조립하여 만들어낸 것이 이른바 신흥민족종교였다. 한국 특유의 비빔밥 종교라고 말해도 좋을 성싶다. 그러므로 종교신앙의 정통성이라는 면에서는 문제가 있다고 하겠으나 여러 종교의 핵심이나 장점을 끌어 모아서 간편하고도 강력한 호소력을 가진 민중종교를 만들어낼 수 있었던 것도 한국인들의 재능이라고 보아도 좋을 것 같다.

신들린 비정통파 민중불교는 스스로 교조들에 의하여 창도된 종교신앙들이 19세기 후반의 혼탁하고 위급한 사회상황에서 그 나름의 유용한 교리를 편법적으로 만들어내 사람들을 끌어모아 많은 신도들을 배출했다.

특히 기존 종교신앙을 가지고 정신적, 사회적인 위기를 다스리기 어려운 경우 사람들은 오늘의 위기상황에 어떻게 대처하고 대응하여 왔는가? 필자는 여기서 한국의 신흥민족종교 사상이 매우 유용하며 또 무시할 수 없는 기여를 해왔다고 믿고 있다.

신흥민족종교 중에서도 최제우의 동학(천도교)을 비롯하여 단군신앙, 미륵불교, 정역사상, 증산교, 기타 무수하게 많은 민족종교신앙이 속출했다.

한국의 단군신앙도 고대 무격신앙(巫覡信仰) 중의 하나였다. 단군신앙의 《삼일신고》(三一神誥)에 의하면 한얼신이 5족을 낳고 5교를 폈다는 말이 나온다. 그 말은 한얼신(유일절대신)이 지구상의 모든 인종을 낳았으며 또 모든 종교사상의 뿌리가 되었음을 사사하고 있다.[7)]

한국의 신흥민족종교는 1860년 최수운이 창도한 동학운동을 비롯해 1920년대에 이르기까지 그 수를 헤아릴 수 없을 만큼 많이 출현하였다. 그중에서 증산교계의 종파들이 제일 많았다고 말할 수 있다. 이들 민족신흥종교는 김일부의 정역(正易)사상을 도입하여 인류역사를 선천(先天)시대와 후천(後天)시대로 나누고 있다. 선천시대는 분열과 갈등의 시대였으나 후천시대가 되면 화합과 공생, 도덕과 평화의 시대가 올 것을 내다보았다.[8)]

---

7) 大倧教總本部, 《三一哲學: 역해중생 4부합본》, 開天4406년, pp. 58~63, 《三一神話》, 대양서적, 1973, p. 54.

8) 한국의 민속종교 또는 신흥종교는 고래의 무격신앙과 외래종교와의 합성품으로 생긴 것은 19세기 말이라고 해도 그 뿌리는 매우 멀고 깊은 것임을 알아야 한다. 《世界思想全集: 한국의 민속종교사상》, 삼성출판사, 1979, 朴相和, 《正易과 韓國》, 공화출판사, 1978, pp. 23~25.

후천시대는 아마도 20세기 후엽 또는 말부터 도래(到來)할 것으로 오래전부터 예견됐던 바다. 곧 대립과 쟁투의 선천시대, 적대적인 민족주의의 시대로부터 화합과 협력을 더 선호하는 후천시대, 이타적(利他的)이며 홍익인간 지향의 새 시대인 후천시대로 옮겨 가는 사상과 정신의 일대전환을 기대하고 있는 것이다.

현재는 우주질서와 더불어 아시아태평양지역의 국제질서와 나라의 질서도 크게 바뀌어 가고 있다. 시대적인 전환이 이렇게 일어나고 있는 것이다. 그 수단방법과 과정을 가장 명확하고 구체적으로 제시한 것이 강증산과 그 종도(宗徒)들 인 것 같다. 강증산은 해원(解冤), 상생(相生), 공영(共榮), 조화(造化)라는 원리를 제시했는데 이것이 유불선 3교의 결실이 아닌가 생각된다. 이것은 강증산과 그 종도(宗徒)들이 구체화한 참으로 위대한 민족사상이라고 보아서 잘못이 없다.[9]

사람의 인과관계에는 선인선과(善因善果)의 바람직한 순환이 있는가 하면 또 악인악과(惡因惡果)의 악순환도 있다. 예를 들어서 어떤이 A가 B에게 원한을 품고 미워하다가 해악을 끼쳤다고 하자. 그러자 B가 A를 원망하여 적대를 하던 끝에 그 해악에 보복했다. 그러자 A는 그에 다시 원한을 품고 다시 적대하며 새로운 보복해악을 가하게 된다. 그렇게 계속하면 그 두 사람은 끝내 공멸하고 만다. 그런데 A라는 사람이 그 좋지 않은 결과를 예견하여 자신이 전에 가했던 해악을 뉘우치며 B에게 사과하고 해악 대신 선행을 했다고 하자. 그래서 B도 A의 사과를 받아들이며 자신이 가했던 해악에 대해서도 뉘우쳐 화해했다고 하자. 이것이 바로 해원이라는 말의 뜻이다. 원망을 갚는 대신 풀어버리면 B도 자신이 가했던 보복을 미안해하며 다시 보상할 만한 선행으로 대신한다.

이렇게 해원이 상생으로 이어져서 쌍방이 함께 공영하게 될 수 있다. 해원이 바로 선인선과의 바람직한 인과관계를 통하여 바람직하고 건설적인 결과를 계속해서 하게 된다. 이것이 조화이며 가치의 창조

---

9) 김한식, 《한국인의 정치사상》, 백상서당, 2006, pp. 173~220.

이다.

이런 원리는 개인관계뿐만이 아니라 국가 간에도 적용된다. 중국과 한국은 20세기 전반에 일본으로부터 침략과 해악을 경험하였다. 그래서 반일감정이 아직도 사그라지지 않고 있다. 그 이유로 일본에게 적대행위를 해야 할 것인가? 아니면 일본의 과오나 죄악을 용서하는 한편 과거에 일본으로부터 받은 혜택에 주목하면서 우호적으로 또 보은적으로 대하느냐? 그 선택여하에 따라서 일본과의 관계는 크게 좋아질 수도 더욱 안 좋아질 수도 있는 것이다.

아태공동체를 미국이 지지하나 한중일 주도로 이루어질 것인가 아니면 그런 가능성을 외면하면서 무로 돌릴 것인가? 지역공동체를 성사시키려면 그에 앞서서 그런 구상을 가능케 하는 요건과 여건이 구비되어야 한다. 그것은 ① 정신혁명이다. 그를 통하여 ② 인격을 개벽(혁명)하며 그런 인간개조를 통하여 ③ 세계를 개벽(혁신)하려는 권력과 목적의식을 키워야 한다.

이런 믿음과 주장은 여러 민족사상 속에 공통적으로 함유되어 있다. 민족종교는 유불선 3교의 진액이 구체화된 것이면서 한국종교사상의 전통이었고 그 정통(正統)의 일부를 담은 것이라고 보아도 틀린 말이 아니다. 이런 식의 설교나 주장은 증산교를 비롯한 다른 여러 신흥민족종교에서도 계속 강조되고 주장되어 왔던 마음가짐이었다. 그 가르침이 소박한 민중을 대상으로 한 것이기에 쉽게 알아들을 수 있다는 것이 장점이 된다.

한국의 신흥민족종교가 제시하는 해원상생사상은 모든 종교의 보편적 진리이면서도 한국사상의 요체라고 할 수 있다. 이러한 명백하고 어렵지 않은 원리를 몸소 실천하기를 계속하면 좌우대립, 남북갈등(한일관계와 중일관계를 포함하여) 등 어느 국제관계도 나빠질 수 없다. 이것이 한국사상의 전통으로 받아들이며 기독교와 이슬람의 대립을 포함하여 기존 교리를 가지고 현실적으로 해결할 수 있는 것이라면 한번 용기 있게 시도해 볼 만한 일이라고 생각되는 것이다.

7. 맺음말

아태공동체의 전통적, 사상적인 기조는 앞에서 말한 바와 같이 유불선 3교이다. 현대에 와서는 기독교와 이슬람교가 유불선 삼교보다도 더 유력하지 않느냐는 사람들도 있을 것이나 기독교나 이슬람교도 선교 중의 동선이 아닌 서선에 포함되는 것이므로 그 두 종교 역시 동양의 유불선 3교과 융합하거나 공존할 수 없는 종교라고 판단할 근거가 희박하다.

기독교와 이슬람교는 본래 유일 절대신을 섬기는 동조동근의 종교신앙이며 고대 히브리교계의 쌍둥이라고 볼 수 있으므로 서로 융합할 수 없을 만큼 이질적인 종교는 아니었다. 다만 그 중의 하나는 이스라엘을 떠나서 그리스, 로마, 동서유럽 방면으로 전파되었고 다른 하나는 이스라엘, 시리아반도, 아랍지역에 머물다가 중앙아시아로 퍼진 관계로 생활환경과 역사적 배경이 달라졌을 뿐이었다.

이러한 역사적 배경의 차이로 인하여 기독교의 신앙과 문명은 승자(勝者)의 종교신앙이 되고 이슬람사회와 문화는 상대적으로 패자(敗者)의 위치로 밀려났지만 그 두 종교세력 간의 앙금이 있더라도 그 대립이나 갈등은 수습하기 어려울 정도로 이질적인 것이 아니다. 두 종교가 마음만 먹으면 다시 화해하고 동질화할 수 있다. 한국의 신흥민족종교도 유불선 삼교의 변형인데다가 기독교의 영향을 받아들인 종교신앙이다. 그것이 기성종교와 사상이 제시하지 못했던 민중구원과 민족재생의 길을 제시하며 나타났다. 그 종교혼합의 민중신앙이 또 어떠한 형태의 종교 화해와 융합을 만들어 낼는지는 앞으로 더 두고 볼 일이다.

수많은 한국의 신흥민족종교의 공통된 교리 내용은 어떤 것인가? 첫째, 역사를 선천시대와 후천시대로 나누면서 선천시대는 상극과 대립의 시대이므로 힘의 지배로 귀결되었다. 둘째, 현재 다가오고 있는 후천시대에서는 상생과 협력의 시대이므로 도덕성에서 뛰어나고 지성도 우수하며 과거에 남의 나라를 침략하여 괴롭힌 죄를 짓지 않았던 민족이 후천시대를 이끌게 된다. 셋째, 앞으로는 해원상생과 공영의 시대이므로 많은 나라를 도와주고 덕행을 많이 쌓는 나라가 많은 나라의 추대를 받아서 세계를 이끌게 된다. 겸손하면서도 이웃 나라나 특히 뒤처진 사람들을 도와서 상생공영으로 이끌 수 있는 나라가 어떤 나라일까?

동아시아의 여러 국가 중에서 이웃 나라를 침략하거나 괴롭힌 일이 없으면서 고도의 지성과 도덕성을 간직하며 주변의 모든 외세에 대하여 겸손하면서도 남들을 도와서 상생공영으로 이끌 수 있는 국민 중에는 한민족이 포함된다. 오로지 한민족에게 미흡한 점이 있다면 외국에게 나쁜 짓을 한 흔적은 적으나 두드러지게 좋은 일을 했다는 실적도 부족하다는 점이다. 다른 민족이나 국민들과 비교하여 특별히 나쁘거나 못났다고는 말하기 어려우나 그렇다고 많은 나라들에게 특별한 감사와 존경 그리고 섬김을 받을 정도의 공덕(功德)은 지은바가 없었다. 그래서 앞으로 아시아태평양공동체를 만드는 일에 앞장서며 또 큰 실적을 올리는 것이 한민족이 자신들의 능력과 실적을 보여줄 수 있는 좋은 기회가 아닌가 생각해 보는 것이다.

4 워싱턴・베이징 컨센서스를 대신할 서울 컨센서스

대립으로부터 공존과 복합의 길로

아태공동체를 구성하는 데 또 큰 걸림돌이 될 수 있는 요인이 그 회원국가 간의 이념과 체제상의 이질성(異質性)이다. 우선 지역 내 최대 강국이라고 할 미국과 중국의 정치이념과 구조가 너무 다르다는 것이다. 미국은 대표적인 자유민주주의국가인데 중국은 사회주의국가의 우두머리이다. 또 다른 나라는 선거결과에 따라서 보수당이 집권했다가 또 좌파정당이 집권하는 경우 사회주의체제로 진입했다가 다시 나왔다가 하는 등의 순환을 반복한다. 30여개 국가로 구성되는 지역공동체가 어떻게 그 일체성과 안전성을 유지할 수 있겠는가.

그럼에도 지역・국가 간의 지역통합의 요구가 강해지고 왕래(往來)가 많아지면 아시아의 여러 나라는 두 가지 체제모형 중 어느 하나의 체제모형과 정책노선을 선택하든지 아니면, 양자를 적절하게 혼합한 혼합체제를 창조하고 유지해 나가고자 고민하지 않을 수 없다.

그동안 세계를 주도하고 있는 선진대국들이 신자유주의경제개혁을 따라가다가 20세기 말 금융위기로 인하여 주춤하게 되었으나 그렇다고 미국이나 서구형을 반대하는 사회주의노선으로 들어선 것도 아니었다.

바꾸어 말한다면 선진국을 중심으로 하는 워싱턴 컨센서스(합의)냐? 또는 사회주의적인 시장경제를 추구하는 이른바 베이징 컨센서스

(합의)를 따르느냐의 갈림길에 서 있게 된다. 아시아의 여러 나라들이 어떠한 이념노선을 선택하느냐 하는 문제는 지역공동체라는 국제질서에도 더 중요한 영향을 미치게 된다.

아시아태평양국가들 중에서 안정되고 부유한 선진국들은 자유민주체제를 뒤따르는 워싱턴 컨센서스를 따르겠지만 빈한하며 아직도 후진성을 벗어나지 못한 나라들은 미국주도의 신자유주의적 세계화에 강한 반감을 나타내기가 일쑤였다. 이렇게 이념적인 동질성이 없는 상태에서 어떻게 하나의 정치적인 지역공동체가 형성되며 또 유지될 수 있겠는가?

한국도 현대화, 산업화과정에서 자유경제체제를 유지함으로써 급속한 발전을 이룩한 나라이다. 그러므로 워싱턴합의 편에 서려는 정서가 강할 수밖에 없다. 그러나 김대중, 노무현의 좌경정권에 와서는 체제노선에 큰 변화가 일어났다. 미국과 일본의 경제적인 예속성을 우려하면서 반미정서에 휘말리며 북경합의의 방향으로 전환하려는 정치세력이 힘을 얻게 된 것이다.

그러나 2007년 대통령선거를 통하여 이명박 정부가 들어서면서 한국의 정치경제는 다시 워싱턴 컨센서스 쪽으로 되돌아 갈 수 있는 전망이 보이기 시작했다. 경제성장의 목표를 추구하자니 그 쪽으로의 방향전환이 불가피했던 것이다. MB정권이 중도실용주의를 내세운 것으로 보아서는 그 두 합의 중 어느 한쪽으로 기울게 되는 것을 꺼리는 모습을 볼 수 있었다.

미국 다음의 경제대국 일본과 세계최대 시장으로 급부상하고 있는 중국, 그리고 산업경제의 여러 분야에서 세계의 注目을 받고 있는 한국과 싱가포르 등 신흥공업국가들은 각기 특유(特有)한 성장모델을 가지고 발전해 왔다. 그러나 앞으로 어떤 방향으로 전환하게 될까? 또 앞으로 아시아태평양지역공동체가 출현하게 되는 경우에 여러 가지 이념노선을 달리하는 나라들이 어떻게 조화로운 지역공동체를 형성하고 유지해 나갈 수 있겠는지 궁금해진다. 이러한 의문점을 고려대학교 이신화 교수는 2006년 5월13일자 〈조선일보〉 동아시아 칼럼,

"워싱턴 컨센서스와 베이징 컨센서스"라는 글에서 노선갈등의 가능성을 제기하였다.

1. 워싱턴 컨센서스가 그 명백한 문제점에도 불구하고 유지 강화되어온 이유

자유민주주의와 자유로운 시장경제체제는 오래전부터 잘사는 사람들, 곧 중류이상의 시민들이 선호해 왔으나 노동자, 농민, 기타 빈곤층에게는 가혹한 면이 있었다는 부르주아 민주주의로 비판받았던 정책노선이었다. 그래서 정부가 새로 들어설 때마다 못사는 사람들을 위한 복지를 강조하면서 많은 규제와 억압조치를 취해 왔던 것이다.

그러나 소련과 공산권이 무너지면서 구미사회에서도 경제에 대한 규제가 경제성장을 어렵게 한다는 이유로 사회와 경제에 대하여 무제한의 자유경쟁을 허용하자는 이른바 신자유주의 쪽으로 기우는 경향이 나타났다. 특히 미국의 보수주의정권 특히 공화당정부는 신자유주의를 공식적인 이데올로기로 내세우며 세계문제를 처리해 나가려고 하였다.

그들의 주장은 어느 국가나 사회도 무한경쟁을 허용해야만 나라가 더 부강해지며, 또 그래야 근로자나 농민들마저도 잘살게 된다는 논리를 가지고 소련과 동유럽의 공산주의가 멸망한 후 세계의 초강대국으로 군림해 온 것이다.

그러던 참에 2001년 9월 11일 미국 뉴욕은 이슬람 알 카에다의 무장테러로 미국의 상징적인 무역회관 건물이 폭파당하는 수모를 겪었다. 미국의 조지 W. 부시 대통령은 분을 참지 못하여 보복을 결심하여 테러공격의 주모자 빈 라덴을 보호하는 아프가니스탄을 침공하는 조치를 취했다. 또한 미국에 대한 테러공격에 기뻐 날뛰는 이라크를 응징하고자 군사적으로 다시 침공을 시작했다. 이것으로 미국의 국력이 하강 쇠퇴하기 시작한 것을 보아서는 미국 측의 큰 실책이라고 보지 않을 수 없다.

미국의 불행은 여기서 그치지 않는다. 2007년 미국은 부동산가격의 하락으로 금융위기가 시작되었으며 이것이 전 세계로 확산되었다. 세계화(*globalization*)란 말이 여기서 실감난다. 유럽과 중국 그리고 일본도 미국의 금융위기가 자국의 경제난으로 번지지 않을까 염려하여 전 세계의 부강국(富强國)들이 일제히 미국의 경제위기를 수습하는 데 일조하고 나서는 신기로운 일까지 벌어졌다.

필자는 인간의 존엄성과 자유의 원리를 고수하려는 워싱턴 컨센서스(Washington Consensus)의 강점을 여기서 실감하였다. 인간성과 능력의 자유로운 발휘(*free development of human personality, free realization of self*)를 모토로 하는 사고방법은 독일의 관념철학자 헤겔(Georg Friedrich Hegel)의 역사철학에 집약되어 있다. 독일의 철학자 헤겔은 인류역사를 인간자유와 자율성의 확대 및 전개과정으로 보았다. 현대인들이 받아들일 수 있는 유력한 역사관이라 하겠다.

사람도 어린이로부터 성장하여 어른이 되며 지각이 높아질수록 개인의 자유와 자율성의 영역이 확대된다. 또 남의 통제나 간섭을 싫어하게 된다. 국가의 발달과정을 보더라도 사람들은 오랫동안 절대군주의 통치하에 살아야 했다. 그러나 근대화가 이루어지자 국민이 선출한 정부나 의회의 지배를 받게 됨으로써 많은 사람들이 보다 많은 선택의 자유를 누릴 수 있게 되었다. 현대사회에 들어서면서 정부권력이나 의회의 관할 영역이 차츰 축소되면서 그에 반비례하여 민간단체의 관할 영역이 확대되어 가는 추세로 돌아섰다.

과거에는 국민대중이 통치권력의 통치대상밖에 되지 못했다. 그러나 근대사회에 와서는 시민은 나라의 주권자로서 주인행세를 할 수 있게 되었다. 현대사회에 와서는 주권행사가 점진적으로나마 명실(名實)상부해 가며 시민이 나라의 주인일 뿐만 아니라 역사창조의 주체로 올라서고 있다. 또 민주주의사상과 정치제도가 보편화되면서 민주정치사상에 대한 이해도 많아졌으며, 그의 단점이나 문제점도 경험을 통하여 배우며 해결방법도 발달해 왔다. 그 취약점의 보완을 NGO나

NPO(비영리단체)가 하게 된 것이다.

미국도 1930년대의 경제불황을 극복하기 위해 루즈벨트 대통령은 사회주의적인 색채가 농후한 TVA정책(테네시계곡관리소)을 채택하였다. 현재 미국의 오바마 대통령도 경제위기를 극복하기 위해 미국 전역의 은행을 국가관리 하에 두는 정책으로 대응하였다. 이것이 바로 사회주의정책인데 자유주의경제의 최고 지도국가가 지금껏 대립해오던 이념적 전통이나 논쟁에 전혀 구애받지 않고 그러한 정책을 채택하려는 실용주의적인 자세를 높이 평가해야 할 것이다. 인간의 자유가 아무리 소중한 가치라고 하더라도 그 원리에만 집착하지 않고 실용주의적 원리를 중요시하는 것 또한 정치가 따라야 하는 소중한 진리인 것이다.

요즘은 민주정치의 가치도 절대적인 것으로 인식되지 않는 경향이 나타나고 있다. 주민들의 교양과 양식을 유지하는 정도에 따라서 수준 높은 정치활동을 할 수 있는 것이며 민주정치 그 자체가 만병통치약이 되지 못함은 자명한 것이다. 안정된 중산층 그리고 교육받은 인구가 압도적 다수를 차지하는 생활이 안정된 사회여건을 갖추어야만 민주정치도 안정적으로 운영될 수 있는 것이다. 그런 여건이 갖추어지지 않을 때 민주정치라는 제도는 포퓰리즘의 노예가 되며 선동정치나 중우정치(衆愚政治)로 타락하게 되는 것이다. 공산국가에서는 소수가 다수의 이름으로 권력을 독점하고 횡포를 일삼지만 자유민주사회에서는 개인의 인권이나 소수자의 권리가 다수의 의사 못지않게 중요시된다.

자유민주주의와 시장경제는 역사발전의 현 단계에서 가장 수준이 높은 정치제도이다. 인간의 존엄성을 믿지 않으면서 민중의 의사를 들먹이며 국가통제의 영역을 확대하고자 하거나 개인자유의 영역을 축소하려는 민중주의의 폐단은 경계되어야 한다.

아시아태평양 지역국가들도 좌우합작형 중도주의(中道主義) 이념노선을 내세우는 것이 여러모로 편리하다. 그러면서도 실제적으로는 워싱턴합의를 주요발전 전략으로 받아들이게 되는 것은 이 지역공동체에 가입하게 될 나라들은 미국과 일본 그리고 호주, 캐나다 같은 몇 나라를 제외하면 대부분이 20세기 중엽까지 강대국의 식민지 지배를 받았던 개발도상국가라는 점 때문이다. 이런 나라들도 모두 산업화 현대화를 위해 전력투구해야 하는 입장에 있기 때문에 모험을 하는 기분으로 신자유주의 노선을 흉내 내는 경향도 생겨난다. 중요한 것은 상황이 요구하면 정치사상이나 이념에 구애 받지 않으며 제도나 정책을 바꾸는 마음의 자세를 보인다는 점이다. 이것이 성숙사회의 사고방식이며 또 처리방법일 것이다.

2. 베이징 컨센서스의 강점과 취약점: 좌우대립도 타협과 혼합의 길로 들어서고 있다

평등과 박애도 자유의 원리 못지않은 근대국가의 보편적인 가치이다. 평등과 박애의 가치를 희구(希求)하는 인류의 바람도 자유의 가치 못지않게 중요하며 또 영원한 것이다. 그러므로 사회정의를 강조하는 정치세력의 존재도 끊어질 수 없으며 그런 면에서 공산주의나 사회주의를 지지하는 세력도 영원히 없어질 수 없다. 이 세상에서는 사회경쟁의 승자보다 패자가 더 많다. 그러므로 좌파세력은 언제나 보수우파세력보다도 다수의 추종을 얻을 수 있는 것이다.

현대사회는 생존경쟁의 세계 중에서도 동물적인 생존투쟁의 단계를 넘어서 있다. 따라서 경쟁에서 패배했다고 해서 생존권이 박탈당하지 않는 좋은 세상이 되어 있다. 그래서 여러 방법에 의해 절대적인 빈곤자들은 철저하게 보호 받는다. 경쟁은 아직도 치열한 편이나 인간사회가 천상의 세계가 아닌 이상 이러한 경쟁마저 폐지하려는 것은 비현실적이며 또 비효율적이라는 인식도 확산되고 있다.

과거에는 빈민계급이 단결하여 유산계급을 억압 착취해야 한다는 공산주의사상과 운동이 많은 사람들의 추종을 얻을 수 있었다. 현대에 와서는 그런 사고방법을 고수하는 사람들도 크게 줄어들었다. 과거 한때 소련이 빈한한 사회주의국가 집단의 두목이 되어서 자유세계에 대적하였다. 그래서 동서냉전을 이끌어 갈 수 있었던 것이다. 그러나 그런 냉전의 시대도 이미 종적을 감추어가고 있다. 소련을 대신할 것 같았던 중국은 오히려 미국과 더 친숙한 관계를 유지하면서 현대화와 발전의 이익을 조금이라도 얻는 데 더 열심이다. 이것은 상생공영의 시대로 전환해 가는 모습을 보여주고 있는 것이다.

실제로 중국이나 러시아도 사회주의국가이면서 적어도 당분간은 나라의 경제건설과 국가안보의 필요성이나 유효성을 감안하여 사회주의 정책을 중지 억제하고 있는 중이다. 그래서 빠른 국력배양과 산업화의 과제를 더욱 가속화하자니 그들 역시 자본주의의 방법을 상당 부분 원용하지 않을 수 없는 것이다. 어떤 사람은 러시아의 공산주의도 말만 사회주의이지 그 내용은 노동자들을 지독하게 착취하는 국가자본주의라는 비꼬임을 들어왔다.

그러나 오늘날 국가자본주의의 틀 안에서도 개인 또는 소집단의 자본주의가 발생하여 성장, 증가추세를 보이기 시작했다. 여기서도 국가의 필요에 따르는 혼합체제로 바뀌는 변화조짐이 이미 나타나고 있는 것이다.

워싱턴합의에 따라 지역공동체를 운영해 나가다 부족하거나 문제가 생기면 사회주의, 곧 북경합의를 섞어서 쓰려는 분위기로 바뀌고 있다. 그런 추세도 그 국가의사에 의하여 결정된 것이라면 남들이 그런 혼합체제에 대하여 왈가왈부할 필요가 없다.

최근 어느 대학교수는 〈조선일보〉 칼럼에서 "색깔이 다양해야 국가가 큰다"라는 제목을 부치고 '국가도 생태계와 같다. 다양해야 풍성하고… 잘 견디며 그때 효율성도 높아진다. 문제는 우리 사회의 배타적 분위기다…'라는 발문을 붙인 것을 보았다. 우리도 이제는 체제의 혼합 잡탕도 두려워할 필요가 없게 되어간다.

한국의 보수우익세력이 선진국 모델인 워싱턴합의 쪽을 선호하는 이유도 자명하다. 북경합의를 선호하는 좌파정권과 반미 · 반일 민족주의를 강조하며 빈부격차의 해소를 역설하는 좌파세력의 정책노선은 나라의 경제성장이나 정치, 사회적 선진화를 저지하며 나라를 정체와 후퇴로 이끌어 감을 보았기 때문이다.

노무현 좌파정권이 들어선 후 스위스의 신용평가기관은 한국정부나 민간기업의 능률성이 28위에서 37위로 내려앉았다고 한다. 좌경정권이 유지되어 좌파세력이 그 영향력을 행사하는 한 한국의 국제적 지위나 대외경쟁력은 계속 하강하게 된다는 사실을 보여주는 사례이다.

앞에서도 언급하였듯이 북한정권이나 남한의 좌파세력은 16억 이상의 인구를 가지며 아시아에서 최대의 영토를 차지하는 세계 제2위 초강대국가인 중국과 그런 중국을 자신들의 맹주이며 배후 비호세력으로 받들어 모시는 정책노선을 추구해 왔다. 아시아에서 좌파세력 내지 그 잠재세력은 친미 보수우파세력에 비해 양적으로 많고 그들의 잠재력도 훨씬 우세한 것이 사실이다. 그러므로 중국이나 북한을 따르고 편들려는 이른바 북경합의세력은 항상 우세하며 그들의 투쟁역량도 보수우파세력을 능가할 수 있는 것이다.

달도 차면 기운다는 말이 있다. 미국이나 중국도 패권을 빨리 차지하다가 빨리 쇠퇴하는 일이 없도록 조심해야만 한다. 그러나 어떤 나라든 스스로 알고 조절하기가 어려울 것이다. 그래서 지역공동체 기구가 제3자의 입장에서 패권욕의 충동을 조절해 줄 수 있을 때 미국과 중국도 그들의 영향력을 오랫동안 유지할 수 있는 것이다. 아시아태평양공동체가 출현하여 건실하게 기능하게 될 때 미국과 중국은 더 안전하게 그들의 지도적인 역할을 보전할 수 있다는 이야기이다.

3. 남북한의 갈등과 아태공동체

아시아태평양공동체의 출현과 그 운영에 또 하나의 걸림돌이 되는 것이 남북한의 대립과 갈등이다. 한국의 대립과 갈등은 미중관계에 직결되어 있으므로 남북한 관계가 개선 완화되지 않는 한 미중관계도 좋아지기 어려울 것이다. 현재로 보아서도 남북한 관계가 순조롭게 개선될 전망이 보이지 않는다. 미국은 북한이 6자회담에 참석하며 6자합의에 따라서 핵무기 개발과 보유를 포기하는 대신 여러 나라의 경제원조를 받아들이며 개혁 개방으로 나가기를 바라고 있다. 그러나 북한은 핵무기를 포기할 생각이 없으며 미국이 한반도에서 물러서주기만을 바라며 또 요구해 온 것이다.

그런 목표가 달성되지 않는 한 북한은 중국이 아무리 설득해도 핵무기를 포기하지 않을 것 같다. 6자회담에 참석하고 안 하고, 어떤 합의를 하고 안 하는 것이 대세와 남북한 관계에 아무런 영향을 주지 못한다. 필자의 입장에서 본다면 미 · 중 · 일, 러시아와 남북한 6개국의 합의보다는 아시아태평양공동체의 합의나 압력이 훨씬 더 무게가 있으며 또 유효하다는 주장을 하고 싶다. 문제는 아태공동체가 형성되지 못하였기 때문에 미국이 6자회담을 중요시하고 그에 의존하려고 드는 것이다. 그러나 6개국 중 남북의 화해나 합의에 6개국이 사심과 사욕을 버리지 않는 한 성사되기 어려울 것이다. 중국과 미국의 화해나 합의도 건성이 될 수밖에 없으므로 아시아의 평화와 번영은 쉽게 이루어질 것 같지 않다.

최악의 경우에는 남한이 연방제통일이라는 이름으로 핵무기로 위협해대는 북한 측으로 흡수 통일당하는 가능성도 배제하지 못한다. 그동안 한국인들이 공산주의의 위협을 느끼지 않고 지낼 수 있었던 것은 한국의 경제가 크게 성장해온 것과 공산주의의 위협이 세계적으로 약화되었기 때문이었다. 또한 한국의 믿음직한 동맹국 미국이 현재 세계의 유일한 초강대국으로 군림해 왔으며 한국을 보호해줄 것이라는 믿음 때문이었다.

제행무상(諸行無常)이란 말이 있듯이 사람들이 사는 세상에 안정된 것, 영원한 것은 없다. 그동안 유일 초강대국이라고 인정받았던 미국도 그 국력이나 영향력이 급속하게 축소 약화되어가고 있다. 미국이 현재 아무리 강한 군사력이나 경제력을 가졌다고 해도 세계를 마음대로 좌지우지하지 못한다.

이러한 국내외 정세를 감안해 볼 때 한반도나 아시아가 안정과 번영을 누릴 수 있으려면 동쪽에는 남북아메리카, 서쪽에는 유럽공동체, 북쪽에는 러시아, 스칸디나비아제국을 포함한 북방국가들과 균형을 유지할 수 있을 정도로 강한 아태공동체를 형성하는 것이 최상책이라는 결론에 이른다.

2010년 3월 26일 천안함사태 비극의 재발을 막는 국제적 안전조치로서의 지역공동체구상으로 외교안보연구원 윤덕민 교수는 〈동아일보〉에 "천안함 발표 이후, 한국의 선택"이라는 제하의 긴급시론에서 '분단극복의 신패러다임을 준비하라'는 글을 발표하였다.[1] 그 글의 요지는 북한이 한국의 해군함정을 계획적으로 폭침(爆沈)하였는데 전쟁수단이 아니고는 북한의 만행을 효과적으로 제재하는 방법이 없다는 것이다. UN의 안전보장이사회를 통하여 제재하는 것이 유일한 방법임에도 중국이 거부권을 행사할 것이 예상되는 한 북한의 테러 만행을 응징하는 방법도 없는 것이다.

우리 해군의 46용사의 희생을 헛되이 하지 않으려면 안보리를 뛰어넘는 발상의 전환이 필요하다. 중국이 의도적으로 북한을 두둔하는 이유는 북한을 자국의 완충국으로 끌어들이며 무조건 감싸 안으려는 정책 때문이다. 중국의 완충국 특혜는 고리타분한 국제정치의 낡은 수법이다. 오늘의 국제상황에 역행하는 착상일 뿐이므로 이제는 새로운 개념을 고안해 낼 때가 왔다. 그것이 무엇인가? 지역공동체의 창설이다.

우리의 전략은 한반도를 포함한 지역의 안전과 번영을 보장하는 새로운 발상으로서 북한지역을 포함하는 동아시아공동체 구상을 제시하자는 것이다. 이것이 새로운 한반도 평화구조의 확실한 길이며 남북관계는 물론이고 지역적 차원의 중층적 접근을 통해 한반도평화를 더욱 공고히 하며 궁극적으로 통일의 길을 찾아내는 데 결정적인 도움이 된다. 이런 주장을 펼친 윤덕민 교수는 필자가 아는 한 동아시아공

1) 윤덕민, "분단극복의 신패라다임을 준비하라", 〈동아일보〉, 2010년 5월 24일자 A35면.

동체의 구상이 한반도의 남북관계를 해결할 수 있는 유효한 방법이라고 주장하는 한국의 현역 국제정치학자라는 점에서 매우 드문 존재라는 생각이 들었다.

4. 서울 컨센서스에 기반을 둔 한국의 대응전략

미국이 주도했던 국가경영의 미국식 전략인 워싱턴합의(방법)는 미국의 금융위기와 아프가니스탄전쟁으로 급속한 내리막길로 들어섰다. 그러나 미국식 세계 헤게모니에 도전했던 중국식 세계전략도 얼마나 오랫동안 지속할는지 알 수 없다. 중국 자신이 사회주의로부터 궤도를 일탈하고 있으며 미국의 패권을 대신할 것 같았던 베이징 컨센서스도 빛을 잃어가게 될 때 아시아의 신흥국가들은 보다 더 자주적인 제3의 길을 찾게 된다.

이런 대안은 싱가포르의 리콴유(李光耀), 말레이시아의 마하티르 수상 등이 이미 들고 나왔던 노선이었다. 한국에서도 박정희 전 대통령 이래로 말없이 실천해왔던 한국적 발전전략이 서서히 형성되기 시작했다. 여기에 역사의 무게가 실리면서 한국 특유의 발전전략이 서울 컨센서스라는 이름으로 모습을 드러내기 시작했는데 이것도 2010년에 들어서부터인 것 같다. 한국 특유의 성장 발전의 유형도 이미 완성된 것이 아니며 아직도 진행 중이라고 볼 수는 있으나 한국식 국가발전 전략과 정책노선이 하나의 특이하고 새로운 전략으로 인정되기에 이른 것은 한국적 자주의식 성장의 결과라고 말할 수 있다.

2010년 1월 25일자 〈조선일보〉는 한반도선진화재단과 〈조선일보〉사의 공동 프로젝트로 21세기 국가발전의 새로운 패러다임을 제시할 서울 컨센서스를 만들어 연재하겠다고 보도했다. 한국이 선진국으로 도약하기 위한 국가발전전략이자 중진국들에게는 선진화를 위한 처방이 될 '서울 컨센서스'가 성공할 수 있게끔 구체적으로 10개 분야의 정책방향과 대안을 제시하였다. 그것이 어떠한 내용을 담고 있는지 서울 컨센서스의 10대 전략 내용의 요지는 다음과 같다.

① 정신자본을 중시해야: 역사에 대한 자긍심, 근면, 정직, 성실의 직업윤리, 유학, 관광 등 사회·문화적 교류 확대.
② 지구촌가의 통합 확대로: 국가 간 자유무역협정, 지역공동체 구상, 국가 간 정책협조, 유학, 관광 등 사회·문화적 교류의 확대.
③ 세계화 부분과 비세계화 부분의 병진(竝進) 발전: 학교, 복지 등 서비스 부분과 중소기업, 자영업 등은 세계화로 인하여 생산성이나 소득이 뒤지는 경향이 있다. 그러므로 비세계화 부분에 대한 종합적 지원노력이 필요하다.
④ 인적투자 효율화, 세계지식생태계 활용: 지식생산과 과학기술 경쟁에서 뒤지지 않으려면 세계적인 지식생산 네트워크 속에 들어가야 한다. 이를 위해 정부, 대학, 민간기업들 간의 긴밀한 국내외 전략적 제휴와 다층적, 다면적 협력 네트워크가 필요.
⑤ 성장·복지·환경 간 조화, 공생적 발전의 길로: 중산층이 빠르게 성장하고 확산되는 '항아리형 경제'를 목표로 해야 분배개선형 성장이 이루어진다.
⑥ 경제발전 목표는 '성장극대화' 아닌 '고용극대화': 고용없는 성장과 비정규직의 확대가 일반화된 추세임을 감안하여 생산확대와 새로운 일자리 창출에 도움이 되는 선순환 구조로.
⑦ 민관협치와 지방주권의 세대 열어야: 21세기 들어 나라의 정책결정과 운용이 정부주도가 아니라 시장과 시민이 참여하는 협치로 바뀌어 간다. 민간과 지역의 성장잠재력, 창의성과 자발성을 최대한 활용할 수 있는 구조로.
⑧ 자유민주주의를 성공시키는 길: 포퓰리즘과 급진주의를 극복하여 국익추구와 공익실현의 도구가 되려면 정치계획이 필요하다.
⑨ '통일한반도 시대'를 열어 세계 공헌국가로 거듭나야: 남북이 하나가 되어 선진화로 갈 수 있는 통일전략과 아울러 동아시아지역 평화와 번영에 기여하는 동아시아 구상과 국가비전이 나와야.
⑩ 현장, 역사를 소중히 하는 세계화된 국가전략 가져야: 우리 나

름의 독자적인 세계구상과 세계전략을 전제로 중장기 국가비전과 중단기 국가전략을 세워야 한다.

이러한 국가전략과 발전의 정책은 오래전부터 많은 지식인들이 주장되어 온 것을 종합한 것이다. 그것을 박세일 교수가 주도하는 한반도선진화재단이 정리한 서울 컨센서스의 이론체계는 설득력 있는 국가이념의 정리라고 보이며 우리는 크게 환영한다.

필자는 여기서도 ①과 ②항에 대한 보충설명을 통해서 필자의 소견을 피력하고자 한다. 우선 ②항 '지구촌가의 통합 확대로'(국가 간 자유무역협정, 지역공동체구상, 국가 간 정책협조, 유학, 관광 등 사회·문화적 교류의 확대)라는 전략 제시는 필자가 주장해 오던 '아태공동체기구' 형성을 추진하는 각성된 시민세력이 동북아 여러 나라의 시민들에게 구체적으로 무엇을 어떻게 할 것인가 하는 문제와 매우 유사하다.

필자는 아시아의 지역공동체가 형성될 때 어떠한 전략을 앞세우고 어떠한 합의를 선택하든 간에 그에 앞서서 반드시 선행되어야 하는 것으로 ① 정신자본이라고 할 각 나라 국민들의 정신적인 오염이나 심정의 왜곡을 청소하고 정화하는 문제라고 보고 있다.

동아시아 여러 나라가 하나의 공동체로 결합하려면 무엇보다도 화해, 용서, 공생, 협력의 대원칙에 대한 합의가 선행되어야 한다. 이런 대원칙에 따라서 각 나라는 과거사에 대한 용서나 재평가 그리고 포용의 폭을 넓혀나가야 한다. 이러한 프로그램이 오랫동안 지속될 때 이웃 나라에 대한 오해나 나쁜 인식도 계속 시정되어 가면서 화해와 협력의 기운이 확산될 수 있다.

우선 아시아태평양국가들의 시민연대가 일본, 남북한, 중국, 대만 그리고 미국 등 각 나라에 대하여 할 일이 무엇인가? 동아시아 여러 나라의 상호이해와 협력을 방해하는 요인을 찾아내 그런 부정적인 요인을 제거하는 데 주력하는 일이다. 그러기 위하여 각 나라 시민들 간의 솔직한 대화, 의사소통을 촉진하는 프로그램을 하지 않을 수 없다.

그동안 남북한에 대한 일본인, 중국인, 미국인들의 인식이나 태도를 바꾸는 프로그램도 개발되어야 한다. 그동안 한국인들이 일본이나 중국, 또 미국인들에게 준 오해나 악감의 원인이 무엇이었는지, 또 그런 과거지사에 대한 시정(是正)이나 재인식, 그동안 잘 알려지지 않았던 역사적인 사실에 대한 인식도 꾸준히 찾아내야 한다. 그리고 그것을 둘러싼 의견교환을 통하여 재평가 작업도 계속해서 이루어져야만 한다.

원시시대나 고대사회에 맺어졌던 조선족과 중국인들 간의 밀접했던 관계, 특히 매우 가까웠던 한일관계를 되돌아 볼 때 한민족과 일본은 거의 동조동근이라고 보아도 잘못이 없다. 또한 중세나 근대시대를 통해서 유지되었던 밀접했던 상호관계도 왜구(倭寇)나 해적행위에 의하여 너무 가려져 온 면도 시정되어야 한다.

다음 북한에 대하여 성숙한 시민단체가 할 수 있는 일이 무엇이겠는가? 우선 북한주민들이 공산당 독재치하에서 살아온 60여년 역사를 철저하게 살피며 그동안 주민들의 생활실상과 애환을 정확하게 파악해야 한다. 그리고 어떻게 하면 그들에게 남한주민들이 누려온 자유와 풍요를 누리게 해줄 수 있는지 연구하면서 북한주민들이 스스로 자유롭게 잘살 수 있는 길을 찾아낼 수 있도록 재교육하고 훈련시키며 살 수 있는 길을 찾아낼 수 있도록 도와주어야 한다.

아울러 남한의 주민들에게는 국민이나 이웃 나라를 미워하고 원망하도록 충동질하거나 대외관계를 악화시키는 방향으로 유도해온 좌파세력의 사상과 행동의 역작용을 정확히 인식하도록 재교육해야 한다.

아시아태평양공동체는 중국이 다시 정신도덕문명의 중심지가 되도록 유도하며 과거의 영광을 되찾을 수 있도록 도와줄 것이다. 아시아태평양공동체 안에서도 중국이 과거의 중심적인 역할을 다시 할 수 있다. 몽고나 시베리아, 중앙아시아국가들도 앞으로 이런 공동체 안에 포함될 수 있을 것이다. 대만도 중국의 변두리 지역, 낙후된 벽지로 머물 것이 아니라 오히려 새 중국문명, 정신도덕문명을 선도하는 묘상(苗床)노릇도 하며 문명활동의 기지(基地)가 될 수 있어야 한다.

1) 미국 정치학자가 보는 아시아의 미래상

지난 2010년 7월 23일 한국정치학회가 주체한 학술회의, “Special Conference with Global Eminent Scholars”가 경희대학교에서 열렸다. 그 발표주제는 American Grand Strategy toward East Asia, Past, Present and Future였다. 이 학술세미나에서 예일대학교의 폴 케네디(Paul Kennedy) 교수와 프린스턴대학교의 존 아이켄베리(G. John Ikenberry) 교수가 발표하였는데 후자가 발표한 American Grand Strategy Toward East Asia: A Political Perspective의 결론 부분을 간략하게 여기에 인용 소개하겠다.

> “중국이 지역공동체 기구를 지배하려고 들 가능성이 없지 않을 것이다. 공동체의 기구에서 미국을 배제하려는 경우의 일이다. 그러나 미국의 동맹국들이 그러한 변화를 원하지 않을 것이므로 그렇게 될 가능성은 많지 않다. 아시아지역공동체의 추세는 지역단체의 다원성과 다원적 결합체가 증가하는 것이다. 그 지역은 이미 다층적 지역사회의 모습을 보여주고 있다. 지역공동체조직은 EU처럼 단일화되지 못할 것이다.”
>
> “미국과 중국은 앞으로도 모든 분야에서 경쟁할 것이다. 그럼으로써 그 지역은 더욱 분권화될 것이며 복합적인 조직구성을 보일 것 같다. 헤게모니적인 구성체를 이루지 못하지만 그렇다고 세력균형적인 조직체도 생기지 않을 것 같다. 양쪽의 특성을 다 가질 수도 있다고 본다.”

위의 말을 해석한다면 ① 동아시아공동체에서 중국이 원하지 않더라도 미국이 빠지거나 배제되지는 않을 것이다. ② 아시아지역공동체는 EU처럼 단일기구가 되지 않을 것이며 다원적인 복합기구로 남을 가능성이 크다. ③ 아시아지역공동체는 어느 한 나라가 지배하는 공동체도 아니지만 세력균형적인 구성체도 아니다, 어떠면 그 두 가지 특성을 함께 지니는 것처럼 보일 수 있다는 지적이다. 매우 의미심장한 지적이라고 평가된다. 이런 말을 필자에게 해석하라면 아시아태평양공동체는 워싱턴합의도 북경(베이징)합의도 서울형 합의도 모두 혼재한 지역공동체로 남을 공산이 크다고 말할 수가 있다.[2)]

5. 맺음말

이 책의 제3장에서 필자는 아시아태평양공동체의 궁극적인 이념을 설정함에 있어서 현대세계의 보편이념이라고 말할 수 있는 자유, 정의 그리고 진리를 제시하였다. 1789년의 프랑스혁명의 정치이념이 자유, 평등, 박애인데 어떻게 말도 없이 박애를 진리로 바꿨는지 사람들은 의심할 것이다. 이런 문제에 대한 필자의 소견은 다음과 같다.

현대사회와 연관시켜 볼 때, 자유는 자본주의시장경제의 이념이다. 그에 비해서 평등은 사회주의경제체제의 정치이념이라고 말할 수 있다. 그러면 박애는 무엇이냐? 박애는 사회공동체의 이념정향인데 자

---

2) 한국정치학회 학술회의 자료, *American Grand Strategy toward East Asia, Past, Present and Future*, 후원 경희대학교, 2010. 7. 23. pp. 30~31. This is, of course, precisely what the United States did in the decades after world war II, building and operating within layers of regional and global economic political, and security institutions - thereby making itself more predictable and approachable, and reducing the incentives that other states would otherwise have to resist or undermine the United States by building countervailing coalitions. 우리가 만들어내고자 하는 아시아태평양공동체는 적어도 초기과정에서는 말은 있어도 실체가 잘 보이지 않는다. 그러나 잘 보이지는 않는다고 해도 그 작용이 없는 것이 아니다. 그 실체란 것도 일부 NGO들이 하는 일이기 때문에 작용이 보이다가 또 안 보이다가 하지만 그 가짓수나 횟수가 계속 증가하는 경우에 지역공동체의 실체는 차츰 드러나게 된다. 꾸준하게 지켜보면 그 실체의 작용이 더 활성화되며 존재도 계속 뚜렷해진다. 다만 비공식적인 조직체도 다양한 모습으로 또 여러 기구로 나타날 수 있을 것이므로 아시아태평양공동체는 조만간 여기저기에서 그 모습이 드러난다고 예측할 수 있는 것이다.

유로운 시장경제체제를 통해서 사회공동체를 이룩하는 경우도 있겠고 또 사회주의경제체제를 통해서 박애의 사회공동체를 건설하는 방법도 있는 것이다. 어느 쪽이 역사의 진실인가 하는 문제로 좌우의 이념투쟁이 계속되어 왔으나 공산주의사상과 체제는 아니라는 것이 오랜 냉전과정을 통해서 밝혀진 진실이다.

그러면 시장경제체제를 따르는 자유의 이념이냐, 아니면 사회민주주의를 따르는 평등 노선이 박애의 사회공동체를 완성하는 데 더 유효할 것이냐? 하는 문제가 남아 있는데 그 판정은 현재로서는 쉽지 않은 상태이다. 요컨대 워싱턴합의가 옳으냐 북경합의가 옳으냐? 어느 것이 옳고 그른가는 일괄적으로 판정하기가 쉽지 않다. 서울합의도 그런 해법이 과연 어떤 경우에도 들어맞는 것인지 장담하기 어렵다. 그래서 박애를 대신하여 진리로 결정한 것이 아닌지 필자는 생각하고 있다.[3)]

우리는 앞으로 아시아태평양공동체를 이끌고 갈 서울합의가 회원국가 모두 '이웃나라 좋아지기'와 '이웃나라 사람들 돕기'를 만드는 지역공동체를 만들어내는 원동력이 되기를 바란다. 지금으로부터 100년 전 한국의 미래를 다음과 같이 예견하는 한시(漢詩)를 쓴 선각자가 있었다. "萬國活計南朝鮮 淸風明月金山寺 文明開化三千國 道術運通九萬里" 여러 나라의 발전과 선진화를 이끌어 갈 나라가 대한민국이다. 모든 나라에 문명과 개화를 도와줄 것이다. 한국의 학술문화, 정신문화가 지구의 구석구석으로 전달되어 세계평화를 만들어낼 것을 예언한 한시인데 이것이 서울합의의 정신이며 결과가 되기를 바라며 그런 방향으로 노력을 계속해 보자.

---

3) 사실 박애라는 개념도 냉정히 따져보면 매우 애매하고 종잡기 어려운 개념이니 그 말을 진리란 말로 대치한 것 같다. 평등이란 말은 정의란 말로 대치되었으면 좋겠다. 정의도 싸움질하려는 정의가 아니라 화해와 용서로 귀결되는 정의라야 할 것이다. Michael J. Sandel, *Justice*, 앞의 책 참조.

5 2020년에 세워진다는 종교세력주도의 아시아국가연합체제

최근 화제에 오른 미래학자의 예언

들어가며

이란혁명, 베를린벽의 붕괴 등 세계사의 흐름을 정확하게 예언했던 미래학자 로렌스 토브(Lawrence Taub)는 최근 《정신의 지상명령: 性, 연령 그리고 최후의 계급제도》(*The Spiritual Imperative: Sex, Age, and the Last Caste*)라는 저술을 발간했다. 일본의 시사주간지 〈사피오〉에 데이 야스히로(出井康博)라는 사람이 그 내용을 상세하게 소개하며 논평을 했기에 여기서 그 학설을 인용하며 필자의 의견을 첨가하고자 한다.[1)]

토브는 머지 않은 장래에 일본, 중국, 통일한국이 힘을 합하여 '유교국가연합'이라는 지역공동체를 창건하게 되며 그 기구가 앞으로 미국이나 유럽을 제치고 세계에 군림하게 될 것이라고 예언했다고 한다.

현재는 미국이 유일 초강대국이며 한중일 관계도 아직 최악의 상태에서 벗어나지 못하고 있다. 북한의 김정일도 권력에 집착하여 그 정권과 대외정책을 포기하지 않을 것이다. 그래도 역사를 장기적인 안목에서 본다면 유교국가연합의 탄생과 번영은 역사의 필연적인 흐름

---

1) 데이 야스히로(出井康弘), 〈사피오〉, 2007, 일본 동경.

이며 그 시기의 도래를 저지하지 못한다고 주장했다.

1. 미국의 시대도 끝날 것이라는 주장

카스트(Caste)라고 하면 사람들은 인도의 힌두교적 계급제도를 연상한다. 힌두교에서는 사람을 승려계급, 무사계급, 상인계급, 노동자계급으로 나누었다. 인류의 역사를 보면 최초의 지배계급은 승려계급이었다. 그러다 권력이 무사(武士)계급으로 넘어왔다. 그 후에 상인-부르주아계급으로 넘어왔으며 그것이 다시 노동자계급으로 옮겨졌다.

기원전 2000년까지는 종교지도자들이 인간집단을 지배하였지만 그 후 17세기 초까지는 무력을 장악했던 국왕이 나라를 통치하였다. 그러나 17세기 후반부터는 상인(商人, 자본가) 카스트가 군인 무사계급을 밀어내 지배권력을 행사해 왔다. 그런 변화의 선두에 서 온 것이 미국이지만 20세기 후반부터는 사회주의국가이든 자본주의국가이든 노동계급이 정치에 지배적인 영향을 행사할 수 있게 되었다는 것이다.

일본, 중국, 한국은 정치적으로 아무리 대립관계에 있다고 하나 지리적으로 가깝기 때문에 역사적, 문화적으로 연계되지 않을 수 없다. 그래서 한자(漢字)문화도 공유해 왔으며 문화적으로도 유교 전통이 강해 국민이 모두 근면하다. 이런 문화적인 바탕 위에서 유교국가연합이 세워진다면 21세기 전반부터 아마도 세계를 이끌어 가게 될 것이라고 전망했다.

카스트 모델로 보아도 공산주의국가는 조만간 소멸할 운명에 있다. 그래서 토브는 30년 전부터 베를린벽이 붕괴됨과 동시에 공산국가들이 줄줄이 소멸될 것이라고 예언했다. 또 한편에 인도, 이란, 이스라엘, 아라비아반도, 북아프리카의 종교적인 벨트에서 혁명적인 움직임이 일어날 것으로 내다보았는데 실제로 일어난 것이 이란혁명이었다.

현재 노동자계급이 혁명독재체제를 이끄는 나라는 북한과 쿠바뿐이다. 그런 혁명독재체제도 오랫동안 유지될 수 없을 것이므로 김정일

체제는 조만간 물러나게 되어 있다. 그러면 한반도는 한국에 의해 통일된다. 중국도 경제대국을 지향하고 있지만 그러기 위해서는 체제의 자유화와 민주화를 피할 수 없다. 민주화, 자유화된 나라는 이웃 나라에 위협이 되지 않을 것이므로 대만과의 통일도 현실화될 것이라고 전망했다.

2. 미래의 세계질서

중국, 일본, 한국 간의 적대관계로 보아서는 통합이 어려울 것으로 보는 견해도 있다. 그러나 유럽을 참고해 보라. 프랑스와 독일, 스페인과 포르투갈의 상호관계도 과거에는 험악했으나 지금은 아무런 문제가 없다. 어제의 원수가 오늘의 친구로 변한 예는 얼마든지 있다.

동북아시아에 유교국가연합이 결성되면, 그 정치적, 군사적, 경제적 이익은 헤아릴 수 없을 정도로 크다. 미국과 일본의 관계는 어떻게 될까? 미국도 이런 지역블럭이 형성되는 것을 경계하며 반대할까? 아니다. 미국이나 영국은 EU의 형성과 발전을 심각하게 반대한 적도 없었다. 일본이 중국과 결합하게 되면 중국의 위협도 적어질 것이므로 미국의 전망은 더 밝아진다.

한편 미국은 EU나 유교국가연합에 맞서기 위해 러시아, 캐나다, 멕시코, 스칸디나비아 등과 손을 잡아 북국권국가연합(*Polario*)을 기도할 수도 있다. 그렇게 되면 세계는 ① 유교국가연합 ② EU ③ 북국권국가연합 ④ ASEAN ⑤ 남미국가연합 ⑥ 아프리카 ⑦ 남태평양(오세아니아)연합으로 나누어지게 된다.

로렌스 토브는 21세기 후반부터는 초강대국인 미국이 지배하는 시대가 끝나면서 각 지역블럭도 종교·정신적 지도자의 영향이 강화되는 세계가 될 것으로 내다보았다.

3. 이러한 미래전망에 대한 논평과 소감

매우 재미있으면서도 신선한 관점이라는 느낌이 들었다. 다만 너무 낙관적인 전망이 아니냐는 의심도 들었지만 세계가 소멸하지 않으려면 그렇게 되는 수밖에 없지 않는가 하는 생각도 들었다. 앞으로 20년 동안 지구는 만만치 않은 자연재해와 문명 간의 충돌과 아울러 국가 간의 갈등이라는 과정을 겪게 될 것이나 세계흐름의 큰 방향이 그렇게라도 변화한다면 다행이라는 생각이 들었다.

왜냐? 인류사회나 세계는 늘 변한다. 좋아지지 않으면 나빠지는 것이어서 그 자리에 고정불변할 수 없는 것이다. 아무리 변화무쌍하더라도 인간의 입장에서는 더 나빠지지 않으려면 더 좋아지는 노력을 계속해야 한다. 더 나빠지면 멸망의 길로 떨어지는 것이므로 더 좋아지는 선택을 해야 한다. 물질과학문명이 고도화되었으나 여기서 보다 좋은 선택을 하려다 보면 정신도덕문명의 길을 다시 모색하지 않을 수 없을 것이다. 여기서 필자는 다음 세 가지 소견을 제시하고자 한다.

1) 유교국가연합이 생겨난다는 주장의 타당성 여부

중국, 일본, 그리고 통일한국이 공통적으로 유교적 문화배경을 가지고 있다. 그러나 유교국가연합이라는 말이 어딘지 낯설고 정확성이 결여된 조잡한 개념처럼 들린다. 과거 유교국가체제하에서도 정치, 경제, 사회표면만 유교적이었을 뿐 내면적으로는 동북아시아의 문화전통이 유불선 3교의 혼합체로 구성되어 있었다. 뿐만 아니라 아시아사회의 근대화과정에서 기독교의 영향력도 간과할 수 없다.

필자는 서양의 기독교신앙도 고래의 선교 속에 뿌리박은 것이라고 믿어 왔다. 기독교의 유일신, 인격신의 사상은 도교나 무격신앙 등 동선과 대조되는 서선의 줄기라는 주장도 경청할 만하다. 조선조 후기에 와서 서양 전도사의 선교노력이 없었던 상황에도 기독교교회가 생겨나고 천주교인들이 자기 발로 북경의 천주교회당을 찾아가서 세례를 받고 돌아왔던 것도 그러한 문화전통에 기인한 것이었다.

더구나 현재는 물론 앞으로도 기독교신앙과 그 활동은 동북아시아에서 더욱 강화될망정 줄어들지 않을 것 같다. 또한 신앙의 자유가 보장되며 다양한 종교활동이 공존하는 사회여건으로 보아서 종교 간의 융합(*fusion*)현상도 진행될 것이다. 종교 간의 대화와 상호 접근도 앞으로는 거역할 수 없는 우리 시대의 추세이다.

힌두교와 티베트식 요가나 명상도 미국 안에서만 천만 명을 돌파했다고 들었다. 불교도 기독교의 관습과 수법을 많이 도입, 차용하고 있다. 일요일을 주일(主日)이라고 하며 기독교인들만 모이는 것이 아니다. 불교인들도 절에 모여 기도문, 찬송가를 부르며 주지스님으로부터 법문을 듣고 있다. YMCA와 비슷한 조직도 사찰 안에서 생겨나고 있다.

종교적 원리주의(原理主義, *fundamentalism*)나 교조주의(教條主義)도 이미 많이 줄어들었지만 앞으로는 더 쇠퇴할 것으로 전망된다. 모두 다문화, 다종교 사회가 되어가므로 어떤 종교도 배타적인 영향력을 행사하기 어려워진다. 그러므로 아시아지역 공동체 기구도 굳이 유교국가연합이라고 이름붙일 필요가 없는 것이다.

2) 부르주아의 계급지배가 프롤레타리아 계급지배를 거쳐야만 종교·정신지도자의 지배로 전환할까?

토브가 말한 나라의 지배층이 상인카스트에서 노동자 지도자들로, 그러다가 종교나 정신지도자의 시대로 바뀌게 된다는 전망을 어떻게 보아야 하나?

토브의 미래예측에서 재미있는 부분은 인류역사가 승려카스트(계급), 전사카스트(계급), 상인카스트(계급)를 거쳐서 또 일부는 노동자카스트의 지배를 거쳐서 결국 종교적, 정신적 카스트의 시대로 회귀(回歸)할 것으로 전망하였다는 것이다. 물론 모든 나라가 일률적으로 이러한 역사적인 전환이나 변신을 겪는다는 것은 아니다. 그러한 사회전환이나 체제개혁에 실패하여 멸망하는 나라도 있을 것이나 남북한만은 실패하지 말고 성공사례가 되기를 바라야겠다.

아놀드 토인비(Arnold J. Toynbee)는 역사를 도전과 응전(*challenge and response*)으로 도식화하였다. 체제파괴나 멸망의 위기에 대처하여 성공적으로 위기를 극복하는 집단은 성장 발전하지만 그러한 응전에 실패하는 나라는 멸망하여 역사에서 도태된다. 자본주의사회의 모순과 위기를 성공적으로 극복하여 안정된 복지사회를 건설한 나라는 선진화하여 계속 부강을 누리고 있다. 그러지 못한 나라는 공산화하여 모진 독재와 인권유린의 값비싼 대가(代價)를 지불해 왔다.

공산진영이 붕괴하였을 때 공산주의의 모순과 빈곤에서 비교적 성공적으로 빠져나온 나라도 적지 않았다. 반대로 더 지독한 독재와 빈곤 속으로 빠져 들어가는 나라들도 있다. 러시아, 폴란드, 헝가리, 체코슬로바키아, 중국과 베트남 같은 나라는 변혁의 홍역은 치렀으나 재활 부흥의 길로 들어섰다. 반면에 쿠바나 특히 북한은 더 비참한 멸망의 나락으로 떨어진 것으로 보인다.

현대세계에서 맑스주의사상의 권위나 공산계급독재의 위상은 이미 땅에 떨어진 지 오래이다. 외부세계에서 노동자계급의 혁명과 독재를 부르짖는 사람들은 이제 어리석은 바보 아니면 정신 나간 사람 취급을 받게 되어 있다. 그런데 이상하게 한국에서는 김정일 북한체제가 힘을 잃지 않고 있으며 남한에서도 그들의 기세(氣勢)를 유지하고 있으니 놀라운 일이다. 그들은 계급투쟁의 사상 대신 주체사상이라는 폐쇄적인 민족주의를 조작하여 전가(傳家)의 보도(寶刀)처럼 휘둘러대고 있지만 사교적(邪敎的)인 종교적 도그마에다 민족주의의 포장을 입히고 있는 격이다. 이것은 김일성부자를 신격화함으로써 사교화된 신앙체계를 만들어서 식자(識者)들의 이성적인 사고능력을 마비시키며 또 공포정치로 주민들을 제압해왔기 때문이었다.

과연 어떤 나라가 프롤레타리아계급의 혁명독재를 거치지 않고 자유로우면서도 부유한 선진복지사회로 들어설 수 있는가? 결론부터 말한다면 국민의 경제생활과 지적, 도덕적인 수준이 높은 나라는 공산당의 혁명과 독재를 거치지 않고 선진복지사회로 진입할 수 있었다. 또 한때나마 공산화되었던 나라들 중에도 기독교전통이 뿌리 깊고 문화수준이 높았던 나라는 공산독재와 그 모순에서 비교적 쉽게 탈출할 수 있었다.

여기서 북한공산주의는 매우 예외적인 경우가 되어 있다. 남북한은 본래 수준 높은 문화국민이었다. 그러므로 공산화가 되었더라도 악의 수렁에서 잘 빠져나올 수 있었을 터인데 그러지 못한 이유는 저질의 공산주의자들이 고질(高質)의 좌파세력을 숨도 못 쉴 만큼 강하게 통제하는 체제를 유지해 왔기 때문이었다. 해방 후 북한주민 중 수준 높은 인텔리계급이나 양질의 공산주의자들이 김일성을 추종하는 사이비 공산주의자들에 의하여 제거되고 희생되었기 때문인데, 공산테러지배의 위력을 여기서 볼 수 있다.

3) 남북한에서도 종교적, 정신적 지도자의 영향력이 필요해지는 이유

인류역사의 초기, 곧 원시사회에서는 신과 통할 수 있는 사람들이 사회를 지배하였다. 이것이 신권(神權)통치 또는 신정(神政)시대이다. 그러나 왕정시대부터 정교(政教)가 분리되었다. 현대국가 중에는 신정정치의 유습(遺習)이 아직도 없어지지 않은 나라들도 있다. 이란의 호메이니를 비롯하여 일부 이슬람국가에서는 종교지도자가 통치권자의 자리까지 겸임하고 있다. 오사마 빈 라덴, 아프가니스탄의 알카에다 등도 신정체제의 유습에서 탈피하지 못하고 있는 것이다. 이들은 전혀 바람직하지 못한 군상들임에도 21세기 최고의 군사력을 가진 미국도 이들을 어찌하지 못한다. 이들 악마의 종자들을 다스릴 수 있는 것은 국민의 종교적, 정신적, 도덕적인 각성뿐이다. 그런데 미국도 그럴 힘을 갖지 못하니 그 세력의 발악에 대하여 속수무책일 수밖에 없는 것이다.

이렇게 병든 나라와 그 지도자를 치유하는 방법은 무엇인가? 첫째는 권력자리에 있지 못하게 하는 일이다. 둘째로 격리 수용하여 일반

국민을 비정상적인 지배자들로부터 보호하거나 해방시켜주어야 한다. 유일한 해결책은 국민대중을 올바로 교육함으로써 사상적, 정신적으로 강화시켜 줄 필요가 있다.

하기는 정신적, 사상적인 선도(善導)는 강제력에 의존할 일이 아니며 통치권력자들보다는 종교적, 정신적인 지도자들에게 기대해야 할 일들이다. 실제로 선진사회는 자유화, 자율화가 확대된 사회이다. 이런 나라는 통치권자의 역할보다는 정신적, 종교적인 지도자의 역할이 훨씬 더 중요하며 또 설득이 효과적이어야 한다. 그러므로 종교적, 정신적 지도자들의 역할이 더 큰 영향력을 행사하게 될 것이라는 토브의 주장은 매우 바람직한 예언이라고 할 수 있다.

6 건국 60년사를 회고하며 미래 60년을 전망한다

분열과 부정의 과거사에서 화해와 긍정의 미래사로

들어가며

2008년 8월 15일은 건국 61주년을 맞이한 날이었다. 1948년 8월 15일은 그 시대를 사는 우리가 직접 현실에 부딪치며 극도의 불안과 공포 속에 살았던 시기였다. 많은 눈물 또 때로는 피도 흘려야 했던 우리들 세대의 과거를 돌이켜 보는 것이 어떤 의미를 갖는 것인가? 대한민국의 해방전후사(解放前後史)는 우리나라의 역사뿐만 아니라 세계의 어떤 외국에서도 유례를 찾아보기 어려운 대활극(大活劇)이었다. 우리가 지내온 지난 60년사는 그 시작부터 현재에 이르기까지도 어렵고 위태로우며 아슬아슬한 모험적 변환과 위급상황으로 얼룩져 있었던 역사였다.

어느 식자는 대한민국건국으로부터 오늘에 이르는 60년사가 한민족의 5000년 역사 중에서도 가장 활기차고 또 가장 중요한 변혁과 전환의 시기였다고 말할 것이다. 그러므로 이 시대를 살아온 우리 세대는 역사상 어느 시대에 살았던 조상보다도 훨씬 보람차고 뜻 깊은 역사적인 시기를 살아왔던 세대라는 자부심을 가졌다. 이처럼 험했던 시절을 대과 없이 지냈거나 살아남았다고 한다면 그것만으로도 자부심을 가져도 좋을 성싶다. 아니면 약소국민의 오욕에 젖어 비참한 인생의 현실에 묻혀 살다가 쇠멸(衰滅)하는 비극 속으로 빠져들 수 있는 처지였기 때문이다.

1. 기적을 창조해온 나라, 대한민국

대한민국이라는 존재와 성격 그리고 행적(行蹟)에 대한 소견이나 평가가 사람들에 따라서 너무도 크게 엇갈린다. 좌파들은 그때 세워진 대한민국정부는 잘못된 건국이며 따라서 애초에 태어나지 말았어야 하는 잘못된 국가였다고 폄하한다. 출범에서부터 첫 단추가 잘못 끼워졌던 까닭에 그 후도 내내 민족분열과 상잔 그리고 온갖 정치적인 불행과 민족비극의 원인이 되어 왔다는 것이다. 이런 주장을 강조한 사람들은 김대중을 비롯한 좌파인사들의 역사인식인데 모질게 탄압받다가 소멸되었던 공산주의자들의 주장을 그대로 계승하고 있음을 알 수 있다.

반면에 보수우파사람들의 시각이나 관점은 그런 부정적인 인식과는 정반대의 주장을 해왔다. 대한민국은 1948년 정부가 수립된 이후 전세계에서도 유례없는 고도성장을 지속해 왔다. 아마도 역사상 최단기간에 현대산업국가로 탈바꿈한 나라일 것이다. 이런 엄연한 사실을 부인하려는 사람들의 정신상태가 이상스럽다. 만일 1960년대부터 1980년대 말까지 국가 간 성장발전 속도를 가지고 개발도상국가들 간에 올림픽 경기가 치러졌다면 역사상 최대 최고의 영예는 대한민국이 차지했을 것이다.

근 30년간 평균 8~10%대의 고도경제성장을 지속적으로 누려 왔으니 계속 금메달을 차지했을 것이다. 한국이 최근 세계 10대 경제강국으로 공인받고 있는 것은 이 때문이다. 현재 한국의 국력은 북한에 비하여 거의 50~100배 정도로 높게 평가되고 있다. 따라서 북한은 더 이상 남한의 경쟁상대가 되지 못한다. 이것은 남북체제 경쟁에서 완전 승리했음을 의미하는데도 좌파와 그 동조자들은 아직도 남북의 정통성 여부를 문제 삼아 큰소리를 친다. 이런 사람들의 사고구조는 정상적이라고 볼 수 있을까?

그럼에도 60~80년대 정치현실에서 좌파들의 현실인식과 평가가 더 강한 영향력을 가졌다면 그 원인이 무엇인가? 의문스러운 문제는 여기에 그치지 않는다. 지난 20년 동안에 대한민국의 보수우익의 관점이나 시각은 계속 약세화되어 왔는 데 반하여 친북좌파의 현실인식이나 주장은 계속 강세로 부상되고 있으니 이처럼 가치관의 전도현상이 일어난 것은 오랜 세뇌작용으로 경직화되어 현실을 있는 그대로 볼 수 없게 되어 버렸기 때문일까?

특히 현재 한국의 50대 이하 연령층 세대의 역사인식이 놀랄 정도로 친북좌경화 되어서 좌파의 국가관 내지 현대사관의 영향을 받아 왔기 때문이다.

2. 한국의 역사를 보는 두 시각

오늘의 남북한을 보는 현실인식과 현대사를 보는 시각은 크게 보아서 보수우파의 정통주의(正統主義) 사학과 친북좌파의 수정주의(修正主義) 사학으로 나누어진다. 보수우파의 정통주의 사학은 리승만, 박정희, 전두환 시대에 형성되고 유지되어 온 역사관과 현실인식이다. 그에 비하여 친북좌파의 현실인식과 현대사관은 북한에서 발행된 〈조선사〉의 시각이나 관점과 동일하다. 이러한 좌파적인 현대사 인식은 1980년대 5공 치하에서 한길사가 발행한 《해방전후사의 인식》[1]이라는 여섯 권의 책과 그와 유사한 간행물에서 영향을 받으며 한국의 젊은 학자들과 학생사회에 빠르게 확산되었다.

---

1) 강만길·송건호 외, 《해방전후사의 인식》(전6권), 한길사, 1980.

1987년의 6·10시위와 노태우의 6·29선언을 기하여 권위주의체제의 민주화가 새로운 시대의 흐름을 이루게 되었다. 노태우 정권 하에서 시작한 민주화운동은 1993년 김영삼 정권으로 이어지고 1998년의 김대중 정권과 2003년의 노무현 정권을 거치는 과정에서 이미 주류가 되어버린 셈이다. 그 결과 한국의 민주화운동은 반정부, 반체제 운동권세력에 의하여 민중화(民衆化), 용공화(容共化), 좌경화로의 변화를 이룩했으니 그런 과정이 민주화란 이름으로 포장되어온 것이다. 그러나 선진국가에서는 이것은 민중화, 공산화라고 하지 민주화라고 인정하지 않는다.

결과적으로 공산주의자들이 즐겨 주장해 왔던 민중사학, 계급사관, 수정주의사학인 좌경적 관점도 한국의 학계, 언론계, 지성계의 주류로 올라선 계기가 되어왔다. 이것은 한국사회의 혁명적인 변화이며 북한공산주의는 한국의 대학생들을 상대로 하는 문화투쟁과 의식화노력에 의하여 북한의 군사력을 전혀 사용하지 않고 변혁을 이룩하는데 크게 성공했던 것이다.

보수우익세력이 경제면에서 기적을 창출했다면 친북좌경세력은 정치와 문화, 사회면에서의 세뇌활동으로 보수우파를 훨씬 능가하는 큰 기적적인 변화를 이루어낸 것이다. 이것은 한국의 빠른 산업화, 선진화 못지않게 대단한 성과이며 거의 기적에 해당하는 성과이며 승리라고 평가할 수 있다.

우리가 건국 60주년에서 자축한다면 그 초점을 어디에 두어야 할까? 노무현 정권 말기에 와서 한국의 보수우익세력은 대한민국의 정체성이 여지없이 파괴되고 급속하게 변질되는 한국현실을 성공으로 보며 축하해야 할까? 실패로 평가해야 할까? 많은 사람들은 뒤늦게나마 나라의 좌경화 추세의 심각성을 인식하기에 이른 것이다.

과거의 좌경정권 하에서 잃어버린 10년, 또 김영삼 시대를 포함하면 너무나 많은 것들을 잃어버린 15년을 되찾고자 차기 정권만은 좌경세력의 손으로 넘어가지 않도록 집중적인 노력을 기울인 것이 보수우익세력이었다. 그들은 결과적으로 2008년 좌파후보자들을 밀어내고 이명박 후보를 제18대 대통령으로 선출할 수 있었다.

이것으로 한국사회의 급속한 좌경화 추세가 일단 멈추어졌지만 대통령으로 선출된 이명박의 여러 가지로 헷갈리는 언행으로 보아서는 노골적인 좌경화만 그 속도를 늦추었을 뿐 나라의 주도권이 그들의 손아귀에 장악되어 있으며 권력이 보수우익 편으로 넘어온 것은 아니었다. 이런 현실에 실망하여 일부 인사들은 오늘의 초·중등학교 학생들의 전교조(全教組) 의식화교육을 문제시하면서 좌경화, 북한화되어 가는 역사교과서를 새로 써야 한다는 캠페인을 벌이고 있다. 그러나 2010년 교육감선거에서 전교조 교육감이 많이 선출되어 위세는 더 강화되어 있는 감을 주고 있다.

3. 건국 60년의 지난 역사에서 무엇을 기리며 자축할까?

이런 현실상황에서 우리는 지난 8월 15일 건국 60주년을 자축하였다. 그렇지만 지난 60년 세월에서 우리가 자축할 내용이 무엇이었는지 분명하게 가려낼 필요가 있다. 반공보수세력이 나라를 주도해 나갔던 40년의 국력배양기의 노력과 성공을 자축하겠다는 뜻인가? 아니면 1990년부터 2008년까지의 남북화해기 내지 민주화 진보, 좌경화 추세의 성과를 축하하자는 뜻인가? 아니면 좌우를 차별하지 말고 쌍방이 이룩한 사회변화를 두루뭉수리하게 모두 환영하자는 뜻인가?

사람들의 생각도 사람마다 같지 않기 때문에 일괄적으로 말할 수는 없다. 그러나 필자의 추측으로는 상당수의 사람들은 자기들이 살아왔던 60년을 두루 뭉뚱그려서 축하하려는 분위기라고 보인다. 그동안의 잘잘못을 너무 가리지 말자. 그동안에 일어났던 모든 변화를 환영하자. 보혁(保革) 양쪽 변화에 의미를 부여하며 소중하게 받아들이자는 뜻인 것 같다. 좋지 않았던 경험이나 실패의 사례도 미래를 위한 참고사항이며 또 여의찮다고 하더라도 반면(反面)교사 노릇은 할 수 있지 않을까. 너무 까다롭게 따지지 말자고 모두 환영하고 축하하는 뜻일 것이다.

필자는 지난 건국 60년사를 되돌아보며 다음과 같은 역사적 사건에 중요성을 부여하며 다루어 보고 싶다. ① 이상할 정도로 격렬했던 좌우대립의 원인과 그 의미, ② 리승만 박사의 건국노선을 어떻게 보아야 하나, ③ 한국전쟁과 그 참화가 의미하는 것, ④ 자유당정권의 불안정과 4·19, 5·16혁명의 의미, ⑤ 유신체제의 성격과 그것이 거둬들인 성과, ⑥ 제5공화정의 출현과 한국현대사에 미친 영향, ⑦ 6·10항쟁과 한국정치의 민주화과정, ⑧ 노태우, 김영삼, 김대중, 노무현 네 대통령이 기여한 정치변화의 득과 실, ⑨ 한국의 반공우파와 용공좌파가 일궈낸 나라의 양대 기적과 그 힘의 뿌리, ⑩ 내일의 사회변화를 예고하는 오늘의 한국현실, ⑪ 건국 100년의 역사는 앞으로 어떠한 변화를 예고하는가?

위의 물음에 모두 답하자면 너무나 장황한 서술과 설명이 필요하므로 자세한 설명은 다른 기회로 미루고 여기서는 과거 건국 60년사의 개관과 그 특징, 아울러 그것이 의미하는 바를 요약해 보고자 한다.

4. 건국 60년의 제1기를 보내고 제2기를 맞이하며

건국 60년사 제1기 1948~2007년을 개관하려면 밝은 면과 어두운 면이 거의 동시에 존재함을 보게 된다. 긍정적인 시각에서 보면 건국 60년사는 한국역사 5000년을 통해 처음 있었던 가장 빛나며 활기찬 성장발전의 시기였다. 제2차 세계대전 후 생겨난 신생국가 중에서 건국·호국, 근대화·산업화·민주화, 복지사회 건설의 과제를 단기간에 이룩할 수 있었던 유일한 기적의 나라로 비칠 수 있으니 말이다.

한국은 1961년부터 1988년 서울올림픽이 끝날 때까지 세계가 놀라는 초고속 성장을 지속해 왔다. 결과적으로 오늘날 세계의 10대 경제강국의 지위에 오를 수 있었으며 대한민국 국위를 빛내는 태극기가 세계만방에 펄럭이게 만든 것은 이적(異蹟)이라고 할 수 있다. 세계는 다른 민주 선진국이 300~400년 걸려서 겨우 이룩했던 성장과 발전을 단숨에 이룩한 한국이라는 존재와 그 발전에 놀라고 또 너무 놀랐던 것이다.

그러나 외국인들 눈에 또 놀라왔던 사실은 그 빛나는 기록을 가진 대한민국에다 계속해서 흙탕물을 끼얹으며 짓밟으려고 드는 반정부, 반체제세력의 존재였다. 이들이 부상함으로써 한국을 부러워했던 외국이 모두 판단의 혼란을 겪었을 것이다.

좌파세력은 북한의 영향을 받아서 대한민국의 부정적 측면과 어두운 면을 과장하고 왜곡해 보여주며 악선전의 고삐를 늦추지 않았다. 한국의 외화내빈과 절속주의, 빈부격차의 증대 그리고 여러 가지 불안정과 비정상적인 사회의 측면, 여・야당의 극한투쟁, 북한의 핵무장과 전쟁위협, 남북대립을 둘러싼 민족분열과 체제전복의 위험성 등 진보좌파세력은 국가건설과 근대화를 비정상적으로 추진했던 대한민국의 정통성을 근본적으로 부정하는 논리를 펴왔으며 그 증거물을 찾아내거나 왜곡 과장하며 제시해 온 것이다. 그럼으로써 한국의 발전과 부상에 놀라며 배 아파했던 선진국과 이웃 나라들이 기분 좋고 마음 놓이는 현실로 받아들일 수 있도록 만들어 주는 데 기여했다고 할까? 이적행위를 잘하는 반역세력이 한국처럼 우세하고 대접받는 나라는 세계 어디서도 볼 수 없을 것이다.

대한민국은 빠른 발전을 성취했지만 그것이 졸속(拙速)주의와 외화내빈(外華內貧)의 결과를 면할 수 없었던 것도 사실이었다. 로마제국도 하루에 만들어진 것이 아니었다. "Rome was not built in a day"라는 말이 있지 않은가. 실제로 로마란 나라가 세워지고 그것이 커져서 이탈리아 반도를 차지하게 되는 데 500년이 걸렸음을 상기해야만 한다. 대한민국이 어떻게 60여 년 만에 완전한 민족국가를 세울 수 있기를 바랄 수 있겠는가?

어떤 사람은 한국의 정치, 경제, 사회, 문화를 비판하면서 미불비(未不非)의 3요소를 지적한다.[2] 미(未)란 미완성이고 불(不)은 불안정(전)이며 비(非)는 비정상을 뜻한다. 한국의 정치, 경제, 사회, 문화의 현황을 볼 때 어느 것이나 미완성이며 그래서 불안정하며 비정상을 면하지 못했다. 우리는 대한민국 건국 60년을 되돌아보면서 이러한 현실을 엄연한 사실로 인정해야 한다. 그러므로 모든 분야에서 반성하며 개혁하고 모든 분야의 완성과 발전을 위해 분발 노력하면 된다.

이러한 개혁과 개선 내지 완성의 과업이 당연히 2008년부터 2067년에 이르는 건국의 제 2기 60년의 해결 및 달성과제가 되어야 한다. 어떤 사람은 이런 과업을 건국 제 2기의 과제라고 말한다. 그러나 또 이것을 건국 100년사의 나머지 과제로 받아들이자고 제의한다면 그것 역시 좋은 일이다. 또는 21세기 전반기의 달성과제라고 표현해도 무방하다. 건국 60년 동안에 드러났던 모든 부정적이며 어두웠던 정치, 경제, 사회현상을 보완하고 완성시키는 일에 전력투구하면 될 일이다. 문제는 지금까지 오랜 기간 동안에 아무리 애를 써도 안 되던 일들이 과연 사람들의 바람대로 앞으로 순조롭게 이루어질 수 있겠는가이다.[3)]

세상의 모든 일들은 언제나 사람들의 희망대로 되지 않는다. 미래는 바라던 대로 잘될 때도 있지만 경우에 따라서는 무참할 정도로 빗나갈 때도 적지 않다. 그러므로 우리는 잘못될 때나 또 불만족스러운 경우까지도 미리 예상하고 대비해야만 한다.

5. 2012년의 대통령 · 국회의원선거의 당면과제

필자는 이런 미래 전망을 2012년 대통령선거 및 국회의원선거와 연관시켜서 전망해 보겠다. ① 2012년 국회의원선거와 대통령선거에서

---

2) 이 말은 왕년의 올림픽 역도 메달리스트 박동철 씨의 말을 원용했다.

3) 어떤 이는 이런 것을 중진국 병이라고 말한다. 절대빈곤에서 벗어나서 후진국 신세를 면하게 되면 누구나 걸리는 병인데 어떤 나라는 쉽게 벗어나서 선진국으로 발전해 가지만 어떤 나라는 거기서 그만 침체나 퇴보상태로 빠져서 성장 발전의 기력이 꺾이고 만다. 남미에 이런 나라가 적지 않다.

이른바 진보좌파가 승리하는 경우를 상상해 보자. 건국 60년에서 보수우파세력이 모두 망쳐 놓았던 일들을 진보좌파들이 많은 노력과 막대한 희생을 치르며 겨우 조금 회복할 수 있었다. 특히 민주화를 성공시켰다고 자랑하는 그들이 정권을 장악하였다고 가정해 보자. 그러면 그 좌파집권세력들이 할 수 있는 일이 무엇이겠는가?

과거 좌경정부 10년 동안에 10대 경제대국을 아래로 끌어 내리고 모든 다른 분야에서도 40위에서 50~60위 수준으로 하강된 추세를 보였는데 다시 역전하여 10위 이내 권으로 되돌아가기를 기대할 수 있겠는가? 말로는 자신 있다고 장담하겠지만 과거부터 좌파가 주장해오던 부정적이며 반체제적인 사고습성이 정권을 획득했다고 갑자기 변하지 않을 것이다.

더구나 북한이 주장해 오던 연방제통일로의 접근이 가속화되는 경우 한국의 경제사정은 더 급속하게 악화될 것 같다. 우선 한국에 와 있었던 수백억 달러의 외자(外資)가 계속 빠져나갈 것이다. 대재벌들도 자구책(自救策)을 겸하여 자금을 외국으로 빼돌리면 한국경제는 조만간 공동화(空洞化)되고 만다. 이것을 누가 부정할 수 있겠는가. 뿐만 아니라 한국의 많은 두뇌들도 외국으로 빠져나가려고 들 것이니 그러면 한국은 선진화, 성숙화하는 것이 아니라 후진화 아니면 중도폐기 그리고 좌절과 역행의 길로 들어서게 된다. 한국의 물질적인 환경이 악화일로로 빠져드는 경우에 한국의 정신도덕문화가 계속 상승하는 것이 아니라 더 악화되어 하락하게 될 가능성도 배제하지 못한다.

② 2012년 국회의원선거와 대통령선거에서 야당과 재야가 압승하지 못했으나 반타작(半打作)이라도 했다고 가정해 보자. 그래서 좌우대립이 더 팽팽하게 맞서게 되는 경우 나라 일은 어떻게 전개될까? 2007년 이명박 대통령의 압승과 2008년 국회의원총선거에서의 압승에도 불구하고 2008년에서 2010년에 이르는 3년 동안 MB정권은 야당과 재야 좌파의 저항과 압력으로 인해 무력화되고 시달리다가 볼품없는 정부가 되었다. 그런 리더십의 위기가 앞으로도 계속될 것이다. 북한공산주의와 국내 종북세력의 저항과 방해를 어떻게 감당하겠는가?

③ 우리나라에서는 혁신좌파세력을 진보세력이라고 부르고 있다. 혁신좌파의 주장을 살펴본다면 정치적 혁신성이나 사회경제적 진보성이 있음을 부인할 수 없다. 그러나 현대의 역사에서 정치적 혁신, 진보주의나 좌파세력의 공산, 사회주의 체제가 영구적이며 안정된 정치사회체제를 갖춰본 예가 없다. 소련이 자체 붕괴했으며 중국공산주의도 자본주의체제로 전환함으로써 국가체제를 유지할 수 있었다.

이것이 무엇을 의미하는가? 좌파사상이나 이론은 구체제에 대한 안티테제(*Antithese*)는 되어도 진테제(*Synthese*)는 되지 못한다. 진테제는 자본주의와 사회주의의 혼합체제를 의미한다. 한국은 21세기 전반에 국제화, 세계화의 격류 속에 살아남으려면 진보좌파가 계속해서 집권하지 않는 것이 바람직하다는 결론에 이른다. 그것은 정치발전보다 정치쇠퇴로 귀결하기 쉽기 때문이다.

6. 이명박 정부에 대한 박효종 교수의 올바른 지적

2010년 6월 〈리뷰〉에서 서울대 박효종 교수는 이명박 정부의 업무수행에 대하여 매우 사려 깊은 지적을 했다. "이명박 정부 2년의 평가"[4] 라는 글에서 MB정부가 집권 후 계속되었던 인기하락이 멎으면서 모처럼의 극적인 반전을 했다는 점에 반가움을 표시하면서도 그래도 아직도 무엇인가 중요한 부분을 놓치고 있는 것이 아니냐는 불안스러운 심기를 토로하였다. 필자는 박 교수의 문제점 지적이 매우 정곡을 찌른 것이라고 보았다.

과거 김대중・노무현 정부는 권위주의적 억압에 저항하여 완화하는데 기여했지만 국가의 정체성을 크게 훼손하며 국민의 건전한 역사의식을 무너뜨림으로써 민족국가의 정체의식을 크게 손상시켰다. 2008년은 대한민국 건국 60주년이 되는 해이니만큼 이명박 정부는 좌파정

---

4) 박효종, "이명박 정부 2년의 평가", 〈리뷰〉, 한국발전연구원, 2010년 봄호.

권과는 다르게 국가의 정체성을 확고히 다질 의무가 있었는데도 그냥 넘겼음은 의아스러운 일이었다. 어려운 상황에서 대한민국정부를 세우고 크게 발전시켜 왔던 정체성을 바로잡을 수 있는 좋은 기회였음에도 그냥 넘겨버린 것은 매우 아쉬운 일이었다.

그동안 좌파세력은 한국의 현대사를 사실과는 정반대로 왜곡해 왔다. 과거의 호국과 산업화의 큰 실적을 이룩했던 정부를 심하게 폄하 왜곡하면서 애초에 태어나지 말았어야 할 정권이라고 매도해 왔다. 그런데 MB정부는 그런 언론의 공격으로부터 과거 정권을 보호하며 진실과 정의를 지키려는 자세를 보이지 않았다.

2009년 말경 민간기관과 국가기관, 두 개의 기관이 친일인사 명단을 발표하였다. 이것이 커다란 사회적 물의를 일으켰음에도 정부는 이에 대하여 가타부타 아무런 입장도 밝히지 않았다. 그 두 기관에서 발표한 친일인사 명단 중에는 대한민국의 건국과 호국활동에서 두드러진 역할을 한 사람들이 여럿 포함되어 있었다. 이들을 '친일파'로 매도하는 경우에는 대한민국의 정당성이 훼손당하게 되며 심지어 대한민국을 '친일파의 나라'로 지목하는 결과를 가져올 수 있는데도 MB정부는 왜 한마디 말도 하지 않았던 것이냐?

친일파란 누구를 지칭하는 것이냐? 일제(日帝)의 강점통치에 적극 협력한 사람을 말하느냐, 아니면 적극적인 저항운동을 하지 않은 사람들을 지칭하느냐? 후자를 친일파 명단에 포함시키는 것이 정당한 일인가? 건국 60주년이 되는 금년이야말로 이러한 대한민국의 정체성, 즉 '대한민국다움'에 대한 혼란이 정리되어야 할 시점인데도 정부가 이런 근본문제에 대하여 무관심한 체 중도실용주의란 말만 되뇌는 것이 옳은 일이었던가?

필자는 말한다. "… 우리사회에서 벌어지는 각종 가치논쟁에 관하여 보여준 정부의 태도를 보면 실망스럽다고 느껴지는 사례가 한두 번이 아니었다. '이명박다움'에 대해서는 충분히 고민함으로써 '중도실용·친 서민'과 같은 정책을 내놓아 인기몰이를 하였지만 정작 그 상위개념인 '대한민국다움'에 대해서는 왜 고민은커녕 생각조차 하지 않고 있는 것인가?”

위에서 인용한 박효종 교수의 지적은 매우 적절하다고 판단된다. 집권 후 2년간 MB정권이 이런 올바른 지적에 대응하지 못했다면, 남은 기간에라도 이러한 근본문제를 반드시 확실하게 해결할 수 있어야 한다. 이런 작업이 차기 건국 60년을 시작함에 앞서서 가장 중요한 과업일 것이다.

건국 60년의 현대사가 이러한 청사진에 기초하여 만들어지는 것은 정치문화의 모순 또는 병환을 바로 잡는다는 뜻이 된다. 이명박 정부가 그동안 국론분열과 사상대립으로 곤욕을 겪었다는 것은 바로 이 때문이라는 박 교수의 말은 깊이 되새겨볼 만하다고 생각하는 바이다. 정치문화를 바로잡지 못한 결과이며 그 이유로 정치구조가 제대로 기능할 수 없었던 것이었다.

7. 가장 바람직한 미래가 어떻게 보장될 수 있겠는가?

우리 한국국민들은 밝은 미래를 꿈꾸며 한민족과 그 국가의 비약적인 상승과 발전을 위해 힘껏 노력 정진할 자유와 권리가 있다. 어떤 근거로 우리는 밝고 빛나는 미래를 위해 큰 희망과 자신감을 가질 수 있겠는가? 첫째, 우리는 건국 60주년을 통하여 가난한 약소국에서 세계의 10대 경제대국이며 국제사회 여러 면에서 두각을 나타내는 부강한 중강국(中强國)으로 전환할 수 있는 이적(異蹟)을 보여준 실적을 가지고 있다.

또 우리의 선조들 그리고 많은 예언가들이 한민족이 앞으로 세계를 지도할 수 있는 지위에 오를 것이라고 예언해 왔다. 정역(正易)사상가인 김일부(金一夫)를 비롯하여 최수운(崔水雲) 등 많은 신흥민족종교(新興民族宗敎)의 지도자들은 인류역사가 3000년을 주기로 크게 바뀌는데 20세기의 후반을 기하여 역사가 선천시대로부터 후천세계로 넘어가는 시점으로 내다보았다. 선천세계나 후천세계는 어떻게 다른가?

선천의 시대가 성장과 팽창을 위한 경쟁과 분열 그리고 대립 갈등의 시기인데 비하여 후천의 시대는 성숙과 결실을 위한 화합과 수렴을 중요시하는 화해와 협력의 시대로 특징지어진다.

건국 60년 제 1기에 본의 아니게 사람들이 분열, 대립, 증오, 적대 행위를 통하여 좌우가 대립하고 남북이 생사결판의 싸움을 해야 했던 것도 선천시대의 시운(時運)이 작용했다. 그러나 후천시대로 들어선 건국 60년 제 2기에 와서는 사람들이 알게 모르게 대립과 갈등을 회피하며 화해와 협력을 선호하게 되기를 바라게 된다. 증산교를 창시한 강증산도 후천시대에는 선천시대와는 달리 해원과 상생, 공영과 조화의 원리가 작용하도록 천지공사를 하였다고 한다.

원불교의 소태산(少太山) 종사도 '물질이 개벽되니 정신도 개벽하자'는 가르침을 폈다. 이것은 새 시대가 되면 사회의 물질적, 경제적 환경이 크게 발전할 것이니 정신문화도 그에 보조를 맞추어 대전환을 일으키자는 뜻이다.

선인들이 이러한 생각을 가지고 예언했다는 것은 한국의 정치문화의 혼선을 바로 잡을 수 있는 준거틀을 물려받았다는 것을 의미하며 그런 처방을 따르면 우리나라와 세계의 미래는 희망적이라는 결론에 이른 것이다.

이러한 변화는 정치발전인가, 아니면 정치쇠퇴에 해당하는가? 보수우익의 독재에서 벗어날 수 있었다는 것은 정치발전에 해당한다. 그러나 진보좌파의 독재에 빠져든다면 또 다른 정치쇠퇴에 빠져든 것이 된다. 한국정치체제가 민중화되고 저질화, 불안정화하지 않으려면 좌경세력이 퍼뜨린 부정적 시각이 극복되고 국민정신이 정화되어야 한다. 사람들이 올바른 이상과 긍정적 시각을 되찾아야만 정치는 안정되고 발전의 길로 들어서기 때문이다.

한국의 국격이 높아지고 한국국민의 신뢰도가 더 높아져야만 각 종교의 선교(宣教)나 세계적인 영향력 확대도 기대할 수 있는 것이다. 앞에서도 언급했으나 21세기에 와서는 종교의 지도적인 역할이 더 중요해지며 또 영향력도 강화되어가는 추세이다. 종교도 앞으로는 과거와 같은 신앙중심의 종교로부터 수행중심의 종교활동으로 변해 나갈 것이다. 또 과거와 같이 고립주의적이거나 분파적으로 활동할 것이 아니라 타종파와의 제휴와 협력이 훨씬 더 중시되어 가는 추세로 바뀌어야 한다.

마지막으로 필자가 강조하고 싶은 것이 세계의 평화와 번영을 위하여 세계정부가 들어서서 앞서 말한 아시아공동체, 더 정확하게 말한다면 아시아태평양지역공동체의 조속한 설립과 활성화를 위하여 각 종교집단은 물론 시민단체들도 연대활동 강화에 박차를 가해야한다는 것이다.

여기서 중요시할 것은 과거와 같이 부정적인 과거문제를 계속 들먹이면서 긍정적인 미래를 창조하는 국제적인 우의(友誼)와 협력증진에 찬물을 끼얹는 그런 부정적인 태도나 저질행동은 그만하고 긍정적인 이미지를 만드는 습성과 관례를 만들어 나가는 것이다.

8. 맺음말

1948년의 건국으로부터 2008년의 60년 동안 한국국민이 이룩한 성과는 참으로 괄목할 만한 것이었다. 가난하고 초라한 탈식민지 국가로부터 세계가 인정하는 희망적인 세계의 10대 경제대국으로 성장했다. 또 세계 스포츠제전인 올림픽에서도 일본을 능가하는 10위권 안의 성과를 올리는 국가로 발돋움할 수 있었다.

그러면 2009년부터 2068년까지의 60년 동안 한국은 얼마나 더 발전하며 또 변해 있을까? 앞으로 60년의 성과는 바로 우리가 생각하고 계획하고 노력한 만큼 거둬들일 수 있는 것이다. 지금까지 성취하려던 모든 일이 미완성이었고 불안정했으며 비정상이었던 사실도 의식하면서 좌우대립이 수습되어 안정될 것이며 국가의 발전과 선진화가 크게 정상화되는 가운데 국토통일의 과업도 완성되어야 한다.

그런데 2012년의 국회의원선거와 대통령선거를 통해서 한국국민의 소망이 성공적으로 이루어질 수 있겠는가. 우리는 내일의 사태를 예견할 능력을 갖지 못한다. 그러나 한국의 보수와 혁신, 우파와 좌파의 대립에서 어느 한 쪽의 완승을 기대할 수는 없을 것 같다. 백보를 양보하여 보수우파가 60대 40으로 승리하더라도 혁신좌파의 조직력으로 인하여 좌파 측이 계속 주도권을 쥐고 나라를 이끌어가지 않겠는가 하는 염려를 떨칠 수 없다.

이러한 발전과 번영을 저해하고 오도하는 마장(魔障)이나 업장(業障)을 어떻게 제거 불식하며 극복할 수 있겠는가? 지난 60년 동안 나라의 성장 발전을 방해하고 오도했던 것도 한민족의 전생업, 과거업 그리고 오탁악념이나 왜곡된 심사(心事) 때문이었다는 사실을 생각한다면 앞으로 또 이런 업장이나 마장이 다시 방해할 일은 없겠는가?

불교의 원리를 따른다면 사람의 복이나 화는 개개인이 지은 대로 받는다고 한다. 길운(吉運)을 바란다면 남에게 복을 많이 지어야 한다. 민족 국가도 큰 성공과 영광을 바란다면 세계와 인류를 위하여 큰 공덕(功德)을 쌓아나가야 한다. 필자가 아시아태평양공동체를 건설하여 많은 이웃 나라를 잘살게 해야 한다고 강조하는 이유가 여기에 있다.

우리의 미래가 정확하게 예측될 수 없다는 데에서 우리의 마음속에 들어서는 것이 상상력이다. 어떤 것은 합리적인 상상이나 어떤 것은 근거가 불확실한 상상이다. 여기에 초월적인 또는 종교적인 상상력으로 불교의 인과응보설이 강력하게 밀고 들어올 수 있다. 이 세상에 특히 사람들의 상상의 세계에 마장이라는 것이 있고 여기에 인과응보의 믿음이 끼어든다.

한국의 순조로운 발전과 번영을 저해하는 마장은 업장이라는 말로도 표현된다. 업장은 정확히 풀이하면 악인악과라는 말과 상통한다. 건국 60년 동안 전반의 행운과 성장을 좇아와서 그것을 뒤집어버린 부정과 악몽의 15년 또는 20년 동안에 일어났던 혼란과 낭패의 민중민주주의의 혼란기, 나라의 쇠퇴기를 겪었다가 벗어났다. 그러나 그 마장인지 업장은 뿌리 깊게 박혀서 정세는 크게 호전된 바가 없었다. 그러다 또 좌경의 시대를 맞이하면 나라는 어디로 가게 될까?

7 아태공동체운동이 우리의 정치발전도 앞당겨 준다는 근거

들어가며

대한민국이 1948년 8월 15일 건국되면서 오늘에 이르는 60여 년 동안 모든 분야에서 괄목할 만한 성장발전을 거듭해 왔지만 그중에서 가장 뒤져 있을 뿐만 아니라 흔히 역행현상을 보여 온 것이 정치분야였다. 이런 말을 들었던 것도 한두 번이 아니었다.

물론 이런 부정적 또는 회의적인 견해에 대한 반론도 없지 않다. 초기에 거친 반공독재체제를 유지해 오던 대한민국이 88서울올림픽 이후부터 상당 수준으로 민주화된 사실을 부인할 사람들은 없다. 더욱이 김영삼, 김대중, 노무현 정권 15년을 겪는 과정에서 한국은 상당한 수준으로 민주화되었다. 그 후 정부와 여당 그리고 야당도 현저하게 중도화되었으니 이것도 정치발전의 표식이 아니고 무엇인가?

1. 정치발전이 무엇이기에 (정치발전의 개념정의)

여기서 우리는 대한민국의 정치발전 여부를 판단하고 평가하기에 앞서서 무엇이 정치발전이냐 하는 문제부터 밝혀보아야 한다. 그리고 정치발전 여부를 진단 평가하는 것은 다음의 문제이다. 정치발전이라고 말하지만 그 뜻도 학자들이나 논자의 시각에 따라서 그 해석이 매우 다르기 때문이다.

⑴ 우선 맑스주의자들의 소견부터 설명해 보아야겠다. 맑스주의자들은 보통 정치발전이란 말을 사용하지 않는다. 그 대신 포괄적인 역사발전이란 개념 속에 포함시켜 논의하기를 좋아한다. 사적(史的) 인 유물론은 인류의 역사발전이 ① 원시공산사회, ② 고대의 노예사회, ③ 중세의 농노사회로 바뀌다가 ④ 자본주의사회의 자본가 대 노동자의 계급대립을 거쳐서 ⑤ 노동자계급이 주권을 장악하는 사회주의사회로 진입한다고 주장한다. 그러다가 능력에 따라서 일을 하고 그에 비례해서 소득을 나누어 갖는 사회주의사회 단계를 넘어서 생산력이 더 발달하면 수요에 따라서 물자를 공급받는 사회, 곧 자유, 평등, 풍요가 실현되는 이상사회로 접근한다는 것이다. 이러한 역사발전의 발전법칙에 따라서 사회가 발전하는 것이라는 것이 공산주의자들의 발전개념이라고 말할 수 있다.

이런 좌파적 시각에서 볼 때 1950년대부터 1980년대 초에 이르기까지 한국은 제국주의에 신종하는 파쇼정권의 지배 하에 있었던 것이 된다. 1980년 광주사태를 계기로 민주화세력이 반제국주의, 반파쇼 민주화투쟁을 주도함으로써 정치발전이 이루어졌다. 현재는 좌파정권을 밀어낸 이명박 정권이 좌파정권의 반미저항투쟁을 저지하면서 한국이 좌파노선으로부터 이탈하도록 기도해 왔다. 그러므로 이 나라의 민족민주세력은 다시 단결함으로써 남북한의 연방제통일을 성취하고자 노력한다. 이것이 한국의 정치발전이라는 생각방식이다.

⑵ 미국 정치학자들은 이러한 좌파지식인들의 관점과는 달리 보다 보편적인 정치발전이론을 제시한 바 있었다. 우선 가브리엘 알몬드(Gabriel A. Almond)는 근대국가는 먼저 국가건설(*state building*)에 힘쓰다가 국민형성(*nation-building*)을 이룩한다고 말했다.[1] 제 3단계에 가

---

1) Gabriel A Almond, *Comparative Politics: A Developmental Approach*, Little

서는 정치참여에 관심을 가져서 민주화에 주력한다. 제4단계에 가서는 재화의 분배에 관심을 보임으로써 복지국가건설에 주력하게 된다.

케네스 오르간스키(A.F.K. Organski)는 정치발전 단계를 ① 초보적인 통일의 단계, ② 산업화의 단계, ③ 사회복지의 단계, ④ 풍요사회의 단계로 구분하였다.[2)]

이러한 발전론의 이론적 틀에서 보면 대한민국도 이러한 정치발전의 단계를 초보적이나마 두루 거쳐 온 것이 되므로 나름의 정치발전을 해 온 것이라고 주장할 수 있다. 앞으로 남북한이 통일국가를 형성하게 된다면 이러한 발전과정이 다시 한 번 보다 넓은 범위와 새로운 차원에서 되풀이되는 과정과 수순을 밟게 될 것이며 그럼으로써 더 완전한 형태와 제도적인 성격이 완성될 것이 기대된다.

(3) 위에서 제시된 미국 정치경제학자들의 발전론과 매우 대조가 되는 것이 사무엘 헌팅턴의 정치발전이론이다. 그는 낙관주의적인 발전론자들과는 달리 국가발전 정치발전론과는 다른 중요한 면을 강조했다. 그에 따르면 정치는 보다 더 발달된 좋은 사회를 향해서 진화하는 일방통행이 아니다. 정치는 좋은 면으로의 일방통행적 정치발전이 아닌 정치후퇴 내지 퇴화의 위기로 빠져들 수 있다는 사실을 지적했던 것이다.[3)]

정치발전론자들은 정치발전이 국민들의 정치적 관심이나 참여의 증가를 전제한다고 본다. 그것이 정치사회변화의 어려운 문제나 과제가 제도화에 의해 소화되지 못할 때 정치는 발전하는 것이 아니라 도리어 쇠퇴 내지 위기로 빠져든다는 사실을 일깨워준 것이다.

Brown & Co. 1971.

2) 로스토(Dankwart Rostow)라는 경제학자는 경제발전단계를 ① 전통사회의 단계, ② Take-Off(이륙)의 단계, ③ 고도대중소비(*high mass consumption*)의 단계 등 이러한 경제발전의 과정을 잘 관리해 나감이 정치의 기능이라고 부연설명 하였다. A.F.K. Organski, *The Stage of Political Development*; Dankwart Rostow, *The Stage of Economic Growth*, 참조.

3) Samuel P. Huntington, 민준기 역, 《정치발전론》, 을유문화사, 1995.

국민의 정치적인 욕구나 바람의 증가는 헌팅턴이 강조하듯이 반드시 충분하고 안정된 제도화와 안정화의 정치에 의해 뒷받침되어야 한다. 그러지 않으면 정치참여의 증가가 자칫 만성적인 불안정과 혼란을 조성함으로써 결과적으로 정치발전이 아니라 정치적 후퇴(*Political decay*)로 귀결되기 쉽다. 즉 정치참여의 과잉으로 인한 정치혼란은 정치발전이 아니라 정치적인 쇠퇴, 곧 political decay를 초래할 뿐임을 일깨워준 것이다.

실제로 한국의 정치발전이 이루어졌다는 노태우, 김영삼, 김대중, 노무현 정권 하에서 추진된 이른바 민주화투쟁과 그 투쟁의 성과는 그 내용상으로 민주화와는 거리가 있는 민중화를 촉진함으로써 정치사회의 불안정화와 경제성장의 둔화와 쇠퇴경향이라는 결과를 가져온 면을 간과할 수 없다.

(4) 필자는 미국의 정치사회학자들이 제시한 정치발전 개념을 나름대로 정리하여 정치발전에 대한 소견 또는 학설을 다음 세 가지로 요약 정리하였다. 즉 ① 정치발전의 기능적인 측면에서 국민의 정치적인 욕구가 많아지고 또 강화(절실)됨으로 인해 정치기능이 크게 증가하며 또 기능화, 효율화, 다양화 내지 원활화에 기여한 것이다. 더 거창하게 말한다면 기능적 측면에서 세계 평화와 인류복지에 기여하는 개인적 또는 집단적인 능력의 성장을 말하는 것이며 한국정치 공동체의 자아실현 능력의 증가에 기여한 것이다.[4]

이것은 국가기능의 다양화도 뜻하는 것이나 한민족의 지상과제라고 할 남북한 통일의 과제도 포함한다. 남북한의 통일도 국민의 정치능력이 발휘됨으로써 성취되는 것임을 시사한다.

② 국민의 정치참여가 활성화되고 기능이 다양화되면 제도화의 고도화가 요구된다. 정치과정의 제도화도 외국의 제도를 도입하여 모방하는 것이 아니라 그 나라의 독창적인 제도가 발명되어서 정치기능을

---

4) 한승조, 《한국정치: 오늘과 내일》, 도서출판 일념, 1989.
Samuel P. Huntington, *Political Order in Changing Societies* I, *op. cit.*

원활하게 수행할 수 있으며 그럼으로써 정치발전의 제도적인 성격을 갖추게 된다. 이것은 모두 정치발전의 제도적 측면이 완성되어 감을 뜻하는 것이 된다.

③ 정치발전의 문화적인 측면은 국민의 정치의식이 계속 높아지고 성숙해야 제대로 완성되는 것이다. 한 나라 국민의 정치의식은 체제에 대한 그 국민의 기대감, 만족감, 긍지 그리고 충성심이 높아짐으로써 정치발전도 순조로워질 수 있는 것이다. 이것은 오랜 동안의 국가의 정체성 교육과 애국·호국투쟁, 애국운동 또는 국가에 의한 의도적인 국민정신교육의 결과로 생겨나는 것이지 국민들이 자생적, 자동적으로 갖게 되는 것이 아님을 알아야 할 것이다.

2. 한국의 정치발전을 저해 방해해 왔던 역사적, 지정학적인 요인들

한국에서 정치발전이 만족스럽게 이루어지지 못한 요인들은 수없이 많다. 그중에서도 가장 큰 원인은 무엇이었던가? 그것은 한국국민에게 공통된 국가관, 역사의식, 정치적인 가치관이 없었던 것이 가장 큰 원인이었다고 할 것이나 그런 기본적인 인식이 갖추어지지 못했던 이유는 역사적인 요인과 지정학적인 원인에서 찾아볼 수 있다.

한반도는 20세기 초에 이르도록 근대국가가 아닌 왕조국가에 살고 있었다. 그러다가 서세(西勢)의 충격에 적응하지 못하고 국권을 상실하여 일본의 식민지배를 받다가 1945년 8월 제 2차 세계대전에서 일본이 미연합군에 항복하여 해방을 맞이하였다.

해방을 맞이한 한반도가 미소양국에 의해 분할 지배되었던 것은 지정학적인 요인 때문이었다. 한반도는 공산주의와 민주주의의 각축장이 되었기 때문에 통일된 국가관, 정치적 가치관, 그리고 역사의식을 갖기 어려웠던 것이다. 한반도가 대륙국가와 해양국가의 접촉지점에 위치함으로 인해 사상적인 분열과 대립이 극심해진 것이다.

결과적으로 한국의 정치사상은 크게 보수적 민족주의와 부르주아 민주주의를 주축으로 하는 보수주의사상과 반제 반외세의 저항적 민족주의와 맑스주의 내지 민중(인민)민주주의를 근간으로 하는 좌경진보주의사상으로 갈라짐으로써 좌우사상대립과 갈등이 극심했으며 이것이 한국의 정치안정과 발전에 대한 중요한 걸림돌로 작용했던 것이다.

필자는 여기서 간단하게나마 한국의 정치발전이 첫째, 남북갈등과 좌우익의 이데올로기 대립으로 인해 저해 받아 왔는지, 둘째, 한국의 정부와 여·야당 및 시민단체들이 얼마나 격심한 고통과 정치적인 불안정에서 고생해 왔는지 간략하게 회고하며, 동시에 한국의 정치발전이 그런 애로와 궁지로부터 벗어나는 방법이 무엇인지 생각해 보고자 한다.

1) 평화통일의 목표에 대한 남북한의 의도와 입장차이

⑴ 남북한이 모두 평화통일을 선호하나 목표와 수단의 차이는 엄존한다. 한국은 그동안 남북 간의 체제경쟁에서 크게 승리했다는 면에서 큰 자부심과 우월감을 느끼고 있으며 현상유지의 토대 위에서 북한과 교류협력을 확대할 것을 선호한다.

그러나 북한은 남한의 경제적인 우위는 인정하나 자신들이 도덕적으로 훨씬 우월하다고 느끼며 그에 대해 큰 자부심을 견지한다.

⑵ 남한은 북한을 통일하더라도 평화공존을 원하며 그 토대 위에서 빈번한 교류 협력을 원한다. 또한 인도주의적인 경제원조나 기술이전에 아낌없는 협력을 제공할 마음가짐을 갖는다. 그러나 북한은 남북한의 평화공존보다도 강제적 일방적인 체제통합을 획책하며 한국의 정치·사회체제를 김일성 주의로 일색화할 것을 기도해 왔다.

⑶ 남북한의 대화 교류 협력도 남한이 평화적이고 선의적인 것이라면 북한의 대화 교류 협력 의지는 전투적, 기만적이며 도발적인 책략을 간직한 것이어서 남한체제 파괴를 도모하는 악의적인 특징을 계속 유지한다.

(4) 남북한은 1972년 7월 4일 남북공동성명을 발표하여 남북관계의 개선을 위해 협의 노력해 나갈 것을 선언하였다. 그때 남북은 ① 자주통일의 원칙, ② 평화통일의 원칙, ③ 사상과 제도의 차이를 초월한 통일의 원칙을 내세웠다. 70년대의 남북대화 당시에는 그런 말이 그럴싸하게 들렸으며 멋있는 언사라는 인상을 줄 수 있었다. 그러나 그 후 40년 동안의 대화과정을 감안해 볼 때 그 통일원칙이라는 것 자체가 도무지 믿어지지 않는 부실한 대화원칙이며 또 공산주의자들의 함정이 숨어있음이 드러났다.

첫째 남북한의 통일문제는 동아시아 4강의 공통된 관심사이므로 남북한이 자의적으로 결정할 수 없는 문제임을 간과한 것이었다. 둘째, 평화의 원칙은 강제력이나 기만 또는 사술(詐術)로써 통일하지 않겠다는 의사의 표명이며 무엇보다 전쟁수단으로 통일하지 않겠다는 뜻이라고 생각되어 당시에는 이의 없이 받아들일 수 있는 통일원칙이었다. 그런데 실제로는 핵무기를 꾸준하게 개발하고 핵으로 인접 국가를 위협하고 걸핏하면 서울 불바다를 발언하는 북측이 평화를 주장한다는 것은 납득할 수 없는 일이다. 마지막으로 사상과 제도의 차이를 초월한 남북한의 통일이란 원칙도 전혀 미덥지 못한 언어의 장난이었다.

70년대부터 국토통일 남북대화의 노력은 계속되어 왔으나 아무런 성과도 없이 지속되어 왔을 뿐이었다. 이제 와서 생각하면 그 7·4공동선언에서 채택된 내용부터 기만적이며 많은 문제성을 내포하고 있었다는 생각이 드는 것이다.

남측이 이러한 남북대화노선을 선택한 이유는 북한의 무력침공을 자제하도록 유도하며 북한과의 평화경쟁을 제안하기 위한 것이었다. 70년대 초 한국정부는 경제개발 5개년 계획을, 북한은 대남공작을 더 적극화할 수 있는 여건을 만들기 위한 것이었던 것 같다.

남측의 대화 의도는 비교적 순수한 편이었다. 그러나 북측의 대화 의도는 한국의 국민대중과 정부를 이간시키는 한편 남한의 체제붕괴를 노리는 의도가 담겨져 있었던 것 같다. 예를 들어서 북측과 통일대화를 하기에 앞서서 남한의 반공정책부터 포기해야 한다, 또 국가보

안법 등 법률적인 제약을 철거해야 한다는 전제조건이 붙는 판이니 이런 자들과 남북대화가 순조롭게 진행될 수 없는 것이다.

6·15 선언이 주장하는 남북한의 통일정책은 북한의 연방제 통일방안과 남한정부가 1989년에 내놓은 한민족공동체통일방안의 내용에서 공통된 내용을 추출해 만들어내겠다는 것이다. 남북한의 연방제통일방안은 그 자체가 좋다 나쁘다고 말할 수 없다. 북측이 노리는 것은 남측이 자신들의 통일방안을 받아들이도록 설득하는 과정에서 남한체제의 내부불안을 부추기며 남한체제의 변질을 기도하려는 것이었다.

이처럼 남한은 기만책이나 우악으로 적화흡수 통일하고자 하는 북측체제를 어떻게 믿으며 또 누가 그들을 세뇌하면서 통일대화를 계속하기를 바라겠는가?

2) 남한 정치체제 내부의 민중화를 통한 정치사회불안의 확대

1948년에 대한민국이 생겨나고 정부가 수립된 지 60년 만에 한국은 국가건설 산업화 그리고 복지국가 건설의 과제를 상당 수준으로 이루어 놓았다. 그래서 한국의 정치발전이 적어도 외형적으로는 실패한 것이라고 말하는 데는 반론이 뒤따를 수 있다. 앞에서 말했듯이 정치발전은 정치참여의 양적인 증가에 못지않게 질적인 향상을 목표로 해야만 한다. 70년대와 80년대의 민주화투쟁은 종래의 권위주의체제에 대한 좌파세력주도의 민중화투쟁의 승리였다고 말은 하나 그것은 참다운 민주화와는 거리가 먼 것이었다.

다수 국민들은 민주화와 민중화의 차이를 구별하지 못한다. 그래서 좌파세력은 부르주아 민주주의는 유산자 민주주의이며 형식적인 민주주의인데 비하여, 민중민주주의만이 실질적인 민주주의라고 주장해 왔다. 자유민주주의와 민중주의적 민주주의의 차이는 전자가 법의 지배나 양식의 지배를 존중하는 데 비하여 후자는 법을 무시하는 민중의 지배 그리고 양식보다도 선전과 선동에 의존하는 민주주의체제라는 점이다. 헌팅턴이 말하듯 제도화, 관습화가 되지 못한 민중화는 바로 정치적인 쇠퇴(*political decay*)로 이어지며 그것이 막가는 무법정치(*praetorian politics*)로 귀착한다고 보았던 것이다.[5)]

좌파주도의 민주화라는 이름의 민중화는 1992년의 김영삼 정권 이전 노태우 정권부터 시작했던 현상이었다. 1997년의 김대중 정권, 2002년의 노무현 정권이 끝날 때까지 15년 동안 계속되었다. 그동안 한국의 헌정질서는 민정당, 한나라당 등 보수정당의 견제로 인해 또 〈조선일보〉나 〈동아일보〉 등 보수언론의 비판에 힘입어서 정치질서는 표면상 유지될 수 있었다.

그러나 기회주의 내지 좌파정권이 유지되는 동안 한국에서 민중화나 좌경화가 사회의 모든 구석으로 뿌리를 내려가고 있었다. 경제발전이나 문화발전에 상응하는 정치발전이 이루어지고 있다는 조짐은 전혀 보이지 않았다. 그래서 '미완성', '불안정', '비정상'으로 특징지어지는 한국의 민중민주주의가 판을 치게 된 것이다.

친북좌파는 정치를 전투로 보기 때문에 목적을 위하여 수단과 방법을 가리지 않는다. 그래서 권력탈환을 위한 그들의 정략이 정치 불안정의 근본원인이 되는 것이다.

2008년 2월 이명박 정부가 들어서자마자 미국쇠고기 수입문제와 관련하여 괴소문을 퍼뜨리면서 대공세를 벌였으며 거의 3개월 동안 촛불시위 등을 계속하며 공격을 개시하였다. 그리고 폭력적인 거리시위를 벌여서 경찰에게 폭행을 가하며 기물을 파손하면서 거리소요를 계속하였다. 그 문제가 3개월여 만에 어렵게 진정되자 원내투쟁으로 자리를 옮기며 국회에서 예산과 미디어법 등을 저지하기 위해 불법적인 의사진행 방해가 계속되었다.

이런 비합법투쟁의 과격한 거리투쟁은 민주노총을 비롯한 과격 노동조합과 특히 전교조에 의해 자행되어 왔다. 이들은 이명박 정부의 위신을 떨어뜨리고 국민의 지지를 약화시킬 수 있는 것이라면 무슨 짓이라도 하겠다고 결심한 세력처럼 보였다. 좌파들은 민주화투쟁을

5) Samuel P. Huntington, *op. cit.*

주도하여 나라의 민주화에 결정적인 기여를 한 것처럼 자처해 왔으나 이들이 진정으로 관심을 갖는 것은 한국의 민주화나 정치발전이 아니라 좌파의 지배를 반대하고 방해하는 보수우파세력을 완전 제압하고 배제하는 것 그리고 북한이 주도하는 연방제적화통일을 관철하고자 하는 것이다.

이것은 한국의 의회민주주의가 아직도 제도화의 수준에 오르지 못했기에 가능한 일이었다. 따라서 이미 이루어진 민주적인 헌정질서는 언제 어떻게 무너져 버릴지 예측이 불가능한 상태라고 하겠다. 이명박 대통령은 취임 이전에 7·4·7(7%성장, 4만 달러, 세계 7위의 경제대국) 건설을 공약하며 집권했다. 또 북한에 대해서는 비핵3000(북한이 핵무기를 포기하면 북한의 개인당 GNP를 3,000달러로 만들어주겠다는 약속)을 공언하였다. 그러나 야당이 북한과 보조를 맞추면서 사사건건 정부여당의 업무수행을 반대하고 방해하고 있다. 수단과 방법을 가리지 않는 반대와 방해로 인해 정치안정은 거의 절망상태에 이르게 된다.

특히 염려스러운 것은 한국의 친북 과격좌파들의 폭력시위나 국회의 난폭한 의사방해행위가 전 세계에 알려져 국가의 품위를 떨어뜨리며 한국의 이미지를 손상시켜 왔다는 것이다. 이런 상황에서는 한국의 정치발전은 좌절될 수밖에 없으며 그 전망도 매우 어두울 수밖에 없다.

그리고 이명박 정권으로부터 기필코 정치권력을 탈취하려는 야당이나 과격노동조합 그리고 좌경시민단체들의 사상과 행동은 한국의 대중매체와 그 매체에 등장하는 한국의 좌파성향의 식자층과 문화인들의 상당수에 의해 공유되거나 추종을 얻고 있다는 사실이 더욱 우려스럽다. 이것이 그들 간의 공통된 사고방식이며 또 그들의 생활정서처럼 되가는 현실이다.

이들에게 공통된 심정과 태도는 국가와 사회현실 그리고 역사에 대한 부정심리이며 일그러진 사시적(斜視的)인 시각이다. 이러한 시각이나 심정을 계속 접하게 되면 시청자들의 마음속에는 삐뚤어진 생활정서와 성격만이 자리 잡게 된다. 이들에게는 조상이나 역사에 대한 외경(畏敬)의 자세가 거의 결핍되어 있다. 국가와 민족에 대한 존경의 자세나 충성심도 없다. 이러한 문화적인 분위기에서 전파 확산되는 것은 부정심리와 파괴심리에 기초한 망국정서이다.

3) 경박한 대중문화와 부정심리를 확산하는 대중매체의 책임

이러한 왜곡심리나 사상이 아닌 경우에는 또 보기가 딱할 정도의 경박하고 무의미한 문화콘텐츠를 접하게 된다. 시끄럽고 요란스러운 방송매체를 통해서 매일 아침저녁으로 황금시간(*golden-time*)에 맞춰 보통사람들의 영혼 속으로 혼란과 혼선만이 계속 주입되고 있는 것이다. 이것은 문명의 이기(利器)가 아니라 흉기이다. 묘약이 아니라 마약 내지 독약이다. 국민의 상당수는 일상적으로 독약에 취한 정신상태로 하루하루를 살아가고 있음에도 저지되지 않고 있으니 걱정스럽다. 이것은 국민성의 저질화를 가져올 뿐이다. 국민정서가 이렇게 오염되어 있는데 국가기강이나 정신풍토가 어떻게 정상적이기를 기대하겠는가?

3. NGO와 NPO가 정치발전의 견인차 노릇을 할 수 있다

정치발전의 논의를 마무리하기 전에 다시 그 개념정의를 요약하는 것이 좋을 듯하다. 정치발전은 세계평화와 인류의 번영 복지에 기여하는 사람들의 개인적, 집단적인 능력의 향상을 표방한다. 정치문화적 측면에서 말한다면 국민의 나라, 주인의식, 자주의식, 정치적 정체성의 고양(高揚)을 뜻한다. 인권의식을 포함한 정치의식의 민주화도 당연히 이 개념 속에 포함되어 있다. 정치기능적 측면에서 본다면 정치기능의 양적 팽창과 질적 향상, 바꾸어 말하면 생산성, 기능성, 효율성의 증가이다.

정치구조적 측면에서 말한다면 국가기구의 팽창과 간소화, 대형화와 소형화란 말로 표현될 수 있을까? 칼 맑스(Karl Marx)는 역사가 발전하면 국가가 소멸한다고 말했다. 지역공동체가 생겨나면 민족국가는 형해화하며 사실상 없어지지만 그래도 그 유물 잔해만은 남을 것이 아닌가? 분명한 것은 중앙정부의 일들을 지방정부가 그리고 지방정부일의 상당부분도 NGO(비정부기구) 내지 NPO(비영리단체)들이 떠맡아 버리게 되는 공식적 정부조직은 계속 작아질 수 있다는 것이다.

이렇게 되면 사람들이 반드시 국가기구나 정치적인 단체에 소속되어야만 정치를 할 수 있는 것이 아니다. 누구나 어느 지위에 있거나 나라의 주권자로서 정치적 자유와 권리를 행사할 수 있게 되는데 여기에 큰 기여를 하는 것이 NGO와 NPO인 것이다. 《NPOの新時代》라는 책을 간행한 다나카 야요이(田中彌生)는 그 책에서 시대가 요청하는 새로운 사회상으로 다음 세 가지 역할 기능을 들고 있다. ① 유권자, 납세자의 입장에서 세금의 사용과정을 감시, 평가하고 도표에 반영한다. ② 시민이 공공서비스를 직접 담당, 시행하는 역할. ③ 시민들이 사회복지, 교육, 개발원조, 동물보호, 환경문제 등 특정 업무수행의 문제해결에 참가하는 역할을 제시했다.[6)]

미국의 개발문제전문가 데이비드 코텐은《NGO와 자원활동가(*Volunteer*)의 21세기》라는 책에서 NGO의 발전단계를 따르는 세대를 구별하며 그 특징을 다음과 같이 구별하였다. 제 1세대는 구원과 복지문제의 세대, 제 2세대는 지역공동체를 개발하는 세대인데 여기서는 국민의 자립능력을 키워주는 것이 주목적이 된다. 제 3세대는 사회제도나 직책의 변혁을 기도한다. 현행제도와 정책을 분석하며 그 개혁안을 가지고 정치적 영향력을 키워 나간다. 제 4세대는 세계규모의 변혁대상으로 하는 국제적 사회활동도 전개한다. NGO의 이러한 국제적 통신교류, 협력활동을 활성화하는 여러 나라 정부 간의 합의사항에 큰 영향을 미칠 수 있다는 것이다.

6) 다나카 야요이(田中彌生), 《NPO新時代 : 市民性創造のために》, 明石書店, 2009. pp. 104~106.

이런 관점에서 볼 때 아시아태평양지역의 여러 나라 NPO, NGO들이 모여서 지역공동체활동을 대행할 수 있을 뿐 아니라 이것이 끝내 우리가 소망하는 지역공동체의 탄생을 앞당기는 역할을 할 수 있으며 지역공동체 출현을 위한 우리의 구상을 실현할 수 있는 견인차 역할을 할 수 있는 것이다.7)

4. 국민정서와 국격을 높이며 정치발전을 돕게 될 시민운동

앞에서 필자는 아시아태평양공동체의 창설을 밑받침하는 정서는 하늘을 받들고 이웃을 섬기는 정신자세임을 설명하였다. 이것은 하늘을 불신하고 이웃을 증오하거나 적대하는 태도와는 정반대의 정신자세이다. 이웃 나라를 섬기고 그 나라의 국민들이 잘살 수 있도록 도와주고 베풀어 주는 행위는 다시 반사되어 우리들 자신에게 돌아오게 되어 있다. 한국국민이 많은 나라들에게 덕을 베풀고 선행을 많이 하면 할수록 그것이 여러 모로 복 짓는 행위가 되어서 한국도 그 선행에 필적하는 적선지가(積善之家)가 되므로 경사가 넘쳐나는 여경(餘慶)의 심성으로 전환할 수 있는 것이다.

국격이란 말이 나왔으니 김대중 전 〈조선일보〉 주필은 김대중칼럼을 통해서 매우 뼈아픈 현실을 지적했다.8)

> "우리는 외국의 보도를 통해 세계가 우리를 보는 '눈'을 감지한다. 세계가 우리를 가리켜 국회에서 가장 싸움 잘하고 폭력이 난무하는 나라 중 상위의 랭킹에 있는 나라라고 보도할 때, 우리의 노사투쟁의 현장을 보도하면서 화염병과 새총과 죽창을 부각시킬 때 우리는 창피하고 부끄러웠다. 예전에는 몰라도 이제는 우리도 생

---

7) コ-テン デビッド, 渡邊 龍 譯, 《NGOと ボロンティアと21世紀》, 學陽書房, 1995, pp. 139~140.

8) 김대중, "國格", 〈조선일보〉, 2009. 10. 12일자.

각이 있고 법과 규칙이 있는 나라라고 여겨왔는데 이래도 되는 것인가 하는 자책감에 사로잡힌다.

어느 나라든 시위는 있고 반정부도 있다. 그러나 선진국이라면 그 행위는 대체로 법질서 안에서 이루어진다. 그래야 나라다운 나라로 대접받는다. 그러나 우리는 아닌 것 같다. 붉은 머리띠와 마스크, 화염병, 죽창, 최루탄, 치고받는 난투, 사망 등의 순서로 이어지는 우리나라에서 국격을 논할 여유가 있는 것일까? 명색이 국회의원이라는 사람들이 의사당 안에서 플래카드를 들고 시위하며 망치로 문을 부수는 나라에서 무슨 국격이 논의될 수 있을 것인가? 지도층이 노블레스 오블리주의 정신을 실천하지 못하는 나라를 문화국이라고 보는 사람은 없다. 나라의 중심축 역할을 하겠다는 사람들이 위장전입이나 탈세나 하고 뇌물이나 받는 나라가 제대로 된 나라일 수 없다. 그런 위반 정도는 '누구나 할 수 있는 것', '사과하기만 하면 통과될 수 있는 문제'라는 인식이 지도층과 일반국민 사이에 상식화(?)돼 있는 사회에 무슨 품격이 있을 것인가. 나라의 최고위 지도층 인사들이 이런저런 이유와 핑계로 병역의무를 치르지 않고도 위정자의 자리에 오르는 나라에 기강이 제대로 서 있을 리가 만무하다.

나라 전체로 거짓말과 사기사건이 법집행기관 업무의 70%를 차지하는 곳에서 국격이 높아질 수 없다. 어린이를 성폭행해도 그저 그런 처벌을 하는 나라에서 국격을 논하는 것은 사치다. 기회주의와 포퓰리즘이 만연하고 선거과정에서 아직도 돈과 접대와 학력사기가 판을 치는 풍토를 고치는 것이 우리의 국격을 높이는 지름길이다."

정치발전은 경제발전, 사회발전, 문화발전의 결과이기도 하지만 또 모든 분야에서 성장발전을 선도하는 노릇을 할 수도 있다. 정치는 많은 문제를 다루게 되고 많은 개인이나 집단을 규제하게 되므로 여러 면으로 좋거나 나쁜 영향을 미칠 수 있다. 한국이 정치발전에 힘입어 아시아태평양국가의 지도국가 틈에 끼어들 수 있게 되면 다른 나라에 좋은 영향력을 행사할 수도 있다. 정치 이외의 모든 분야에서도 괄목할 만한 성장 발전의 계기도 마련해 주며 또 여러 가지로 좋은 조건도 만들어주는 역할을 할 수 있다.

지역공동체가 설립되면 정치발전의 중요성과 가치가 훨씬 더 커진다. 그로 인해 정치발전의 필요성과 절실함이 높아지고 한국의 정치발전이 더욱 가속화된다. 정치발전은 구체적으로 어떻게 이루어지는 것일까?

① 아시아태평양지역 사회에서 무에서 유를 창조하는 개인적 또 집단적인 활동을 통해 정치외교능력을 키워준다. 여기서 집단이라고 함은 지역자치단체, 여러 종류의 NGO 및 NPO 단체들인데 그들 역할[9]이 확대함에 비례하여 정치사회적인 해결능력도 성장할 수 있는 것이다.

② 개인적, 집단적인 정치능력이 커짐에 따라 정당과 언론기관의 역할과 능력도 넓어진다. 시민들은 국내외정세에 대한 보다 많은 구체적인 정보를 입수하고 처리하는 일도 하게 되므로 그에 비례해서 국가나 정부의 활동을 대행하는 능력까지 갖추게 된다.

③ 민간인들의 무에서 유를 창조해 내는 능력은 다른 민간단체와의 유기적인 협력을 통해 공동체내 국제사회에서도 큰 영향력을 행사할 수 있게 된다. 정부는 민간단체의 힘을 빌려서 보통보다도 훨씬 적은 예산으로 지역 내 여러 나라에 필요한 여론을 수집하거나 문제해결을 해나가며 또 그럴수록 국가 사회에 많은 변화와 개선을 주도할 수 있다.

④ 가장 중요한 사실은 한국정치의 고질병이라고 할 수 있으며 정치발전을 그 싹부터 짓밟아 왔던 좌우대립과 남북갈등의 강도가 훨씬

---

9) NPO는 Non Profit Organization(非營利團體)이며 정부가 하는 일을 NGO나 NPO가 대행하는 것이 전세계적인 추세가 되어왔다. 정부기구를 확대함이 없이 과거보다 훨씬 많은 기능을 수행할 수 있게 되는 것이 NGO, NPO의 기능증가에 기인하는 것이다. 국민의 정치적 요구가 증가함에 따라 NGO, NPO단체들이 정치체제 안에서 순기능을 한다는 것은 정치발전의 표식이며 증거가 아니겠는가? 田尾雅夫 外, 《ボロンティアと NPOの組織論》, 學陽書房, 2004.

완화된다는 것이다. 일반민중의 문제해결능력이 커감에 따라 종래의 갈등관계도 화해 협력의 분위기로 바뀌게 된다.

⑤ 세계평화와 인류복지에 이바지하는 개인적, 집단적인 능력의 향상이 정치발전의 목적이며 종착점이라는 점을 중요시해야 된다. 그러기 위해서는 국민 각자가 직접 나라의 평화와 국민의 복지를 높이는데 기여하는 행동이 빈번해지고 또 습관화되어야 한다. 또한 아시아태평양공동체를 창설하고 운영하는 것이 정치발전의 더 현실적이며 유효한 방법이 되는 이유가 여기에 있다.

동양의술과 침술 중에 거자법(巨刺法)이라는 요법이 있다. 인체에서 어느 부위에 질환이 있다면 우선 그 환부(患部)부터 살피고 치료를 시도하지만 아무리 치료해 보아도 치유가 안 되는 경우에는 그 반대에서 치료부위를 찾아서 침을 놓는 방법이다. 예를 들면 좌측 다리에 병고가 심하다면 우측 팔이나 어깨에서 요혈(要穴)을 찾아 시침(施鍼)한다는 것이다.[10)]

그러다 보면 좌측 다리나 발에 있었던 병이 나을 수도 있는 것이다. 아태공동체를 위한 시민운동도 이러한 원리에 따라서 '미발달', '불안정', '비정상적'인 한국정치의 병환을 극복, 치유할 수 있는 원리이다.

한국의 정치발전에 대한 큰 장애요인이 이러한 거자법으로 치료될 수 있다고 보이는 근거가 무엇인가. 첫째, 지역공동체운동은 한국국민의 자질과 도덕성을 크게 높여 줄 것이다. 이것이 한국정치에 걸림돌이 되어 왔던 국민적인 자질과 도덕성을 높여주는 계기가 된다.

둘째, 남북대립과 좌우갈등이 한국정치발전의 걸림돌이 되어 왔지만 우리가 추진하는 지역공동체시민운동은 이러한 대립과 갈등을 완화시켜줄 뿐만 아니라 반대로 좌우공존과 협력의 풍토도 조성하게 된다.

셋째, 지역공동체시민운동은 국민 개개인과 각종 사회단체의 정치적, 사회적인 문제해결능력을 높여준다. 그 결과 국가권력에 너무 의존하는 버릇도 줄어들며 아울러 권력집단에 겁먹을 필요도 적어진다.

---

10) 유태우 편, 《중국침구학》, 음양맥진출판사, 2001.

국민들이 스스로 주권을 행사할 수 있는 기회가 증가하므로 그들의 마음 여하에 따라 정부를 좌지우지하고 자유자재로 조정할 능력도 생겨나는 것이기 때문이다. 이것이 참다운 의미의 정치발전이 아니겠는가.

5. 맺음말

한국의 정치발전이 아태지역공동체의 출현으로 인해 크게 촉진될 수 있다는 것이 본 글의 핵심요점이었다. 아시아태평양공동체의 출현이 어떻게 지난 60년 동안 계속해서 부진했던 나라의 정치발전을 크게 촉진시켜주는 계기가 되었다는 뜻인가?

한반도의 정치안전과 발전을 저해해 온 가장 큰 원인은 좌우의 이데올로기 대립이었다. 북한이 공산주의라는 이름의 좌경민족주의로 남북한을 통일하고자 하며, 그에 대항해서 남측은 자유민주주의와 시장경제라는 이름의 우파민족주의 입장에서 남북한을 통일하고자 하는 한 남북한의 좌우갈등이 수습 해결될 수 없다.

6자회담이 나선다고 해도 북한, 중국, 러시아가 한패가 되고, 한국, 일본, 미국이 또 한패로 단결한다고 해도 남북한의 통일문제는 물론 정치발전의 문제도 완전한 합의를 이룰 수 없는 것이다. 그러나 남북한의 대립을 아태지역공동체가 다룬다고 하면 남북한의 대립과 갈등을 해결하는 데 어려움이 없어진다. 실제로 북한은 아태공동체의 의사를 어기면서 핵무기를 실험하거나 보유할 수도, 인접국가를 위협할 수도 없을 것이다.

위의 논리를 서울대학교 하영선 교수는 〈조선일보〉 칼럼에서 다음과 같이 명쾌하게 지적하였다. "… 한반도 문제는 안의 문제인 동시에 밖의 문제라는 것을 확실하게 보여주고 있다. 안의 문제를 해결하기 위해서는 밖의 문제를 해결할 줄 알아야 한다. … 남북통일은 천하(세계)통일의 안목 없이는 불가능하다. 21세기 천하통일은 더 이상 자강과 세력균형의 원칙만으로 움직이지 않는다. 복합적 그물망짜기라는 새로운 원칙이 함께 움직이고 있다…."[11] 필자가 말하는 아시아태평양공동체 구성이 바로 하 교수가 말하는 복합적 그물망짜기에 해당하는 구상인 것이다.

1989년에 간행되었던 《한국정치: 오늘과 내일》이란 저술 중 정치발전의 한국적 의미라는 부분에서 다음과 같이 한국의 정치발전을 정의한 바 있었다. 첫째, 세계평화와 인류의 복지에 기여하는 개인적, 집단적인 자아실현과 능력의 제고를 의미한다. 둘째는 한국의 문화적 전통과 현실여건에 적합한 독특한 제도적 성격을 만들어내는 것이다. 셋째는 정치체제에 대한 국민의 만족감과 긍지 그리고 충성심의 증진을 뜻한다.[12]

한국시민들의 주도로 아시아태평양공동체라는 기구가 만들어지고 가동된다고 할 때, 한국인의 집단적, 개인적인 자아실현과 능력이 발휘됨은 자명한 일이다. 물론 한국인 혼자서 만든 것이 아니라 여러 나라 사람들의 협력으로 만들어진 것이라 하더라도 이것은 어떤 기존의 정치제도를 모방한 것이 아니라 오늘의 세계적인 필요에 의거해 새롭고 독특한 제도를 창조하는 행위이며 대단한 성취라고 평가할 일이다.

결론적으로 한국의 시민들이 국내정치의 차원을 넘어서서 국제관계의 분야로까지 관심범위를 넓혀서 국제정치와 외교의 업무에까지 영향력이나 영도력을 넓혀 나간다는 것이 개인적, 집단적인 정치역량을 확대, 강화하는 길이 되지 않겠는가?

11) 〈조선일보〉, 2010년 7월 9일자 A30.

12) 한승조, 《한국정치: 오늘과 내일》, 도서출판 일념, 1989. p.21.

8 중화사상, 패권주의 그리고 동북공정

중화(中華)란 말은 중국을 미화하는 대명사이다. '중국은 꽃다워', '아름다운 중국', 이런 말은 중국인들의 긍지를 높이는 말로 남녀노소 상하 누구를 막론하고 즐겨 사용하는 명칭이 되어 왔다. 1912년 쑨원(孫文)을 비롯한 우파 민족주의자들이 새 정부를 세우면서 국호를 중화민국(中華民國)이라고 공포하였다. 오늘의 대만도 그 국호를 그대로 사용하고 있으니 국호에 관한 한 아무런 이의도 불만도 제기하는 이가 없다. 1949년 공산주의자들도 국호를 중화인민공화국으로 작명한 지 60년이 지났다. 북경정부는 대만에 대해서 계속 대륙 본토 품안에 들어오라고 위협하고 달래며 설득하고 있는 중이다.

1. 중국만이 세계의 중심이 아닌데

중국인들은 '가운데', '中'이란 말을 매우 좋아한다. 그들은 중국이 아시아 대륙의 한가운데 위치하며 또 그것이 세계의 중심임을 확신한다. 그들은 세계를 중심과 변방으로 구분하는데 중심은 군림(君臨)과 지휘의 자리이므로 존귀가 그에 따른다. 반면에 변방은 중앙에 의하여 통제 지배받아야 하며 따라서 중앙에 순종하고 복종해야 하는 위치이다. 그래야만 세계에 질서와 평화가 유지된다는 것이다.

중국인들은 황하강과 양자강의 중심지역 및 그 주변을 중원(中原)이라고 부른다. 중국의 역사는 중원을 누가 지배하느냐하는 패권싸움의 과정이었다. 그들이 중원을 지키면서 늘 신경 써야 했던 것이 변경의 북방민족이었다. 중국은 군웅이 할거했던 춘추전국시대를 거쳐 진시황에 의해 처음으로 통일되었다. 통일은 이루었지만 오래 지속되지 못하여 다시 분열 대립하다가 마지막 항우와 유방의 결승전을 거쳐서 한나라 왕조가 들어섰다. 중국의 정체성의 기초는 이때 확립되었으며 중화사상(中華思想)도 뿌리를 확고하게 내리게 된다.

당시에 정립된 중국의 국가관과 세계관은 넓고 비옥한 중원을 차지하는 중화민족이 세계문명의 중심에 위치하는 것이다. 그 중심 밖은 광활한 변방들이었는데 동쪽에는 동이(東夷), 서쪽에는 서융(西戎), 남부에는 남만(南蠻), 북쪽에는 북적(北狄)의 족속들이 집거한다.

중국의 변경에 사는 무리들은 문명에서 벗어난 미개인들이라 모두 혐오스러운 동물들의 이름이 붙여졌다. 그중에도 동이에 대해서는 비교적 우대하는 편이었다. 이(夷)도 동물 이름이기는 하나 대인(大人)이란 말의 합자이기도 하며 또 활을 잘 쏜다는 궁인(弓人)의 합자라는 등 변방 오랑캐들 중에서는 가장 양호한 이름으로 대접받은 셈이다.

중국이 세계의 중심이라는 주장은 천원지방(天圓地方; 하늘은 둥글고 땅은 네모지다)이라는 옛날의 사고방식이다. 지구가 둥글다면 중앙은 도처에 있는 것이지 중국대륙만이 중심임을 주장할 수 없는 것이다.

2. 중원을 차지해 온 한족의 수난과 시련

그런 중국이 17세기 중엽에 와서는 만주의 여진족, 거란족 등이 세웠던 청(淸)나라에 의해 정복되어 그 지배를 받았다. 만주족이 1644년 수도를 북경(北京)으로 옮기고 중국대륙을 지배하는 과정에서 차츰 중국화되고 말았다. 그러다가 중원(中原)과 변방까지도 지배해 오던 청나라가 19세기에 와서 서양의 과학과 기술 앞에 무력을 드러내고 서구열강 앞에 무릎을 꿇지 않을 수 없었다. 청나라 왕조는 1911년 손문(孫文)과 장개석의 국민당 정부에서도 밀려났다. 장개석의 국민당정부도 중국의 민족주의 감정을 충족시켜 줄 역량(力量)을 갖지 못했고 1949년 공산당이 지배하는 거대 공산국가에 의해 통치되기에 이른다.

소련공산주의는 미국과 세계패권을 겨루다가 소련체제가 무너지자 동유럽의 공산체제도 함께 붕괴 몰락하였다. 중국공산주의도 그 발전이 여의치 못하여 문화혁명의 홍역을 치르며 광란의 과정을 겪어야 했다. 그러다가 마오쩌둥이 죽은 후에는 다행히 덩샤오핑이 권력을 장악했으며 그 후 마오쩌둥의 혁명노선을 역전시켜 개혁 개방의 방향으로 큰 전환을 이룩하는 데 성공하였다.

3. 세계의 주변으로부터 중앙으로 회귀하려는 중국의 야망과 대전략

덩샤오핑은 중국이 공산화혁명으로 달려오던 국가적 전략을 멈추게 하면서 자본주의제도를 되살리며 외국의 자본을 도입하는 방법으로 중국을 경제부흥과 국력배양의 빠른 길로 유도하였다.

여기서 우리는 중국의 공산화과정이 무엇을 겨냥한 것인지 특히 중국공산주의의 방향전환이 무엇을 위한 것이었는지 알 수 있다. 중국의 한족(漢族)이 공산주의혁명을 통해 이룩하고자 한 것은 세계의 중앙이며 중심으로 회귀하려는 민족적인 숙원과 집념을 담은 것이었으며 한걸음 더 나아가서 세계의 패권을 미국으로부터 탈환하려는 전력질주였다고 말할 수 있다.

그러고 보면 중국의 공산주의는 그 자체가 목표가 아니라 한족이 세계의 중앙 자리를 되차지함으로써 세계의 패권국가가 되겠다는 집념과 중국민족주의 숙원의 표현이며 그 효과적인 수단을 찾아냈던 것이다. 여기서 우리가 정신적으로 안도할 수 있는 근거도 생겨남을 느낄 수 있다. 과거에 맑스-레닌주의라고 일컬어졌던 현대공산주의는 결코 올바른 사상도 아니며 현대사회의 많은 지식인들이 받들고 신봉하는 경제, 사회사상도 아니다. '한때 유행했던 흘러간 옛 노래'와도 같은 것이며 옛 사상에 불과한 것이다.

한국의 이웃인 거대한 강대국 중국이 공산주의사상을 신봉하고 기필코 달성하려는 목적을 가지고 움직인다면 한국은 너무나 다루기 힘든 안보상의 위험부담을 안게 된다. 그러나 중국의 목표가 덜 이념적이며 세속적인 요소가 많아짐이 우리로서는 다소 안심이 되는 것이다. 중국공산주의도 공산주의의 목표달성보다는 중화사상이나 국위선양에 더 관심을 갖는다는 것이 우리로서는 중국과 상호공존하면서 또 상호협력을 강화해 나갈 수 있는 여지를 만들어 주기 때문이다.

4. 중국공산주의의 패권주의적 성향

중국공산주의의 개혁개방 정책이 앞으로 나라를 어느 방향으로 이끌게 될 것인가? 중국공산당이 당의 강령과 규약을 근본적으로 폐기한 것이 아닌 점을 보아서는 앞으로 세계의 다른 선진국가들과 같이 자본주의와 사회주의의 혼합체제를 만들어 그때그때의 상황에 따라 혼합비율을 조정해 나갈 것이 아닌가. 이렇게 생각되는 이유는 중국이 현재와 같은 경제성장의 여세를 지속하기 위해서는 이웃 나라나 다른 강대국, 선진국들과 협조하고 유무상통하면서 지구의 자연 및 환경재해에 공동대처해 나가는 것, 즉 세계화의 대세에 순응함이 현명한 일임을 알게 된 것이다.

금년 미국발 세계금융위기에도 중국은 공동대처하며 미국의 경제난을 대폭 지원하였다. 중국은 미국의 경제위기가 세계의 경제위기를 촉발할 것이라는 공동 인식 아래 세계의 어느 나라 못지않게 미국의 경제위기 수습을 위해 적극적으로 행동하였다. 현재 중국은 미국에게 긴요한 금융지원을 비롯한 많은 협력을 제공해 주고 있다. 그것은 중국이 미국을 돕는 것이 자국의 이익임을 잘 알고 있을 정도로 성숙하였음을 보여주는 것이다.

그러나 미중양국의 패권주의적 행태양상이 완전히 없어졌다고는 보기 어려우며 두 나라가 세계의 최강대국이면서 패권국가의 행태를 자제한다는 것은 결코 쉬운 일이 아니다. 미국이 상대적으로 더 성숙되어 있으므로 중국보다 패권국가의 태를 덜 내는 편이다. 그럼에도 불구하고 세계도처에 적지 않은 반미주의 정서와 그 세력이 움직이고 있다. 중국 역시 언제나 평화 5원칙을 준수하므로 패권국가와 같이 포악하게 거동하지 않음을 강조하지만 자신도 모르게 나오는 패권주의적인 사고나 정책 때문에 주변 국가의 반감과 의혹을 떨치지 못하는 것은 유감스러운 일이 아닐 수 없다.

5. 소수민족을 억압수탈하는 중국의 패권주의와 동북공정

중국문명은 인류역사가 만들어낸 3대 고대문명 중의 하나이다. 세계문명사상 우수한 문명을 창조한 인종의 후예로 중국은 그에 대하여 높은 긍지를 느끼며 살 만하다. 그러나 그와 동시에 세계 최강대국이면서 우수한 인류문명을 만들어낸 민족의 위엄과 품위에 전혀 어울리지 않는 반인권적인 잔학성과 만행을 시시때때로 보임은 매우 유감스러운 일이다. 이런 허점이나 추태는 중국의 대외적인 이미지를 크게 손상하는 짓인데 필자가 인지한 근래의 국가적 명예훼손은 (1) 법륜공(法輪功) 수련자들에 대한 대대적 탄압, (2) 티베트와 위구르 지역주민들에 대한 반인권적인 억압과 박해, (3) 동북지역의 역사를 변조하려 드는 동북공정 등이다. 위의 문제에 관하여 중국 측은 나름의 이유를 댈 것이다. 또 필자가 아는 지식도 완벽한 것은 아니나 위의 문제 중 동북공정에 국한하여 필자의 소견을 말하고자 한다.

중국정부가 오래전부터 추진해온 동북공정은 만주를 무대로 국가를 세우고 강토를 크게 넓혔던 고구려사를 중국사에 편입시키는 의도적인 역사조작 내지 왜곡기도를 말함이다. 한민족의 조상이 만주와 중국의 화북지역에서 터를 잡고 오랜 세월동안 삶을 영위하다가 중국 팽창주의에 저항하여 나라를 세운 후 700년 이상 국가를 경영하였다. 기원 668년에 고구려는 나당연합군에 의해 제압당해 멸망하였다. 그 후 698년 고구려의 유민들이 대조영을 앞세워 발해를 건국하였고 그 왕조는 근 150년 동안 지속되었다. 그러다 거란에 의해 멸망당했다. 그럼에도 중국의 동북공정은 그 역사적 사실을 부인하며 고구려나 발해가 중국의 지방민이었을 뿐 한민족과는 무관하다 하여 중국의 역사로 편입되어야 한다는 주장은 듣기에 민망한 일이라 하겠다.

2천 년 전을 전후하여 고구려의 영토가 한때 중국의 동북지역, 곧 화북지역과 만주의 상당부분, 그리고 한반도의 북반부를 차지하고 있었던 때가 있었다. 그러나 기원 8세기에 당나라에 의해 정복당했다. 그러나 그런 이유로 고구려가 중국의 지방정권이었다고 주장함은 언어도단이라 하겠다. 중국의 한족이 고구려를 건국한 북방민족의 존재를 부인하며 그들을 한족의 일부로 흡수해버림은 역사의 변조라는 말을 듣게 된다. 어느 미국의 역사학자들은 중국의 역사가 중국부족과 북방민족의 대결의 역사라고 규정하였다. 오늘의 중국인들이 왜 동북아시아의 북방민족을 중화민족(漢族)의 일부라고 주장하는 것인가?

1) 일본의 창씨개명정책과 중국의 역사변조정책

이런 한국사의 말살과 좋은 대조가 되는 것이 제 2차 세계대전 중에 일본이 추진했던 조선인의 창씨개명정책(創氏改名政策)이었다. 조선인들의 일본인화(日本人化)를 통하여 한일합방을 내실화할 목적으로 조선인들의 3자 성명을 일본인의 4~5자 성명으로 개명하도록 강제하였다. 이것은 조선인의 정체성을 말살하여 완전히 일본인과 동화하려는 목적이었다. 이것이 미래지향적인 조선인 소멸정책이었다면 중국의 동북공정은 과거 조선역사 지워 없애기 정책이라고 말해야 할 것이다.

중국 측에서 미래 한국인의 흔적을 없애버리기 보다는 과거의 역사를 없애버리는 쪽이 훨씬 더 무해하니 감내할 만하지 않으냐 변명한다면 그 사람은 정신 나간 인간이라고 보지 않을 수 없다. 역사문제를 그렇게 단순하게 생각할 일이 아니다. 인간이나 우주나 미래가 언제나 과거 속에 함장(含藏)되어 있는 것이기 때문이다. 미래를 알고 싶으면 과거를 자세히 들여다보라는 말이 있지 않은가? 과거는 생명체의 뿌리와 줄기이다. 가지를 잘라서 다른 토양에 심었거나 그 열매를 땅에 심었다면 새로운 나무이지 종전의 그 나무가 아닌 것이다.

과거에 고구려가 만주에 있었는데 고구려의 후손들이 다시 그 지역에 살며 활동하게 된다면 그 지역은 한국인과 인연과 관련이 있는 지역 내지 고장이 된다. 역사는 쉽게 반복되는 것이다. 장차 한국인들이 만주나 중국 땅에 많이 들어가서 활동한다면 그것이 중국에 이익이 될까 손해가 될까? 중국 측이 큰 손해를 본다고 생각했다면, 그렇게 꽉 막혀버린 낡은 머리를 가진 사람들이 중국의 국가경영에 참여하는 한 중국은 멀리 가지 못할 것이다. 그렇게 좁은 소견과 막혀버린 머리를 가진 사람들이 어떻게 대제국을 유지할 수 있겠는가?

설사 자기네 조상들이 만주에서 살았다고 생각하는 많은 한국인들이 만주지역으로 들어가서 살게 되었다고 가정해 보자. 이것이 중국, 특히 만주에 사는 중국인들에게 이익이 될까 손해가 될까? 나는 이러한 외국인들, 특히 한국인들의 거주와 활동이 엄청난 이익을 가져다줄 것이라고 믿고 있다. 같은 수의 중국인들보다는 어쩌면 몇 배 이상의 이익을 창출해 줄 능력을 가지고 있기 때문이다. 애초 종래의 마오쩌둥식 공산주의로부터 덩샤오핑의 개혁개방노선으로 전환하도록 동기부여를 해준 것이 박정희 정권이었고 한국인으로부터 배워서 일군 경제적인 성공이었다. 이런 사실을 부인하려는 것인가?

고구려는 중국의 한사군(漢四郡)과 부여(夫餘)의 지배에 반발 봉기하여 주몽이 세운 나라이다. 중국 한족의 지배에 만족하거나 순종했더라면 고구려라는 나라는 처음부터 생겨나지도 않았을 것이다. 그런데 고구려의 영토가 한나라의 점령지구 안에 있었다는 이유로 중국역사로 간주, 주장하려는 것은 어불성(語不成)의 사실이다.

만주와 몽고는 본래 중국의 한족들이 살았던 땅이 아니었다. 동이를 포함한 북방민족의 생활공간이었으며 더 정확하게 말하면 중국대륙의 동북부도 적어도 한때는 고구려의 강토였던 때가 있었다. 나당(羅唐)연합군에 의해 고구려가 멸망함으로 인하여 그 영토가 당나라의 영토로 일시적으로 편입되었을 뿐이다. 그런데 고구려가 어째서 처음부터 중국의 일부였으며 그 지방정부였다 하며, 그 역사가 또 중국사의 한 부분이라고 강변(强辯)하는 것인가?

6. 고구려사를 억지로 중국사로 편입하려는 이유

중국 측이 고구려가 처음부터 중국의 일부였다 하여 고구려사를 기필코 중국사 속에 편입하려는 이유가 무엇인가? 고구려연구재단은 중국의 동북공정의 목적을 다음과 같이 정리하였다. ⑴ 경제가 성장하면 정부의 국민통제력이 헐거워진다. 그때 가서 여론의 반항으로 나라의 정치안정이 흔들리지 않도록 미리 일찍부터 나라의 주장을 공론화해야 한다. ⑵ 중국의 동북지역(만주 등)을 장악하기 위한 역사적 명분을 축적해야 한다. ⑶ 조선족은 단결력이 강하며 대한민국을 동경하는 자들이 많기 때문에 한민족 의식을 제거해야 한다. ⑷ 소수민족의 분열을 원천적으로 봉쇄하기 위해 동북공정이 추진되어야 한다.

또 한국우리민족사연구회에서 발간한 《동북공정과 고대사 왜곡의 대응방안》이라는 책은 다음과 같이 지적하고 있다. "최근 중국의 서안부근과 만주 여러 곳에서 발견되고 있는 유적과 유물의 주인이 한족의 선조가 아닐 가능성이 많다"는 연구결과에 따라 이를 억지로나마 중국의 역사로 끌어들이기 위한 역사조작일 수 있다는 것이다.

이에 관하여 중국 측은 무엇이라고 주장하는지 그 말을 들어보자.

⑴ 고구려가 조선이라는 선입견을 버리게 한다. 고구려가 망한 후 고려는 그 영토의 3분의 1밖에 차지하지 못했지만 그 영토의 3분의 2를

차지한 것은 중국이었다. 인민의 4분의 3을 차지한 것도 중국이었다.

⑵ 역사의 귀속과 현실의 계승은 다른 것이다. 고구려 영토와 인구의 대부분을 차지한 것이 중국인데도 한국이 고구려를 계승했다고 주장하는 것은 잘못이다.

⑶ 고구려의 민족과 문화는 한국보다는 중국에 더 가깝다.

⑷ 고구려는 오랫동안 중국의 지방정부였다는 증거가 너무나 많다. ① 기자조선은 중국의 은(殷)과 상(商) 왕조의 후예들이 한반도에 건립한 지방정권이었다. 주(周)의 신하였다가 나중에는 진(秦)의 신하가 된 해외속국일 뿐이다. 기자조선이 있었기에 위만조선이 있었고 고구려도 발해도 생겨났다. ② BC 3~5세기 연(燕)나라 영토는 한반도 유역까지 확대되었다 ③ 당(唐)이 고구려를 정벌한 것은 통일전쟁이었다. ④ 발해는 주권을 가진 독립국가가 아니라 당에 귀속된 일개 지방정권이었으며 말갈을 정식 국호로 사용한 말갈족의 국가였다. ⑤ 1713년 조선이 국경경계비석(백두산정계비)을 세울 때 멋대로 장소를 변경하는 국제적 사기를 저질렀다(위에 적은 책, p. 25).

7. 한민족의 단군신화까지 중국문화의 아류로 비하하려는 중국

〈조선일보〉 2009년 9월 16일자는 A20면에 "中, 이젠 단군신화까지 노리나: '대표적 신화학자 중국 황제족의 곰 토템신화에서 유래' 주장" 이란 제하에 다음과 같은 기사를 게재하였으니 여기서 인용해 보겠다.

2007년 중국의 대표적 신화학자 예수셴(葉舒憲)이 "한민족의 기원을 담은 단군신화는 중국 황제족(黃帝族)의 곰 토템신화에서 나왔다"는 주장을 담은 저 《곰 토템 — 중화조선신화탐원(中華祖先神話探源)》을 펴냈다. 고구려와 발해가 중국 역사의 일부라고 우긴 것도 모자라 단군신화까지 중국 황제신화의 영향을 받아 나왔다고 주장한 것이다.

동북공정을 주도한 중국 사회과학원의 비교문학연구실 주임을 맡고 있는 예수셴의 주장은 국내 학계에서도 주목을 끌었다. 동북아역사재단은 최근 《동북아 곰 신화와 중화주의신화론 비판》을 펴내, 중국학자들의 곰 토템설에 대해 정면으로 반박했다. 특히 중국신화 연구자인 김선자 박사는 예수셴의 '황제 곰 토템설'의 허점을 조목조목 지적하고 있다.

1) 중국의 황제, 한국의 단군은 같은 '곰 토템' 친족

예수셴은 먼저 내몽골 츠펑(赤峰)을 중심으로 한 홍산(紅山)문화 유적지에서 출토된 옥기(玉器)를 '옥웅룡'(玉熊龍)이라고 명명한 궈다순(郭大順)의 견해를 받아들인다. 예수셴은 이 '옥웅룡'을 곰과 용이 합쳐진, 중국인을 대표할 수 있는 도상이라고 규정한다.

그는 이 옥기는 황제족이 만든 것이라며, '황제 유웅(有熊)'씨라는 이름, 황제의 후손이라는 곤(坤)과 우(禹)가 곰으로 변신한 것 등을 들면서 황제에서 곤우로 곰 토템이 이어지고 있다고 주장했다. 그에 따르면 황제족의 곰 토템은 한국의 건국신화인 단군신화와 같은 것으로, 중국의 황제와 한국의 단군은 같은 '곰 토템'을 지닌 친족이 되어버린다.

2) 황제족이 곰을 보호신으로 삼았다는 기록은 없다

김선자 박사는 궈다순, 예수셴이 홍산문화의 상징처럼 이름을 붙인 '옥웅룡'에 대해 의문을 제기한다. 구부러진 형태의 옥기를 용으로 볼 수 있는지부터가 의문이라는 것이다. 궈다순은 처음에 이 옥기를 '옥저룡'(玉猪龍)으로 불렀다가 '옥웅룡'으로 바꿨다. 돼지가 곰으로 바뀐 것이다.

김 박사는 "황제가 곰 토템을 갖고 있었다고 하려면, 황제를 대표로 하는 소위 '화하족'(華夏族)이 곰과 혈연관계가 있거나 또는 곰을 자신들의 보호신이라고 생각하는 관념이 있어야 하는데, 그런 기록이 전혀 없다"고 반박한다. 김 박사는 황제의 계보에 속하는 곤과 우가 곰으로 변신했다는 것도 그들이 곰 토템을 지녔다는 증거는 되지 못한다고 지적했다.

3) '황제=유웅(有熊)' 기록은 후대에 나와

중국학자 쑨쭤윈(孫作雲)은 1957년 황제족이 곰을 토템으로 삼았으며, 주나라도 곰 토템을 가지고 있었다고 주장했고, 예수셴도 이 설을 따르고 있다. 쑨쭤윈은 《사기》 오제본기에 "그래서 황제는 유웅이 되었다"는 구절과 "황제가 웅(熊), 비, 비휴, 추, 호(虎)를 이끌고 전쟁을 했다"는 기록을 근거로 황제의 토템은 곰이라고 주장했다. 김선자 박사는 《죽서기년통전》에는 황제가 호랑이, 표범, 곰, 큰곰을 이끌고 싸웠다고 나와 있는데, 그러면 황제의 토템은 호랑이와 표범이냐고 반박한다. 무엇보다 '황제 유웅씨'라는 기록은 훨씬 후대에 나오거나 역사적 진실성을 의심받는 《제왕세기》에 등장한다는 것이다. 《사기》에 '황제 유웅씨'라는 기록이 나오지만, 그 유래는 설명하고 있지 않기 때문에 곰 토템과의 연관성은 알 수 없다는 지적이다(〈조선일보〉, 2009. 9. 16일자).

8. 중국의 동북공정에 대한 우리의 소견과 평가

중국정부의 동북공정은 1990년대에 한중관계가 정상화되면서부터 오늘에 이르기까지 지난 20여 년 동안 정책적으로 연구하며 전국의 역사학자들을 모두 동원하여 그 내용과 논리를 치밀하게 개발하며 준비해왔던 국가적인 사업이었다. 그러기에 한국국민 중에는 그들 주장에 배신감을 느끼며 흥분하여 언성을 높이는 사람들이 앞으로 훨씬 늘어날 것 같다. 한국인들이 언성을 높인다고 중국이 쉽게 물러설 수 있는 쟁점사항이 아닌 것도 분명하지만 이를 둘러싼 한중 양국 간의 대립이나 갈등도 계속 커갈 것이며 쉽게 해결될 문제일 것 같지 않다. 그러므로 우리는 중국의 이른바 동북공정을 앞으로 어떻게 받아들이며 어떻게 대응해야 하는 것인지 우리의 생각을 정리해 보고자 한다.

동북공정은 중국 측의 역사인식과 그에 기초된 중국정부의 의지이며 정책인데 그에 대한 한국 측의 소견과 평가는 어떠한 것인가. 우선 중국 동북공정의 역사인식을 어떻게 받아들여야 할까? 우리는 그런 잘못된 역사인식을 ① 이지적(理智的) 측면 ② 정서적(情緖的) 측면 ③ 민족정신과 의지란 측면으로 나누어서 평가하며 반론을 제기해 보겠다.

1) 이지적 측면

우선 이지적 측면이라는 것은 중국 측 주장의 정당성을 분석 평가하겠다는 뜻이다. 만주와 중국 화북의 상당 부분은 과거 한때 고구려가 지배했던 영토였다. 고구려가 당나라 군대에 의해 패망하면서 그 지역이 일시적으로 당나라의 영토로 흡수되었던 것은 사실이다. 그 후 1000년 이상 여진, 말갈, 거란족들이 그 영토를 차지하였고, 몽고의 지배를 받았다가 나중에는 청에 의해 통합되었다. 청나라 왕조는 1912년 국민당정부에 의해 멸망당했다. 국민당정부도 제 2차 세계대전 후에는 중국공산당정권에 의해 축출당함으로써 중화인민공화국의 영토로 편입되었다.

몇 천 년 동안 중국대륙과 만주지역을 무대로 활동하며 중원의 한족에 대하여 종족의 생사를 걸고 싸웠던 여러 북방민족들이 중국대륙이 공산당정권에 의해 평정됨으로써 중국 본토박이 한족의 지배 하에 살게 된 것이다. 현재 중국의 영토가 되어 있다는 이유로 과거 북방민족이 중국 역대왕조의 지방정권밖에 안 된다는 것인가?

하기는 공산주의자들은 본래 계급만 가리지 인종, 민족, 부족을 가리지 않았다. 현재 중국이 중국공산당에 의하여 지배되므로 중국대륙에 살았던 모든 인종, 종족, 혈연 및 사회집단은 중화민족이요 모두 한족에 포함되어야 한다는 주장은 상식적으로도 도저히 용납할 수 없는 억지주장이다.

이런 논리로 나가다가는 과거 한사군(漢四郡)이 한때 한강유역까지 다스렸다는 이유, 또 북한이 김일성의 사후에 중국의 영향권 안으로 들어갔다는 이유로 북한이라는 나라도 중국의 지방정부에 지나지 않았다고 주장하겠는가? 과거에 고구려족도 너무나 광활한 지역을 통치하다 보니 그 안에 여러 부족이나 종족도 포함되어 있었다. 그 족속들이 나중에 당나라에 의해 정복되었으니까 곧바로 중국민족 곧 한족 속에 포함시키려고 드는 것인가? 더구나 그들의 역사까지 말살하여 중국사에 포함시키는 것은 눈 뜬 사람 코 베가서 자기 것이라 하는 것이나 다름이 없다.

여진, 거란, 말갈, 예맥 기타의 북방민족들은 비록 멸망했더라도 그들의 삶의 흔적은 사실대로 기록되어야 하며 또 최대한으로 남겨두는 것이 올바른 역사서술의 원칙이다. 그들이 멸망한 후 그 지역에 살게 된 주민들을 중국민족에 포함하는 것은 용납될 수 있다. 그러나 그 지역에 살았던 부족들의 이름과 역사까지 말살하면서 중국의 한족이었다고 주장하는 것은 역사적 진실과 정의에 어긋나는 역사왜곡 내지 역사말살행위이다.

고구려가 만주일대의 넓은 지역에 800년 이상 살다가 당나라 군대에 의하여 멸망했다고 하더라도 그들의 이름과 역사는 있던 그대로 보존되고 정확하게 기록되어야 한다. 이들의 빛나는 삶의 흔적을 중국사 속에 포함시키겠다는 것은 문명인답지 않은 야만행위이며 그런 짓을 감행하는 그들의 의도나 사고방법이 매우 의심스럽다.

2) 역사인식의 정서적인 측면

다음은 역사인식의 정서적인 측면을 언급하겠다. 고구려의 역사나 그 유적에 대한 한국사람들의 사랑과 긍지를 부인해서는 안 된다. 그 이유를 말하자면 고구려는 고대 삼국의 맏형 격으로 제일 먼저 생겨난 국가이며 백제가 그 줄기에서 분파되어 나왔기 때문이다. 고대 삼국사의 맏이라는 뜻에서도 고구려가 중요하지만 단군조선의 시원(始原)지에 가까이 위치했다는 점에서도 매우 중요하다. 특히 만주지역에서 그 광대한 영토를 차지하며 진·수·당나라도 어찌 할 수 없을 정도로 강성한 제국을 오랫동안 유지했던 용기와 기백을 후손들은 얼마나 멋있고 자랑스럽게 여기는가. 그래서 고구려사는 한민족의 많은 사람들의 긍지와 동경의 대상이었다.

고구려 멸망 후 근 300년 후 한반도에서 건립된 왕건(王建)의 새 왕조가 고구려의 이름과 비슷한 고려라는 국호를 선택했던 이유도 고구려를 닮아서 만주의 잃은 땅을 차지하고 싶은 꿈을 간직했기 때문이었다. 그런데 고구려라는 이름을 없애고 중국사 속에 용해 흡수하려고 드는 것은 한민족 말살정책이나 다름이 없다. 이러한 만행은 앞으로 한국인들의 반중감정을 크게 자극할 것이 틀림없다.

삼국시대 이후 한민족은 한반도 안으로 오그라들어서 갇혀 살아 온 것이 사실이다. 그러나 한민족의 기상과 고구려의 고토(故土)에 대한 사랑과 자랑은 각별한 것이었다. 중국대륙의 동북지역, 특히 만주지역은 우리 조상들이 몇 천 년 동안 살고 활동하던 정든 고토였다. 그래서 정신적 고향으로 섬기며 그에 대해서는 특별한 애정과 관심을 유지해 온 것이다. 특히 백두산은 우리 민족이 모두 우러러보는 영산(靈山)이며 단군조선의 시원지로 숭앙되어 왔으며 우리의 조상신을 모시는 고장으로 인식되어 왔다. 우리 한민족의 정신과 기상(氣像)을 상징하는 성지로 숭앙되어 오던 땅을 중국 땅이라 우기고 그 역사를 중국 역사로 조작했다고 해서 한국인들이 중국을 우리의 조상처럼 섬기며 각별한 정을 느낄 것으로 믿는 것인가?

8·15해방 이후에 한반도는 분단되었다. 산세가 험하고 가파른 편인 백두산의 남측은 북한공산주의자들이 차지하여 출입이 거의 불가능하였다. 반면에 훨씬 넓고 완만한 산세를 가진 북쪽부분을 중국인들은 백두산이 아닌 장백산이라고 부르면서 그곳을 드나드는 한국인을 상대로 돈을 벌어들이는 관광·상업지역으로 삼아 왔다. 한국인들

이 편리하지도 쾌적하지도 않은 지역을 드나드는 불편함과 이질감과 더불어 많은 스트레스를 받는 경우 그것이 중국에 대한 불만요인으로 커질 우려는 없겠는가?

9. 동북공정에 대한 우리의 대처방안과 해결의 전망

동북공정에 대한 인식과 평가는 마지막으로 민족정신과 의지와의 관련에서도 검토해 보아야 한다. 여기서 우리는 동북공정에 대한 우리의 대처방안과 그 해결책을 말할 차례이다. 위에서 동북공정이 이지적 측면에서 납득되기도 정당화되기도 어렵고 또 정서적으로도 한국인의 민족감정이나 서민정서로 보아서 중국의 역사왜곡 및 고구려사 박탈행위가 묵인 좌시될 수 없다고 논하였다. 그렇다면 앞으로 우리가 할 일이 무엇인가? 이것은 의지적인 측면을 말하는 것이 된다.

첫째는 한국의 고대사연구를 더욱 활성화하여 동북공정의 논거를 하나하나 검토하고 그 진실성과 공정성을 부정하는 근거를 찾아내야 한다. 한국은 세계 200여 개의 국가 중에서 매우 경제수준이 높고 문명이라는 차원에서도 상위권에 속하는 나라이다. 그러나 그러한 국가적인 위상에 비한다면 역사의식이나 인식이 높지 못하다. 특히 고대사는 거의 많은 사람들의 관심대상에서 제외되어 있는 편이었다. 뿌리 깊은 나무는 쓰러지지 않으며 샘이 깊은 물은 마르지 않는다는 말이 있다. 한국 사람들의 역사의식이 깊으며 고대사에 대한 관심이 많고 아는 것도 많다고 하면 중국이 동북공정 같은 도발행위는 하려고 들지 못했을 것이다.

특히 중국의 동북공정에 대한 거론과 연구가 오래되었음에도 불구하고 한국에서는 그에 대한 반응이 너무 적었다는 것이 동북공정이 현재 수준으로 불거진 원인이었다. 한국의 역사학계, 언론계 그리고 한국정부의 무대응, 무대책은 깊이 반성되고 시정되어야 한다.

둘째는 중국의 동북공정에 대한 한국 측의 관심과 반응이 적었다는 것이 중국의 위정자들 그리고 중국의 역사학계가 10여 년 동안 마음 놓고 기획, 연구, 추진하고 홍보, 교육하는 행동을 가능케 했다. 앞으로는 뒤늦게나마 한국의 관심과 여론을 크게 일으키는 것이 중국의 위정자들 그리고 지성인들에게 동북공정의 프로젝트가 얼마나 한국인들의 민족감정을 손상하는 것이며 또 그것이 중국의 국가이익에도 전혀 도움이 안 된다는 사실을 알아들을 수 있도록 설득하는 작업이 추진되어야 한다.

우리가 중국정부와 역사학자들에게 설득할 내용이 무엇인가. 그것은 동북공정의 기도가 중국과 중국국민이 전 세계에 자랑해온 중화사상의 이상과 내용에 얼마나 배치되는 것인가이다. 그것이 중국의 국가적인 위엄과 도덕성에도 배치되며 또 그러한 위엄과 도덕성을 훼손하고 있음을 알려주는 것이다. 이와 같이 조작할 필요가 없는 일이 중국의 위엄과 품위를 얼마나 훼손하는 일이며 또 중국의 대외적 위신이나 명예를 얼마나 떨어뜨리는 것인지 알아들을 수 있도록 설득해야 한다. 따라서 그런 어리석은 대국주의 또는 치사스러운 패권주의적인 기도를 하루속히 폐기하지 않으면 중국에 대한 반패권주의적인 정서가 외부세계에 일게 됨을 알려주는 노력이 꾸준하게 계속되어야 한다.

그 설득의 논리는 다음과 같다. 중화사상의 본질은 유교의 철학사상과 윤리이다. 유교사상과 도덕은 인류역사상 가장 이성적이면서 고상한 윤리사상으로서 인의예지신(仁義禮智信)의 윤리로 구체화되어 있다. 그런데 중국의 동북공정은 그런 오상(五常)의 윤리와는 정면으로 배치되는 불인(不仁), 불의(不義), 무례(無禮), 우치(愚癡), 불신(不信)의 실천행위였다. 동북공정은 중화사상을 훼손하고 오염시키는데 그치지 아니하며 중화사상과 중국의 권위를 떨어뜨린다. 중국은 세계 200여 개 나라 중의 한 나라가 아니라 21세기의 지도국가의 반열에 위치하고 있다. 그런 중국이 왜 숭고한 유교사상이나 윤리도덕에 부합되지 않는 행동을 자행하느냐? 그럴 필요가 어디 있느냐?라고 설득한다.

유교에서는 왕도(王道)와 패도(覇道)를 엄격하게 가린다. 왕도는 백성을 덕(德)으로 다스리고 패도는 백성을 힘(강제력)으로 다스린다. 힘을 가졌다고 남들에게 강제력을 마구 행사하는 일이나 억압하거나 협박으로 강제하거나 굴복시키는 것은 왕도를 떠나서 패도주의의 길로 들어선 행위이다. 중국공산주의는 진시황의 패도주의를 계승하였으며 그들 통치술의 교본(敎本)이 되었던 법가(法家)사상을 계승 실천해 왔다. 그러면서 내세우기는 한(漢)나라 대에 와서 천명되었던 왕도정치(王道政治)와 덕치주의(德治主義)사상을 근간으로 하는 중화사상을 천명하고 있다. 조선조의 선비들도 유가의 왕도정치나 중화사상을 찬양 존경하면서 그 실천에 앞장서 왔던 것이다.

그런데 중국정부가 표면으로는 중화사상을 높이고 강조하면서 실제로는 패도정치를 추구한다면 나라의 체면과 신뢰성을 상실하는 결과를 가져온다. 중국은 명실이 상부하고 언행이 일치하는 나라가 됨으로써 체면과 명예가 유지될 수 있다. 이것은 진정 중국을 존중하며 신뢰하고 싶은 한민족의 진심이다.

10. 중국의 대국주의, 패권주의를 자제하는 지혜를 키워야

다음은 현세적인 지혜와 세계경영의 원리를 가지고 중국의 당국자들을 설득하는 방법이다. 민족국가의 시대, 산업화의 시대에는 사람들은 무엇이나 큰 것, 많은 것, 강한 것들을 좋아했다. 그래서 중국대륙이 세계에서 가장 넓고 크다는 것, 인구가 15억인지 19억인지 모를 정도로 크다는 것은 중국의 힘의 근거이며 자랑거리였다. 그러나 21세기 세계에서는 세계 최강, 최대의 군대를 보유한다는 것이 중국의 위대함을 증명하는 것이라고 착각해서는 안 된다.

생각해 보라. 오늘날이 가족이 크며 아들딸의 수가 많다는 것을 자랑하며 큰 저택과 정원을 가졌다는 것을 가지고 위세를 부릴 수 있는 시대인가? 과거에는 물론 그런 것이 모두 자랑거리였다. 그러나 요즘은 세상이 달라졌으니 사고방법이나 가치관도 달라져 있다. 이런 것을 두통거리로 생각하는 사람들이 더 늘어나고 있다는 것이 오늘의 현실이다.

과거에는 아들딸이 많다는 것은 생산력이 많고 효도하는 사람의 수가 많으며 재산이 많으면 머슴이나 시중들 사람들이 많다는 것을 의미하였다. 그러나 요즘은 자녀들이 효도하는 데 관심이 없다. 직장인들도 직장에 대한 기여보다는 자신들이 받는 대우에 더 많은 신경을 쓴다. 그러니 이런 일들이 일거리, 두통거리, 돌보아야 하는 사람의 수가 더 많아짐을 의미할 뿐이다. 재산이 많고 종업원이 많으면 세금이 많고 지출도 많아지므로 대형화나 양적증가를 달가워하지 않는 세상이 되어 있다.

나라도 마찬가지이다. 중국도 그 많은 인구와 넓은 영토가 국력의 기초는 되지만 존경의 대상이 되지는 않는다. 오히려 인구과잉은 통치권자들의 일거리, 걱정거리와 부담이 많아졌다는 것 이상의 의미를 갖지 못한다. 소득은 늘지만 지출도 더 늘어날 것이고 경제가 좋아져도 다수국민의 요구와 부담은 더욱 커져서 감당하기가 갈수록 어려워진다. 중국의 경제성장이 아무리 세계일위를 자랑하며 국민 총생산이 미국이나 EU를 능가할지라도 15억에서 20억 이상의 인구를 유지하는 한 중국은 영원한 후진국이다. 질적으로 미국이나 EU를 앞지르지 못한다는 것을 깨달아야 한다. 이것은 통치권자들의 과로와 근심거리가 더 늘어나고 더 어려워짐을 의미하는 것이니 욕심을 비우지 않으면 탐진치(貪瞋痴)로 인한 망신당함을 회피하기 어려울 것이다.

그러니 중국도 이제 영토나 인구, 그리고 경제적인 부를 더 늘리는 데 신경 쓸 것이 아니라 대국주의나 패권주의의 야망에서 벗어나기 위해 나라와 인구 그리고 소득을 어떻게 더 적정화하느냐 하는 데 지혜를 짜내라고 충고해 주어야겠다. 이런 관점에서도 중국의 통치권자들도 동북공정을 추진하거나 소수정부의 자치를 빼앗으려는 발상을 일찌감치 버리는 것이 중화사상을 살리는 유일한 길임을 알아야 한다. 차라리 중국을 몇 나라로 분할하여 중심국가가 4~5억의 인구를 차지하며 나머지 부분은 각자가 잘사는 길을 찾아보라고 놓아주는 편이 현명할 것 같다.[1] 그러면 그 중심국가는 미국이나 EU에 못지않을 수준으로 선진화될 수 있으니 말이다. 왕년의 중국인들은 이러한 철학원리를 전 세계에 가르쳐 준 위대한 민족이었다는 사실을 잊어서는 안 될 것이다.

아시아태평양지역공동체(아시아공동체)를 창건하여 운영하면 여러 가지 문제들이 쉽게 해결될 것이므로 공동소유, 공동관리를 위한 한중협력은 더욱 밀접해질 수 있다. 이런 방향으로 발상을 전환하도록 중국인들을 설득하면 중국의 태도나 정책도 바뀔 수 있지 않을까? 이런 방향으로 더 연구하고 실천해 보아야 하지 않겠느냐는 생각이 드는 것이다.

1) 한국의 스포츠로 비유한다면 프로축구에 K리그가 있고 프로야구에 한국시리즈가 있다. 그래서 여러 구단이 시즌 내내 격전을 벌이다가 성적이 좋은 4강이 선발되어 거기서 그 해의 우승자가 결정된다. 이것이 한국 축구와 야구를 발전시킬 수 있는 추진력이 된다. 중국도 주변 민족들의 자유경쟁을 허용하여 그 승자를 가리게 함은 중국을 발전시키는 확실한 방법이 아닐까?

9 이명박 정부의 외교정책과 그 발상의 대전환

한국외교의 보다 확실한 성공을 위하여

들어가며

이명박 대통령은 그의 후보시절인 2007년 2월에 이른바 MB 독트린이라는 외교정책 구상을 발표하였다. 이때 발표된 그의 외교노선의 방향과 내용은 다음 일곱 가지로 요약된다. ① 국익과 실리외교, ② 비핵·개방·3000, ③ 21세기 한미전략동맹, ④ 신아시아 협력외교, ⑤ 글로벌화와 에너지 및 경제외교, ⑥ 한국형 선진기여, ⑦ 문화코리아 외교. 이런 외교정책의 내용을 고려대학교 김성한 교수의 정리를 참고하여 그 요점을 소개한 다음 이명박 정부의 정책의 발상전환에 관하여 본인의 소견을 개진하고자 한다.[1)]

여기서 제시된 MB의 새로운 외교구상은 과거의 한국외교노선이나 전략에 비해 훨씬 차원 높고 선진적인 내용을 담고 있음이 분명하다. 여기서 필자는 MB 독트린의 내용을 비교적 상세하게 소개하면서 한편 그 국제현실의 인식과 발상의 미흡한 면을 지적하면서 한국외교의 발상전환에 관하여 논의해 보겠다.

---

1) 김성한, “이명박 정부의 ‘실용외교’ 전망과 과제”, 〈신아세아〉 54호(2008년 봄호), 2008, pp. 31~50.

1. 국익과 실리외교의 기본방향

⑴ 이명박 정부의 국정철학은 중도실용주의란 한마디 말로 요약된다. 진리가 관념의 수준에 머물지 말고 실제로 유용한 결과로 나타나야 한다는 실사구시(實事求是)의 태도를 보임은 적절하다고 말해야겠다. 다만 중도실용주의란 용어에 대해서는 시비나 비판의 소리도 없지 않으나 보다 더 구체적인 대안에서 미흡함이나 부적절함이 드러나지 않는 한 큰 논란거리가 되지 못한다.

⑵ 비핵・개방・3000은 MB정권의 대북정책을 요약한 말이다. 우선 북한으로 하여금 핵시설을 불능화(不能化)하고 핵시설을 제거하여 개방정책으로 나간다면 남북경협의 활성화와 투자무역 상의 편의나 남북교역의 자유화를 통하여 북한의 GDP를 가까운 시일 안에 3000달러로 올려주도록 힘써주겠다는 것이 이명박 대통령의 선거공약이었다.
2007년 9월 10일에는 이명박 대통령이 "북한이 핵시설 불능화를 완료하고 핵폐기 단계에 진입한다면 남북한 사이에 경제공동체 실현을 위한 협의체를 설치할 것이며 비핵・개방・3000 구상을 위한 사전협의를 본격화하겠다"고 공약했다. 그러나 집권 3년이 되어가는데도 이러한 공약은 지켜지지 못하고 있다는 실정이다.

⑶ 한미양국의 전략적 동맹강화는 MB정권으로서 이미 예상되었던 정책목표였다. MB정부는 북핵-한미동맹-평화체제 간의 삼각관계에 관하여 한미동맹-북핵-평화체제의 순서로 우선순위를 부여하였다. 북한의 인권문제도 간과하지 않겠다는 의사표시는 한미 간의 전략적 동맹관계로 진입하였음을 증명할 것이라고 하겠다. 과거 김대중, 노무현 정권에서는 북한문제를 놓고 한미공조체제가 제대로 작동되지 않았다. 이것이 북한에게 한미 이간 전략의 빌미를 제공해 온 면이 적지 않다.

한미동맹의 미래를 논하는 데는 다음 네 가지 분류가 가능하다. ① 한미동맹 현상유지론, ② 전략적 동반자 관계론, ③ 포괄적 전략동맹론(약칭 전략동맹론), ④ 동북아다자(多者)안보협력론, ⑤ 다자안보협력론. 이것으로 한미동맹을 대체하자는 주장과 한미동맹을 중심축으로 하면서 다자안보협력을 보완적 차원에서 활용하자는 주장도 공존해 왔다.

필자인 김성한 교수는 견고한 한미 간의 군사동맹을 위하여 한반도 및 아시아의 평화구축에 기여하는 구체적 행동계획을 담은 21세기 한미전략동맹을 선언하자는 입장을 강조했다. 이명박 정부도 한미군사동맹을 전략동맹을 격상하여 그 실현에 주력한다는 의지를 분명히 했다(p. 39).

과거 5년 동안 한미동맹도 한반도의 국제문제해결에 협력하기보다 한중협력에 더 중점을 두면서 미국과는 북핵문제 해결에 도움이 되는 부분적인 협력관계만 취하려는 태도를 보여 왔다. 이것은 '전술적' 동맹관계를 넘어서지 않으려는 좌파정권의 정책의지를 반영하는 것이었다.

한국과 미국이 전략적인 동맹관계로 나가게 되면 가치동맹, 신뢰동맹, 평화구축동맹의 성격을 갖추어야 한다. 한국은 미국과 민주주의와 시장경제의 기본가치를 공유해 왔다. 뿐만 아니라 인권침해, 테러, 마약, 환경침해, 재난 등 인간의 안전에 대한 위협에도 공동대처해 나가겠다는 의사도 분명히 했다.

한국이 미국과 평화구축동맹을 맺게 되면 향후 다섯 개 분야의 첨단전력도 공급받게 된다. 여기에는 ① 지휘통제 및 감시정찰, ② 정보전, ③ 특수전, ④ 정밀타격 및 기동, ⑤ 방공 및 미사일 방어전력 분야까지도 포함된다. 한국은 또 미국과 함께 범세계적 평화구축을 위하여 여러 가지 준비를 해야 하는데 그중에는 북한인권문제까지도 포함되어 있다. 그 외에 한국군의 평화유지군도 1,000명에서 3,000명 정도로 증가할 것이 요망된다(p. 41).

아시아국가 중에서 국력, 민주적 가치, 역사문제로부터의 자유로움 등 세 가지 요건을 두루 갖추고 미국을 도울 수 있는 나라는 한국뿐이다. 중국은 민주주의에 접근하지도 못했다. 일본은 역사문제로 인해 결격사유가 있다. ASEAN은 외국의 평화를 유지할 만한 경제력도 갖지 못한다. 한국은 이라크파병 자이툰 부대의 사례에서 보듯이 평화유지활동의 모범국가로 인정되어 왔다(p. 42).

2. 대 아시아 협력외교를 확대 강화해야

2007년 2월 6일 외신기자 회견에서 이명박 대통령은 "세계와의 동반 발전을 위한 발판으로 한국의 '아시아외교'를 확대해야 합니다. 일본, 중국, 러시아, 인도 등과의 협력도 더욱 강화해야 합니다. 더 나아가 ASEAN, 호주, 뉴질랜드 및 중앙아시아 국가들도 협력관계를 강화해야 합니다"라고 말했다. 이것이 大아시아(*Greater Asia*)개념에 바탕을 둔 아시아외교 정책의지의 표현이다. 단순한 동북아시아와 동남아만을 포함하는 아시아외교가 아니라 호주, 뉴질랜드와 같은 태평양국가, 인도와 같은 서아시아 그리고 중앙아시아까지 포괄하는 협력관계를 지향하고 있는 것이다(p. 44).

한반도에서 가장 가까운 거리에 있는 이웃은 중국과 일본이다. 여기에 북한이란 체제도 버티고 있다. 더구나 중국이나 일본과도 별개의 관계를 벌이려 하고 있으니 한국의 남북체제가 엉클어지고 국제관계가 복잡 미묘해진다. 미국도 북한과 직접 대화를 해야 하는 상황이 되면 문제가 단순할 수 없다. 한국은 6·25전쟁 때 한국을 지켜준 미국과의 동맹관계를 유지해 왔으나 한미동맹관계를 다시 강화하는 마당에서 어느 특정 국가를 적(敵)으로 삼지 말아야 한다는 단서가 붙어 있다. 중국, 일본, 러시아와의 대화와 교류도 확대해 나가려면 문제가 더 복잡해 질 수 있다. 미래지향적 한일동반자 관계를 공고히 해야 하나, 경제협력관계를 넘어서는 한중관계나 한러관계의 발전도 한미간의 전략적인 동맹관계로 인해 손상되어서는 안 된다는 데 한국외교의 제약과 어려움이 있다.

한반도 주변의 4강을 총체적으로 포괄하는 동북아다자협력체제도 유지되어야 한다. 그것이 어려워지는 상황에서 3자형태의 소다자(小多者) 주의(*Mini-lateralism*) 협력 체제를 활용하여 다자협력에 대한 4강 간의 미묘한 시각 차이를 조정하겠다는 것이 김대중·노무현 정권 외교스타일의 유산이라 하겠다.

김 교수는 다음과 같이 결론지었다. 한미동맹의 유지 강화를 통해 동북아다자안보협력의 제도화를 실현해야 한다. 결국 한국의 안보정책은 한미동맹체제를 중심으로 한 동북아다자안보체제의 구축을 지향해야 할 것이다(p. 44). 한국의 안보와 경제번영은 아시아태평양공동체의 창설과 성공적인 운영에 의해 이루어지며 또 보장될 수 있으나 그것이 어려운 경우에는 한미동맹에 기초한 다자안보체제라도 유지하자는 뜻으로 받아들여진다.

북핵문제가 10년 이상 한반도와 동아시아의 평화를 위협해 왔다. 그동안 여러 형태의 소다자협력체제를 만들어 보았지만 문제해결에 아무런 기여도 하지 못했다. 미국은 북핵문제를 풀기 위한 마지막 수단으로 미국, 일본, 남북한, 중국, 러시아 등 주변 강대국과 남북한 모두를 포함하는 6자회담의 기구를 만들어냈다.

이런 형태의 다자협력체제로도 북핵문제는 해결의 가닥을 잡지 못하고 있다. 미국은 매우 적극적이며 북한의 핵무장을 걱정하는 한국도 일본도 어떤 긍정적인 결과가 나오기를 희망해 왔지만 중국의 입장은 처음부터 달랐던 것 같다. 중국은 미국이나 일본으로부터 북한의 핵무장을 음성적으로 옹호하거나 북한 편에 서 있다는 의심을 받지 않도록 6자회담에 동조하는 척만 할 뿐 6개국 회의의 의장자리에 있으면서도 북한의 핵무장을 저지하려는 성의 있는 태도를 보인 바가 없었다.

김성한 교수는 말한다. 소다자주의를 활용하여 다자협력에 대한 4강 간의 미묘한 시각차를 조성하는 문제도 어디까지나 미국과의 협력 위에서 가능한 일이다. 그러므로 한국안보정책은 한미동맹체제를 중심축으로 한 동북아 다자안보체제의 구축을 지향해 나갈 수밖에 없다는 것이다(p. 44).

3. 에너지외교, 선진기여, 문화외교 그리고 글로벌 코리아

1) 인간안보 제고를 통한 한국역할의 확대

'글로벌 코리아'는 이명박 정부를 상징하는 화두 중의 하나이다. 한반도에 고정된 전략적 시야를 지역 및 세계로 넓혀서 한국의 국제적 위상에 걸맞은 역할을 수행해야겠다는 의지의 표현이라 하겠다. 한국은 여기서 국가안보(*national security*)개념을 넘어서 인간안보(*human security*)의 개념마저 체질화해야 할 시점에 와 있다.

인간안보란 단순히 군사적 위협에 대처함을 의미하지 않는다. 여기에는 경제적 고통으로부터의 자유, 적절한 수준의 삶의 질, 그리고 인권에 대한 근본적인 보장이 포함된다. 인간안보는 최소한 인간의 기본적 욕구(*basic needs*)가 충족됨을 요구하며 동시에 확고한 평화와 안정에 필요한 지속가능한 발전(*sustainable development*)을 보장하는 인권, 자유, 법치주의, 사회적 형평성 등도 필요하지만 그중에서도 인간안보의 핵심은 역시 인권이다. 인간안보가 보다 더 견고해질수록 국제관계에서도 평화가 보장될 수 있는 것이다.

한국의 안보정책도 지금까지 주로 전통적 의미의 군사안보에 치중되어 왔다. 그러나 아시아 금융위기 발생이후 역내 안보문제가 군사적 안보차원을 넘어서서 소득격차의 확대, 국내 정치불안, 난민발생, 인간밀매(*human smuggling*), 테러, 환경파괴, 인간 개개인의 안위에 위협을 가할 수 있는 위협들도 인간안보 차원에서 다루어져야 한다는 것이다(pp. 45~46).

2) 글로벌 코리아

에너지는 경제발전에 필수요소이다. 중국을 비롯한 에너지 수입국은 '에너지안보'가 더 중요해져서 국가 간의 갈등도 심해져간다. 중국은 중동으로부터의 에너지수급이 원활하지 못할 경우를 대비하여 아프리카와 중남미를 대상으로 에너지외교를 줄기차게 벌여 왔다.

중국은 원유를 비롯한 자원을 제공받을 수만 있다면 그 나라의 정치체제의 성격에 관계없이 무조건 경제 원조를 제공하고 있다. 이것은 미국이나 서방국가들이 상대국가의 인권개선을 전제로 접근할 것을 주문하는 것과 대조가 된다. 한국은 어느 입장에서 에너지외교를 벌일 것인지 고민해야 할 처지이다. MB정권은 초기부터 한반도-러시아-중국-중앙아시아-중동-아프리카를 연결하는 에너지 실크로드를 개척하고자 중동소사이어티를 창설하였다. 동유럽국가도 나토의 신규 회원국이 되면서 미국과 호주 그리고 일본과의 전략대화도 쉬워졌다(pp. 45~46).

또 한국이 신경을 쓰지 않을 수 없는 것이 기여외교의 문제이다. 잘살고 선진화된 나라들이 그 자리에 맞는 외교를 하자면 부담이 따른다. 이제는 한국도 원조를 주어야만 더 잘사는 나라로 인정받고 있다. 국가위상에 걸맞은 처신을 하지 못하면 국제사회에서 외면당하는 수모를 겪어야 한다.

한국식 성공경험을 바탕으로 서구식 모델이 해결하지 못한 문제를 조명하며 실패국가들과 취약국가들에게 새로운 희망과 실천적 모형을 제시하는 방법으로 현지문화와 지역특성에 맞는 협력사업을 개발하는 것이 한국형 기여외교의 기본방향이라는 것이다(p. 46).

문화외교에 관련하여 한국은 아시아의 3대 경제대국이면서 아시아의 대표적인 문화강국으로 행사할 수 있는 좋은 조건을 가지고 있다. 고로 문화산업의 체질도 개선하고 IT기술과 뉴미디어를 접목한 포괄적 전략을 추진해야겠다. 한류(*Korean Wave*)를 적극적으로 전파하는 것도 중요하지만 역내의 국가들과 보다 실질적인 문화교류를 활성화해야 한다.

3) 인간안보와 국가이미지의 중요성

우리 정부가 국가이미지를 높일 수 있으려면 동아시아 역내의 인간안보 문제에 관한 구체적 어젠다를 제시하며 역내 협력 분위기를 유도할 수 있어야 한다. 이를 통한 '연성권력'(*soft power*)의 획득으로 우리의 외교위상도 더 제고된다(pp. 47~48).

본인은 한국의 소프트 파워(*soft power*)의 출처를 민족사의 보다 멀고 깊은 곳에서 찾아야 한다고 강조한다. 이것이 무엇을 말함인가? 한국의 소프트 파워 뿌리는 한국인들의 유전자 속에 잠재되어 있는 도덕성과 홍익인간의 전통이다. 또한 오래전부터 전수되어 내려왔던 인존사상(人尊思想)이다.[2] 이것을 개발하자는 것이 한국이 세계에 내놓을 수 있는 국가브랜드이다. 이것이 한국외교가 활용할 수 있는 소프트 파워의 원천이 아니겠는가?

4. 한국외교발상의 대전환

대한민국 외교는 현재 세 번째 새로운 전환점을 맞이하고 있다. 1948년 대한민국 건국으로부터 1992년 노태우 정권 말에 이르기까지 한국의 외교노선은 반공친미노선이었다. 그러던 것이 1993년 김영삼 대통령의 취임사에서 동맹(同盟)외교가 남북의 민족적 결합에 걸림돌이 되어서는 안 된다는 말이 나온 후에 한국외교는 서서히 대미의존에서 탈피하려는 추세로 바뀌기 시작했다. 이것이 두 번째 외교전환이었다고 말하겠다.

김대중 정권은 햇볕정책을 통하여 민족자주라는 이름으로 반미친북 성향의 외교노선으로 바꾸어 나가더니 2000년 평양방문과 남북정상회담에서 6·15선언을 내놓았다. 이것이 첫 번째 외교전환의 결실이었다고 생각한다.

2008년 이명박 정부가 들어선 후에 한미의 전략적 동맹에 기초한 '글로벌' 외교노선을 표방하게 되었으니 이것을 세 번째 전환기로 보

---

2) 한승조 지음, "한민족의 전통적 국가관", 《한국의 정치사상》, 도서출판 일념, 1989, pp. 86~87.

아도 좋을 것이다. 그 내용인즉슨 외견상 친미반북노선으로 돌아간 것 같기도 하지만 변증법(辨證法)에서 말하는 정반합(正反合)의 개념이 시사하듯이 단순한 친미반공노선으로 복귀한 것은 아니었다. 중도실용주의(中道實用主義)란 말이 함축하는바 친미·친중, 반북노선도 꺼리는 팔방미인형 중도지향의 외교노선이라고 말할 수 있다.

'Global Korea'는 이명박 외교를 상징하는 하나의 주요 화두이다. 한반도에 고정되어 있는 전략적 시야를 아시아지역 또 전 세계로 확대하며 상승된 한국의 국제적 위상에 맞는 역할을 수행하겠다는 의지가 담겨 있다. 문화외교라고 하는 것도 선진기여외교를 통하여 국가 이미지를 높이려는 취지에서 강조되었는데 조셉 나이(Joseph Nye)의 저술[3]의 영향을 받은 것이 분명하다.

인간안보라는 새로운 개념도 자원외교, 선진화 기여외교, 문화외교에도 결부되는 말이다. 모든 외교활동을 정부의 힘만으로 감당할 수 없으므로 민간단체의 외교활동에 대한 의존도도 과거 어느 때보다도 높아졌다. 이러한 변화는 정보화, 세계화, 인간화를 지향하는 세계적인 변화추세와도 부합하며 정치외교도 선진화의 국면으로 나가고 있음을 보여주고 있는 것이다.

녹색성장의 비전

2008년 8월 15일 이명박 대통령은 건국 60주년 기념식에서 "저탄소 녹색성장"이라는 새로운 국가비전을 발표했다. 그 내용에서 대통령은 한국을 오늘날의 위치로 끌어 올렸던 양적인 경제성장은 더 이상 실행 가능한 선택이 아니라고 말했다. 미래성장의 질을 개선하려면 지식기반경제로의 이행이 앞당겨져야 한다. 또 한국경제는 해외석유수입에 과도하게 의존해온 결과 국제유가 변동에 너무 취약해져 있다.

'기후변화'도 외면할 수 없는 가장 시급한 글로벌 이슈다. 국제사회

---

3) Joseph Nye, *Soft Power: the means to success in world politics*, New York: Public Affairs, 2004.

는 자연재해를 방지하기 위해 여러 가지 조치를 취하고 있으며 우리도 '저탄소 녹색성장전략'을 개발해 실천해야겠다. 이것은 다음 세 가지 분야에서 리더십을 발휘해야겠다는 뜻이다. 첫째, 코펜하겐에서 논의된 '글로벌녹색성장연구소'를 창설하겠다. 둘째, 한국의 특이한 경험에 의거해 선진국과 개도국 간의 가교역할을 해낼 수 있을 것이다. 셋째, 한국은 "미 퍼스트(*me first*) 정신"으로 녹색세계의 변화를 위해 앞장서 나가야겠다. 이러한 이명박 정부의 새로운 방향설정에는 탈산업화, 선진화 그리고 영성화(靈性化)로의 방향변화를 시사하는 면도 담겨 있는 듯이 느껴졌는데 그에 대한 언급이 없는 것이 아쉬움으로 남는다.4)

5. MB외교, 구상의 한계를 어떻게 넘어설까?

한 나라의 정부시책이 뜻만 가지고 이루어지는 것은 아니다. 평자가 보기에는 정권 출범 시에 정부가 생각했던 외교정책구상도 이미 적지 않게 수정과 후퇴를 거듭한 흔적이 보이고 있다. 이런 점을 고려한다면 발상의 전환을 소폭 조정하려고 들기보다는 상황인식을 재검토하며 그에 부합하는 대응전략을 창출해 내야 한다. 또한 새로운 외교전략을 생각해 내는 사고의 틀, 곧 새로운 철학사상을 제시하는 것이 더 바람직하다.

앞에서 말했듯이 MB외교의 새로운 발상은 후기산업사회로의 변화에 따른 정보화시대의 도래, 세계화시대의 사회변화, 지구환경의 악화에 따른 문제의식에 기초한 것이었다. 또 탈냉전 시대의 도래가 MB의 중도적인 실용주의 외교노선의 출현을 가능케 했다고도 말할

---

4) 이명박 정부의 녹색성장의 사상은 Paul M. Kennedy, *Preparing for the Twenty-First Century*(New York: Random House, 1993)을 충분히 검토한 끝에 작성된 것 같다. 그러나 *The Rise and Fall of the Great Powers*의 책을 깊이 참조한 흔적은 보이지 않는다.

수 있다. 결과적으로 MB외교는 과거의 외교노선에 비한다면 훨씬 더 선진화되고 수준이 높은 외교전략과 발상을 의도한 것이 틀림없으나 오늘의 역사적인 현실에 대응하기에는 부족하고 미흡함을 느끼게 하는 원인이 되고 있다.

1980년대 동서냉전 대립이 공산권의 후퇴 내지 퇴조로 해소되면서 세 개의 사상이 대두하였다. 하나는 프란시스 후쿠야마의 《역사의 종말과 최후의 인간》인데 이것은 자유민주주의의 완승을 선언한 사상서이다.[5] 그에 앞서서 사회주의사상의 우경화를 시사한 앤서니 기든스(Anthony Giddens)의 《제 3의 길》조차도 무시하며 자유주의에 대한 자신만만한 확신을 보였음이 인상적이었다.

그에 비하면 사무엘 헌팅턴(Samuel P. Huntington)의 《문명의 충돌》(*The Clash of Civilizations*)이란 책이나 폴 케네디(Paul Kennedy)의 *The Rise and Fall of Great Powers*는 서방 선진국들의 자유주의 세계에 대하여 전에 듣지도 보지도 못했던 경계심 내지 비관론의 불씨를 안고 있음을 보게 된다.[6] 그동안 기독교문명이 선진산업사회를 이끌어 왔지만 후진지역의 이슬람문명이 급팽창함으로써 자유민주주의 사회의 안전과 질서를 위협하기 시작하였다. 과거에 자본주의사회를 사회주의운동이 위협했듯이 이제는 후진지역의 이슬람세계가 서방의 선진사회 및 기독교문명에 도전하고 있는 것이다.[7]

문명은 언어, 역사, 종교, 관습, 제도 등 객관적 요인과 함께 문화적 소속감, 집단의 정체감이라는 주관적 요소로 구성된다. 문명은 집단적 정체감의 근거가 되므로 사람들의 문명소속의식이 더욱 중요해져 간다. 과거에 국제적 분쟁과 대립은 주로 서방국가 간의 대립 때문에 일어났다. 그러나 앞으로는 문화와 문명의 대립으로 인해 서방국

---

5) Francis Fukuyama, *The End of History and the last man*, New York: Free Press, 1992.

6) Samuel P. Huntington, *The Clash of Civilizations, and Remaking of World Order*, New York: Simon & Schuster, 1996.

7) 한승조 지음, 《인류역사와 세계문명》, 서울: 집문당, 1998.

가와 비서방국가 간의 대립이 심각해져 감을 볼 줄 알아야 한다.

앞으로 이슬람문명권이 중국공산주의와 손을 잡아서 과연 선진민주국가를 포함한 기독교문명국가들을 위협하거나 도전할 것인가? 설마가 사람 잡는다는 말이 있다. 1990년대의 걸프만전쟁, 그 후의 이라크전쟁 그리고 현재의 아프간전쟁을 통해서 북한의 김정일 정권은 중동의 아랍국가나 아프리카의 여러 나라에 적지 않은 테러기법과 게릴라저항운동의 전술을 가르쳐 왔다는 사실을 모르는 것인가? 심지어 아랍의 몇 나라에 미사일을 수출하며 또 핵무기개발도 도왔던 것도 잘 알려져 있는 사실이다. 북한의 지극한 반미적대감정이 중동 이슬람국가의 반미저항심리와 잘 들어맞기 때문이 아니겠는가? 이런 점에서 헌팅턴의 불길한 미래예측이 근거 없지 않음을 절실하게 실감하게 된다.[8)]

이러한 역사적 현실에 대응하는 데 MB의 외교전략이 충분한가? 문명과 가치충돌의 상황에서 우리 쪽의 존재가치를 완전히 부정하려고 드는 세력에 대하여 그런 외교전략이 효용을 발휘할 수 있겠는가? 한국외교의 새 개념이라고 할 글로벌 코리아(*global Korea*), 문화외교, 기여외교, 인간안보외교, 녹색성장전략도 국가이익이나 경제이익과 무관하게 거론된 것이 아닐 것이다. MB의 중도적 실용주의 외교가 선의의 것이라도 우리 쪽을 완전히 무시하거나 부정하려 드는 문명충돌의 상황에서는 그런 외교전략의 효용성은 매우 제한적일 수밖에 없다.

문명이 다르면 모든 행동방법이나 가치관이 다를 수밖에 없으므로

---

8) 최근 일본 동경에서 간행되는 유력한 시사 주간지 〈사피오〉는 2002년부터 2005년에 이르는 기간에 북한이 반미테러전법을 확산하기 위해 많은 테러요원들을 아랍과 아프리카의 여러 나라로 파견하여 테러-게릴라 저항투쟁의 기법을 가르쳤을 뿐만 아니라 많은 테러요원들을 북한으로 초청하여 일정기간 동안 훈련시킨 다음 돌려보냈다는 보도자료를 제공하였다. 그 테러전법 중에는 미국에서의 9·11테러와 같이 비행기로 군사시설이나 해군함정을 목표로 돌진하여 자살 공격하는 훈련도 포함되어 있었다는 것이다. 심지어 오사마 빈 라덴도 테러전법을 훈련받은 요원의 한 사람이었을 것이라는 글도 읽을 수 있었다.

갈등의 소지가 넓어진다. 문명은 수백 년 동안에 형성되어 온 것이므로 쉽게 바뀔 수 없으며 그 차이도 좁혀질 수 없다. 한편 문화와 종교는 경제협력의 기초가 된다. 경제적 지역주의도 문명을 따라서 뭉치고 흩어지며 협력도 비협력도 선택하게 된다는 점은 헌팅턴도 이미 잘 지적하였다.

MB가 추구하는 중도실용주의 외교노선은 산업화사회나, 후기산업화사회, 세계화, 정보화 사회, 환경오염으로 인한 지구의 환경파괴 등만 문제시된 시대에는 적절한 대응전략이며 탈냉전의 시대에도 유용한 외교전략임이 증명될 것이다. 그러나 문명 간의 충돌로 인해 이슬람과 공산주의가 반서방주의와 결탁하여 자유민주체제의 존립을 위협하는 상황에서는 적절한 대응전략이 되기 어려우며 국가이념철학을 받아들일 수 없다는 것을 필자는 지적하겠다.

제2부 3장에 소개된 유현석 교수는 이 문제와 관련하여 다음과 같이 말했다. "신아시아 외교는 결국 규범, 지식, 가치외교의 강화를 통해 아시아공동체 형성에 주도적 역할을 하는 중견국 외교로 성격을 조정해야 한다." 그렇다면 여기서 중요하게 받아들여질 국제외교의 가치는 무엇이어야 하는가. 현대세계의 보편적인 가치관이 원용되어야 한다. 이 문제는 이 책의 제3장과 4장에서 언급되었던 자유, 평등, 박애 내지 자유, 정의, 진리의 가치 덕목을 다시 말하는 것이 된다. 여기서는 이런 보편적인 가치를 상론할 생각이 없다.

중도실용주의의 가치관은 국제관계의 현실 속에서 어떤 상황에서도 손해를 보지 않으며 언제나 이득을 취하겠다는 약삭빠른 속셈이 담겨 있다고 말할 수 있다. 그러나 세계나 지역공동체에서 자신의 손해를 개의치 않으며 외부세계의 남들에게 큰 덕을 베풀어 주려는 아시아태평양공동체의 정신자세와는 거의 부합되지 않는 사고방법이며 생활태도인 것 같다. 위에서 언급했던 보편적인 가치관은 한국의 전통적인 가치관이라고 할 덕본재말(德本財末)의 사상과 밀접한 상관관계를 가지고 있다. 그 뜻을 풀이하면 사람의 덕행이 원인이고 재물이나 경제적 이익은 그 결과라는 뜻이다. 한국이 세계와 지역사회나 주변 국가에게 많은 것을 꾸준히 베풀거나 봉사해야만 한다. 그러나 이러한 외교는 국가적 이익이나 경제적인 소득을 얻기 위한 것이 아니며 그보다도 도덕성을 중시하고 행동하다보면 경제적 이익은 그 부산물에 불과하다는 믿음이 깔려 있는 것이다.

유불선 사상을 뿌리로 하는 한국의 전통적인 철학사상은 유교의 인의예지(仁義禮智)사상, 불교의 자비와 포용의 사상, 전통사상 속에 담겨져 있는 선인후기(先人後己)의 도덕정신이 결합한 신흥민족종교가 만들어낸 해원상생의 사상이었다. 강증산(姜甑山)은 설하기를 과거 3000년은 대립과 상투(相鬪)의 선천시대였으나 앞으로의 3000년은 해원상생의 후천시대로 들어서게 된다고 했다. 한민족이 이러한 시대의 변화를 앞장설 것이며 그럼으로써 한국은 저절로 세계의 일등국가가 될 것을 예견하였던 것이다.[9]

해원상생의 철학사상이 어떤 내용을 갖는 것인가.[10] 한국신흥종교의 일파를 대변하는 내용을 다섯 가지로 요약하면 다음과 같다. (1) 무자기(無自欺), 자기 마음을 속이지 않는다. (2) 언덕(言德)을 잘 닦아야 한다. (3) 척(戚)을 지지 않는 것. (4) 남의 은혜를 저버리지 않는다는 것이다. (5) 남들을 잘되게 하라는 말이 있다. 한중일, 삼국이 서로 공격하여 상처를 주거나 손해를 끼칠 언행을 그만하고 서로가 상대방을 치켜세우며 모두 잘되게 한다면 지역공동체의 출현을 방해하는 요인이 깨끗이 없어질 것이다.

MB의 외교정책이 이런 방향으로 나가게 된다면 이것이 한국외교의 네 번째 대전환을 추진하는 철학사상이 현실화되는 것이다. 대한민국이 세계에서 가장 존경하는 지도국가의 위상을 갖추려면 이러한 발상의 전환과 도약이 필요하다고 믿고 있다.

위에서 언급했던 해원상생의 다섯 가지 원칙을 지켜나가면 한국의 국제관계는 크게 좋아질 것이며 외교도 노력한 만큼 그 성과를 얻게

---

9) 한승조, 《한국의 정치사상》, 앞에 적은 책.

10) 정대진, "해원상생사상", 〈대순진리학술논총 제4집 해원상생 특집호〉, 2009년.

된다. 필자는 이런 해원상생의 원리를 한국외교정책에 집중 적용하게 된다면 아시아태평양공동체운동을 가로막고 있었던 요인들이 눈 녹듯이 없어져 버릴 것으로 믿고 있다.

6. 지역공동체기구 창설과 아프간평화건설

한국외교가 왜 지역공동체 기구의 창설에 집중적인 관심을 가져야 하는지 그 이유를 말해보겠다. 무릇 사회적 접촉, 문화교류나 경제적인 이익추구의 걸림돌이 되는 것이 국경이며 정부의 금지조치이다. 또한 심각한 것이 문명 간의 불화로 인한 대화 교류의 단절이다. 헌팅턴은 국경보다도 더 어려운 것이 문명 간의 단층선(斷層線, *Fault line*)이라고 주장한다. 문명 간의 단층이 있는 곳에 종족 간의 대립과 집단 간의 충돌이 끊이지 않기 때문이다.

기독교문명과 이슬람문명의 단층은 유럽과 중동지역 접경지역에 있다. 아시아에서는 중앙아시아와 인도네시아, 말레이시아 그리고 남부 필리핀이다. 아시아태평양지역에는 세계 무슬림의 약 40%가 거주하고 있는데 아마도 중동지역에 있는 무슬림들보다는 덜 과격하며 양질의 무슬림들일 것 같다. 이들을 공동체 안으로 수용하면서 같은 지역공동체 생활을 하는 것은 세계평화를 위해서도 좋은 사례가 되며 매우 바람직한 일이다. 적어도 무슬림을 모두 한 공간 안으로 몰아넣는 것보다는 훨씬 유익한 일일 것이니 말이다.

아시아태평양공동체를 창설하고 운영하는 데 있어서 아프가니스탄의 평화건설에 우선적인 순위를 부여하는 이유가 무엇인가? 첫째, 아프가니스탄에서 현재 전쟁이 진행 중이기 때문이다. 전쟁은 아프간의 영토 안에서 진행되고 있지만 그 내용으로 보아서는 세계전쟁이나 다름이 없다. 거의 모든 아랍 국가들이 아프간의 반군들을 정신적, 물질적, 경제적으로 지원하고 있는 것이 문제이다. 반면에 미국도 혼자서 싸우고 있는 것은 아니다. 40여 개의 서방국가에서 그 전쟁수행을 경

제적으로 지원하고 또 병력을 파견하여 미국을 돕고 있다.[11]

아프가니스탄 전쟁은 빠른 시일 안에 종결되어야 한다. 그 전쟁이 이란과 기타국가로 확대되는 경우에 세상은 수습하기 어려울 정도로 위험해지고, 걷잡을 수 없이 핵전쟁으로 비화됨도 방지하기 어렵다. 이러한 국제정세로 보아서 아프가니스탄의 전쟁종결과 평화건설은 아시아태평양공동체의 우선적인 해결과제가 되어야 한다. 아시아태평양공동체의 첫 번째 목표가 이런 지역공동체의 성패에도 큰 영향을 미치게 된다.

7. 맺음말

위에서 우리는 이명박 정부의 외교구상이 어떤 것인가? 또 현재 나라의 내외환경과 상태는 어떠한가, MB외교는 현재 어느 수준에 올라섰으며 오늘날 한국외교가 무엇을 추구하며 또 어떤 난관에 봉착해 있는가? 이런 문제에 대한 그 나름의 해답과 MB정권이 내세운 중도실용주의 외교노선의 그 장단점과 한계를 살펴봤다. 그러나 MB정권의 외교노선을 비판하는 것이 본 글의 취지는 아니다.

21세기가 종교 도덕이 군사력에 기초한 강제적 권력의 시대가 아니라 종교 도덕이 우위로 부상하는 시대임은 이미 이 책 제 3장과 5장에서 자세하게 논증되었다. 다행스럽게도 한국은 고래(古來)로 종교도덕문화의 전통이 풍부한 나라이다. 그러므로 오늘의 한국정치외교의 바른 길을 가르쳐 줄 사상적 뿌리도 다양하지만 그중에도 100년 전에 한국의 선지자들이 제시했던 해원상생의 철학사상을 실천해 나갈 필요가 있다고 보며 그 적실성은 실천을 통해서 검증되었으면 좋겠다는 생각이다.

아시아태평양공동체의 설립이나 아프간의 평화건설을 돕는 민간외

11) 사무엘 헌팅턴 지음, 앞의 책.

교활동은 한국민간외교의 소프트 파워(*soft power*)이며 그 위력을 발휘할 때가 온 것 같다. 한국 NGO들의 정신도덕문화는 대부분이 권력도 돈도 많지 않은 시민들의 애국심, 인도주의 그리고 인류에 봉사하려는 기독교적 박애주의와 불교의 보살도(菩薩道)정신에 바탕하고 있으며 이는 한국외교의 막강한 소프트 파워의 근원이 된다. 이것이 아시아태평양공동체운동을 추진하는 힘이며 21세기 한국외교정책의 성공을 보장하는 요소가 되는 것임을 알아야 할 것이다.

한민족의 전통적인 인존사상, 현대적인 인권수호운동이 시대적인 인간안보의 개념과 결합해 한반도를 중심으로 새로운 역사가 만들어질 것이라고 믿어지는 이유가 있다. 그것이 무엇인가? 이러한 사상을 가지고 세계평화, 아프간평화운동을 고취하는 과정에서 한국인들의 심성이 고상해지고 국민성격이 개조됨으로써 하늘의 보호와 많은 복을 받을 수 있다. 또 한국의 브랜드가 크게 격상될수록 그에 비례하여 한국외교도 그 힘을 발휘할 수 있는 것이 아니겠는가?

10 떠오르는 이슬람세력과 한국의 국가이익

최근 한국의 기독교계는 정부 여당의 이슬람채권법 문제와 관련된 국내 입법문제를 놓고 크게 반발하는 성명서를 발표하였다. 그 이유는 문제의 스쿠크채권법이 이슬람의 과격단체인 무슬림형제단이 이슬람의 세계정복을 도모하기 위하여 만든 채권법이며 그런 불순한 이슬람계 자금을 빌려 쓰는 경우 한국에서도 이슬람교 세력의 증가를 촉진하는 계기가 될 수 있다는 것이다.

다시 말해서 이슬람채권법(스쿠크법)은 한국의 경제이익은 물론 한국의 안전보장까지도 위협하는 것이므로 반대해야 한다는 것이다. 이런 위험성에도 불구하고 MB정권이 이슬람계 자금을 스쿠크법에 의거하여 끌어들이는 경우에 MB정권 퇴진운동도 불사하겠다는 협박성 발언까지 서슴지 않았다.

1. 이슬람에 대한 고정관념에서 그만 벗어나야

우리는 한국사회에서 가장 유력한 종교단체인 개신교계가 이러한 상황인식에 기초하여 그들의 목소리를 높이며 대정부 압력을 행사하려는 데에는 그 나름의 근거가 있을 것이라는 사실을 부인하려는 것이 아니다. 그러나 현재 우리는 급변하는 세계 속에 살고 있다. 예를 들어서 스쿠크법이 무슬림형제단이라는 과격단체에 의하여 만들어졌다고 해도 이슬람국가들이 모두 이슬람과격파에 의하여 장악 운영되고 있는 것은 아닐 것이다. 실제로 스쿠크자금을 한국에 융자하는 것은 인도네시아나 말레이시아의 무슬림들이니 그들을 이슬람과격파로 의심할 근거도 희박하다.

백보를 양보하여 이슬람정권이나 그 지도층이 전 세계의 이슬람화를 바라며 기도하고 있다고 가정해 보자. 현재 전 세계의 여러 나라들 특히 그 지도층이 이슬람국가의 그런 야심이나 술수에 의하여 지배당할 정도로 무지하거나 어리석은 사람들이 아닌 것은 확실하다. 오히려 아랍 이슬람 쪽에서 아랍국가들과 그들의 국내외정책이나 국가이익이 서방의 제국주의세력, 곧 정치인이나 기업인들에 의하여 좌지우지되어 왔으며 모두가 외부세력에 의하여 지배, 조종, 농락되는 현실에 과격파세력은 속수무책으로 절치부심하여 왔던 것이다. 이러한 상태인데 이슬람의 과격파가 스쿠크자금을 가지고 어떻게 세계지배를 획책한다는 것인가?

이슬람국가에서 현재 이슬람자금을 운영하는 동남아시아 사람들도 대부분 자신들의 경제이익을 늘리는 데 전력하고 있을 뿐 이슬람의 세계전복을 강행할 야심이나 또 그럴 수 있다는 자신을 가지고 경제외교에 종사하고 있는 것은 아닐 것이다. 이슬람국가들이 이슬람교를 절대시하며 과대 망상하는 경향이 있음도 부인할 수 없다. 다만 현실적으로 그들은 정치, 경제, 군사 역량이나 과학, 기술, 문화, 예술, 심지어 스포츠분야에서도 세계의 정상수준에서 멀리 뒤져 있는 상태인데 어떻게 세계정복을 꿈꾸며 획책한다는 것인가? 무슬림의 실권자들이 모두 무지무식한 비양식인들이라고 생각하는 것도 일부 종교인들의 편견이나 단견일 것이라고 판단된다.

여기서 연상되는 것이 공산주의자들과의 대화이다. 반공의식이 투철한 사람들은 공산주의를 악마시하여 그들과의 대화조차도 기피한다. 실제로 공산주의에 대하여 전혀 모르는 사람들에게는 공산주의자들은 매우 위험한 사람들임에 틀림없다. 그러나 공산주의의 이론과 실제 그리고 공산국가의 내면을 아는 이들에게는 공산주의자들도 그다지 위험한 존재가 되지 못한다. 공산주의자들과의 협상도 그들 수법을 잘 아는 사람들에게는 별 문제가 되지 않는다. 이런 말은 이슬람교나 무슬림들에게도 그대로 해당된다. 동서의 냉전대립이 공산주의 쪽의 완전패배로 끝났다는 사실을 모르는 사람이 없다. 공산국가들에 비한다면 무슬림들은 훨씬 더 단순 소박한 편이니 너무 두려워할 필요가 없다고 판단된다.

이슬람계의 자금이라는 이유로 융자를 거부하는 경우에 이슬람국가들은 한국을 불유쾌하게 생각하며 또 불신감정이 싹트게 된다. 그럼으로 인하여 한국에 대한 우호·신뢰감정을 철회하게 된다면 이것이 한국의 국제관계나 외교를 매우 어렵게 함으로써 국가이익에 큰 손상을 입히는 것이다. 한국은 현재 그래도 무방한 위치에 있지 않음을 깨달아야 할 것 같다.

한국의 경제계에서 돈이 필요하다면 많은 자금을 가진 측, 특히 이자가 싼 측 융자에 의존하려는 것이 당연하다. 그런데 이슬람의 돈이라는 이유로 거부함은 비경제적일 뿐만 아니라 비이성 내지 반경제적인 사고방식이다. 이슬람의 채권이 위험하다고 하나 영국을 비롯한 선진국은 이미 그 돈을 적지 않게 빌려서 사용해 왔으며, 또 일본, 중국을 비롯한 많은 나라들 심지어 미국의 기업인들조차도 그 돈을 탐내 빌려 쓰려고 애쓰고 있다는 말을 듣고 있다. 그런데 왜 한국에서는 절대로 안 되는 것인지 스쿠크법 반대론자들 주장의 근거가 의심스럽다.

2. 이슬람세계와 그 잠재력에 대한 정확한 인식

현재 한국에는 이슬람세계와 그 잠재력에 대해 정확한 인식을 하는 사람들이 많지 않은 것 같다. 이슬람세계는 그 내용과 진실을 알고 보면 경시하거나 무시해도 좋은 세계가 아니다. 특히 그 잠재력은 우리의 상상을 초월할 정도로 엄청난 면도 없지 않다. 이슬람세계에 대한 바른 인식을 위해 필자가 알고 있는 지식과 정보를 정리해 보겠다.

1) 이슬람종교의 뿌리와 그들이 차지할 위치에 대한 고찰

우선 이슬람 종교신앙의 뿌리를 생각해 본다면 이슬람교는 기독교, 유태교와 같은 뿌리를 가지며 그런 면에서는 그 세 종교는 동조동근의 유일신, 인격신 신앙이다. 이들 중에 어느 종교신앙이 정통이며 어느 것이 비정통 서출(庶出)인가? 이 문제에 대해서는 각자 주장을 달리하지만 제3자들의 눈으로 본다면 동조동근의 종교이므로 계속 싸울 것이 아니라 하나로 합쳐짐이 가장 바람직하다. 그러나 어떤 사정에 의하여 하나로 합쳐짐이 어렵다면 최소한 평화공존이라도 해야 한다. 적어도 서로 계속 갈등함으로써 세계의 평화를 어지럽히지 않는 것이 세계평화에 기여하는 길일 것이다.

다음 유태교, 기독교, 이슬람교가 인류의 역사발전이나 문명을 창조하는 데 얼마나 기여해 왔는가를 평가해 볼 일이다. 이런 면에서는 기독교가 로마문명과 르네상스 그리고 근현대문명을 만들어내는 데 크게 기여해 왔음을 부인할 수 없다. 그래서 그들의 가치와 영향력이 가장 뛰어나고 수승(殊勝)하다고 말할 수 있다. 그러나 기독교문명은 흔히들 유태교·기독교문명(*Judeo-Christian culture and civilization*)이라고 말할 정도로 유태인들의 기여가 크다. 그 유태인들이 낳고 키운 유태교의 역할을 무시할 수 없는 것이다.

무하마드교는 어떠한가? 무하마드교는 아랍지역과 중앙아시아의 사막과 초원지(草原地)에서 사는 유목민들을 상대로 퍼뜨린 종교신앙이었으므로 문명을 산출하는 힘은 약한 편이었으나 실크로드를 통하여 동서의 문명을 중계한 역할로 그들 나름의 공헌이 있었음을 부인할 수 없다. 특히 기독교문명이 침체기에 머물던 중세 암흑기에 고대문명 및 외지의 문명을 보전·발전시켰던 점에서 그들의 역할을 무시해서는 안 될 일이다.

2) 급성장하는 이슬람신도 인구와 이슬람교 세력

우리가 이슬람세계에 대하여 과거보다도 크게 신경을 써야 하는 이유는 이슬람 인구와 이슬람교세의 급성장 추세 때문이다. 이슬람국가의 인구는 현재 15억에 육박하고 있으므로 60억 세계인구의 거의 4분의 1에 달한다고 한다. 그런데 그들은 또 산아(産兒)제한을 하지 않아 그 인구가 급성장하고 있으므로 2020년경에는 세계인구의 3분의 1을 넘어설 전망이라는 것이다.

인구의 급성장과 연관해서 이슬람교의 급성장세 역시 우리의 주목을 끌게 된다. 기독교, 유태교 그리고 이슬람교의 증가추세를 비교해 보자. 세 종교 중에서 현재 기독교는 한국을 제외한 세계 전역에서 쇠퇴의 길로 들어선 감을 주고 있다. 불교나 힌두교도 그 신도의 수는 크게 줄고 있는 것은 아니지만 차츰 형해화되어가는 면모는 없는 것인지 의심해 볼 만하다.

그에 비한다면 세계적으로 유일하게 급성장하고 있는 종교세력은 이슬람교뿐이다. 그것이 현실적인 국제정치, 경제, 사회, 문화에 어떠한 영향을 끼칠 것인지? 종교의 가치나 활력은 그 외형적, 양적인 증가로 판단할 일은 아니다. 그러나 그것이 원리주의나 과격파적인 행동으로 이어지지 않도록 하는 것은 타종교인들이 신경을 써야 할 일이다. 한국의 기독교인들은 이슬람세계에 관심을 높임으로써 화해와 융합의 길로 유도하며 이슬람교의 신도들이 평화파괴활동으로 빠져들지 않도록 선도해야만 한다. 이슬람교도들을 문명세계로 끌어내어서 정신·도덕적으로 선도(善導)하는 일도 한국의 기독교인들이 연구해야 할 과제일 것 같다.

3) 이슬람세계가 세계의 3대 패권세력으로 부상하게 되는 추세 여부

그동안 세계는 미국과 서방의 선진국을 중심으로 하는 자유민주진영과 중국과 구소련을 위요한 사회주의진영 그리고 중립적인 제3세계로 분류되어 있었다. 그런데 21세기에 들어와서는 서방의 자유민주 진영과, 중국을 중심한 사회주의진영과 아랍세계를 중심으로 하는 이슬람세력으로 성립되는 것이 아닌가 생각해 보게 된다. 헌팅턴 교수는 일찍이 이슬람세력이 중국과 합세함으로써 서방의 자유민주세계에 도전하게 되는 상황을 예상하여 그에 대하여 경각심을 가지고 대비할 것을 시사했다.

기독교와 이슬람교 간의 불화와 불신은 세계평화를 위협하는 큰 장애요인이다. 그런 알력과 원한은 장기간에 걸쳐서나마 조금씩이라도 계속 수습·완화되어야 한다. 그런 의미에서도 한국의 기독교인들은 이슬람과의 관계개선을 도리어 두려워해서 안 되는 것이다. 그럼에도 한국기독교계의 스쿠크입법 반대는 종래의 불화와 알력을 더 격화시킬 우려가 없는 것인지.

한국의 기독교세력은 가톨릭을 포함하는 경우라도 남한 인구의 3분의 1을 넘어서지 못한다. 북한을 포함하는 경우에는 4분의 1 정도로 보다 더 적어진다. 아무리 기독교인들의 경제문화수준이 평균적으로 높은 편이라고 하더라도 대한민국의 외교나 안전보장에 방해가 되지 않아야 한다. 반대로 크게 도움이 되는 방향으로 거동함이 바람직하다.

4) 이슬람교가 차세대 및 다음 시대의 이데올로기인가?

이슬람의 이데올로기는 자본주의와 사회주의의 대립을 넘어선 차세대의 이데올로기라고 믿고 있는 사람들이 있다. 일본의 미야다 오사무(宮田 律)라는 학자는 그의 저서인 《이슬람 파워》[1]라는 책에서 '이슬람은 자본주의와 사회주의를 모두 극복하는 차세대 이데올로기이다'라고 장담하면서 다음과 같이 주장하고 있다. 이슬람세력을 가볍게 보아서 안 되는 이유는 그들이 21세기를 지배할 세계최대의 정치·사회세력이기 때문이다.

---

1) 미야다 오사무(宮田 律), 《이슬람 파워》, 일본 동경, 講談社, 2000.

이슬람이 현대세계에 주는 중요 메시지는 동서냉전으로 자본주의는 사회주의를 이겼지만 빈곤의 문제, 빈부격차의 확대를 해결하지 못하였다는 것이다. 오히려 많은 사람들이 상대적인 빈곤에 시달려 사람들의 마음을 불편케 했다. 이슬람사상의 강점은 사회정의와 평등의 가치를 토대로 사회공동체를 유지할 수 있다는 점이다. 이슬람이란 말도 하나님에게 절대 복종한다는 뜻이며 평화는 그 결과일 뿐이라는 믿음이다.

아랍민족주의의 강점은 아랍민족을 하나로 묶는 신성(神聖)공동체—알라를 위한, 알라에 의한, 알라의 공동체를 주장한다는 것이며 그런 관념에 의하여 스스로 감격하고 그 목적을 위해 살고 죽는 것이 모두의 영광이라는 것이다. 이것이 무슬림형제단의 설립취지이기도하다. 수피이즘(*sufiism*)—인간과 신의 통일을 추구하는 이슬람의 신비주의이다. 그것이 이슬람교에 빛을 더해준다.

그러면 이슬람교의 강점은 어디서 오는가? "이슬람공동체의식을 키워주는 다섯 가지의 실천행동이 있다. ① 신앙고백, 이슬람교와 공동체에 대한 충성맹서. ② 예배는 1일 5회 어디서나 그 계율이 강행된다. 예배시간의 종이 울리면 모두가 일제히 메카를 향하여 무릎을 꿇고 절하는 것이 사회관습으로 강행된다. ③ 희사(喜捨), 가난한 사람들을 위하여 모두가 자신의 수입의 5분의 1을 각출한다. ④ 단식, 매년 12달 중 적어도 한 달 동안은 일출부터 일몰까지 물 한 모금도 마시지 않으며 먹지 않는다. ⑤ 성지순례, 누구나 일생에 한번은 성지순례를 하도록 의무화한다.

이슬람공동체가 유지되는 행위양식을 특징짓는 것은 정치는 협의와 합의로, 경제는 평등을 지향하며, 사회는 공정으로 유지한다는 것이다. 무슬림이란 말은 신에게 복종하는 자라는 뜻이다. 이슬람교의 교지(敎旨)는 이와 같이 훌륭하고 알차다는 것이다.

기독교와 불교는 근대화, 산업화, 민주화, 부유화, 합리화되어가는 가운데 신앙심이 희박해지며 교세도 계속 쇠퇴, 축소되어가는 추세를 보여 왔다. 그런데 이슬람교에 대한 신앙은 반대로 계속 더 강화되어

가는 추세라는 것이다. 필자가 그 이유를 생각해 보건대, 첫째는 빈궁과 결핍, 둘째는 고난과 고생, 셋째는 긴장과 공포, 넷째는 수치심과 분노 등 현실생활의 욕구불만과 긴장이 이슬람교에 대한 신앙을 강화시켜주고 있는 것이 아닌가 하는 생각도 든다. 현실생활에서 느끼는 자신의 역부족을 보완하기 위해서는 초인적(超人的)인 힘과 지혜를 얻고자 열망한다. 이것이 알라라는 유일신에 대한 강한 신앙으로 표출되는 것이 아닌가 생각해 보는데 이슬람교가 지구상 최대최강의 종교라는 자부심도 남들이 시비하기 어려운 것이다.

3. 맺음말

위에서 본 바와 같이 이슬람세력은 21세기에 무시하며 신경을 쓸 필요가 없는 세력이 아니다. 이미 세계의 3대 정치세력으로 부상하였으며 앞으로 서방의 선진민주세력에 도전하는 힘을 축적하여 세계의 양대세력의 자리로 올라와서 막강한 영향력을 행사할 수 있는 잠재력도 가지고 있는 것이다. 한국국민들은 지금까지 미국과 서방민주국가들과의 외교관계만을 중요시했다가 1980년대부터는 중국과 러시아 등 공산권국가들과 외교관계를 확대하여 오늘에 이르렀다.

한국이 중화학공업을 키우면서 중동의 석유자원이 중요해짐으로 인하여 중동과의 교역과 인적인 왕래는 증가하였으나 이슬람국가들과의 외교관계는 큰 관심거리가 아니었던 것 같다. 그래서 중동관계나 이슬람세계에 대한 관심이나 평화정착의 문제에 대해서는 소극적인 편이었으나 앞으로는 세계평화와 번영의 문제와 관련하여 아랍-이슬람세계에 대한 우호, 친선, 협력의 문제에 대하여 배전의 관심과 노력을 집중해야 할 필요가 생겼다고 말할 수 있다.

아태공동체는 세계의 3대 이념·종교세력과의 대립과 충돌을 조정완화함으로써 지역평화를 통하여 세계평화에 기여할 목적으로 만들어진 평화공동체이다. 동시에 한국민간외교의 제도적 도구이며 기구임을 잊어서는 안 된다. 우리는 특히 세계의 3대 세력, 그 중에도 기독교문명과 이슬람문명의 충돌을 막고 이념세력 간의 갈등을 화해 조정하는 데 주도적인 역할을 해야 할 위치에 올라서 있다고 결론지음으로써 정부 및 민간외교를 확대 강화할 시점에 와 있음을 다시금 강조하는 바이다.

11 천재지변은 새 문명의 개벽을 예고하는가?

1. 새 문명의 표준은 누가 만드는가?

서울대학교의 국제정치학자 하영선 교수는 〈조선일보〉 2011년 3월 4일자 칼럼에서 의미심장한 말을 꺼내어 나의 주목을 이끌었다. "제국 흥망의 핵심은 시대에 걸맞은 문명표준을 누가 주도하느냐에 달려 있다. 신(新)천년제국의 등장을 새롭게 읽기 위해 구(舊)천년제국의 전반부를 주도했던 유럽 국가들이 어떻게 새로운 문명표준으로서 부국과 강병을 목표로 치열한 각축을 벌였던 근대국가체제를 마련하고 유지해 왔는가를 보러 간 것이다. … 한국은 21세기를 맞이하면서 신문명 한국이라는 제2의 신화창조를 앞두고 있다. 신화는 쉽게 만들어지지 않는다. 신화는 인간들이 꿈꾸는 세상얘기다. …"[1)]

천년 앞을 내다보고 벌어지는 새로운 꿈의 표준 경쟁은 이제 막 시작했다. 그리고 말하기를, "21세기 한반도와 동아시아에서 세계가 꿈꾸는 신화를 창조하기 위해서는 우선 우리가 세계가 모두 부러워하는 천년의 꿈을 꾸기 시작해야 한다"고 말하였다. 그러고 보니 내가 그런

---

1) 하영선, "옛 帝國의 심장에서 새로운 천 년을 꿈꾸다", 〈조선일보〉, 2011.3.4 일자 칼럼.

새 천년의 꿈을 꾸어온 사람인데 하 교수는 어쩌면 그렇게 내 마음에 쏙 드는 말을 하였던가?

하 교수는 국제정치를 전공해온 학자이므로 그가 글을 쓴 1주일 후에 일어난 천재지변을 예측하면서 인류역사의 대전환이라는 문제의식을 마음에 두고 글을 썼던 것은 아니었을 것이다.

2. 일본의 쓰나미와 동아시아의 자연재해

지난 3월 11일 이웃 나라인 일본을 덮쳤던 엄청난 지진 해일은 나의 머리를 강타하였다. 이것은 인류의 2000년 역사 속에서도 유례를 찾아 볼 수 없었던 엄청난 자연재해였다고 한다. 모두가 놀라고 겁에 질렸을 것이나 불교도인 필자는 이런 문제에 마주칠 때마다 불교의 12인연법과 인과응보 사상으로 그 해답을 찾아보려는 버릇을 가지고 있다. 이런 엄청난 자연재해가 왜 일본에서 일어났을까?

신문보도에 의하면 일본의 어떤 저명인사가 이것이 어김없는 천벌이라고 말해대다가 많은 사람들의 비난과 욕설을 들었다고 한다. 천재지변은 천벌이라고 볼 수도 있는 일이다. 그러나 인류가 원죄(原罪)로 시작하여 악의 역사로 지속된 것임을 생각한다면 왜 일본만이 그런 천벌을 받고 말겠는가? 지리적인 여건 때문에 일본이 먼저 당했을 뿐이지 그런 자연재해는 다른 지역이나 나라에도 일어날 수 있는 일일 것 같아서 염려가 된다.

일본은 패전 후 경제적으로 부유해졌을 뿐이며, 또 종전(終戰) 후에는 세계의 어느 나라 못지않게 벌어들인 돈을 가지고 여러 지역에서 좋은 일과 기여(寄與)외교도 많이 해왔기 때문에 자연재해도 이 정도로 끝나가고 있는 것인지도 모를 일이다. '매도 먼저 맞는 것이 좋다'고 일본도 이번 강타로 멸망하지는 않을 것이고 이것이 오히려 전화위복의 계기가 될 수도 있을 것으로 예상된다.

최근 북한 측에서 한국정부에게 백두산의 지진조짐으로 같이 협의 대응하자는 제안이 있었다고 한다. 북한에서도 걱정하지 않을 수 없는 조짐을 발견한 것이다. 걸핏하면 '서울 불바다'를 입에 담으며 핵무기와 미사일로 위협해대는 북한을 보면, 천벌이란 말도 나올 법하나 북한에 천재지변이 나게 되면 남한에도 그 해가 직접 미칠 것이니 우리로서도 대비를 아니할 수 없다.

중국 대륙 역시 어느 모로나 안전할 것 같지가 않다. 자연재해에다 그에 못지않게 인재까지도 겹칠 수 있을 것이다. 이것이 모두 1999년에 지구를 멸망케 한다는 세계종말론과 무관한 것 같지 않으며 그의 연장인 것 같아서 걱정이 된다.

3. 아시아는 물로 망하고, 서방세계는 불로 망하려는가?

일본의 시신해일과 보조를 맞추듯이 아프리카와 중동지역에서는 국민혁명의 불길이 여기저기 계속 터져 나오고 있다. 튀니지, 이집트, 리비아, 예멘 등 민중혁명의 불길은 여러 나라로 번져나가고 있는 것 같다. 리비아에서 카다피정부가 시민혁명을 무력으로 제압하려고 들자 영국과 프랑스는 공군기로 리비아의 군대를 공격하는 지경에 이르러 있다.

현재까지는 튀니지, 이집트, 리비아의 독재정권에 대한 민중의 항쟁이 서방세계의 언론으로부터 큰 관심과 동정을 얻어왔다. 그러나 이 지역사정에 정통한 소식통은 이들이 단순한 반독재 민주화투쟁을 위한 항쟁을 벌이는 것이 아니라고 말한다. 이슬람과격주의의 지지나 사주를 받는 반정부 반부패 투쟁이라고 보는 견해도 있어서 미국을 비롯한 몇 나라는 분쟁국가의 내정간섭에서 손을 떼려는 자세를 보인다. 그러나 영국과 프랑스는 이미 군사력을 분쟁지역에 계속 투입하는데 이런 군사행동이 도리어 아랍-이슬람세계를 단결시키는 방향으로 내몰고 있는 것이 아닌지 염려가 된다.

이렇게 되면 아프리카와 중동의 전쟁은 다시 서방선진국의 기독교문명권과 아랍·아프리카 그리고 중앙아시아에 퍼져있는 이슬람문명권 간의 대립으로 귀착되어서 헌팅턴 교수가 예견하였던 문명 간의 충돌로 들어설 수 있다. 종교 간의 전쟁은 핵무기의 사용도 신의 이름으로 정당화되는 세계대전으로 확대될 우려가 있다. 인류가 이런 식으로 망해가고 있는 것이다. 이것을 보면 일본은 자연재해를 물로 당했다면 서방세계는 여기서 벌어지는 전쟁의 불길에 휩싸이게 되는 것이 아닌지.

동녘은 물로 망하고 서녘은 불로 인하여 파괴 소실되려는 것인가? 이렇게 되면 기존의 인류문명은 천지개벽으로 철저하게 파괴되어서 새로운 인류역사의 장이 열리게 된다. 이러한 거시적이며 우주론적인 문제는 국제정치학자들의 사고범위를 훨씬 초월하는 문제일 것이다.

그러고 보면 일본의 자연재해도 단순한 일본인들만의 죄악에 대한 천벌이 아니다. 아프리카·중동지역의 전화(戰禍)도 역시 그네들만의 죄업에 대한 천벌 응징의 차원을 훨씬 넘어서는 세계사적 또는 문명사적인 전환의 과정일 뿐이다. 여기서 하영선 교수가 제기했던 "시대에 걸맞은 문명표준을 누가 주도하느냐"는 문제에도 그 해답을 내놓을 수 있는 것이니 여기서 필자의 소견을 첨가해 보겠다.

4. 새로운 시대상황에 걸맞은 문명의 표준은 누가 어떻게 만들어내는가?

새 시대의 인류사회의 과제는 각 민족국가나 지역단체의 범위를 넘어서서 세계적인 차원의 천재지변이나 대규모 자연재해에 공동대처하는 방식과 제도를 만들어 내는 일이다. 각국이 개발하여 서로 위협하고 있는 대량살상무기, 특히 핵무기나 화학무기 등을 폐기케 하거나 공동관리케 하는 국제조직 내지 국가연합기구가 있어야 하며 효과적으로 관리하는 방법도 나와야 한다.

이러한 국제조직의 최고 형태는 세계정부를 수립하는 일이다. 그러나 지구상의 패권국가가 자의(恣意)로 세계정부를 구성할 수는 없다. 그러니 그에 앞서서 몇 개의 지역공동체를 형성할 필요가 있다. 지역공동체는 수적으로 너무 많아도 안 될 것이다. 아마도 북·중남아메리카, 동·서유럽, 러시아, 아프리카, 아랍지역과 서남아시아, 인도와 중앙아시아, 중국과 그 주변국가, 동·남아시아 등으로 판도가 짜일 수 있을 것이다. 이러한 여건과 제도를 확립하는 데 모든 세계인들이 마음과 힘을 합쳐야 하며 모든 지구인들의 노력이 그 일에 집중되어야 한다.

이런 지역공동체는 물론 정치·경제적, 군사 및 안전보장에 관련된 문제를 주로 다룰 수 있어야 한다. 우리가 유의해야 할 문제는 이런 움직임은 세계의 패권국가가 나서서 설치는 경우에는 많은 국가들이 크게 호응하지 않을 것이라는 점이다. G-1국가인 미국, G-2국가인 중국은 물론 일본과 러시아가 직접 나서서 리더십을 행사하려고 하면 성공하기 어렵다. 아무리 선의를 가지고 노력한다고 해도 다른 강대국이 믿지 않으며 따라서 받아들이기를 꺼리기 때문이다. 강대국의 권력지배는 저항에 부딪히며 그것을 힘으로 밀면 자칫 부러지기 쉽다. 여기가 바로 한국과 같은 중견국가가 나서야 하는 자리일 것 같다.

군사력이나 정치권력은 견제세력과 불신을 불러일으키므로 힘을 발휘하기 어렵다. 강한 군사력이나 권력을 무력화하며 제압하는 것은 소프트〔연성(軟性)〕 파워뿐이다. 그러나 여기서 또 중요시되어야 하는 것이 종교적, 문화적인 힘이다. 그런데 그것을 누가 가지고 행사할 수 있는가? 기독교문명과 이슬람문명이 대립하고 있으나 어느 쪽이 우세이며 어느 쪽이 열세인가? 현실적으로 보면 기독교가 단연 우세하다. 그러나 달도 차면 기울듯이 기독교문명은 이미 기울기 시작했다.

이슬람문명은 그들의 깃발이 암시하듯이 초생달이며 초생달문명이나 다름이 없다. 그렇다면 미래는 초생달의 흥융(興隆)을 예상할 수 있는 것이 아닌가. 오늘의 모습만 보고 이슬람문명과 그 세력을 무시하거나 과소평가하는 것은 현명하지 못한 처사이다. 아랍-이슬람권은 앞으로도 넘어지기는 잘해도 멸망하지는 않는다. 현재 여러 가지 상황을 보아서는 기독교문명권과 이슬람문명권은 언젠가 크게 부딪쳐 깨진다. 이것이 성서에서 예견된 아마겟돈 전쟁이며 인류멸종을 초래할 수도 있는 전쟁이다.

기독교인들은 이것을 지구문명에 대한 하느님의 최후심판이라고 예언했지만 인류의 미래는 변화조정이 불가능할 정도로 확정되어 있지 않다. 사람들의 능력과 선업(善業)에 의하여 얼마든지 조종될 수 있는 일이기 때문이다. 이런 믿음을 가지고 필자는 2010년 9월 르네상스서울호텔에서 '세계평화를 위한 종교사회단체협의회'를 발족시켰다. 세계 5대 종교 간의 대화와 화해 협력을 위하여, 특히 기독교와 이슬람의 종교화해를 위하여 나름의 활동을 전개하기 위해서이다. 그리고 그 후 두 차례의 5대 종교 간의 대화를 위한 학술토론회를 성공적으로 개최하였다.

또 2011년 5월 중에는 "떠오르는 이슬람권과 한국의 외교정책"이라는 주제로 학술세미나의 개최를 추진하고 있다. 여기서는 이슬람채권법의 문제도 심도 있게 다루어질 것이나 목적은 이슬람세력을 평화로운 국제관계 속으로 끌어들임으로써 평화증진에 기여하자는 것이다.

무엇보다도 이러한 세계평화사업을 주도할 수 있는 기구로 아시아태평양공동체를 설립하는 절차와 방법을 구체적으로 제시한 것이다. 이러한 노력들이 모두 앞으로 '새 천년을 설계할 문명의 새 표준을 제시하기 위한 것'이라고 말할 수 있다.

위에서 예시한 바와 같은 계획이나 노력은 앞으로 한국에서 추진되어야 한다. 앞으로 쏟아져 나올 무수한 사상, 학설, 주장 그리고 국제적 시민운동과 국제적 기구에 관한 논의는 작은 부분일 뿐일 것이다. 이러한 연구나 주장 그리고 시민운동에 조금이라도 기여하고자 하는 일념으로 추진하고 있는 일이니 만큼 많은 사람들의 관심과 검토를 부탁드리고 싶다.

5. 새 천년을 이끌고 갈 세계문명의 표준이 될 사상내용

문명의 정신적, 사상적인 기초가 되는 것은 종교와 철학사상이며 그에 바탕한 학술 및 생활문화이다. 미래 천년의 새로운 문명의 표준이 되는 것도 한국인들이 조상으로부터 물려받았거나 또 이웃 나라 또는 선진국에서 배워온 인문 및 자연과학사상이다. 우리는 현대인들이 조상들로부터 물려받아 온 유불선, 삼교의 종교철학사상과 서양사상 그리고 현대자연과학 사상이라는 보고(寶庫)를 가지고 있다.

20세기가 인류문명에게 많은 이익과 혜택을 베풀어 왔지만 한편에는 심각한 결함이나 난제(難題)들이 미해결 상태로 남아서 21세기로 넘어왔다. 그것이 어떤 문제였던가? 자본주의와 사회주의, 부유층과 빈곤층의 괴리, 승자와 패자의 반목, 좌우익 대립, 기독교와 이슬람교의 불화와 갈등, 민족갈등과 계급대립의 모순 등이었다. 이에 대해서 이의를 제기할 사람들이 많지 않을 것이다. 21세기의 문명은 위에서 언급한 갈등을 화해 내지 봉합할 수 있는 것이어야 하지 않겠는가?

그러면 어떤 철학과 종교 그리고 사상에 의하여 그러한 문제들의 해결이 가능하겠는가? 20세기 문명의 병폐를 봉합 치유 해결하는 데 철학종교사상이 없었던 것은 아니었다. 전통적인 유불선 3교와 기독교사상의 뿌리에서 나온 한국의 신흥민족종교사상에는 그런 문제들에 대한 대비책이 풍부하게 마련되어 있었지만, 사람들의 부주의 또는 오해 단견으로 그러한 종교철학사상을 꺼내서 쓰지 못했을 뿐이다. 필자는 그 한 예로 한국의 신흥종교사상에 의하여 제시된 사상내용을 꺼내어 보고자 한다.

20세기에 해결될 수 없었던 세계문제들도 陰陽合德, 神人合發, 解冤相生, 道通眞境이란 말을 내세웠던 어떤 신흥민족종교의 사상과 원리를 잘만 활용할 수 있다면 어렵지 않게 해결될 수 있었던 문제들이었다. 예를 들어서 좌우익의 대립과 남북의 갈등이란 문제도 그렇고 또 기독교와 이슬람교의 대립과 갈등도 생각해 볼 수 있다.

음양이 결합하듯이 또 물과 불이 서로 의지하듯 서로가 양보하며 상대방을 존중하였다면 왜 평화세계를 이루지 못했을 것인가? 좌우대립도 또 기독교와 이슬람교 간의 불화도 서로 해원상생할 의지만 있었다면 꼭 대격돌로 치닫지 않을 수 있었던 것이다.

그런 갈등과 대립의 문제가 해결되지 못했던 것은 사상이 없었기 때문이 아니었다. 정확하게 말해서 피차 화해와 평화를 이루겠다는 서원(誓願)과 의지가 약했기 때문이었다. 그러므로 어느 집단에서라도 신인합발(神人合發)의 의지, 곧 보살도정신만 가졌더라면 해결할 수 있었던 문제들이었다. 이러한 사고방법이나 가치관 그리고 21세기 문명의 새 표준도 여기서 찾아보고 열심히 노력 정진한다면 해결이 안 되는 문제는 없는 것이다.

제 2 부

아시아공동체 문제에 대한 국내외 학자들의 견해

1. 안중근의 동양평화론과 오늘의 동아시아공동체론
2. 동아시아공동체의 다양한 담론
3. 동아시아공동체에 대한 진보좌파적 시각
4. 아시아학자들의 동아시아공동체의 여러 담론에 대한 고찰

1 안중근의 동양평화론과 오늘의 동아시아공동체론

한국정치학회는 안중근의사기념사업회와 공동으로 2008년 10월 24일(금) 한국외국어대학교에서 '동아시아공동체와 안중근'이라는 주제로 학술대회를 열었다.[1] 이 학술대회의 한 분과 모임에서는 '동아시아공동체와 안중근'이라는 주제로 나고야대학의 강동국, 국방대학교의 박영준, 동북아역사재단의 김현철, 안중근의사기념사업회의 신운용 등이 발표하였으며 토론이 있었다. 필자는 여기서 발표된 여러 학자들의 논지를 다음 몇 가지 주제로 나누어 요약하며 간간이 필자의 소견을 피력하고자 한다.

① 안중근의 《동양평화론》이 출현하게 된 동기나 시대적 상황적인 배경과 계기 그리고 그 사상의 핵심 내용은 어떤 것이었던가? ② 20세기 초 안중근의 《동양평화론》이 쓰인 시기를 전후하여 그와는 사뭇 다르고 또 매우 대조적인 일본 측의 《동양평화론》이 있었다. 일본 측 평화론과 비교해 볼 때 안중근사상의 특성과 문제점은 무엇이었던가. ③ 안중근은 그 사상의 집필을 끝내지 못하고 生을 마쳤다. 그가 만일 살아있었더라면 쓰고자 했던 내용이 담겼겠는가? ④ 안중근의 《동양평

1) 《동아시아공동체와 안중근》, 안중근의사서거 100주년기념 학술회의 자료, 2008.

화론》이 오늘의 동아시아공동체론의 씨앗이며 중요한 요인이라고 볼 수 있겠는가. ⑤ 안중근의 선구적인 발상이 21세기 현실에 적용될 수 있겠는가? 오늘의 동아시아지역 공동체의 실현을 어렵게 하는 요인들과 또 그런 장애를 극복할 수 있는 방안을 어디서 찾을 수 있겠는가.

1. 안중근의 《동양평화론》이 나오게 된 동기와 사상내용

19세기 후반에 와서 영국, 프랑스, 독일, 특히 러시아 등 여러 나라가 동아시아에 침략주의 정책을 펴며 세력판도를 넓히고자 각축을 벌이고 있었다. 당시 한국의 지식층에서는 서양세력에 시달리고 있는 중국, 한국 그리고 일본이 단결하여 서양의 침략주의에 공동으로 맞서야 한다는 여론이 일고 있었다.

여기서 나온 것이 동양3국의 정족론(鼎足論-세발로서기론), 동양삼국 공영론, 아시아 연대론 등이었다. 당시 논객이었던 장지연 등을 따라서 안중근도 세 나라가 힘을 합하여 서양제국의 침략주의에 대응해야 하는데 이런 일을 추진하는 데는 동양 여러 나라 중에서 가장 선진화된 일본이 앞장서줘야 한다고 주장했다.[2)]

안중근은 청나라와 한국 그리고 일본은 같은 한자문화권이며 유교사상을 비롯한 동양사상을 공유해 왔으므로 한 집안의 3형제와 같은 관계라고 보아야 한다고 말했다. 이에 관하여 안중근은 재판 중의 진술에서도 중국을 큰형, 한국은 작은형이고 일본을 막내 동생 격으로 비유하였다. 이런 3형제 국가들이 합심하여 러시아를 비롯한 서양세에 저항하며 동양각국과 이 나라를 지켜내기 바랐다. 유감스럽게도 일본은 형제국을 배신하여 서양제국주의 세력을 따라서 침략행위에

---

2) 강동국, 〈동아시아공동체와 안중근〉, "동아시아의 관점에서 본 안중근의 동양평화론", pp. 14~16. 안중근의사의거100주년 기념준비 제 8회 학술회의, 한국정치학회와 공동주최, 김현철, 같은 책, "20세기 초 한국인의 대외관과 안중근의 동양평화론", pp. 48~49.

가세하였다. 그리하여 중국에 큰 해악을 가했을 뿐만 아니라 을사보호조약을 강제로 체결하여 대한제국의 자주권도 박탈하였다. 이것은 한반도를 식민지화하려는 수작이며 그런 배신행위를 저지해야 하므로 반드시 응징해야 한다는 생각을 실행에 옮긴 것이 안중근이다.

안중근이 일본의 초대 통감이었던 이토를 암살해야겠다고 마음먹은 이유도 그가 일본인을 미워해서가 아니었다. 그러한 일본 측의 배신에 대하여 경종을 울리며 제국주의정책을 중지시키기 위한 수단일 뿐이었다. 일본 나고야대의 강동국 교수는 안중근이 민족주의와 지역주의를 혼동하였으며 그가 내세웠던 동양평화주의와 일치한다고 보기 어려운 암살행위로 일을 마무리한 것도 동양평화론의 한계였음을 시사하고 있다.[3]

그리고 설명하기를 안중근의 한계는 그가 외국어 능력이 없음으로 인하여 당시의 국제정세를 정확하게 인식하고 판단할 수 있는 위치나 여건에 있지 않았기 때문이었다는 것이다. 또한 안중근이 문인이나 사상가가 아니라 호걸기질이 다분한 무골(武骨)형의 인물이었으므로 그 아니면 하기 어려운 일도 어렵지 않게 해치울 수 있었다는 것이다.

2. 동양평화에 대한 일본 측의 접근방식과 주장

국방대학교의 박영준 교수는 "러일전쟁 이후 동아시아의 질서구상"이라는 논문에서 '야마가타 아리토모의 전후경영론과 안중근의 동양평화론의 비교'라는 부제를 붙여서 발표하였다. 동양평화란 말도 안중근이 독점했던 어휘가 아니었다. 일본 측도 그들의 팽창주의적인 정책을 동양평화론이라는 명분으로 합리화하려 하였던 것이다.

한국인들은 일본 명치시대의 거물 정치인이었던 이토 히로부미(伊藤博文)는 잘 알고 있으나 일본 명치시대 정가(政街)의 실력자이며 한

---

3) 위와 같은 책. p.15.

국침략의 주모자였던 야마가타라는 사람은 거의 모르고 있었다. 그러므로 안중근이 먼저 없애야 할 사람은 군국주의자 야마가타였다. 실제로 이토 수상은 조선에 대한 지배방식에 대하여 군국주의자와는 매우 다른 생각을 가지고 있었던 것이다.[4)]

이토와 야마가타는 명치시대 일본정치의 쌍벽이며 라이벌이었다. 그 두 사람은 모두 일본의 조슈(長州) 지방의 하급 무사출신이며 요시다 쇼잉(吉田松陰)의 사숙(私塾)에서 동문수학했던 관계였다. 이토는 명치유신 후 일본의 정치외교의 수장이 되어 대표주자로서 화려하게 활약하였으며 여러 차례 수상직을 맡아 국정을 주도하였다. 야마가타는 육군대장, 이토내각의 법무상을 지내며 육군원수로 승진하였으며 러일(露日)전쟁 시 일본군의 육군참모총장을 지냈던 군벌(軍閥)의 수괴였다. 표면상으로 널리 알려지기는 이토가 으뜸가는 일본 정치인이었으나 야마가타는 일본, 조선, 남만주지역을 확실하게 지배했던 실권자(實權者)였다.

두 사람은 조선침략 정책에 있어서도 의견을 달리했던 관계로 서로가 껄끄럽게 생각하고 있었던 사이였다. 국제정치적인 안목을 가지며 조선침략에 있어서도 비교적 유연한 정책으로 융통성을 보이려고 했던 이토에 비하면 군사적인 점령과 강경한 밀어붙이기를 선호했던 야마가타의 접근방식은 매우 다른 것이었다. 그러므로 안중근이 일본 정치인 중에 먼저 없애야 할 사람이 있었다면 그것은 이토가 아니라 군국주의자 야마가타였다는 것이다.

반면에 이토 수상은 조선에 대한 지배방식에 대하여 비교적 온건하고 유연한 생각을 가지고 있었다. 그래서 안중근의 이토 저격살해는 결과론적으로 본다면 야마가타를 비롯한 일본의 군국주의적 팽창주의자들의 목적추구를 가로막고 있었던 방해물을 치워준 격이 된 것이었다.

---

4) 박영준, "러일전쟁 이후 동아시아의 질서구상", 위와 같은 책, pp. 27~29.

1) 야마가타류의 군국주의적 방식

안중근의 《동양평화론》을 논하면서 우리는 야마가타 나름의 동양평화론과 대비시켜서 비교해 보는 것이 좋을 성싶다. 야마가타는 러시아의 팽창주의정책을 철저하게 봉쇄하기 위해서는 일본이 한반도를 완전 장악해야 하며 또 남만주의 주요 이권도 잡고 그 이권을 보호할 수 있는 일본의 군사력을 중요시했다. 만주일대도 중국과 서방의 여러 나라가 연합하여 장악하도록 만들어야 한다는 구상이었다.

이 문제와 관련하여 박영준 교수는 다음과 같이 쓰고 있다. "… 야마가타는 전쟁의 결과로 장악하게 된 한반도와 만주에서 일본의 군사적 대비를 견고히 해야 함을 우선적인 과제라고 제기하고 있다. 그는 1905년 8월에 작성한 문서에서 대한제국 국방재정의 실권을 장악하여 외무부 감독 하에 두며 조약체결의 권한을 장악한 것이 일대 성공이라고 평가하고 있었다.

… 러일전쟁 후의 야마가타는 전쟁 결과 획득한 한반도와 남만주에 군대를 주둔시키고, 경제활동과 철도부설로 이를 지원하면서 일본의 군사적, 경제적 이권을 공고히 하는 것이 일본의 국가이익일 뿐만 아니라 동양평화에 기여하는 길이 된다고 믿고 있었다. 이를 위해 러시아를 제 1의 가상 적으로 한 일본의 군비증강과 우호적인 대청외교 그리고 일영동맹 강화가 요구된다고 보았다." 5)

2) 이토의 동양평화구상

이토 히로부미는 초대 조선통감을 지낸 탓으로 조선침략의 상징적 인물이며 표적이 되긴 했으나 야마가타와는 다른 생각을 가지고 있었다. 박영준 교수는 다음과 같이 쓰고 있다.

"… 일본 학계에서는 1906년 3월 2일부터 초대 조선통감을 지냈던

---

5) 박영준, "러일전쟁 이후 동아시아의 질서구상", 위와 같은 책, pp. 26~32.

이토 히로부미가 통감(統監) 부임 직후부터 조선에 대한 문화정책, 혹은 자치육성정책을 실시한 사람으로 평가되고 있다.

모리야마 시게도쿠는 이토 히로부미가 법전편찬, 법관양성, 재판소와 감옥의 신설 등을 통해 사법제도를 정비하려 하였으며, 공립보통학교를 설치하고, 동양척식회사 및 한국은행 설치, 광업법 개정 등을 통해 농림업 및 상공업을 진흥하고자 하였다고 소개한다. 지바 이사무(千葉 功)는 이토 히로부미의 통감 취임 직후 일본의 보호정책이 한국 문명화에 많이 공헌한다는 평가를 받을 목적으로 다액의 자금을 한국에 공여하여 산업기반을 정비하고 교육진흥을 실현하는 데 힘썼다고 평가한다.”[6]

“이토 히로부미는 대한제국의 지도적 인사들에 대해 일본의 진의는 일본, 한국, 청국 간 삼국정립과 친선강화를 도모하는 데 있다고 하며, 동양인들끼리 힘을 합해서 백인들로 인한 화(禍)를 모면하는 것이라고 설득하였다. 자신의 목표는 우선 일본을 현대적인 국가로 만드는 것이나 이어서 한국과 청국도 그렇게 만들어야 한다고 주장하였다. 이토는 일본, 한국, 청국의 근대화를 이룩해야만 상호 선린 우호를 통한 동양의 영원한 평화가 확립될 수 있다고 말하였다.”[7] 이것이 이토방식의 동양평화사상이었다.

위에서 안중근을 포함한 세 사람의 동양평화론을 비교해 볼 때 안중근의 주장은 매우 희망주의 견해에 치우쳤을 뿐 현실인식에서 매우 부족한 편이었다. 안중근의 주객관이 맞지 않았으며 판단과 사실이 어긋났던 원인도 안중근이 외국어를 몰라서 주변상황 인식을 정확하게 인식하지 못한 데 기인했다는 것이 강동국 교수의 분석이었다.

안중근은 외국어를 배우면 그 나라의 문화에 영향을 받게 되어서 자주성이 약해진다는 폐쇄적인 사고방식을 가지고 있었다. 적과 싸우거나 경쟁하려면 지피지기(知彼知己) 해야만 백전이 위태롭지 않을 수

6) 박영준, 위와 같은 책, p. 33.

7) 박영준, 위와 같은 책, p. 34.

있는 것인데 외국문화에 물들 것을 미리 걱정하여 외국어 배우기를 꺼리는 생각이라면 외국과 싸워서 유리할 것이 없는 것이다.[8)]

이토는 군사력보다는 외교력을 앞세우기 좋아하며 영국이 동양의 식민지를 경영하듯이 어느 정도의 자치를 허락하면서 식민지를 간접 통치하기를 선호하였던 것 같다. 안중근의 동양평화론은 당시의 정치 사회현실을 보아서는 기대하기 어려운 주장이었다. 일본이 제국주의적으로 침탈하려고 들었을 때 국력이 미약한 조선으로서 그런 행위를 저지할 수 없는 것이다. 그래서 사격의 명수답게 안중근은 이토를 살해하는 데는 성공하였으나 그의 애국행위가 일본군국주의를 더욱 부추기는 데 간접적으로 기여하는 결과를 가져온 것이었다.

이토 수상이 저격당했을 때 두세 발의 총알을 맞으면서 저격자를 쳐다보며 "고노 빠가야로"(이 바보 놈아!) 라며 소리치고 쓰러졌다고 한다. 총을 맞아 죽는 사람이 왜 그런 정신없는 욕설을 하고 죽었던가? 그런 말에는 어떤 뜻이 담겨져 있었는지 강농국 교수가 인용한 일본 학자들의 말도 전혀 근거 없는 소리가 아니었을 가능성이 높다고 하겠다.

조선의 독립만이 동양평화를 유지하는 길이라는 안중근의사의 사상은 후일에 가서 한용운 등이 3.1운동 당시의 독립선언서에서 천명한 사상내용으로 재현되었다. 한편 동북아역사재단의 김현철 박사가 20세기 초 한국인의 대외인식을 안중근의 《동양평화론》과 결부시킨 것은 흥미롭다. 그 논지를 요약하면 20세기 초 동북아의 국제질서에서 현실주의적 접근과 이상주의적인 접근이 대립하였다. 동양평화를 보장하는 데도 무장투쟁론, 외교론, 실력양성론이 맞서고 있었다. 안중근은 처음 한때 동양의 평화를 교육사업을 통해서 실현하려고 노력하였다. 그러다가 1907년 제3차 한일협약(정미 7조약) 체결에 의해 대한제국의 군대가 해산당하며 고종이 폐위되는 것을 보고서 그의 생각은 무장투쟁론으로 바뀌어버린 것이다.

---

8) 박영준, 위와 같은 책, pp. 15~19.

안중근은 부친 친구의 조언을 따라서 일본의 영향력이 미치지 않는 블라디보스토크 방면으로 활동 무대를 옮겨서 군사활동에 착수하였다. 그는 의병조직을 만들어서 스스로 참모중장의 직책을 맡아 무장투쟁의 길을 개척하려고 노력하였으나 이런 일도 갑자기 발심해서 될 일이 아니었다.

그러다가 일본의 전 수상 이토 히로부미가 하얼빈에 온다는 정보를 얻고는 이토 전 수상을 살해할 목적으로 하얼빈으로 잠입해 들어갔으며 이토를 저격 살해하는 데 성공하였다. 그러나 이것도 조선독립과 동양평화의 꿈이 좌절된 데 대한 분풀이로 끝난 것이다. 이것이 결과적으로 일본 군국주의의 직접 지배의 문을 열어준 격이 된 면도 있다. 일이 안 되는 사람은 뒤로 자빠져도 코가 깨진다는 말이 여기서 실감난다. 강동국 교수가 그 논문에서 안중근의 동양평화론의 한계를 여러 번 지적한 이유가 바로 여기에 있었을 것이다.

3. 안중근의 《동양평화론》이 저술되다가 만 사정과 그 책에 수록될 사상내용

안중근기념사업회의 신운용 씨는 "안중근의 '동양평화론' 연구와 실천을 위한 방안"이라는 글에서 《동양평화론》의 내용과 특징 그리고 그 주제의 연구 과제와 실현방안을 중심으로 논하였다. 하얼빈 역에서 이토 전 수상을 저격 살해한 후 일본관헌에 체포되어 감옥에 갇혀 재판받고 있는 안중근의 거동과 활동에 대한 기록은 우리들에게 안중근에 관한 많은 것을 알게 하며 또 생각하는 데 큰 도움이 된다.

1909년 10월 26일 안중근은 이토 히로부미를 저격 살해한 후 감옥생활을 하면서 재판을 받는 동안에도 계속해서 자신을 다른 형사범들과 같이 형무소의 죄수취급을 하지 말고 교전국가의 대표나 전쟁포로로 취급해 줄 것을 요구하였다.[9)]

안중근은 1909년 12월 13일 사실상 그 자신의 자서전이라고 볼 수 있는 《안응칠역사전》 집필을 시작하여 1910년 3월 15일 탈고하였다. 왜 그가 과거 몇 해 동안 구상해 왔던 동양평화론의 집필에 전념하지 않고 그보다는 너무 사사롭게 자서전을 저술하는 데 제한된 시간을 써버렸을까? 이미 사형선고를 받은 사람으로서 자신이 살아왔던 시대와 역사적인 상황을 돌이켜보니 자신의 인생을 반조(返照)해 보고자 하는 마음을 충분히 이해해볼 만하다. 안중근은 영웅호걸답게 기분파적인 성향이 강하여 이지(理知)보다 정감이 앞서 있었던 사람이었던 것 같다. 자신이 태어나서 고생하며 험하게 싸워왔던 역사적, 시대적 상황과 자신의 생애를 철저하게 반조해 보고 싶었던 그의 감회는 이해할 수 있을 것 같다.

그는 2월 17일 하라이시 고등법원장에게 "나는 지금 옥중에서 동양정책과 전기를 쓰고 있는데 죽기 전에 이 일을 완성하고 싶으니 집필을 계속할 수 있도록 사형집행일을 3월 24일(예수의 승천일)로부터 15일 정도 더 연기해 주기를" 요청하는 글을 올렸다. 그러면서 동양평화론 집필에 박차를 가하였지만 3월 18일 그 책의 서문만 겨우 끝냈을 무렵에 안중근의 사형연기 신청은 재판장에 의하여 기각되어 사형이 예정대로 집행되었다. 그로 인하여 《동양평화론》이란 저술은 완성하지 못한 미완성의 유고로만 남게 된 것이다.

신운용의 말에 의하면 안중근 《동양평화론》은 그 목차가 서문, 전감, 현상, 복선, 문답(결론)으로 구성되어 있었다고 한다. 집필된 서문을 제외하고는 쓰이지 못했던 그 장절의 내용도 재판관정에서 기록된 피고의 진술 내용이나 평소에 안중근이 여러 기회에서 발언하고 다닌 주장들을 종합해 보면 그 내용을 모아서 재구성하는 일이 아주 불가능한 일은 아닐 성싶다. 그러니 상상력을 동원한다면(자의적이긴 하나) 그의 《동양평화론》의 내용도 대략적으로 구성해 보는 것이 불가능하지 않을 것 같다.

9) 신운용, "안중근의 동양평화론 연구와 실천을 위한 방안", 위와 같은 책, p.61.

그 서문에서는 (1) 서양의 침략주의 국가들은 인간성의 도덕성을 잃고 물질문명에만 집착해 하는 서구의 열강(列强)들 그리고 특히 위험스러운 러시아의 침략야욕을 막아내기 위해서는 동양 삼국의 단결과 협력이 필요하다. (2) 이러한 일을 주도해야 할 천명(天命)은 일본에게 있었는데 일본은 반대로 동양평화를 무너뜨린 행위를 계속해 왔으므로 우리는 이토를 죽임으로써 우리들의 의전(義戰, 정의로운 전쟁)도 끝내려 하였다. 동양평화의 당위성을 전 세계에 널리 홍보하기 위하여 그의 동양평화활동의 중심지를 앞으로는 만주의 뤼순(旅順)으로 정하고 싶다.

작금의 학술적인 표현을 빌려 표현한다면 이 부분은 당시의 국내외 정세의 개관과 분석으로 논문의 제 1장에 해당한다. 제 2장 현상은 요즘 말로 표현해서 동양평화론의 활동내용과 그 방법을 다루고자했던 부분이다. 1910년 재판과정의 고등법원 청취서 기록을 통해서 본다면 안중근은 동북아에서 평화와 전쟁방지를 위해 한중일 3국간의 협약을 다음과 같이 구체화하였다.[10)]

첫째, 뤼순을 영세중립지로 개방하여 일・청・한, 3국 대표에 의한 상설위원회를 설치하는 등 동양평화회의체제를 구성해야 한다. 이를 위해 3국 인민대중으로부터 회원을 모집하여 1인당 회비 1원씩을 모금하여 재정을 확보한다.

둘째, 동북아 3국이 공동으로 뤼순에 은행을 설립하여 각국 공영화폐를 발행하며 금융 경제적 측면에서 공동발전을 도모한다.

셋째, 각국의 중요지역에 평화회의의 지부와 은행지점을 개설하여 재정적 안정을 도모한다.

넷째, 영세중립지 뤼순을 보호하기 위해 일본군함 5~6척을 정박시켜 놓는다.

다섯째, 동북아 3국의 청년들로 하여금 군단을 편성하여 최소한 2개 국어로 교육시켜 평화군을 양성해 배치한다.

---

10) 같은 책, pp.66~67.

여섯째, 한국과 중국은 일본의 지도 아래 상공업을 발전시켜 공동으로 경제발전에 노력한다.

일곱째, 한·청·일, 동북아 3국의 황제가 국제적으로 신임을 얻기 위하여 로마교황으로부터 대관을 받는다. 이런 설명에서 우리는 사실상의 국가연합기구를 구상한 것이 아닌가 하는 생각이 드는 것이다.

세 번째 목차인 복선은 제3장에 해당한다. 복선이 무엇을 의미하는 것이며 왜 그런 어휘를 사용했는지 알 수 없으나 제2장에서 동양평화론의 내용과 활동을 운영하고 관리하는 체제나 제도를 제시하였다면 제3장은 상식적으로 동양의 평화체제나 제도의 운영으로 예상되는 성과나 실적 그리고 그로 인하여 생겨날 수 있는 문제점들이 다루어져야 할 것이다. 그러므로 동양평화의 문제점과 그 해결방법이라고 해야 할까?

그 제안의 내용은 "20세기 초 한국인의 대외관과 안중근의 동양평화론"이라는 글을 기고하였던 김현철의 글에서 인용해 보겠다. "… 안중근의 《동양평화론》은 당시 한국지식인들의 여러 대외인식과 국제법 평화회의 및 평화론 등 서구의 근대적 정치사상 및 관련 지식과 논의들에 대한 소개 및 이해를 반영하고 있다. 이러한 이해를 바탕으로 안중근은 한국의 자주독립이 동북아와 세계의 평화에 긴요함을 인식하며 동북아의 평화로 나가기 위한 미래의 비전을 제시하기에 이른다."[11)]

4. 안중근의 동양평화론과 오늘의 동아시아공동체론

김현철 씨는 다음의 말로 이 부분을 마감하였다. "… 이러한 지역협력 방안들은 비록 하나의 선언적 성격을 띠었지만 20세기 후반 동북아에서 논의되는 다자간지역협력체 구성의 하나의 맹아적 요소로 볼 수 있다."[12)]

---

11) 김현철, "20세기 초 한국인의 대외관과 안중근의 동양평화론", p. 52.

안중근의 《동양평화론》은 사실상 동양의 평화철학 및 정책과 제도론 및 그 역사적 의의를 포함하는 것이었다. 안중근의 동양평화는 정치, 외교, 안전보장(군사), 경제, 사회, 교육, 문화, 종교 전반과 밀접하게 관련되어 있는 것이니만큼 동아시아공동체의 문제전반을 다루는 출발점으로 보아도 좋을 것 같다.

동양전체의 평화와 안정 그리고 번영을 위한다는 명분으로 안중근은 중국과 한국 그리고 일본 등 3국의 합의 협력과 단결의 중요성과 필요성을 강조하였다. 동아시아공동체도 한중일 그리고 미국을 이 시민운동의 주축으로 출발할 것이나 결국에는 세계전체의 평화와 복지를 염두에 두면서 그 해결을 찾아내야만 한다.

19~20세기 초 한말의 동북아시아의 국제평화는 일본군국주의의 야욕과 전쟁도발 행위로 인하여 무너져 버렸다. 20세기 후반의 동아시아공동체의 가능성도 미국, 중국, 일본 등 3국 간의 상호불신과 견제심리 때문에 장애를 받아 진전을 보지 못해 왔다. 21세기에 와서도 그런 국제정세가 크게 달라질 전망이 보이지 않고 있다. 중국과 일본이 강대국 행세를 하고 있는 한 그 해결책은 찾아내기 어려울 것이다.

안중근의 《동양평화론》의 특징에 관하여 신운용 씨는 말한다. 첫째, 종교적 평화지향성을 바탕으로 하고 있다. 둘째, 그 당시 시대인식의 한계인 인종론을 넘어선 주장이었다. 인종문제가 아니라 정의와 도덕성의 결여를 더 중요시했다. 셋째는 그 내용이 다음에서 보듯이 매우 구체적이다.[13]

첫째 일본이 각국의 신용을 얻는 방안을 찾아야 한다. 둘째는 일본이 직면한 급선무는 재정을 도와주는 일이다. 경제문제가 풀려야만 일본의 침략성이 완화될 수 있을 것이라고 보았던 것이다. 뿐만 아니라 안보공동체를 만들기 위해 각국의 젊은이들을 모아서 연합군단을 만드는 데 그 군인들은 외국어를 2~3개 이상 할 수 있도록 훈련 한다

---

12) 같은 책, p. 58.

13) 김현철, 같은 책, p. 65.

는 것이다. 마지막으로 동양 3국은 각국의 신뢰와 지지를 얻기 위하여 로마교황의 중재와 지도를 제도화하자는 것이었다.

김현철 씨는 또 다음의 말로 이 부분을 마감하였다. "… 이러한 지역협력방안들은 비록 하나의 선언적 성격을 보였지만 20세기 후반 동북아에서 논의되는 다자간 지역협력체 구성을 겨냥하는 하나의 맹아(萌芽)라고 볼 수 있다 … ."

"… 안중근의 '동양평화론'은 … 100년이 지난 현재의 동북아 현실을 돌이켜 볼 때, 그의 구상은 한중일 모두에게 여전히 오늘의 시대적 과제로 남아있는 동북아 평화구축을 위한 사상적 근거를 마련해 준 것이었다. 당시의 현실적 여건 때문에 … 이를 현재의 동북아 현실에 비추어 미래의 동북아 평화체제 구축과 지역국가 간의 화해와 교류협력의 비전으로 연결시키는 작업이 100년이 지난 우리에게 남겨진 과제라 하겠다."[14]

5. 결론을 대신하여

동양평화론이건 동아시아공동체구상이건 우리가 실현되기를 바라는 정치적인 목표이며 가치로 받아들여지려면 많은 사람이 공감하며 열심히 일할 수 있는 전망이나 실현가능성이 보여야만 한다. 그러나 현실적으로 그의 출현과 성장을 어렵게 하는 요인들이 너무 강하기 때문에 쉽게 이루어지리라고 기대할 수 없는 형편이다. 그 요인들이 어떤 것이며 어떻게 극복 청산될 수 있는 것인지 여기서 논하고자 한다.

강대국들의 오만, 탐욕 그리고 상호불신과 방해공작은 언제 어느 때나 있었다. 과거 태평양전쟁 중에 일본이 내세웠던 대동아공영권(大東亞共榮圈)이 실패했던 이유가 무엇이었던가? 21세기 후반에 와서 유럽의 EU나 북미의 NAFTA에 대응하는 지역공동체가 나오기 매우

14) 김현철, 같은 책, pp. 57~58.

어려운 원인도 미국, 중국 그리고 일본의 상호불신과 방해공작 때문이다. 그러나 미국, 중국 그리고 일본과는 달리 한국이 나서면 이런 주변강대국이 하지 못하던 일도 가능하게 될 수 있다.

한국이 아시아태평양공동체를 창설하려 하는 목적은 특정강대국의 영향력이나 국가이익을 넓히기 위한 것이 아니며 하물며 한민족인 우리나라의 이익을 도모하려는 데 있지 않다. 우리는 오로지 세계평화와 사회적 정의를 위하여 봉사하려는 자세를 가지고 활동할 것이기 때문이다.

⑴ 안중근은 견리사의(見利思義)란 말을 남겼다. 아시아의 각 국가가 종전처럼 질적으로 높지 못한 국가이익(*national interest*)을 좇지 말고 보편적인 정의(*universal justice*) 즉 고질(高質)을 실천하는 단계에 올라선다면 문제해결이 가능해진다. 한민족이 개방성을 수반하는 고질화에 앞장선다면 앞에서 언급한 장애요인도 조만간 깨끗이 사라질 것이다.

⑵ 민족주의도 오늘에는 과거처럼 '저항하며 싸움에 치중하는 민족주의'가 아니라 그로부터 '베풀고 홍익인간화하는 민족주의'로 격상되어야 할 시기에 와 있다고 보인다. 한국이 그런 변화에 앞장서야만 안중근 의사의 유지를 계승하고 실천할 수 있는 것이며 동아시아공동체가 탄생될 가능성이나 전망도 밝아질 수 있다.

⑶ 동아시아공동체의 지역관리기구도 해당지역의 안전이나 이익이나 번영만 추구해서는 안 된다. 기타 지역주민들에게 이익을 나누어주고 덕을 베푸는 등 세계평화에 기여해야만 그 존재의 중요성이 증명되는 것이다.

⑷ 미래의 민족주의나 지역주의는 자고자대하는 오만하고 탐욕스러운 민족주의가 아니라 이웃과 화경(和敬)하며 봉사, 양보하는 도덕적인 민족주의로 바뀌어야 한다. 따라서 종교세력의 밑받침을 받는다는 점에서 안중근 의사와 뜻을 같이해야 한다. 가톨릭, 기독교 그리고 불교세력이 합심 협력하고 노력한다면 그 뜻은 어렵지 않게 이루

어질 수 있다.

⑸ 안중근은 일본의 이토를 암살하였으나 결코 반일감정 때문이 아니었다. 일본국민을 오도하여 동양의 평화를 파괴한다는 이유로 이토를 살해하고 그 벌을 달게 받으며 돌아가셨으니 과연 짧으나 호걸다운 일생이었다. 그런 이유로 일본에서도 안중근 의사를 존경 추앙하는 사람들이 적지 않으며 안중근 의사의 기일행사마다 일본인들의 발길이 끊이지 않는다. 앞으로도 동아시아공동체운동에서 반일감정의 자극이 없어져야만 한다. 일본을 포함하여 특정국가에 대한 반대나 불신감을 불식해야 한다.

요컨대 동아시아공동체는 동아시아 특히 중국과 일본 그리고 한국의 도덕화에 의해서 탄생될 수 있는 도덕성에 기반을 둔 지역공동체이다. 이것은 도덕성이나 사회정의에 기초하지 않은 지역공동체는 없는 것만도 못한 억압과 착취의 기구가 되고 만다. 도덕과 정의를 위한 도덕에 의한 도덕적인 지역공동체가 되어야만 그 실현이 용이해진다. 도덕은 어느 사회에서나 소수 엘리트, 선인·현자집단으로부터 시작하며 차츰 사회전반으로 확산되어 가는 법이다. 아시아공동체라는 NGO 활동이 한국에서 먼저 벌어져야 하는 이유가 바로 여기에 있다.

2 동아시아공동체의 다양한 담론

1. 동아시아공동체는 창설될 수 있을까? — 21세기 한국의 새 국가비전과 국가목표[1] : 동아시아연구원

동아시아연구원(EAI, 원장: 고려대 김병국 교수)의 기획에서 연구원들은 동아시아의 국제환경 속에서 한국외교가 서는 자리, 나아갈 방향과 전략적인 유의점에 대하여 토론하였다. 다행히 그 발표문의 개요가 〈조선일보〉에 2008년 1월 2일부터 5일까지 게재되었으므로 요점을 여기에 소개한 다음 필자의 소견을 첨부하고자 한다.

1) 동아시아공동체의 문제에 대한 연구와 토론

동아시아공동체의 문제로 네 사람의 대학교수가 각기 그들의 소견을 피력하였다. (1) 동아시아공동체의 허와 실이라는 주제를 서울대의 전재성 교수가 (2) 국내의 동아시아론이라는 주제로 고려대의 김병국 교수가 (3) 동아시아의 경쟁과 협력이라는 주제로 한국외국어대의 오승렬 교수가 (4) 동아시아의 군비증강이라는 주제로 세종연구소의 이상현 연구원이 발표하였는데 그 요점은 다음과 같다.

---

1) 김병국 편, 〈21세기 한국의 새 국가비전과 국가목표〉, 동아시아연구원, 2008.

(1) 동아시아공동체의 허와 실: 서울대 전재성 교수

서울대 전재성 교수는 동아시아공동체를 주창하는 것이 중국과 일본이라고 하여 우선 중국의 전 외무부 부부장 왕이(王毅)의 말부터 인용하였다. "과거 19세기 구 아시아주의나 제국주의적인 공동체론을 넘어서 조화와 개방, 협력의 공동체를 이루는 아시아주의를 선도하겠다."

일본 측의 주장은, "우리는 네트워크로 연결된 아시아를 만들어갈 것이며 지식과 보편적 가치 그리고 경제원조와 같은 실질적 자원을 가지고 아시아를 이끄는 실천적 선구자가 될 것이다"라는 일본의 前 외상인 아소 다로오이의 말을 인용하였다.

아시아의 모든 나라는 아시아인들의 마음을 얻어서 아시아를 살기 좋은 자기들의 삶터로 만들고자 치열하게 지역디자인 싸움을 벌이고 있다. 일본과 중국이 그 대표적인 예인데 패권경쟁의 새로운 형태라고 필자는 지적한다.

필자는 또 말하기를 미국도 이런 동아시아공동체 싸움에 무관심한 것이 아니다. 전 세계를 손아귀에 넣고 세계를 경영하는 미국은 아시아가 자신들이 배제된 가운데 중국이나 일본의 패권주의에 의해 장악됨을 경계한다. 그래서 미국은 군사력과 외교력을 이용하여 미국적 가치와 행동양식(문화)을 전파하고자 꾸준히 노력해 왔다.

동아시아공동체의 건설을 둘러싼 경쟁은 매우 은밀하고 장기적이며 보편적인 가치관과 국가이익을 동시에 담고 있다. 또한 이러한 주도권 싸움은 중앙아시아 서남아시아로까지 확대되어 가고 있다.

21세기의 아시아지역구도에서 아시아의 종주국(宗主國)이 되려고 펼치는 아시아공동체를 둘러싼 싸움에서 한국은 어떻게 처신해야 할까? 우리도 한반도를 넘어서 세계로 가는 길목에서 아시아를 우리의 안락한 삶터로 만들기 위해 우리 스스로의 지역설계도를 가져야 한다.

조급한 경쟁구도나 막연한 아시아공동체를 상정할 것이 아니다. 현실 국제정치의 다양한 영역에서 촘촘한 지역네트워크를 차근차근 만들어가는 방안을 고민해야 한다는 말로 필자는 끝을 맺었다.

(2) 국내의 동아시아론: 고려대 김병국 교수

한국에는 이렇다 할 동아시아공동체론이 없다. 다만 노무현 전대통령은 두 가지 주장을 폈다. 하나는 한국은 중국과 미국의 패권경쟁에서 균형자로 나서겠다는 포부이다. 그 말에 대해 김병국 교수는 중국은 미국과 대등한 입장에서 대립하고 있는 것도 아닌데 무슨 균형자가 필요하냐고 반박한다. 그러면서 이런 발언이 중국을 어리둥절하게 만들며 미국에게는 배심감만 느끼게 했을 것이라고 꼬집었다.

또 한편에 노무현 전대통령은 한중일 삼국의 무역장벽을 허물어야 한다며 EU식 지역공동체를 제안하기도 했다. 한국의 대전략을 상반되는 방향으로 설정한 균형자론이나 지역공동체론도 중국의 부상에 편승하여 한반도의 안보적 현안을 해결하려는 '중국편승론'에 뿌리를 둔 것이라고 필자는 비판한다. 공동체론에 근거하는 한중일 FTA는 중국에 편승하고 미국을 배제하는 지역블록의 구축에 나선다는 논리로 해석된다고 필자는 말했다.

(3) 동아시아의 경쟁과 협력: 한국외대 오승렬 교수

동아시아의 역내 경제협력과 통합의 문제에는 세 가지 요인이 작용하고 있다. (1) 서방의 다국적 기업이 주도하는 자본 기술과 금융이 생산과 연결되는 현장이다. (2) 중국과 아세안의 제국은 역동적인 성장발전을 거듭하고 있다. (3) 아시아지역의 주도권을 장악하기 위하여 중국과 일본이 치열하게 경쟁하고 있다.

중국과 아세안(Asean) 제국의 자유무역지대(FTA)는 홍콩과 대만을 매개로 하여 방대한 대중화경제권(大中華經濟圈)의 형성을 재촉하고 있다. 중국과 일본이 서로의 필요성에 의해 협력하며 동아시아의 질서를 주도하려는 경우 한국은 생산과 무역에서 중국에게 밀리고 과학기술과 자본에서 일본에게 눌리게 되어 설자리가 좁아진다. 그리고 주변국으로 전락할 가능성이 크다.

동아시아 경제의 확장이 한국의 경제를 재도약으로 인도한다는 희망이나 그 계기가 저절로 오게 된다는 안이한 생각은 버려야 한다. 우리는 지난 10년 동안(87년의 민주화과정에서) 중국과 일본의 가교역할을 자임한 이래로 너무나 많은 시간을 '동북아시아번영' 신화에 안주하여 세월을 허송해 왔다.

새로운 동아시아 질서에서 한국경제의 재도약을 이루기 위해 필요한 것은 '지리적인 입지'에 대한 맹목적인 의미부여가 아니다. 변화하는 주변질서에 대한 철저한 이해와 역내 국가들이 필요로 하는 우리만의 새로운 '가치창출'이다. 스스로의 가치창출 역량을 갖추지 않고 다자간 경제협력이나 자유무역협정(FTA)의 외형에만 집착하는 한 한국경제의 주변부화(周邊部化)는 영속화되는 수밖에 없다는 것이다.

새 정부는 대중화경제권 형성과 中日의 경쟁과 협력이 초래할 위협적 상황을 발전의 기회로 돌릴 수 있는 제도적 개선과 외교역량의 확대 그리고 경제적 비교우위 개발과 기술혁신에 전념 전력을 기울여야 할 것이다.

(4) 동아시아의 군비증강: 세종연구소 이상현 안보연구실장

탈냉전 이후 군사비 지출은 세계적으로 감소 추세라고 하지만 유독 동아시아 국가들의 군사비 지출은 오히려 더 증가추세를 보이고 있다. 그것은 중국이 적극 추진하고 있는 군현대화와 일본이 지속적으로 추구하고 있는 보통국가화, 동북아에서의 특정국가의 패권추구를 억제하려는 미국의 안보전략 기조 등 3개의 역학요인이 군사력 증강의 요인으로 작용하고 있기 때문이다. 이런 상황에서 한국은 어떻게 생존권을 확보할 것인가?

한국이 취할 수 있는 길은 ① 국력증강을 통한 자주국방노선 ② 동아시아에서의 다자안보 추구 ③ 미국과의 동맹강화 등 세 가지이다. 노무현 정부는 그 선택순위를 ①, ②와 ③으로 잡았다. 그러나 이것은 현실과 역행하는 정책노선이다. 한국의 여러 가지 현실과 상황으로 보아서는 ① 미국과의 동맹강화 ② 다자안보 추구 ③ 국력증강을 통한 자주국방의 길을 선택해야 한다. 현실적으로 매우 타당한 주장이라고 말할 수 있다.

2) 매력외교의 시대에 와서 한국외교도 한국만의 매력을 개발하자는 주장

위에서 요약 소개된 동아시아 기획은 매력외교로 가는 길이라는 담론으로 끝을 맺고 있다.

'왜 매력외교인가?'라는 글에서 손열 연세대 교수는 군사력, 경제력으로 주변국들을 압도 내지 위협해 왔던 세계의 4대강대국들도 과거의 비호감 이미지를 벗어나려는 경쟁으로 돌입하고 있다고 말한다. 군사력이나 경제력이 외교수단으로 과거와 같은 위력이나 효력을 발휘하지 못함을 알고 비호감 이미지를 떨어뜨리며 매력외교(魅力外交)로 전환하고 있다는 뜻이다.

그렇다면 돈과 파워에서 열세인 한국도 한국만의 매력을 개발함으로써 매력외교전에 나서 보아야 하는 것이 아니냐는 발상을 가지고 제안을 제기한 것이었다. 그런 글에 부수적으로 세 편의 글이 첨부되었다. 민병원 서울산업대 교수가 문화외교의 길을 논의하였고, 삼성연구소 수석연구원 김현진은 환경외교를 그리고 건국대의 배영자 교수는 IT분야의 지식외교를 논하였다.

필자 역시 한국인들은 매력경쟁에서는 결코 어느 나라에도 뒤지지 않을 잠재능력을 갖는다고 믿어왔다. 그러나 어떤 잠재력을 갖는다고 해서 실제로 한국이 매력외교의 승자가 되는 것은 아니다. 한국이 여러 분야에서 매력외교를 펼칠 수 있는 여지는 충분하다지만 실제로 꾸준한 노력을 통해서 쟁취해야만 할 과제이다. 한국인들은 그래서 앞으로도 열심히 그리고 꾸준하게 무한노력, 정진하면서 살아야만 한다.

(1) 매력적인 문화외교

위의 총론적인 글에 이어서 나온 각론의 하나는 민병원 서울산업대 교수의 문화외교론이다. 21세기의 진정한 매력국가, 문화국가가 되기 위해서는 역설적이지만 '문화'와 '국가'를 버려야 한다. 그것은 좁은 의미의 편협한 문화관념이나 지나친 국가의식이나 국가중심에서 벗어나야 한다는 뜻이다.

매력국가의 문화는 독창적이면서도 보편성을 가져야 한다. 국가도 전통적인 예의국가에서 동아시아의 발전국가를 넘어서 21세기의 매력국가로 나아갈 수 있어야 한다. 정부는 향후 문화매력국가의 창조기반을 지원하는 한편, 스스로 매력적이고 문화적인 모습을 보여주는 정부라야 한다. 그래야만 우리의 매력자원을 담은 문화자산을 살찌게 할 수 있다고 주장했다.

이어서 삼성경제연구원의 김현진 수석연구원이 매력적인 환경외교 그리고 건국대의 배영자 교수가 지식(IT)외교를 건의했다. 여기서는 생략하여 문제가 논의될 때 다시 거론하기로 하고 그동안 소개해 왔던 내용요약에 대하여 논평하고자 한다.

우선 전재성 교수는 동아시아공동체론이 중국, 일본과 미국의 국가이익이나 패권주의문제와도 관련되는 문제이므로 가까운 시일 안에 그 출현이 난망함을 시사했다. 따라서 조급한 경쟁구도나 막연한 구상을 가지고 논할 것이 아니라 다양한 영역에서 구체적인 지역네트워크를 차근차근 만들어 나가는 방안을 찾아보자는 말로 논의를 마무리하였다.

구체적인 문제를 가지고 현실적으로 가능한 지역네트워크를 만들어 나가자는 말은 본인이 주장하는 동아시아공동체를 추진하는 시민단체의 연대활동과 강화하자는 말과 같다. 전재성 교수가 말하는 행위자는 주로 공식적인 정부기구나 부설기관의 역할이다. 본인은 주로 비공식적인 시민단체의 활동을 통하여 정부와 시민단체가 합치면 보다 좋은 결과를 만들어낼 수 있다는 생각을 가지고 있다.

김병국 EAI원장은 노무현 정부의 동아시아의 국제관계에 관한 환상과 착각을 지적했을 뿐 구체적인 제안을 하지 않았다. 오승렬 교수는 이 지역의 공동체 출현의 제반여건이 성숙되었음을 지적하면서 오로지 중국과 일본 그리고 다국적 기업 간의 이해대립이 지역공동체의 출현을 방해하고 있음을 안타까워한다.

또한 동아시아경제의 확장이 한국경제의 재도약의 계기를 저절로 제공하는 것이 아니다. 오로지 변화하는 주변질서에 대한 철저한 이해와 역내 타 국가들이 필요로 하는 우리만의 '가치창출' 방법이 앞으로의 난국을 극복하는 힘을 만들어낼 것임을 시사했다.

새 정부는 '다중화권 형성', 중일의 경쟁과 협력이 초래할 위협적 상황을 발전의 기회로 돌릴 수 있는 제도의 개선과 외교역량의 확대 그리고 경제적 비교우위개발과 기술혁신에 전력을 기울여야 한다고 강조했다.

(2) 새로운 우리의 국가목표: 군사력, 경제력의 열세를 극복할 한국만의 매력이 무엇이겠나

손열 교수가 문제제기한 '매력적인 문화외교'와 관련하여 민병원 교수가 비교적 구체적이면서 설득력 있는 답변을 한 것 같아서 기분이 좋았다. 그 요점은 내 문화 나라중심주의를 버려야 한다는 것이었다. 한국의 문화는 어차피 잡탕문화이다. 여기서 경계할 것이 있다면 김일성의 주체사상의 영향을 받아서 자고자대하려고 드는 젊은 운동권 세대의 사고방식이다. 폐쇄적이면서 반외세적 그리고 민중주의인 좌파 민족주의에서 벗어나야 한다는 취지인 것 같았다. 한국의 문화가 이런 부정적 저항문화에 영향을 받지 않는다면 위험요인은 깨끗이 불식되는 것이 된다. 보편적, 독창적인 문화상품을 내놓으라는 민 교수의 말에 대해서는 두 가지만 첨언하겠다.

첫째는 현재 한국의 젊은 세대는 선진국 문화를 제법 잘 소화하여 외국에 되팔아서 여러 나라에 한류문화를 수출하는 데 성공해왔다. 그러나 필자의 말대로 그런 모방 내지 차용문화는 원조에 당할 수 없는 것이므로 조만간 밀려나가거나 표절, 모방의 비난을 모면하기 어려울 것이다.

한국의 영화도 미국의 스크린문화의 영향을 받아서 편당 수십, 수백억 원을 투입하면서 역동적인 대형영화를 만들어내 천만의 관중을 동원하는 데 성공했다고 자랑하나 낡은 좌파적인 내용의 영화만 만들어서 선진문화국에서 환영받고 흥행에 성공하는 영화를 만들어내지 못한 것이 아니냐? 이런 것이 모두 한국의 전통문화나 종교철학사상에 대한 조예(造詣)가 너무 천박함으로써 생겨난 현상이었다고 생각되는 것이다.

요컨대 매력적인 문화외교는 한국이나 동서양의 심오한 철학 종교 사상 그리고 역사의식의 기초 없이는 만들어질 수 없다는 것을 알아야 한다. 현대한국 문화는 그 뿌리를 동서양의 역사와 문화의 원류에서 끌어내야 하는데 그 소재는 무궁무진한 것이다. 이런 면에 유의할 때 우리가 벌이게 될 매력 있는 문화외교는 앞으로 전망이 매우 밝다고 보아진다.

우선 필자가 제기하고 있는 동아시아공동체 구상은 기독교, 불교, 유교, 이슬람교의 정신문화전통의 결정체이다. 필자는 불교의 보살도 시민운동 내지 불국정토(佛國淨土)사상과 연관된 것이라고 믿는다. 기독교인들은 이것을 '하나님의 나라'와 결부시켜 하늘의 뜻이 지상에서 실현되는 과정으로 이해할 것이다. 유교는 옛날의 이상국가인 대동세계(大同世界)의 이상을 상기하면 된다.

그러니 동아시아공동체의 출현과 그 잠재력이나 정신문화에 관한 소재의 빈곤을 조금도 염려할 것이 없다고 말할 수 있다. 뿐만 아니라 이러한 정신문화운동은 우리의 문화외교에 무한한 힘을 보태주면서 현실적으로 가장 매력 있는 국가과업으로서 동아시아공동체의 창설을 연구하고 추진할 수 있다고 보는 것이다. 남한이든 북한이든 한민족은 이 과업에서 성공해야만 21세기 세계를 이끌어갈 수 있다고 보는 것이다.

3) 바람직한 한국의 4강외교

동아시아공동체를 창설하는 과업은 우선 대한민국의 외교정책을 통해서 추진하는 수밖에 없다. 대한민국의 제일차적인 외교상대는 우선 우리의 이웃인 미국, 중국, 일본, 그리고 러시아 등 4대 강국일 것이다. 우리는 우선적으로 아시아공동체에 대한 4대 강국의 입장을 두루

살피면서 한국의 국제외교가 어떠해야 하는지 네 사람의 연구자들의 말을 요약 소개해 보고자 한다. 그러고 나서 지역공동체를 창설하려는 입장에서 논평해 보겠다.

(1) 대미(對美)외교: 고려대 김성한 교수

우선 변화하는 4강 외교라는 제하에 고려대 김성한 교수는 한미외교를 논하면서 미국은 지구촌 주식회의의 최대주주이며 모든 다른 나라의 추종을 불허하는 막강한 국력을 보유한다고 말했다. 한국은 보잘것없는 소액주주로 출발해 미국의 보호와 도움에 힘입어서 보유 순위 13위까지 올라섰다. 그러나 노무현 정권 시부터 최대주주인 미국의 패권에 이의를 제기하며 시비를 걸다가 껄끄러운 관계로 돌아섰다. 이리하다가 한국의 국가이익을 어디서 찾을 수 있겠는가?

앞으로 한국정부가 해야 할 우선적인 과제는 지난 수년 동안 축적되어온 한미 간의 상호불신을 불식하여 상호신뢰를 회복하는 일이다. 또 한반도의 차원을 넘어서서 아시아태평양지역, 세계적 차원에서 미국의 가까운 협조자가 된다는 것이 평화와 번영에 기여하려는 우리의 국가이익이 되는 것이라고 필자는 주장한다.

현재 한미외교의 최우선과제는 북한이 핵을 포기하여 국제사회의 책임 있는 일원이 되도록 대북공조체제를 복원하는 일이다. 우리의 전략적 중심축을 한미일 관계에 두고 중국 및 러시아 등과도 잘 지낼 수 있는 포지티브 실용외교를 펼쳐야 한다. 그래야만 동북아를 동맹과 다자안보협력체제가 공존하는 평화의 공간으로 만들 수 있다는 것이다.

(2) 대일(對日)외교: 서울대 박철희 교수

대일외교에 대해서는 서울대학교의 박철희 교수가 발표하였다. 일본은 한국과 지리적으로 가장 가까운 이웃이며 중공의 부상에 공동대처하는 데도 필요하다. 또 북한의 장래에 대해서도 함께 논의해야 한다. 앞으로 동아시아시대를 여는 데 협력할 수 있는 중요한 전략적인 파트너가 일본이라는 입장이다.

그럼에도 노무현 정권은 ① 과거사문제를 들추면서 일본을 외교전쟁의 대상으로 만들려는 경향을 보였다. ② 일본인들의 말이나 행동 중에서 마음에 안 드는 발언이나 언동에 시비를 걸면서 즉흥주의적으로 반응함으로써 양국관계를 더욱 악화시켜 왔다. ③ 한중연대를 강화하여 일본과 그 국민들에게 모욕과 압력을 행사하는 외압형 외교를 되풀이 해 왔다. ④ 좌파세력이 국내정치를 장악하기 위해 반일정책을 이용하는 외교행위를 계속해 왔다는 것이다.

차기정부가 대일외교를 구상함에 있어서 유의할 점은 동아시아를 둘러싼 국제환경의 변화이다. 한국에 무관심한 미국을 움직이게 하는 수단으로 미국과 친한 일본을 활용하려는 것은 너무나 소극적인 외교술책이다. 앞으로는 한미동맹 강화를 통해 한미일 협력을 주도해야 할 것이며 북한이나 중국도 포섭할 수 있는 외연확대형 협력전략을 구사해야 한다고 주장한다.

외부의 압박을 통해 일본 내 우익세력을 약화시키려고 하지만 그러다가 도리어 일본을 결집시키는 결과를 가져올 수 있다. 오히려 한일간 동반관계를 강화함으로써 일본의 우익들을 머쓱하게 만들어야 할 것이 아니냐? 결론적으로 대일외교의 새로운 지향점은 한일협력 강화를 통해 동아시아시대를 열자는 것이다. 그러기 위해서는 일본과 '선도적인 동반자관계'를 구축해 나가야 한다. 한일협력이 동아시아시대를 여는 견인차가 될 수 있음을 알아야 한다는 것이다.

한일외교를 갈등에서 협력으로, 이념에서 실용주의로 전환해야만 한일양국이 외교적인 실리를 높일 수 있다. 양국이 전략적인 협력을 강화함으로써 동아시아 시대를 열어나가야 한다는 제안에 대하여 본 필자도 찬성하는 바이다.

(3) 대중국(對中國)외교: 세종연구소 이태환 연구원

중국은 세계 3위의 경제대국인데 급속한 성장으로 세계 1위인 미국과의 격차를 좁혀가고 있다. 미합중국 다음의 초강대국인데다가 현재도 한중무역이 연간 2000억 달러에 달하여 대미무역 총액을 훨씬 능가하고 있다. 또 중국은 현재 북핵문제, 평화체제구축 같은 문제에서도 미국과 함께 중심무대에 서 있음에 주목해야 한다.

이 글의 필자인 이태환 연구원은 노무현의 '동북아 균형자론'을 비판하면서 이명박 정부가 한중관계를 단순한 양자차원이 아니라 한미관계와 연계시켜서 재정립할 것을 제안한다. 곧 한미동맹을 주축으로 하되 중국이나 러시아와 같은 강대국들과 네트워크를 전방위적으로 강화하는 이른바 그물망짜기 전략을 구사해야 한다는 것이다.

특히 중요한 것은 북한관련 돌발사태에 대처하고 관리할 수 있는 기제를 공동으로 개발해야 한다는 것이다. 무엇보다도 인접국가들과 상호인식 제고나 공동발전대책을 부분별로 협의할 수 있는 네트워크 외교가 필요하다. 동시에 차세대 지도자들, 비정부기구, 정책전문가들을 포함하는 다층적 그물망이 펴져야 한다고 주장하였다.

(4) 對러시아외교: 신범식 교수

러시아도 그동안의 쇠락한 초강국 면모에서 벗어나 다시 아시아 무대의 주연 자리로 돌아왔다. 그러므로 한국정부도 다음과 같은 對러정책을 개발해 나가야 한다. 첫째, 북러경제협력이 북한의 변화를 이끌 수 있도록 러시아의 역할을 유도해야 한다. 둘째, 한국과 한반도의 평화와 안정을 위해 러시아의 지지를 유도해야 한다.

단기적으로 6자회담을 통한 북핵문제 해결과정에서 중기적으로는 동아시아의 세력균형화와 장기적인 역내 다자안보체제로 러시아를 유도하는 가운데 러시아의 협조를 얻는 데 힘써야 한다. 한러양국의 이해와 협조를 지역질서 차원에서 주고받는 데 합의하는 등 한국의 생존과 번영을 위한 복잡한 그물은 러시아와도 함께 짜야만 한다고 신범식 교수는 주장하였다.

4) 위의 주변 4강에 대한 외교전략에 대한 논평과 소견

위의 소개된 네 사람의 학자들의 소견은 모두가 올바르고 또 건실한 소견이라는 생각이 들었다. 다만 조금 아쉽게 생각하는 바가 있었다면 그 對4강 외교의 지향점에 있어서 한국의 국가목표가 더 명확하게 제시되지 못하였다는 것이다. 한국외교의 지향점은 세계평화와 인류의 복지임이 당연하지만 그런 목표에 다부지게 접근하는 구체적인 수단 내지 과정으로 아시아태평양공동체를 우리 겨레의 주동으로 실천하겠다는 의지가 더 명확하게 부각되었으면 좋았겠다는 것이다.

그렇다. 한국은 과거에는 조용한 은둔인의 나라로서 중국이라는 대국에만 의존할 뿐 이외의 다른 나라들과는 왕래나 거래도 없이 지내왔다. 그러나 현재는 그런 시대가 아니다. 이제부터는 남들이 걸을 때 우리는 달릴 것이며 남들이 뛰면 우리는 더 멀리 날 준비를 하는데 바빠야 한다.

본인이 주장해 온 아시아태평양공동체준비운동은 한국인의 무한한 잠재력을 충분히 발휘할 수 있는 기회일 것이다. 단군성조(檀君聖祖) 때부터 전래되었다는 홍익인간(弘益人間)의 이념을 구현함이 우리의 활동목표이며 노력이라고 믿어도 좋을 성싶다.

교통과 통신기술의 발달로 지역화와 세계화의 추세가 가속화된 현재 아시아태평양공동체는 언제까지 생각과 말의 오고 감의 대상으로만 머물지 않을 것이다. 우리나라가 본의 아닌 무력증강과 핵전쟁의 위기만 되풀이하며 경기의 수시변동과 자연재해의 뒤치다꺼리에 골몰하는 데 그쳐서 되겠는가? 문제해결의 전망이 보이지 않는 가운데 아시아지역이 언제까지 나라의 장기대책을 외면하며 문제해결을 무작정 뒤로 미루고 지연시키면서 지낼 수 있겠는가?

2. 동아시아공동체에 대한 세계 국제정치학자들의 논조[2)]

2006년 5월 12~13일 양일에 걸쳐 한국국제정치학회와 〈동아일보〉사 화정평화재단의 공동주최로 〈동아시아와 두 한국의 미래〉(*Global East Asia and the Future of Two Korea*)라는 주제로 국제학술세미나가 신라호텔에서 열렸다.

Amitav Acharya 교수의 "동아시아의 상상(想像, 상상된 또는 心像的인 정신) 공동체"(*The imagined Community of East Asia*)라는 글은 여러 학자들의 발표와 토론 중에서도 나에게 가장 흥미롭고 어떤 계시(啓示)와 감동을 주었던 글이었다.

발표자인 Acharya는 아마도 인도계의 혈통을 가진 듯한 싱가포르 과학기술대학의 교수이며 미국과 영국의 명문대학에서 연구원 및 교편을 잡은 경력의 소유자이다. 인도의 문화와 사상적 배경을 가진 탓인지 그의 영문에도 남다른 깊이가 느껴졌다. 그의 글을 요약 내지 발췌하면 다음과 같다.

동아시아공동체를 상상적(심상적)인 공동체(*the imagined community*)라고 불렀지만 이것이 그 공동체를 단순한 환상적(幻想的, *illusion*) 존재로 격하하거나 아시아의 미래를 창조해 내는 잠재력을 부인할 의도를 가지고 지어낸 말이 아니다. 오히려 막강한 정치적, 환경적인 장애물을 초극할 수 있는 담대한 의욕이 담긴 어휘로 받아들여져야 한다는 것이다.

실제로 역사상 위대한 변화는 충족되지 못했던 염원을 간직한 상상물이며 오랫동안 머릿속에서 그려왔던 역사적 비전의 산물이었다. 동아시아공동체도 바로 그런 사례가 될 것이다. 그러므로 동아시아공동체의 구상도 허황된 꿈이나 반이성적인 소수 지식인들의 구상이라고 치부해서는 안 된다. 그 비전의 성공여부도 초창기의 구상이 어떤 세

---

2) "Global East Asia and the Future of Two Korea", Edited by the Korean Association of international Studies.

력에 의해 어떻게 실천되느냐에 따라서 영향 받을 수 있는 것이기 때문이다.

위에서 말한 심정적인 산물로서의 지역공동체는 (1) 지리적으로 숙명지어 졌다거나 문화적으로 일관성이나 단합성을 지녀왔던 공동체는 아니다. 오로지 정치 사회적인 필요성에 의해 생겨난 사회적 기구(*social construct*)라는 점에서 특이하다. (2) 이 지역공동체는 어떤 심리적인 충동(*psychological impulse*)에 의해서 만들어졌지만 국제화나 세계화와 같은 통합력처럼 긍정적이건 부정적이건 감정적 반응을 반영하는 국제기구이다. 예를 든다면 집단의 위엄이 타 집단에 의해 크게 손상되었을 때 일어나는 불꽃같은 심정처럼 매우 주관적인 반응을 일으키는 실체이다.

(3) 어떤 집합적인 정체성이라든가 그런 정체감 내지 열망에 밑받침되지 않는 공동체는 존재할 수 없다. 그런 공동체는 그 지역의 비전을 좇는 지도자로부터 나왔더라도 여러 민족 내부에 지지 세력을 가지고 있다.

동아시아공동체라는 발상은 위기감이나 분노와 같은 부정적 감정이나 또는 집단적인 독립의 소망과 같은 긍정적 감정에서 만들어졌다(… *has been spurred as much by feeling of anxiety and anger as by positive sentiments found on shared values or desire for collective self-help*).

먼저 지역적, 문화적 일관성부터 살펴보자. 역사적으로는 동아시아정상회의(East Asia Summit)가 2005년 12월 14일 처음으로 쿠알라룸푸르에서 열렸다. 그런데 여기서는 지역 모임이라기보다는 기능적 회합의 개념이라고 하면서 인도, 호주, 뉴질랜드까지 포함시키고 있으니 이것이 그 지역기구의 문제성을 드러내고 있다.

동아시아공동체란 이름에도 지역적인 일관성이 없는 것은 아니다. ASEAN 국가들에다가 중국, 일본, 한국까지 포함되어야 한다는 것이 일반 학계나 정책문헌에서 합의사항처럼 받아들여지고 있는 것이 놀라울 정도이다.

동아시아(EA)의 개념은 오래전부터 동아시아 지역기구로 사용되어 왔는데 호주나 뉴질랜드를 동아시아에서 제외시켰던 말레이시아의 마하티르(Mahathir) 전 수상에 의해 결정적으로 포함된 것으로 알려져 있다. 사람들과 때와 장소에 따라 EA의 지역개념이 다르게 사용되어 왔던 것이 사실이다.

2001년 한국의 김대중 대통령도 '동아시아 비전집단'(EAVG)의 설립을 제안하였다. 그때 나온 EAVG보고서에는 평화 번영과 진보의 지역으로 지향할 동아시아공동체—"Towards an East Asian Community"라는 제목이 부쳐져있다. 이 보고서는 동아시아(EA)를 세계 속에 뚜렷한 지역집단이라고 규정하면서, '… a distinctive and crucial region in the world … for moving East Asia from being a region of nations to a bona fide regional community of shared challengers, common aspirations, and a parallel destiny'이라 하였다.

한국 정부가 이처럼 제안했던 동아시아 비전집단(East Asia Visionary Group, EAVG)의 업무는 2002년 동아시아(EA)국가 간의 협의기구인 동아시아연구단(East Asia Study Group)으로 계승되었다. 그 기구는 동아시아 프로젝트(EA project)를 실천할 수 있도록 단기(短期) 및 중기 플랜들을 만들어내 발표하였다. 여기서 동아시아 상공회의(*East Asia Business Council*)나 동아시아의 두뇌집단(*East Asia Think Tank*), 동아시아 투자 네트워크(*Investment Network*) 등 여러 가지 방안이 발표되었지만 발상과 제안만 무성할 뿐 실제적인 진전은 이루어진 것이 없었다.

기능적으로 업무하는 데 역점을 두어야 할 EAVG나 EASG도 동아시아의 정체성이 확고하게 서지 못했다는 데 인식을 함께하며 이 문제해결에 골몰하고 있는 형편이다. 'fostering the identity of an East Asian community' as well as 'promotion of regional identity and conscious'의 중요성은 충분히 인지되고 있으나 유감스럽게도 이러한 문제에 대한 답변이 만들어지지 않은 주된 원인은 이 지역의 3주역국가들이 확고한 실천의지를 보이지 않기 때문이 아닐까?

또 하나의 문제는 북한도 이 동아시아의 상상공동체 안에 포섭할 것이냐 하는 문제였다. 김대중 대통령이 동아시아공동체 문제를 들고 나왔을 때 그는 북측에 대한 햇볕정책도 염두에 두고 있었을 것이다. 그러나 미국도 참가시키지 않는 가운데 북한을 이 공동체 안으로 끌어들인다는 것은 오해의 소지를 안게 된다. 그래서 한국정부는 더 이상 이 문제를 들고 나오지 못했던 것 같다.

또 고려의 대상이 되는 것은 이 공동체가 형성되는 경우에 기존 지역기구와 어떠한 관계를 유지할 것이냐 하는 문제였다. 또한 동아시아공동체가 형성되는 경우 커져가는 중국의 영향력에 어떻게 대응할 수 있겠는지 하는 문제에도 신경이 쓰일 것이다. 이처럼 현실문제가 더 복잡해질 우려도 있어서 학계 안에서도 말만 요란할 뿐 동아시아공동체의 전망도 주춤한 상태가 계속되어 온 것이다.

다음은 연세대 문정인 교수의 글인 "Stalled Community Building: Nationalism and Limits to Regionalism in Northeast Asia"라는 글이다. 그 논제를 직역한다면 '어느 (창)고간에 갇혀버린 공동체건설: 민족주의와 동북아시아 지역주의의 한계'이다. 이런 제목만 보아도 그 글의 내용을 충분히 알 수 있으니 읽는 사람들의 노고가 그만큼 덜어질 수 있다.

그 서문에서 문 교수는 유럽국가연합(Europe Union 또는 European Community)기구가 성공함으로써 이 지역이나 세계와의 경제협력이 크게 활성화되었다고 밝혔다. 그런데 아시아 태평양 지역은 경제협력이 제도화되지도 못하였으니 활성화되기도 어렵다. 아시아태평양지역은 폭넓게 결합하며 발전하기는커녕 반대로 더 소지역으로 분열되어 대립이 격화되어 가는 양상을 보여주고 있다. 동북아시아가 왜 이 모양인가?

국제정치학자들 중 기능주의자나, 신기능주의자들 또는 자유주의자들도 이런 의문에 대한 만족스러운 대답을 내리지 못하고 있다. 그 이유는 민족주의야말로 소지역의 통합과 지역사회의 제도화를 방해해 온 최대 요인이 되어 있다는 것이다. 경제적 공동체건설과 FTA와 같은 지역 간 협력의 제도화를 방해하는 민족주의의 구성요소는 세 가지이다.

첫째는 과거로부터 물려받은 경제적 민족주의의 유산이다. 오래전부터 중국, 일본, 한국이 모두 중상주의(重商主義) 정책을 유지해 왔다. 근래에 와서 그것이 약간 완화된 면도 보이기도 하나 그 관습은 아직도 뿌리가 깊이 남아 있다. 국가이익을 배제한 경제활동의 자유는 아직도 제약되어 있는 상태이다.

둘째, 개별적 민족주의의 기초 위에서 세워진 지역적 경제공동체의 개념이 문제이다. 원칙적으로 민족주의와 지역주의는 상호 배제하는 관계이다. 그럼에도 중국, 일본, 한국에서는 이 두 개념이 모순되고 상극됨이 없이 공존하며 서로 보완하는 관계로 유지된다. 중국은 대중국 경제권을 주장하고 일본은 한때나마 대동아공영권(大東亞共榮圈)을 기도하였다. 한국도 현재 민족공동체 경제권의 건설을 꿈꾸고 있다.

셋째, 민족주의는 과거 역사에 대한 집단적 기억으로 유지되어 왔는데 그로 인한 인식상의 차이가 대립을 일으키고 있다. 특히 폐쇄적이거나 배타적인 민족주의가 이 지역에서는 정치적으로 이용되고 있으므로 동북아시아에서의 지역공동체 형성에 중요한 장애요인이 되어 있다.

2001년 일본 〈아사히신문〉과 〈동아일보〉의 합동조사를 통한 지역협력에 대한 각 국민의 태도를 비교해 보겠다. 첫째, 동아시아가 유럽의 지역공동체에 버금하는 지역통합을 이룩할 수 있겠는가 하는 물음에 대하여 한국 응답자들은 33%가 긍정적으로 응답하였다. 그에 비하면 일본인 응답자들은 12%, 중국인 응답자는 32%만이 그런 물음에 동의하였다. 이것은 남한인구의 67%, 일본인의 81%, 중국인의 66%가 아시아에서는 그런 지역통합이 불가능하다고 생각함을 뜻한다. 그러므로 지역공동체는 이 지역에서 성공하기 어렵다는 생각이 지배적임을 알 수 있다.

다음은 지역내부의 협력을 방해하는 장애요인에 대한 설문이었다. 남한 응답자의 85%, 일본 응답자의 58%, 미국 응답자의 51%, 중국 응답자의 49%만이 동아시아의 군사적인 안전보장이 불안정하므로 지역협력이 어려울 것이라는 응답이었다. 또한 동북아시아 지역의 주민들은 다른 나라를 자기 나라의 경제적 동반자이기보다 경제적인 주요 경쟁자로 보는 경향이 있다. 남한 56%, 일본 53%, 미국 61%가 앞으로 중국이 경쟁상대가 될 것이라고 인식하고 있음이 나타났다.

그러면 동북아 지역 내부의 협력을 어렵게 하는 가장 심각한 원인이 무엇인가? 문 교수의 소견으로는 설문조사를 통해서도 알 수 있듯이 일본인들의 민족주의가 그 주요 원인이라는 것이다. 그들의 잘못된 역사인식 그리고 그로 인한 역사교과서 문제 그리고 일본의 고이즈미 수상의 야스쿠니 신사참배 등이 중국이나 한국의 민족주의를 촉발했다는 논조였다.

일본인의 침략적인 민족주의와 요즘도 이러한 과거 군국주의를 두둔 옹호하는 거동이나 태도가 한국과 중국에 민족주의의 연쇄 작용을 일으켜 동북아 지역협력을 어렵게 하고 있다는 현실인식과 판단은 좌파지식인들의 일관된 주장이다.

일본이 패전할 때까지 침략주의적, 팽창주의적인 민족주의 정책을 추구했음을 부인할 사람이 없다. 반면에 중국과 한민족은 방어적, 저항적 민족주의의 편에 서 있었던 관계로 일본군국주의의 재발을 두려워하는 나머지 견제하려는 태도를 갖는 것도 이해할 수 있다.

그러나 21세기의 현시점에서 일본이 동아시아 국가 간의 경제협력과 지역통합을 불가능하게 만들 정도로 위협적이며 반 평화적인 국제행위를 하고 있다는 주장은 과장된 말일 것 같다. 이런 주장을 일본정부나 국민에 말한다면 옳은 지적이라고 받아들일까? 일본 국민들은 물론이고 이런 말을 듣는 제 3국가들의 식자들조차도 공감과 동의하기를 주저하지 않을까?

문정인 교수는 동북아 3국에서 민족주의 감정이 정치적으로 악용되어서 그것이 연쇄작용을 일으켜 이 지역 내부에 경제협력과 제도화를 어렵게 만들고 있다고 지적한다. 그 불협화음의 진원지가 과연 일본인지 또는 일본을 그렇게 몰아붙이는 주변 국가의 여론이 아닌지?

그 진원지를 일본으로 단정하여 책임을 전가하는 태도는 반미 반일로 경사된 좌파정부의 주장에 동조하고 있는 것이 아닌지 생각해 보아야 할 것 같았다.

한승주 교수의 "동아시아공동체로 가는 길"(*Roadmap for an East Asian Community IRI Review*, Vol. 10, No. 2, 2005).

위에서 개관 요약한 Acharya 교수의 글이 동아시아공동체의 형성에 당위론적인 분석과 논조를 보인 데 비하면 문정인 교수의 글은 약간 현학적이면서도 한국 측의 정치적인 입장을 반영한 분석태도였다는 인상을 주었다. 그에 비하면 여기서 요약 논평하는 한승주 교수의 글은 매우 자상하면서도 객관적인 상황 설명을 하고 있다.

한승주 교수는 동아시아공동체의 출현을 시대적인 요청이자 추세로 내다보면서 다음과 같은 근본적인 문제를 제기하였다. 동아시아는 현제 과연 하나의 지역공동체로 존립할 준비가 갖춰져 있는 것인가? "Is East Asia ready for a community?"

위의 물음에 답변하기 위해 한 교수는 다음 세 가지 전략적인 포인트에 논의를 집중시켰다. (1) 동아시아공동체의 발전에 중요한 요인이 되는 미국의 관심과 이해관계가 어느 정도인가? (2) 현재 아시아에 그러한 지역공동체를 만들어내는 데 필요한 지도세력이 있는가? (3) 현재 주요 국가 간의 쟁점, 경쟁의식 또는 적대감정이 그러한 지역 공동체의 형성을 방해하지 않도록 조정될 수 있었겠는가?

(1) 미국은 세계 유일의 초강대국이며 전 세계의 안전보장과 지역이익의 조정자 구실을 담당해 왔다. 현재는 미일동맹과 한미관계, 미북한 문제 등 양자관계에 신경 쓰면서 또 동아시아보다도 더 포괄적인 협력기구를 구상 추진하고 있다. 그런 가운데 동아시아공동체 형성은 미국을 참가국에서 배제하는 결과를 가져올 우려가 있어서 마음을 놓지 못하는 모양이다. 더구나 그 지역공동체가 중국의 영향력으로 움직이게 되는 경우도 예상하지 않을 수 없다. 이러한 미국의 태도에 변화가 올 수 있도록 설득하는 작업이 필요하다.

(2) 과거에 비해서 지역공동체 형성에 기여할 수 있는 국가지도자

들도 많이 나타났다. 그러나 현재 중국, 일본, 한국에는 그런 문제에 믿음직스럽게 리더십을 발휘할 수 있는 지도자들이 보이지 않는다. 현재 중국과 한국은 과거 일본의 제국주의 침략에 대한 이해와 대처 문제 등으로 일본과 대화가 거의 단절된 상태에 있다. 다행히 3국 간의 경제협력은 큰 지장 없이 진행되고는 있지만 경제나 무역관계도 제도화까지는 나가지 못하는 상태이다.

(3) 극동 3국 간의 불신감정이나 적대 및 경쟁의식은 지역공동체의 출현을 기대하기 어려울 정도로 심각하다. 한승주 교수는 마지막으로 동아시아정상회담(East Asia Summit: EAS)에 희망을 걸었다. 그러나 2005년 12월 말레이시아 쿠알라룸푸르에서 처음 열리는 동아시아정상회담(EAS)에 과연 기대를 걸 수 있는지.

"이 정상회의는 공동체 형성을 위한 새로운 진전이면서도 여러 가지 풀어야 할 숙제를 안고 있었다. 우선 이 회의는 제도화(制度化)에 직접적인 이해관계를 가지고 있는 미국, 중국, 일본, 한국, 러시아 및 ASEAN국가들이 저마다 딜레마를 가지고 있어 사안들의 조율이 중요한 문제로 떠올랐다. 그리고 기존의 제도들, 특히 APEC과 동아시아 중심의 ASEAN+3회의 사이에 있는 위상으로 어떤 차별성을 가질 것인가 하는 문제도 밝혀져야 할 것이다. 현존하는 여러 어려움과 과제들이 어떻게 극복되는가에 따라 향후 동아시아공동체는 다양한 경로를 밟게 될 것이다…."

1) 논평

한승주 교수의 동아시아공동체(EAC)에 관한 현황과 문제의식은 매우 정확하다고 생각된다. 다만 그렇다 하여 오늘의 국제정세에서 동아시아공동체 문제가 저절로 해결될 때까지 무한정 방치되어야 하는가? EAC 창설의 문제도 그만 체념하고 잊어버리고 있어야 하는가?

이 평자의 소견은 동북아공동체 문제는 국가가 나서서 공식기구를 만들어내지 못하면 관련국가의 NGO 단체들이라도 나서서 비공식기구이나마 만들어야 한다는 것이다. NGO들 간의 합의로 국제적 친선 교류 협력의 업무를 추진하되 안에 따라서 정부기구의 협조를 받을 수도 있을 것이다. 이렇게 되면 관민협치의 방식으로 처리되는 꼴이다.[3]

그와 같이 추진되는 과정에서 많은 사람들이 지역공동체의 업무에 관심을 가지고 참여하며 활동을 계속할 수 있는 것이고 그 범위도 차츰 확대되어갈 것이다. 이런 문제는 정치단체보다도 종교문화사회단체가 자유롭게 추진해 나가는 것도 바람직하다.

그러다가 동아시아 국가 간의 의사소통과 왕래가 많아지면 여론도 관행도 확산될수록 각 나라의 정부나 경제단체가 나서서 일하기 쉬워진다. 이러한 관행과 민간의 국제협력관계도 차츰 공식화하며 공동체 기구로 제도화하게 되는 것이 아니냐는 생각이 드는 것이다.

의지가 있는 곳에 길은 열린다. 하물며 오늘은 국제화, 세계화의 시대가 아닌가? 국제적인 업무는 정부기구만이 다룰 수 있는 것이 아니다. 민간단체이건 개인들이건 법률이 금하거나 국민의 양식에 저촉되는 것이 아니라면 얼마라도 작동되면서 많은 문제들이 해결될 수도 있을 것이다.

아시아공동체의 창설이 시대적인 요구라면 우선 중국, 일본과 한국의 종교문화단체들 또는 시민운동단체들이 나서서 비정치적이며 현실적인 관심사부터 국제협력과 교류의 일들을 꾸미고 추진하다가 점진적으로 그 종류와 범위를 확대해 나가면 되는 것이다. 이러한 지역통합이나 협력의 문제도 보편적인 진리와 정의에 부합되는 것이라면 정부기구가 금지하거나 방해만 하지 않으면 되는 것이다.

2) 세 가지 전략적인 관심사의 해법

한승주 교수가 제기한 세 가지 중 첫째, EAC에 대한 미국의 참여 여부의 문제이다. 오늘의 세계정세 하에서 유일 초강대국인 미국이 반대하고 방해해서 되는 일은 없을 것 같다. 그러므로 미국 측이 동아

---

3) 이 책 1장 참조.

시아공동체(EAC) 건설을 반대하는 것이 아니라 안심하고 도와줄 수 있게 만드는 방법이 무엇인가를 생각해 내면 된다.

EAC의 참가범위를 확대시켜서 미국이 정식으로 참가할 수 있는 지역공동체를 창설하는 것이 첫 번째 해법이다. 그러면 EAC를 대신하여 APC(아시아태평양공동체)라는 조직이 생겨나는데 이것은 이 책의 제 1 장에서 논의된 문제이므로 다시 되풀이 하지 않는다.

마지막으로 한 교수는 동북아시아 3개국 간의 갈등과 알력이 동아시아공동체 출현에 계속 발목을 잡으며 부정적인 영향을 미칠 것을 염려하였다. 그러나 어차피 극동 3국의 권력 엘리트는 스스로 그런 갈등을 해소하거나 축소할 능력을 갖지 못한다. 각 나라의 정치지도자들이 아무리 과격한 조치를 취하고 극단적인 언사를 놀리더라도 경제 사회세력의 지지를 받지 못한다. 그러므로 교육 협력의 필요성을 느끼는 NGO들이 나서서 상호이익을 위해서 합의 집행하면 되는 것이다.

현재도 한중일 간의 과거 역사의 평가나 교과서 문제, 또는 일본 수상의 야스쿠니 신사참배로 말썽이 일어나 화해 친선의 분위기는 망치고 상호관계만 냉랭해졌다고 걱정하지만 그것을 문제 삼는 세력도 정치, 경제, 군사, 외교의 방법으로는 해결하려고 들지는 않을 것이다. 그런 것을 문제 삼지 않을 민간단체끼리 지역공동체 활동을 해나가면 되는 것이고 그러다가 필요하면 관민협동기구로 운영해 나가면 동아시아공동체(EAC) 활동도 추진 못할 이유가 없다.

3. 동아시아공동체와 한국의 미래—
동북아를 넘어 동아시아로[4]: 동아시아공동체연구회

이 책은 2008년 2월 도서출판 이매진이 발행한 책이다. 동아시아공동체연구회는 아시아 특히 동남아시아 문제를 연구하는 여러 대학의 교수들과 함께 주기적인 연구발표 및 토론회를 가져 왔으며 3년 만에 발표된 글들을 모아서 한 권의 책으로 담아 발간하였다. 필진의 면면을 보면 대외경제정책연구원 동서남아팀장 권율, 강원대 정치외교학과 김기석·박사명, 가톨릭대 국제학부 김재철, 삼성경제연구소 연구전문위원인 박번순, 영남대 사회학과 박승우, 외교안보연구원 배긍찬, 서강대 정치외교학과 신윤환, 연세대 정치외교학과 이재현, 고려대 경제학과 이충열, 전북대의 고고문화인류학과 채수홍, 한림국제대학원대학교 국제학과 최태욱 교수 등이 포함되어 있다.

대체로 한국사회과학계의 중견 교수 또는 연구원들이며 동남아시아 전공 학자들이 그 주축을 이루고 있다. 그 서문을 보면 정부의 외교통상부 간부들이 여러 모로 도움을 준 데 대하여 감사를 표명하고 있어 외교통상부의 지원을 받아 추진된 연구성과임을 알 수 있었다. 여기서 거론되고 논의된 12개의 주제를 모두 요약하고 논평할 필요는 없다고 생각되어서 여기에 수록된 12편의 글 중 지면관계상 세 개의 논문, 곧 신윤환 교수의 '동아시아 지역통합과 한국의 선택', 박사명 교수 '동아시아공동체의 의의와 과제', 그리고 박승우 교수의 '동아시아 담론의 현황과 문제' 등을 소개하며 그에 대해서만 논평하고자 한다.

1) 신윤환의 머리말에 간직된 문제제기

신윤환 교수가 이 저술의 머리말과 결론 부분을 쓴 것을 보아서는 아마도 이 연구프로젝트의 책임자나 기획자가 아니었던가 생각된다.

4) 동아시아공동체연구회 편, 《동아시아공동체와 한국의 미래: 동북아를 넘어 동아시아로》, 도서출판 이매진, 2008.

신 교수의 말에 의하면 이 책의 필자들은 동북아와 동남아를 모두 포함하는 개념으로 동아시아라는 말을 사용하였다. 모든 필자들이 동아시아의 통합이 정치, 안보, 경제, 사회, 문화 등 모든 면에서 아시아의 평화, 번영, 진보를 약속하며 한국의 국가이익에 부합할 뿐만 아니라 한국의 위상을 높일 수 있는 역사적인 기회를 제공한다고 믿으며 이를 위한 국가전략을 개발할 필요를 공감하여 연구진에 참여하였다.

그들은 모두 한국이 ASEAN+3의 창설과 초창기 발전에 핵심적 역할을 담당했지만 '동북아 중심국가'를 표방했던 노무현정부가 남북한 관계와 6자회담 외교에 치중하는 바람에 동아시아외교가 실종되고 말았음을 아쉬워했다. 그래서 새 (MB)정부가 전향적으로 이 문제를 다루어 주어야 일류선진국가의 반열에 오르는 시간을 단축할 수 있다고 확신하고 있는 것 같다.

위의 문제제기는 독자의 공감을 느끼게 했다. 그러나 한 가지 동의하기 어려운 부분이 있었다. 그 부분을 인용하겠다. "… 그 일례로 동아시아정상회의(EAS) 주도의 '선 회원국 확대 후 통합심화'가 아닌 아세안+3 중심의 '선 심화 후 확대'야말로 한국의 국제적 교섭력과 경제적 이익을 극대화할 수 있는 동아시아전략임을 주장하고 있다. 인도와 호주, 나아가 미국까지 참여하는 동아시아지역협력체가 된다면 한국의 위상이 크게 위축될 수 있음"을 염려하는 것 같았다.

한중일의 3국 관계나 아세안의 회원국가만 참가한다면 그 지역공동체는 국가 간의 관계가 심화될 수 있겠는지 본 필자는 의심한다. 실제로 아세안이 생겨난 지 13년이 지났으나 아세안과의 관계도 그렇지만 한중일 3국도 그 조직에 합류함으로 인해 통합이 심화되었다고는 보이지 않는다. 또 앞으로 10년의 세월이 더 흐르면 그것이 지역공동체로서 더 심화될 수 있겠는지도 확신할 수 없다. 또 미국이나 인도, 호주가 이 지역공동체에 끼어들면 한국의 위상이 크게 위축될 것인가? 필자는 오히려 더 높아진다고 보고 있다.

신 교수는 아세안의 국가들이 중국과 일본을 패권주의 국가라고 간주하며 경계할 것이나 한국만은 패권주의자가 아니므로 한국과 아세안 간의 관계가 계속 좋아질 것으로 생각하는 모양이다. 그러나 아세안지역은 전통적으로 중국계 화교(華僑)들이 영향력을 행사해오던 지역이 아닌가? 아세안국가들이 한국만 좋아하고 친교하리란 생각은 하지 않는 것이 좋을 것이다. 한국도 중국과 일본 틈새에 끼어서 위축된다면 아세안 지역에서 강세를 계속한다는 보장이 있겠는가? 지역을 확대하여 미국 호주 그리고 인도가 아시아태평양지역공동체를 이루는 경우 조금이나마 위축되는 것은 한국이 아니라 중국일 것이다. 이러한 지역의 범위관계는 이 책의 제 1장에서 상세하게 논했으므로 더 이상 언급하지 않겠다.

2) 동아시아 지역통합과 한국의 선택

이 부분이 이 책의 12장인데 이 편·저술의 결론 부분에 해당한다. 아세안+3은 여전히 상설조직이나 형태를 갖추지 못하며 그 목표인 동아시아공동체도 명확한 비전이나 구체적인 로드맵을 결여하고 있어 지역협력체등 하나의 국제기구로 부르기도 어려울 형편이다.

그럼에도 오랫동안 강대국의 후견이나 보호에만 의존해 오던 한국이 지역 내지 국제질서의 재편과정에서 어느 정도 주체적이고 주도적인 역할을 할 수 있는 기회가 왔다고 말할 수 있다.

신윤환 교수는 말한다. "새로운 동아시아는 한국과 한국인들에게 새로운 지역적 정체성의 정치이념과 외교전략, 새로운 발전전략과 경제협력 모델, 새로운 인간상과 생활양식을 요구하고 있는 것이다. 이러한 변화에 적극적이고 능동적으로 대처한다면 지금까지 한국을 구속해 온 지정학적 제약이나 사회문화적 폐쇄성을 벗고 동아시아의 발전과 통합을 주도하는 나라로 거듭날 수 있을 것 같다.

한국은 동북아와 동남아, 강대국과 약소국, 부국과 빈국, 중국과 일본 간에 존재하거나 잠재해 있는 격차와 갈등을 줄이거나 해소하는데 중재자나 균형자 역할을 하게 되어서 동아시아 지역협력과 통합과정에 적극적이고 주도적인 역할을 수행할 수 있기 때문이다."

이러한 목적으로 정치, 안보, 경제와 사회, 문화가 세워져야 할 자리를 논하고 다음과 같은 세 가지 제안을 하고 있다. 첫째, 동북아란 협소한 지역에 한국과 한반도를 묶어두지 말아야 한다. 동북아중심주의는 강대국의 담론이자 프로젝트이므로 이러한 사고를 추구하는 것은 강대국의 논리와 이해관계에 우리를 복속시키는 것이다. 동북아가 아니라 동아시아에 한국을 위치시키면 한국은 평화주의와 같은 당당한 국제정치 이념을 내세우며 주체적 안보전략을 구사하고 우호적 선린관계를 형성하여 동아시아 국제관계를 주도하는 역할까지 담당할 수 있다는 것이다.

둘째는 한국은 패권국가에게 우리의 안보를 맡기는 의존적 전략을 폐기하며 동아시아국가들을 포괄하는 다자주의적 안보체제의 형성에 앞장섬으로써 지역안보를 국제사회와 함께 책임지고 미래에 대한 확실성을 높여 나가야 한다. 동아시아에는 우리와 유사한 위치를 가진 국가들이 많이 있다. 동아시아의 지정학은 한국의 지역관계에 큰 지렛대를 제공해 줄 수 있다.

셋째, 강대국의 정치, 군사적인 경성(硬性) 권력(*hard power*)에 맞서 강소국 한국이 추구하고 추적해야 하는 권력은 바로 연성(軟性) 권력(*soft power*)이며 철저한 평화주의야말로 이러한 국가발전 전략에 부합하는 이념적 토대가 된다. 평화주의는 바로 인류공영의 이데올로기이다. 패권도 군사적 해결도 거부하는 한국은 중립을 추구해야 한다. 그래서 평화 자유 중립지대를 선언하고 '동남아 비핵지대 조약'을 체결하는 아세안이 한국의 미래 파트너이자 우방이 된다는 것이다.

넷째, 동아시아의 지역판도는 중국, 일본 그리고 동남아와 연대한 한국으로 3등분 된다. 한국이 선택할 통합지향적인 다자주의 안보체제는 특정국가와 민족의 생존과 이익을 넘어서 지역전체에 항구적인 평화와 번영을 가져다줄 수 있는 체제라는 것이다. 한마디로 동아시아의 지역안보와 평화의 추구는 한민족의 생존과 번영이라는 특수성을 갖는 동시에 세계평화와 인류공영이라는 보편성도 아울러 고려한 '강력한 현실적 근거와 도덕적 정당성을 동시에 갖는 최선의 외교전략'이라고 결론을 맺고 있다.

3) 논평

신윤환 교수는 서울대학교 법과대학을 졸업하고 미국 예일대학교에서 정치학박사학위를 받았으니 학벌이나 학문에 대하여 더 이상을 바랄 수 있는 여지가 없을 것이며 따라서 그의 IQ나 EQ에 전혀 부족함이 없다고 추측해도 잘못이 없을 것 같다. 다만 사람은 그가 성장하고 살아온 사회 환경에 알게 모르게 큰 영향을 받는다. 그가 자라고 대학공부를 했던 시기가 주로 1970년대 말과 1980년대였다는 사실을 감안한다면 그의 정치의식이나 정치관의 성향을 짐작할 수 있다.

이어서 또 대학교수로서 또 중견학자로서 활동했던 시기가 김영삼, 김대중, 노무현의 시대였다는 사실과 그 시대적인 배경을 생각할 때 위와 같은 사상이나 진보성향의 논조를 펴게 되었음도 납득이 간다. 사람들은 누구나 자신이 살았던 시기와 그 정치, 사회 환경의 영향을 받게 되어 있다. 그러므로 감수성이 매우 예민한 시기에 자신도 모르는 사이에 취득한 사회의식이나 세대적인 편견에 감염되지 않기 어렵다. 그런 집단정서나 세대적인 편견에서 벗어나려면 보다 오랜 세월이 필요할 것 같다.

본인이 젊었을 때 영국 옥스퍼드 대학의 어네스트 바커(Ernest Barker)라는 대 학자가 정치학 전공의 학자는 백발의 나이에 이르러서야 학문활동도 본격화할 수 있을 것이라는 말이 생각난다. 약육강식의 생존경쟁이나 강대국의 횡포를 미워하고 약소국을 두둔하며 사회적 약자 편에 서려는 것은 순진한 젊은 세대의 특징이다. 그러나 현실정치는 약자들에 대한 동정심이나 정의감만 가지고 해결되기 어려운 경우가 많다.

정치학을 연구하고 정치적인 사실에 관한 자료를 찾거나 분류하고 분석하는 일은 젊은 학자들이 더 잘 할 수 있다. 그러나 종합적으로 평가하고 시의에 맞도록 해석하거나 판단하여 현실적으로 적절한 대안을 찾아내는 일은 오랜 연구와 사회경험을 축적한 원숙한 사람들이 더 잘할 수 있는 것이 아닌가 생각해 본다.

4) 박사명의 동아시아공동체의 의의와 과제

박사명 교수도 매우 좋은 논문을 써냈다고 찬양하고 싶은 이유는 해박하면서도 깊이 있는 논문이라는 인상을 받았기 때문이다. 그는 말한다. 지역주의 내지 지역통합에도 크게 보아서 두 가지 대립되는 접근방법을 볼 수 있다. 하나는 위로부터의 정치적 제도형성을 통하여 이루어지는 방법이다. 또 경제적인 상호의존과 같이 밑으로부터 비공식적으로 이루어지는 방법도 있을 수 있다. EU가 전자의 예라면 동남아시아는 그 후자의 예가 될 것이다. 전자가 법률상(*de jure*)의 경성 지역주의라면 후자는 사실상(*de facto*) 연성 지역주의로 대조된다.

1997년 경제위기를 통하여 동아시아도 '지역화'의 수준을 넘어서 '지역주의'의 요구로 발전하게 되었다. 그 결과로 생겨난 국제조직이 동남아국가연합(ASEAN)이다. 동남아시아도 1980년대 말에 냉전체제가 해체된 다음 양육강식의 적대관계가 지배하던 홉스(Hobbes)적인 세계로부터 적자생존의 시장문화가 지배하는 로크(Locke)적 세계로 전환한 것이다. 그러던 것이 1990년 중반의 경제위기를 겪은 다음에는 상호의존의 공동연대를 지향하는 '광장'의 문화, 곧 칸트(Kant)적인 세계에 대한 요구가 생겨나고 있다고 말한다.

현실주의적 시각에서 보면 21세기 동아시아의 지역질서는 '아시아의 과거가 아니면 유럽의 과거처럼 되었으므로 안정을 담보하는 중국패권이 아니면 갈등을 수반하는 대국주의적 세력균형 체제로 변하게 될 것이다. 그러나 동아시아가 대국주의적 권력정치의 계속성을 강조하는 현실주의적 시각을 거부하려고 하면 상호의존적이며 이익정치의 가변성을 특징으로 하는 자유주의적 시각에 의존하게 된다. 그 바탕에서는 다자주의적인 규범정치를 모색하는 구성주의(*constructivism*)적 접근이 유일한 대안으로 나타나게 된다고 전망했다.

2001년 EAVG보고서의 동아시아공동체(East Asia Community)는 유럽의 지역주의에 대한 반사적이고 모방적인 시도를 넘어서서 상호의존과 상호연대의 새로운 지역질서를 표방한다. 보고서는 지역의 평화를 위한 정치안보협력, 공동의 번영을 위한 경제금융협력, 인간적 진보를 위한 사회문화협력을 동아시아공동체의 근본목표로 제시하였다. 여기서 우리는 동아시아공동체 문제를 다음 세 가지 측면에서 집중적으로 검토해야 할 것이다.

(1) 정치적 측면

동아시아공동체가 출현할 때 ASEAN이 주도하느냐 또는 +3이 더 영향력을 발휘하느냐 아니면 +6(여기에 러시아, 몽고, 북한에다가 미국, 인도, 호주까지 포함된다)으로 하는 것도 신중한 검토의 대상이 된다.

지역공동체가 형성되는 경우 누가 그 공동체를 지배하는가 하는 권력구조의 문제가 첫째 관심사가 된다. 권력구조는 첫째, 패권주의적인 지배방식이다. 둘째, 몇 군데 유력 집단세력 간의 권력균형체제가 있을 수 있다. 셋째로는 다자주의적인 권력지배의 형태가 있을 수 있다. 동아시아에서는 나라의 크기나 국력의 차이가 심하므로 나라의 총의(總意)가 반영되기 어려울 것이므로 국력의 불균형으로 인한 패권주의의 위협과 세력균형 간의 대립이 예상된다. 또 이러한 위험성이 아시아의 공동체 출현을 지연시키는 요인이 된다고 말할 수 있다.

2001년 EAVG보고서는 "대내적, 대외적으로 무력충돌, 폭력·적대행위로부터 자유로운 평화적, 안정적, 협력적인 동아시아공동체를 구상하고, … 역내의 평화와 안보에 긴요함을 강조한다. 영토분쟁, 해양분쟁, 국경문제, 자원경쟁, 초국범죄, 국제테러 등 전통적 안보와 비전통안보를 포괄하는 인간안보에 대한 위협에 공동으로 대처하기 위한 상호협력이 요구된다는 것이다.

(2) 경제금융적인 측면

유럽의 경험을 참고해 본다면 통합수준이 가장 낮은 호혜무역에서 시작하여 자유무역, 관세동맹, 공동시장, 경제연합을 거쳐서 통합수준이 가장 높은 정치연합으로 나가게 된다. 현재 ASEAN의 경우는 현재 가장 통합수준이 낮은 호혜무역으로부터 자유무역으로 접근하고 있는 중이다.

동아시아의 경제성장을 주도한 것이 민족주의적인 경쟁의식인데 이러한 성과는 냉전종식에 따른 세계화와 지역화의 새로운 국제환경에서 그 한계를 드러내고 있다. 그러므로 경제통합도 ASEAN 공동체나 동아시아공동체의 '촉매, 동력 그리고 그 엔진'을 필요로 하고 있다. 여기서 동아시아의 지역주의가 ASEAN의 한계를 넘어서 동아시아공동체를 기획하게 되며 민족주의의 한계를 넘어서 경제금융, 정치안보 등을 포함하는 전면적 지역협력을 지향하는 공동체인 연대를 필요로 하고 있다.

(3) 사회문화적인 측면

사회문화적 측면이라고 하면 고용수준과 사회보호의 증진을 말하는 것이다. 건강생명, 교육훈련, 노후연금, 실업급여, 사회보장 등과 연계되는데 이런 것은 경제발전이 낮은 상태에서 실시될 수 있는 정책항목이 아닐 것이다. 성장의 효율성(고용보장 및 노동시장)과 분배의 형평성(실업보험 및 실업급여)이라는 두 기준을 가지고 보면 다음 네 가지 유형을 생각할 수 있다.

① 효율성(노동시장의 경직성)도 낮고 형평성(실업급여의 저수준)도 낮은 남부형, ② 효율성은 낮지만(노동시장의 경직성) 형평성이 높은(실업급여의 고수준) 대륙형, ③ 효율성은 높지만(노동시장의 유연성) 형평성이 낮은(실업급여의 저수준) 영미형, ④ 효율성도 높고 (노동시장의 유연성) 형평성도 높은(실직급여의 고수준) 북구(北歐)형 등.

동아시아를 살펴보면 동남아시아는 ①유형에 속하나 중국은 ②유형에 가까운 모습을 보인다. 그래도 그들의 지향점은 ④유형일 것이다.

일본은 ②유형이었으나 ③유형으로 밀려나고 있는 것처럼 보인다. 한국은 ②유형으로부터 ①유형으로 갈 것인지 아니면 ④유형으로 갈 것인지 조금 더 두고 보아야 할 일이라고 말한다.

5) 결론

이 글의 결론에서 박사명 교수는 이 지역공동체를 위한 규범가치에 대한 합의는 이미 이루어져 있는 상태이므로 이제 그 실천전력만이 문제되고 있을 뿐이라고 말한다. 그 공동체를 위한 동력이 다소 약화된 상태이므로 새로운 전략적 선택이 요구되고 있다는 것이다. 박 교수는 여기서 대내적으로는 엘리트주의적인 지역주의와 참여적 지역주의의 대립을 검토한다. 그의 응답은 참여적인 지역주의라야 한다는 입장이다. 다음은 ASEAN+3이냐 또는 ASEAN+6이냐의 문제다. 박 교수는 전자를 포괄적 지역통합을 위한 전진기지로 강화한 다음 후자를 사안별로 지역협력을 위한 후방기지로 구축해야 한다는 입장이다. 그 외에 문제되는 것은 ASEAN+3인가 또는 3+ASEAN이냐, 어느 것을 먼저 선택하느냐이다. 이에 대해서는 중국과 일본의 경쟁으로 보아서 ASEAN+3쪽이 안전하다고 판단된다.

그러고 보면 박사명 교수의 지역통합에 대한 결론은 신윤환 교수와 동일하다는 데 주목해야 한다. 평화의 공동체를 희구하는 ASEAN이나 한국이 패권주의적 성향을 갖는 중국이나 일본을 견제 내지 제압할 수 있기를 기대하는 것이다. 그래서 그런 방향으로 결론을 맺으려고 하는 것 같은데 이것은 당장은 다소 어려움이 있더라도 정치는 원리원칙대로 대응해야 한다는 입장임을 알 수 있다. 그러나 한국이 ASEAN과 손을 잡는다고 해서 중국과 일본의 패권주의가 막아지며 또 동아시아의 지역통합이 과연 이루어질 수 있겠는가? 어딘지 희망사항과 현실을 혼동하는 사고방법이 아니냐는 느낌을 받았다.

현대의 정치적 현실이 그것을 뒷받침하는 힘이 없음에도 중국이나 일본이 한국과 동남아시아가 내세우는 평화라는 이념과 목표에 눌리어서 패권행사를 자제하리라고 기대할 수 있겠는가? 남한과 ASEAN이 힘을 합쳐서 중립노선을 표방한다고 하더라도 동아시아를 움직이는 힘은 나올 수 없을 것이므로 박 교수나 신 교수도 다른 방법을 생각해 내야 할 것이다. 그러나 박사명 교수의 이 논문은 그런 비현실적인 부분을 빼놓고는 충실하고 공들여서 연구하고 열심히 쓴 좋은 논문이었다는 데 대하여 경의를 표시해야겠다.

6) 박승우의 동아시아 담론의 현황과 문제

또 하나 여기서 언급하지 않을 수 없는 논문이 박승우 교수의 논문이다. 이 글은 근래의 여러 학자들에 의한 동아시아공동체의 담론을 매우 명료하게 정리했을 뿐 아니라 그 주요 내용을 유형별로 나누고 명료하게 소개했다는 점에서 매우 도움이 되는 글이라 그 노고를 치하하지 않을 수 없었다.

동아시아공동체에 대한 많은 담론이 나오게 된 배경으로 전후의 냉전체제의 해체, 주강대국 중국의 부상, 동아시아 지역에서 여러 나라의 사회경제발전, 민주화 그리고 정보화 사회의 도래 등에 힘입어서 사회과학자들 간에 동아시아지역에 대한 관심이 고조되었다는 사실을 논증하였다. 그동안 세계를 지배해 오던 서양세가 답보상태 내지 쇠락의 조짐을 보이는 한편에 동양세는 상승세를 타기 시작하였다. 앞으로 세계의 정치, 경제, 문화체제가 어떻게 바뀌어 갈 것이며 또 어떻게 변해가야 할 것이냐 하는 문제로 토론이 활발하였는데 그 여러 다른 동아시아공동체의 담론을 일목요연한 도표로 정리해 주었다.

우선 그 담론의 유형을 ① 경제공동체 담론 ② 지역패권주의 담론 ③ 동아시아 아이덴티티 담론 ④ 대안체제 담론으로 분류하였으며 각 담론마다 역사적 계기와 국면과 아울러 각 담론의 주요내용을 요약 제시하고 있다.

① 경제공동체 담론이 생겨난 역사적 계기와 국면 — 자본주의의 세계화 곧 globalization 추세, 1980년대 후 신자유주의 사조의 우세, EU

NAFTA 등 세계의 전반적인 지역화 추세, 1990년대 말 동아시아의 금융위기에 기인했다고 설명하고 있다.

그 결과로 생겨난 담론의 내용은 동아시아 자유무역지대 건설 추진, 지역경제공동체 추구, 신자유주의 조류에 대한 지역주의적 대응, 경제위기에 대한 공동대응 기제로서의 동아시아공동체, 자유주의적 기능주의적 관점을 유지하자는 것.

② 지역패권주의 담론은 1990년대 이후 냉전체제의 붕괴, 중국의 자본주의 체제로의 편입과 경제적, 군사적 급부상, 미국패권의 부분적 퇴장과 역할 축소, 일본의 정상국가화와 군사적 재무장, 지역에서의 역할확대 추구, 한국의 경제성장과 자신감으로 인해 발생하였다.

그 결과로 생겨난 패권이론의 관점은 중국과 일본의 신패권주의를 문제시하고 있다. 한국의 신패권주의로서의 지역공동체, 세력균형이론의 관점, 중국의 팽창과 위협에 대한 방어기제로서의 동아시아 지역주의, 미국의 거리두기로 인한 정책에 대한 대응으로서의 동아시아 지역주의, 동아시아 안보체제가 형성 추구되고 있다는 것이다. 이것은 현실주의적 관점이라고 하겠다.

③ 동아시아의 아이덴티티 담론, 역사적 담론, 그 역사적 계기와 국면 — 1990년대 이후 동아시아의 경제성공과 자신감. 동아시아 발전을 설명하는 사회과학의 연구가 유행하고 축적되었다. 아시아적 가치관, 유교자본주의론, 리콴유(李光耀), 마하티르 등에 의한 아시아의 독자성, 특수성, 수월성이 강조되었다.

담론의 내용은 동아시아의 특수한 문화공동체를 상정하여 아시아의 가치를 추구하며 유교문화권의 담론을 제시하고자 시도하였다. 이것이 동아시아의 특수한 정치경제체제를 발견하려는 풍조로 나타났다. 동아시아의 자본주의는 서구의 그것과 다르며 동아시아의 민주주의도 구미의 민주주의와 같을 수 있다는 주장이 시도되었던 것이다.

④ 대안적 공동체로서의 동아시아 담론인 대안체제의 담론은 어떻게 전개되었는가? 그 역사적 계기와 국면은 다음과 같다. 사회주의체제의 몰락 후 백낙청, 최원식 등 주로 '창작과 비평' 계열의 인문학자

들이 1980년대 말 사회주의의 몰락으로 기존담론의 준거기준이 없어지자 동아시아를 새로운 담론의 준거틀로 갖고 나온 것이다. 이들은 사회주의의 몰락을 자본주의의 승리로 받아들이지 않고 새로운 진보담론의 출현을 동아시아적인 특수성에서 찾아내려는 움직임으로 나타난 것이다.

한 가지 특기할 만한 것은 이 대안체제로서의 동아시아담론에 참여하는 이들 상당수가 전후 일본의 중국문학 대가인 다케우치 요시미(竹內嘉)의 논문에 큰 영향을 받고 있다는 점이다. 뿐만 아니라 다케우치에게 큰 영향을 주었던 '근대의 초극'(近代の超克)에도 많은 감화를 받은 사람들이다. 박사명 교수는 또 오리엔탈리즘을 자아 오리엔탈리즘과 역 오리엔탈리즘(*reverted orientalism*)으로 분류한다. 자아 오리엔탈리즘은 서구에 대한 열등의식이나 콤플렉스가 잠재되어 있다. 반면에 역 오리엔탈리즘은 동아시아의 문화를 서구문화의 특성이 모두 제거되고 남은 것들로 구성된 잔여물로 여기는 사고방식이 깔려 있다. 서구인들은 개인주의적이나 동아시아인들은 공동체주의적이다. 서구문화는 이성적, 합리적이나 동아시아의 문화는 감성적, 비합리적이다. 서구는 변화지향적이며 역동적이나 동아시아는 정체되고 보수적이다. 이렇게 규정하는데 실제 세상은 이런 이분법으로 구분되는 것이 아니다. 그러니 오리엔탈리즘의 인식론에 너무 과장되고 비현실적인 면이 있다고 비판한다.

1990년 중국지식인들도 중국 이외의 주변 지역에 대한 관심이 대두하였다. 그래서 한중일 지식인의 교류도 증가하였다. 국내 일부 신좌익 지식인들도 새로운 의제를 찾아 나섰다. 사회주의에 경도되었던 진보적 지식인들도 사회주의 붕괴로 인해 의제를 상실해 버렸으나 대안적 의제로서 자본주의로의 복귀가 아니라 그 대신 서구 근대 전체를 극복해야 한다는 주제를 내세웠다. 과거의 동아시아 담론에 대한 재해석이 아니라 모든 과격한 대안 추구를 비판한 다케우치 요시미에 대한 재발견을 거론하고 있는 것이 주목할 만하다.

그 담론의 내용을 요약한다면 근대 서구에 대한 제3의 대안이라고 할 동아시아공동체는 서구 근대성의 산물이라고 할 자본주의도 아니고 그렇다고 사회주의도 아니라는 것이다. 그러면 동아시아의 문화공동체는 어떻게 만들어지는가? 국가주도적인 지역공동체가 아니다. 동아시아지역내의 지식인들의 교류와 연대를 통하여 아래로부터 만들어지는 지식인의 공동체가 되어야 한다는 주장이다. 이런 사상에 동조하는 추세로 바뀌고 있는 것이 이채롭다.

'결론을 대신하여', 라는 마지막 부분에서 박사명 교수는 향후의 동아시아공동체 담론을 위한 몇 가지 교훈을 말했는데 그중 일부를 다음과 같이 정리해 보겠다. 첫째, 동아시아의 정체성을 너무 따질 것이 아니라는 것이다. 그 이유는 동아시아에 동일한 문화적 요소만이 있는 것이 아니기 때문이다. 그 내용도 확정 고정된 상태가 아니라 유동적이면서 계속 변형되며 발전되어 가는 과정이라는 것이다. 다시 말해서 동아시아의 정체성이라든가 동아시아공동체란 것은 이미 존재하는 것이 아닐지라도 지역주민의 노력과 실천여하에 따라 언젠가는 창출될 수 있는 하나의 가능성이며 시간을 두고 발전될 하나의 정치적 구성물인 것이다.

마지막으로 우리가 추구하는 동아시아공동체의 이상은 어떤 것일까? 이 외에 우리가 특별하게 유의해야 할 이데올로기적 함정은 없는가? 첫째로 이 지역공동체가 배타적인 경쟁의 장, 민족주의의 경쟁의 장이 되어서는 안 된다. 오히려 탈민족주의적 공존과 공영을 시험해야 할 무대가 되어야 한다는 것이다. 그동안 우리나라를 지배했던 저항적 민족주의와 대중민족주의는 타민족, 종족이나 주민 그리고 국경내 소수민족에 대한 배타성, 타자화(他者化), 배제와 차별 그리고 야만적 억압과 폭력성 등을 보여 온 면이 없지 않았다. 이것은 동아시아공동체의 기본정신에 상반하는 악습이다.

둘째, 동아시아공동체는 공동체 구성요소만의 배타적 이익을 추구하는 폐쇄 공동체여서는 안 된다. 오히려 반대로 개방과 포괄성을 전제로 하는 열린 지역주의의 모습을 보여야 한다. 셋째, 이 지역공동체가 단기적, 배타적인 국익만을 추구하려고 드는 것은 금물이다. 오늘의 세계에서 국력이 단순히 경제적인 이익만을 추수하려 들다가는 장기적인 국익의 손상을 예상해야 한다. 박승우 교수는 이렇게 그의 글을 마쳤다.

필자는 동아시아의 지역화와 지역주의 문제를 역사적으로 그리고 폭넓게 잘 정리하였을 뿐만 아니라 금후의 발전방향도 올바르게 지적했다고 평하고 싶다.

4. 동아시아공동체 논의와 한국적 전략[5)]: 유현석

한국국제정치학회는 2010년 4월 28일 동북아역사재단과 공동주최로 '동아시아공동체 구상과 한국의 역할'이라는 대주제로 학술회의를 열었다. 여기서 10여 명이 넘는 학자들이 관련된 주제로 발표를 했는데 필자는 경희대 유현석 교수의 "동아시아공동체 논의와 한국적 전략 : 신아시아 외교의 관점에서"에 관하여 소개하고자 한다.

2001년 김대중 대통령은 ASEAN+3회의에서 처음으로 동아시아공동체안을 제안하였다. 그 문제를 아시아포럼에서 연구시키다가 2005년 동아시아정상회의(EAS)에서 다시 제기하였다. 그 회의에서는 어느 나라를 그 안에 가입시킬 것이냐는 문제에 의견이 갈려서 합의를 보지 못했다. 이때 중국은 이런 문제는 동아시아정상회의에서 논의할 것이 아니라 ASEAN+3회의에서 다시 거론될 문제라고 발언하였던 것 같고 그래서 동아시아공동체의 문제는 노무현 정권으로 이어지는 것 같더니 한국에서 더 이상 진전을 이루지 못하다 시들어져 버린 것이다.

2008년에 호주의 캐빈 러드(Cabin Rudd) 수상이 아시아학회(Asia Society)에서 아시아태평양공동체의 기구를 2020년까지는 발족시켜야 한다고 제안하였다. 이 제안의 특이점은 EAS 참가 16개국에다가 미

---

5) 한국국제정치학회 · 동북아역사재단 2010공동주최 학술회의, 〈동아시아공동체 구상과 한국의 역할〉, 유현석, "동아시아공동체 논의와 한국적 전략: 신아시아 외교의 관점에서", 2010. 4. 28. pp. 159~182.

국과 러시아를 추가 가입시킨 것이었다(미국 측과의 교감으로 제안되었다는 뒷말도 들린바 있었다). 그러던 차에 2009년 9월 일본의 신임 하토야마(鳩山) 수상은 기자회견에서 일본의 동아시아공동체안을 발표하였는데 9월 24일 UN연설에서는 공개적으로 러드 수상의 제안을 반대했다. 중국에서는 하토야마 수상의 공동체 안을 받아들일 의사를 표시했지만 미국이 공식으로 하토야마의 제안을 반대하였으며 게다가 그 장본인도 일본 수상직에서 밀려나니 이 문제도 더 이상 진전을 보지 못했던 것이다.

한국에서는 MB의 신아시아외교라는 것이 동아시아에 국한할 것이 아니며 인도를 포함한 남아시아와 서남아시아로 관심의 영역을 확대할 것을 강조한 것이었다. 그러나 유현석 교수는 단순히 외교의 대상과 범위를 넓히는 데만 관심을 가질 것이 아니라 이런 지역공동체를 창설하는 업무에 관심을 가져야 한다고 주장하고 나선 것이다. 김대중이나 노무현은 동아시아공동체에 대한 비전을 제시하기 위해 다양한 이니셔티브를 시도하였다. 그러나 MB는 한국외교에 대한 새로운 방향제시도 전략도 없이 겨우 동아시아에 대한 지역외교전략을 내세우긴 했으나 동아시아와 다자협력에 대한 관심조차도 보이지 않았다는 것이다.

이것은 지역전체의 문제보다도 현실적인 혜택을 얻을 수 있는 기능적 협력을 강조하는 실용주의적인 대외정책만 고수하겠다는 의사표시라고 하겠다. 이런 외교자세를 가지고는 동아시아나 동북아시아에서 중요한 역할을 담당하는 국가로서의 위상을 차지할 수 없지 않느냐는 염려까지 하게 된다. 아시아태평양 국가 중의 강소국이며 중견국(*middle power*)인 호주의 러드 수상의 발언은 잠시나마 지역국가들의 관심을 끌어 모았다. 또 일본도 동아시아공동체구상을 내놓음으로써 국제사회에서의 리더십을 행사하려고 들고 있다. 그런데 MB정권도 무엇인가 모든 지역국가의 관심과 동의를 받아낼 만한 공동체 구상을 내놓아야 하지 않느냐는 것이 유현석 교수의 발언내용이다.

한국이 우리 나름의 지역공동체 안을 내놓는다면 그에 참고가 되는 것이 아무래도 먼저 제시된 호주의 러드 안과 일본의 하토야마 안이다. 러드의 아시아태평양공동체안은 정치안보적인 협력체제라는 면이 강한 반면에 일본 하토야마의 공동체구상은 경제협력적인 구상과 인간안보적인 면이 강하다. 한국의 입장에서 볼 때 안보나 경제적 공동체로 가는 데는 현실적으로 여러 가지 장애물이 있다.[6] “호주나 일본의 제안은 비전 제시에 불과하며 구체적인 내용을 담고 있지 않기 때문에 동아시아협력의 로드맵을 마련하고 그에 따른 구체적 계획을 만들어낼 수 있다면 한국도 향후 동아시아공동체 논의에서 공동체의 방향이나 추진전략들을 빚어(*molding*) 나가는 데 중요한 기여를 할 수 있어야 하는 것이 아닐까?

그리고 또 다음과 같이 말했다. “여기서 동아시아공동체 형성의 방법으로 가치의 공동체를 이루어 나가면서 그 가치에 부합하는 기능적 협력들을 추진해 나가는 것을 한국의 지향점으로 삼고 향후 동아시아공동체 논의의 과정에서 그러한 추진 전략을 반영하는 노력을 해야 한다는 점을 강조하고자 한다.”

그리고 다음과 같이 결론을 맺었다. “이 논문은 동아시아공동체가 환경, 빈곤, 난민, 식량, 교육, 핵의 비확산, 테러, 전염병과 같은 이슈들을 최우선 순위에 놓는 인간안보공동체를 추구하는 것을 제안한다. 인간안보 이슈는 규범적인 측면에서 보편적이며 또 가치지향적인 동시에 실사구시적(實事求是的)이다. 인간안보공동체를 위해서도 동아시아공동체가 필요하며 우리가 처한 위협을 공동의 노력으로 극복할 수 있다는 인식을 가지도록 해야 한다. 인간안보라는 가치를 중심으로 동아시아공동체를 구성할 때 동아시아공동체 구성의 가장 현실적인 문제인 참여국 범위의 문제도 장애가 되지 않을 수 있다.”[7]

6) 《동북아공동체 구상과 한국의 역할》, p. 172.

7) 같은 유인물, p. 173.

1) 신아시아외교의 문제점과 시정방안

필자는 신아시아외교가 기존의 외교전략을 보완하는 차원에서 아시아 국가들과의 관계를 강화한다는 내용을 담고 있음을 본다. 지역외교 전략으로서의 목표나 한국이 추구하는 정체성, 위상, 역할 그리고 정책수단 등에 대한 고민도 담고 있지 못하다. 김대중 정부 시절 한국은 동아시아공동체에 대한 구상을 가지고 있었다. 그때로부터 이미 10년이 지난 지금 그 안도 아무런 효용성을 갖지 못한다. 일본과 호주 두 나라가 이미 지역공동체 문제에서 주도권을 선점했으니 이제 한국이 주도권을 장악하기 어렵게 되어 버렸다. 그래서 필요한 것이 우리가 동아시아공동체 논의에서 어떠한 입장을 가질 것인가 그리고 한국의 의견이 반영될 수 있는 외교전략이 어떤 것인지 찾아내는 것이다.

여기서 유 교수는 다음 세 가지 방안을 제시하였다. 첫째는 동아시아에서 공동체 형성에 기여하기 위한 과제와 그를 달성하기 위한 지역외교 전략을 제시함으로써 신아시아외교의 메뉴에 포함시켜야 한다. 둘째, 동아시아공동체가 인간안보를 지향하는 가치공동체를 지향한다면 인간안보중심의 신아시아 외교로 전환해야 한다. 국익중심의 자원외교보다는 녹색성장과 기술과 경험을 전수하며 빈민에 대한 기술 교육과 인간안보 외교과제들을 개발하고 동아시아 차원의 협력사업과 제도적 지원 메커니즘을 만들어야 한다. 셋째는 신아시아외교는 결국 규범, 지식, 가치외교의 강화를 통해 아시아공동체 형성에 주도적 역할을 하는 중견국 외교로 성격을 조정해야 한다.

신아시아외교는 국가 중심적 사고에서 벗어나 지역협력의 정체성을 만드는 데 시민사회의 역할을 적극적으로 활용하는 방향으로 보강되어야 한다. 이러한 차원에서 국가중심의 공공외교가 아니라 시민사회가 중심이 되는 공공외교가 유용한 수단임을 일깨워줄 필요가 있다고 논문을 마무리했다.[8]

---

8) 같은 유인물, p. 182.

2) 논평

유현석 교수의 논문은 필자가 접했던 동아시아공동체에 관련된 연구 중 가장 최근의 글이면서도 가장 나의 마음에 들었던 논문이었다. 필자도 이명박의 신외교정책 중에서 가장 아쉽게 생각했던 것이 지역공동체 문제에 대한 무관심 내지 무언급이었다. 이런 아쉬움은 필자의 MB외교 정책분석에서도 상세하게 피력되었으며 또 그 대안도 장황하게 제시했다.

이명박 대통령이 동아시아공동체의 문제에 대하여 특별한 관심을 갖지 않았던 이유를 짐작해 보면 이 문제는 어차피 미국, 중국, 일본, 세 나라의 합의가 어려울 것이므로 성사될 가능성이 희박할 것이다, 또 아시아 지역처럼 나라의 크기, 경제적, 문화적 격차가 큰 지역에서 성과를 기대하기 어려운 환경에서 공연히 되지도 않을 일을 가지고 시간과 정력을 낭비할 필요가 있겠느냐는 실용주의적인 사고 때문인 것으로 생각된다.

그런데 유현석 교수는 그런 사고방법을 가지고는 아시아태평양지역에서 강소국 내지 중견국가(*middle power*)에 걸맞은 리더십을 발휘하지 못할 것이라고 지적한다. 호주가 지역공동체의 문제를 제기하고 나섰고, 일본이 열성을 가지고 나섰는데 한국이 입을 다물고 있는 경우 아시아지역에서 국가위신도 역할도 차지하기 어려울 것이다. 그것을 염려하여 호주나 일본의 공동체론을 능가할 수 있는 공동체의 명분과 전략에 심혈을 기울여야만 한국외교는 세계 속의 한국위상에 맞는 모습을 보일 것 같다. 또 유 교수가 강조한 인간안보의 가치관을 앞세우는 동아시아공동체론을 제기한 것은 매우 적절한 제안이라고 평가되는 것이다.

호주 안이 정치와 안보에 치중한 지역공동체론인 데 비하여 일본의 하토야마 안이 경제협력과 경제이익의 확대에 중점을 둔 것이었다. 우리는 그러한 두 장점을 살리면서 한국의 홍익인간 이념에 바탕을 둔 인간안보와 정신(영혼)정화를 통한 인격향상을 겨냥하는 아시아태평양공동체를 제안하는 경우에 이에 대한 세계적인 호응과 지지는 훨씬 확대 증가될 수 있다는 것이 평자의 소견이다. 이런 주장의 내용은 본 필자가 집필한 이 책의 모든 장, 절의 구석구석에서 부연 설명되었으므로 독자들이 감지하는 데 어려움이 없을 것이다.

5. 동아시아의 다자 지역협력체제와 비전통안보협력체제[9]: 이신화

고려대학교 이신화 교수는 2007년 국제정치학회에서 비전통적 안보의 적실성을 다각도로 부연설명하면서 그 문제점과 전망에 대한 논문을 발표하였다. 보통 안전보장(*security*)이라고 하면 국가존립을 위태롭게 하는 안전보장이나 경제적 손실에 대한 방어책과 같은 개념으로 사용됨이 일반적이었다. 그런데 근래에 와서는 한 나라의 외교나 군사수단으로도 어찌할 수 없는 환경이나 기후, 식량이나 연료, 보건, 종교충돌, 교통문제 등의 여러 문제, 개별국가가 혼자서 다루기 어려운 문제들이 속출하게 되자 이런 문제를 비전통적인 안전보장이란 개념으로 문제를 다루는 경향이 생겨났다.

종래에 국제정치학자들이 말한 안전보장의 문제가 아니라는 뜻에서 외국 학자들이 비전통적(*non-traditional*) 안전보장이란 학술용어로 표현하였기에 이 교수도 그러한 추세를 따라서 비전통적이란 수식어를 붙인 것 같다. 이 글의 평자는 그런 표현이 어색하다고 보아서 국가기구 외 또는 민간영역 안보라는 말이 더 어울리지 않을까 하는 생각도 들었으나 이것이 이미 학술용어화 되어 있다.

요즘은 주권국가 중심의 국가안보만 가지고는 개개인의 복지나 안전이 보장될 수 없다는 이유로 국제사회 여러 행위자의 노력을 조율하고 당면문제를 효과적으로 다룰 수 있는 국제지역 레짐(*regime*) 출

9) 이신화, "동아시아의 多者지역협력체제와 비전통안보협력체제", 국제정치학회, 2007.

현이 요망된다는 주장들이 보편화되고 있다.

다시 말해서 과거에는 국제사회에서 별로 다루어지지 않았던 不法 이민, 환경오염, 인신매매, 에이즈, 사스, 조류독감 등의 문제들도 이제는 단순한 국가나 개인차원을 넘어서 다국가 지역사회의 문제로 다루어지고 있다. 그 외에 비인도적(非人道的) 박해나 인명학살, 지구적 환경변화 등의 문제도 비군사적인 안전보장의 문제로서 지역 내의 여러 나라 상호의존이 요구되는 협력업무로 중요하게 다루어지는 추세로 바뀌고 있다.

1) 동북아시아 다자간협력의 발전과정

이 교수는 동북아시아의 다자간협력체제의 발전을 일목요연하게 볼 수 있는 도표를 제시하였다. ① 정부 간 회의체(*Track* 1) ② 비정부 간의 회의체(*Track* 2) ③ NGO회의체(*Track* 3)로 분류하여 그 발전과정을 다음과 같이 간략하게 정리하고 있는 것이다.

⑴ Track 1에 해당하는 기관은 1967년의 ASEAN, 1993년의 ARF(Asian Regional Forum), 1997년의 ASEAN+3 이다.

⑵ Track 2에 해당하는 NEACD(North-East Asian Cooperation and Dialogue)는 미 국무부가 후원하는 샌 디에고(San Diago)대 연구소 주체로 6개국의 전문학자, 외무부나 국방부 인사가 개인자격으로 참석한 다자안보협력체로서 발족하였다. 그 토의사항은 전통안보 이외에 무역·투자·기술 등 경제협력, 환경보호, 테러, 마약, 조직범죄, 불법이민, 범죄문제 등을 비국가차원에서 다루었다.

⑶ Track 3의 CSCAP(포괄적 안보협력연구 그룹)은 환경파괴, 경제불평등, 안전유린 등을 토론 의제로 한 회의이며 여러 행위자들 간의 정보교환이 주요목표였다. 동아시아 비전그룹(*East Asia Vision Group*)이 ASEAN+3 정상회의에 한 보고서를 제출했는데 그것이 “Toward an East Asian Community: Region of Peace, Prosperity and Progress” 이다. 이 보고서는 결론에서 경제, 정치, 안보환경, 사회문화교육 중

모든 사회영역에서 지역적 협력이 필요하므로 동아시아공동체(East Asia Community)가 창설되어야 함을 강조하였다.

2) 동북아 다자간 지역적 안보협력의 현황과 한계

필자는 '비전통적 안보'에 관련된 지역적(민간인) 집단안보의 현황이 어떠한가? 그런 문제가 잘 다루어지지 못했다면 그 원인이 무엇인지 그 현실적 어려움의 한계를 자세히 보고하며 설명한다. 그 내용을 요약하면 다음과 같다.

⑴ 동북아시아의 지리적인 범위가 확정되지 못했다. 동북아의 범위를 넓게 잡으면 여러 국가의 참여의지가 희박해지고 구속력 있는 행동방안을 실정하기도 어려워진다. 반면에 지역범위를 좁게 잡으면 이웃 나라들 간에 원한과 불신감정이 사그라지지 않은 상태여서 이웃 나라와의 화해와 협력이 순조로울 수 없다는 것이다.

⑵ 동북아시아에서 주축이 되는 것이 중국, 일본, 한국인데 역사적인 앙금과 상대방에 대한 불신감정이 사그라지지 않아서 정치적으로 계속 악용되고 되풀이되는 상태이다.

⑶ 냉전시대부터 동북아시아에서는 양자안보체제가 지역안보의 주춧돌 노릇을 해 왔다. 한미관계, 미일관계, 북중관계 등이 바로 그 예인데 다자간의 협력관계가 몸에 배고 신뢰가 쌓이려면 더 오랜 시일이 필요할 것 같다.

⑷ 동북아시아 국가 간에는 자국이익 수호와 팽창의지만 강할 뿐 상호친선이나 단결 의지도 명분도 약한 상태이다. 더구나 공동체형성의 철학적인 기반이 아직도 마련되지 못한 것이 문제라는 것이다.

⑸ 동아시아의 여러 국가는 자국의 현실적 이해관계에만 민감할 뿐 공동체규범을 위반하는 국가를 응징하거나 제재하는 일에 앞장서려고 들지 않는다. 예를 들어 북한이 핵개발을 하거나 마약을 재배 판매한다든지 미국의 달러를 위조하는 행위를 해왔음을 알고는 있지만 자신들에게는 직접 해(害)가 없다는 이유로 무관심하며 그 피해국에

대하여 오히려 비협조적인 태도를 보이기 일쑤이다.

⑹ 중국과 일본이 주도권을 경쟁하고 있는 관계로 여러 프로그램에 불필요한 중복이 있는데도 실제로 문제를 다자간의 협의로 해결하려는 의도가 박약하다.

⑺ 지역안보문제를 어떻게 해서라도 해결하려는 대중적인 의식이나 정치적인 동기가 없는 상태이다.

위와 같은 지적은 충분한 근거를 가지고 있는 것이다. 그렇지만 이런 현상은 모두 일시적이며 변용(變容) 과정에서 교정될 수 있는 문제이므로 다자협력체제의 출현을 너무 비관적으로만 볼 문제가 아닐 것 같다. 뜻있는 사람들 내지 선각자 집단이 나서서 의도적으로 노력한다면 시간문제로 시정될 수 있다.

실제로 위의 ⑴, ⑵, ⑶은 현실적인 문제이긴 하나 시간이 해결해 줄 것이며 사실상 그런 우려도 차츰 줄어드는 중이다. 문제의 핵심은 한중일 삼각관계인데 일본은 물론 중국도 그렇게 유치하게 행동하는 단계도 차츰 지나가고 있다고 생각된다. 일본은 물론 중국도 이미 초기적인 민족주의의 단계를 벗어나고 있으며 강대국으로서의 풍모와 자신을 갖는 것 같아서 과히 염려 안 해도 좋을 성싶다.

⑷, ⑸, ⑹ 한중일 삼국의 철학적 기반은 이미 충분히 갖추어져 있다. 이런 사상적, 종교적인 내용은 이 책의 제 3장 '동아시아공동체의 정신적, 사상적 기조'란 글 속에 상세하게 부연 설명한 문제이다.

이신화 교수는 위와 같은 문제점을 제시하면서 한편에 다자간 지역안보협력의 가능성을 다음과 같이 지적하였다.

⑴ 동아시아의 여러 나라가 황사, 인권, 빈부격차, 해양과 대기오염의 심각성을 잘 알고 있다. 또 그 문제해결을 위해 지역국가 간 다자간의 협력이 필요함도 인식되고 있다. ⑵ 다자간의 지역협력에 대한 관심과 그 논의의 수준은 유럽국가들의 의식수준에 뒤지지 않을 정도로 높아져 있다. ⑶ 러시아나 중국도 이러한 문제의 심각성을 의식하기 시작했는데 다만 역사, 정치, 군사적 문제해결을 아직 외면할

수 없는 관계로 직접 앞장서려고 들지 않을 뿐이다.

이 교수는 현재 지역 리더십을 위한 경쟁이 진행되고는 있지만 단순한 군사적 경쟁이 아니라 미래의 비전을 제시하고 타 국가들의 동의를 얻어가는 중이다, 비전통 안보영역은 역내 국가들이 주도권을 획득하여 책임 있는 강대국으로서 인정을 얻어내는 수단이므로 러시아나 중국도 이런 면에 유의하지 않을 수 없을 것이라고 전망하고 있다.

다만 동북아국가들의 역사, 정치, 군사적인 우위를 차지하려는 욕심 때문에 그동안 심화되어 온 경제, 사회적 상호의존성이나 초국가적 환경문제 등의 문제 해결을 뒤로 미루어 왔다. 그런 현실이 안타까운 일이기는 하나 러시아나 중국의 이러한 태도에 대하여 미국이나 일본도 시비하거나 비판하고 나설 수도 없는 형편이다.

이와 같이 서로가 눈치만 보고 있는 상태에서 대한민국의 NGO들이 이런 문제해결에 앞장서야 한다. 그러면서 러시아나 중국의 도움이나 협력을 요청하면 상황이 달라질 것이라는 것이 평자의 소견이나 이 교수는 이 면에서 크게 낙관만 할 수 없음을 시사하고 있다.

3) 동북아 비전통안보(초국가지역안보)협력의 시나리오

2004년 7월 콘돌리자 라이스 미국 국무부장관은 중국을 방문했을 때 눈여겨볼 만한 제안을 했다. 북핵문제가 해결된 후 6자회담의 기능을 확대하여 재래식 무기와 미사일문제까지 논의하는 본격적인 동북아안보협의회로 격상시켜서 장차 한반도평화협정도 논의하자는 제안이었다. 이러한 제안에 대하여 남북한은 아무런 반응을 보이지 않았다. 왜 그랬을까?

이런 제안은 단순히 콘돌리자 라이스 국무장관의 소견이 아니었다. 그 배후 인물인 전 국무장관이었던 헨리 키신저 장관의 일관된 소견이기도 했다. 또한 이것이 상당히 현실성 있는 제안이었음에도 한국측이 아무런 반응을 보이지 않았던 이유는 필시 북한 측과 일부 국내 좌파들의 부정적인 눈치나 반응 때문일 것이다.

전문가들의 의견은 6자회담이 북한 핵문제라는 특수하고 구체적인 이슈를 다루기 위해 만들어진 기구라는 것이다. 그나마 썩 잘나가지도 못하는 기구를 가지고 OSCE나 NATO와 같은 기능을 기대하기 어렵지 않겠는가 하는 것이었다. 그래서 이 교수는 공식적인 기구보다는 보다 더 개방적이고 유동적인 체제 곧 협력적이고 제도화된 '레짐'이라는 협력체로 대처하는 것이 더 현실적인 제안임을 주장하였다.

또 비전통 의제를 다루는 경우 레짐은 전통적인 안보의제처럼 구애받지 않으므로 국제적 협력을 얻을 가능성이 훨씬 많다. 예컨대 인간안보나 환경안보 의제들은 갈등적 요인보다는 공동의 위협에 대한 공동의 대처라는 면에서 다자협력레짐이 촉진제 역할을 할 수 있다는 것이다.

이런 전제 하에서 이 교수는 동아시아에서 지역협력의 전망에 관하여 세 가지 시나리오를 제시하였다. 첫째는 현상유지의 시나리오이다. 동북아의 다자협력이 제도화되지 않은 가운데 현재와 같은 상태를 유지하면서 필요에 따라 최소한의 협력을 유지하는 수준에 머물 것이라는 전망이다. APEC, ARF, ASEAN+3과 같은 기존의 지역체제가 계속해서 동아시아의 안보문제를 다루어 나갈 가능성에 희망을 거는 것이다.

둘째 시나리오는 동아시아의 안보협력체를 만들어내려는 노력이 결실을 거두어 일관되고 정형화된 지역안보기구가 만들어질 것이라는 바람이다. 그러나 일본, 중국, 러시아, 미국 등이 가까운 시일 안에 지역안보협력체제를 창설하는 데 과연 합의하며 협력하려고 들 것인지 매우 불확실하다. 너무 희망적인 기대를 하지 않는 것이 좋을 것이다.

미국의 직접적인 참여가 없다면 직접적인 전통안보이든 비전통안보분야이든 지역협력체의 설립은 불가능할 것이라는 것이 이 교수의 판단이다.

세 번째 시나리오는 두 번째 시나리오를 다소 융통성 있게 변화시킨 것이다. 지역차원의 비전통안보협력이 계속되고 발전하는 가운데 지역국가들의 협력 '레짐'으로까지 발전해 나갈 수 있다는 전망이다.

이 지역의 국가들이 안보협력체제를 제도화함으로써 전 세계의 협력과 지지를 얻어가며 지역안전이나 세계평화달성에 대한 공감대를 형성하게 된다면 성취를 기대할 수도 있는 것이 아니냐?

또 말하기를 동아시아의 질서는 기존의 양자적 관계를 새로 조정하는 방향과 다자적인 협력체를 모색하는 방향이 혼합된 '양-다자협력 메커니즘'(*bi-multilateral cooperative mechanism*)으로 발전되어 나갈 가능성도 있다는 것이다. 비전통안보와 같은 기능주의적 협력이 성공을 거두려면 정치지도자들의 강력한 협력의지가 있어야 하며 또 정치적 돌파노력이 병행되어야 함을 시사했다.

마지막으로 전통적 군사안보 이슈에 대한 합의점을 찾지 못하는 이런 지역에서는 비전통안보와 같이 이슈별 협력을 추진하는 기능주의적 협력이 가능할 것이다. 현재 여러모로 보아서 포괄적인 다자주의적 제도를 형성 발전시킴이 쉽지 않은 일이므로 동아시아 국가지도자들 인식의 일대 전환이 필요하다.

중요한 것은 아시아지역의 여러 나라 지도층들이 지역의 당면 이슈를 제로섬 게임적 상황(*zero sum game*)으로 보려고 드는데 좀더 긍정적인 게임상황(*positive sum game*)으로 판단하는 인식의 전환이 요구된다. 이 말을 쉽게 이해한다면 '당신의 이익은 나의 손해'라고 보지 말고 '당신의 이익은 나에게도 이익이 된다'는 인식으로 바뀌어야만 지역의 갈등도 해결될 수 있다는 뜻이다.

또 앞으로는 동아시아지역에서 한정된 자원을 둘러싸고 서로 '더 많이 획득하기 위해서 쟁탈경쟁'을 벌이는 것이 아니라 '공동의 피해를 막기 위한 대책마련'이라는 차원에서 역내국가들이 서로 협력하여 '모두가 이익을 거두게 되는 공생전략'(*win-win strategy*)을 이끌어내는 좋은 계기로 삼아야 할 것이라고 결론지었다.

마지막으로 기능주의적 비전통안보협력은 '그렇지 않으면 함께 협력이나 협상하기 힘든' 역내 구성원들을 대화의 장으로 이끌어내어서 신뢰구축의 기틀을 마련할 수 있도록 더 활성화되어야 한다는 말로 결론지었다.

4) 비전통적 안보구상은 아시아공동체운동으로 성취될 수 있다

미국의 제안에 따라 생겨난 6자회담은 헨리 키신저 박사나 라이스 국무장관이 말하는 아시아의 다자안보협력체제 구상의 산물이다. 미국 측은 이것이 단순히 북한의 핵무장을 제어하는 데 그치지 않고 한반도의 평화를 위한 미국, 러시아, 중국과 일본 등 4강대국의 협력기구 구실을 하기 기대했는데 그런 역할을 제대로 해내지 못한 원인은 북한에 대한 중국의 미온적인 태도 때문이었다. 이런 경우 아시아태평양 지역국가의 NGO나 시민들이 나서서 비전통 안보활동을 확대하며 북한의 핵무장이나 핵실험을 견제하고 나서게 된다면 중국은 물론 북한의 태도도 달라지지 않을 수 없을 것이다.

동아시아 또는 아시아태평양 지역국가들이 다자협력체제를 유지하며 지역공동체로 나가게 된다면 미국은 물론 중국도 유일 초강대국가의 자리에서 내려앉게 되어 다자국가들 중의 한 나라가 되고 만다. 하여튼 동아시아의 다자안보협력체제가 더 발전되어서 아시아태평양공동체를 출범시킬 수 있게 되어야 우리의 시대는 새로운 역사를 만들어가는 계기가 될 수 있는 것이다. 현재는 폐쇄적, 전투적인 민족주의의 시대가 이미 멀리 지나고 있으며 또 다문화, 다인종, 다종교의 시대로 들어와 있다. 북한이나 중국은 아직도 구민족주의의 전통에서 벗어나지 못하고 있는 것이 오늘날 우리 시대의 문제가 되어 있다. 이런 말은 이신화 교수의 글 속에서 전혀 내비치지 않고 있으나 그가 제시하는 논리의 귀착점은 가히 짐작할 수 있는 것이 아니겠는가.

6. 한중일 민족주의와 동아시아공동체: 지은주

동아시아의 지역공동체와 한중일 3국의 민족주의는 반드시 상충하는 것이 아니다. 오히려 상호보강 내지 보완해 줄 수도 있기 때문이다. 민족의 생존이나 안전 그리고 이익에 기여하는 것이 아니라 도리어 저해하고 방해밖에 되지 않는 민족주의라면 당연히 소멸하거나 퇴출되어야 한다. 그러므로 민족국가가 존속되더라도 세계의 시대정신에 부합하도록 진화하며 성숙해야만 한다.

동북아시아의 민족주의는 어떠한 조건에 의해 상호보완하면서 세계평화와 번영에 기여하며 또 어떠한 여건에서 상호방해하며 갈등을 야기하게 되는 것인가. 본인은 민족주의도 대체로 세 가지의 발전단계를 거쳐서 성장해 왔다고 본다. 첫째는 방어적 내지 저항적민족주의의 단계이다. 둘째는 전통사상과 문화에 바탕을 두고 자국의 정체성을 형성하며 그것을 명확하게 드러내는 단계이다. 셋째는 좁은 범위를 벗어나서 성숙화하는 단계이다.

동아시아공동체 출현은 제 2의 단계를 넘어서서 체제가 성숙화하면서 초기의 자기중심주의적인 모습에서 탈피하기 시작할 때가 되어야 비로소 성숙된 모습을 보이게 된다고 믿고 있다.

고려대의 지은주 박사는 2007년 12월 국제정치학회에서 "동북아시아 공동체를 위한 정체성과 민족주의"라는 글을 발표하였다.[10] 동북아시아 3국 민족주의의 현황이 여기서 비교적 잘 정리되어 있다고 생각되어 글의 요지를 소개 논평하면서 동아시아공동체의 출현과 관련지어서 본인의 소견과 전망을 개진하고자 한다.

지 박사는 이 글의 서론에서 한중일 3국이 중심이 된 동북아공동체 논의를 역사적으로 살폈다. 1924년 중국의 쑨원이 중일공동영도론(中日公同領導論)을 주장한 바 있었다. 1940년에는 일본이 대동아공영권(大東亞共榮圈)이라는 구상을 발표하고 추진하였다. 이 두 명분은 말만 내세웠지 실천에 옮겨지지는 못했던 구상이었다.

하지만 20세기 말 1989년에야 APEC(아시아태평양경제회의)이 설립 가동되었다. 1990년대에는 동남아 여러 나라에 의해 ASEAN(동남아국가연합)+3이 설립되어 여러 지역국가들 간에 협의체가 구성될 가능성

10) 지은주, "동북아시아공동체를 위한 정체성과 민족주의", 《21세기 동북아지역협력체제의 모색: 이상과 현실》, 고려대 평화연구소·한국국제정치학회, 2007.

을 보여주었다.

1) 지역공동체 출현 조짐이 보이지 않았던 이유

그러나 가장 중요한 한중일 3국이 주동이 되는 지역공동체 기구의 출현은 논의만 빈번할 뿐 아직도 출현의 조짐을 보이지 않고 있다. 그 이유는 무엇인가? 필자는 말하기를 첫째, 지역정체성이 형성되지 못했기 때문이다. 둘째, 안보불안이 계속되고 있는데다 국가 간에 상호 우호와 수용의 정도가 매우 낮다. 동북아시아공동체를 밑받침할 수 있는 경제적, 안보적, 문화적 기초가 아직도 튼튼하게 다져지지 못한 상태이다. 또 그럴 수밖에 없는 가장 큰 이유는 삼국이 초보단계의 민족주의 감정에서 벗어나지 못하고 있기 때문이다.

유럽지역에서는 나라마다 민족주의가 건재하면서도 지역적인 정체감과 서로 공존하며 모순 갈등을 일으키지 않으며 상호조화와 균형을 보여주고 있다. 그런데 동북아시아의 3국은 그 두 요인 간에 대립이 아직 수습되지 못한 상태이다. 이 지역정체성이 현재 어느 정도로 성숙되어 있는지 지은주는 2003년 아시안 바로미터(*Asian barometer*)의 조사를 통해 한중일의 초국가적 정체성을 조사하고 소개하였다.

자신을 아시아인이라고 지목한 사람은 한국인 71.0%, 중국인 6.1%, 일본인의 41.8%이었다. 반면에 초국가적 정체성이 없는 사람은 한국인 표본의 27.9%, 중국인 표본의 73.3% 일본인 중에는 11.6%였다. 이처럼 중국인들은 아시아인 하면 중국인이 거의 전부인데 또 왜 아시아인을 거론하려는 거냐는 태도를 보였다. 일본인들도 자신을 아시아인으로 동일시하는 사람이 반수밖에 안 되어, 한국인만이 자신을 한국인인 동시에 아시아인이라고 생각하는 것으로 나타났다.

또 한중일 민족주의의 강도를 자신의 국적을 얼마나 자랑스럽게 또는 수치스럽게 생각하느냐를 묻는 질문을 통해서 알아보았다. 그런 설문에 대한 응답으로 판단한다면(수치가 적을수록 긍정적이며 많을수록 부정적) 중국인이 1위로 1.76이고 한국인이 2위로 1.95인 데 반해 일본인은 최하위인 2.13으로 민족의식이 가장 약한 것으로 나타났다.

흔히 모자라거나 덜 성숙된 사람들일수록 자신만이 최고라고 생각하고 잘난 체하기 마련이다. 매우 적은 차이라고는 하나 한국인들이 2위를 한 것을 보니 그래도 덜 창피스럽다. 일본이 중국보다도 더 선진적이고 또 강대국임을 자부하면서도 중국 측의 안하무인적인 태도를 거부하면서 외면하려고 들기 때문에 중일 양국 간의 화합이 잘 안되는 이유를 여기서도 볼 수 있다. 다음에 동북아 삼국의 민족주의와 변천과정을 살펴보겠다.

(1) 한국민족주의의 문제점

한국민족주의가 크게 불타오른 것은 일본에 의한 강제합방 때문이었다. 민족주의가 더 일찍이 발생하고 성장했더라면 좋았을 것인데 일제치하에 와서야 비로소 민족주의운동을 하게 되었으니 자연 방어적 또는 저항적 민족주의로 나타날 수밖에 없었던 것 같다.

한국의 민족주의는 해방 후 건국투쟁의 시기를 겪으면서 좌파민족주의와 우파민족주의로 분열되었으며 이것이 남북분단을 영속시키는 원인이 되어 왔다. 많은 사람들은 이것을 한민족의 불행이라고 단정하지만 이 글의 논평자는 그렇게 생각하지는 않는 편이다. 사상의 대립으로 민족이 분단되었다고들 말하지만 어느 민족주의가 더 좋고 바람직스러운 민족주의인지를 실험하고 경험함으로써 비교해 보는 기회를 갖는 것이 더 좋은 일이 아닌가 생각하기 때문이다.

해방직후에 당시의 한국국민 특히 젊은이들은 민주주의나 공산주의가 어떤 것인지 관념적으로는 알았지만 실체를 눈으로 목격하고 체험해 볼 시간이나 기회가 없었다. 더구나 해방 후의 혼란기에서 그 체제의 내용, 특히 그의 호불호(好不好)도 전혀 알 수 없었던 가운데 선택이 강요되었기 때문이다. 그래서 대부분의 젊은이들은 정치이념이 무엇인지 왜 피투성이가 되어서 싸워야 하는 것인지 알지도 못하는 가운데 어느 한쪽을 편들다가 크게 다치거나 또는 억울하게 죽음을 당하기도 하였다.

개방적인 보수우파 민족주의가 옳은지 또는 폐쇄적이며 전투적인 좌파민족주의가 더 좋은지? 미국과 손을 잡고 나가는 것이 국익에 도움이 되는 것인지 아니면 소련이나 중국과 손을 잡아 이른바 진보주의 노선을 위하여 싸우는 것이 민족주의 정신에 부합되는 것인지? 이런 문제에 대한 확실한 대답도 알지 못한다면 그 고통스러운 기간을 직접 겪어보고 느껴보는 수밖에 없는 것이다.

그런데 남북분단 반세기 만에 그 사상이나 체제의 우열이 의심의 여지없이 드러나 버린 것이다. 한국민족주의의 제3단계는 1980년대 권위주의체제의 민주화 이후에 들어서게 된다. 분단된 민족주의를 봉합하여 통일지향의 민족주의를 지향하려는 노력은 김영삼 시대부터 시작된 격이나 김대중의 햇볕정책을 통하여 북한포용 정책이 좌우를 합작하는 통일민족주의의 성격을 보이기 시작했다. 그 클라이맥스는 2000년의 6·15선언으로 구체화되었다.

이런 변화에 대하여 필자 지은주 박사는 그 성격을 더 분명하게 부각시킴을 삼가면서 덜 자극적인 표현으로 한국의 좌파정권이 동북아시아 권역인 다른 국가들, 곧 일본과 중국의 공세적 민족주의에 대해서도 유연하게 대처할 수 있게 되었다는 사실만 지적한다. 한국이 과거보다도 훨씬 성숙하고 자체에 대한 자신이 생겼으므로 싸우려할 필요 없이 유연하게 대하고 있다는 인상을 주려는 것 같다.

> "… 1998년 김대중 대통령이 일본을 방문한 이후 양국관계는 미래지향적으로 개선되기 시작했다. 그러나 2002년 일본 역사교과서 파동이 일어나자 양국관계는 일시에 경색되었지만 … 노무현 대통령의 일본 방문 이후 6자회담에서의 일본과의 협력, 북일수교에 대한 기대, 한일자유무역협정의 필요성 등으로 인해 정부 스스로가 반일감정의 노출을 억제하는 것 같다. 여기서는 통일한국을 위한 조건을 만들고자 하는 노무현정부의 노력이 깔려있는 것으로 짐작된다 …."
>
> "… 동북공정(東北工程) … 그 의도가 어디에 있건 간에 한민족의 근간과 정신에 대한 도전이었다. … 그러나 한국정부는 중국과의

관계를 고려하여 공식적인 입장을 표시하지 않는다. 일본이나 미국에 대해서는 서슬이 시퍼런 한국의 좌파정권이 한국역사에 대한 중국 측의 무례한 왜곡에 대해서는 왜 발언을 삼가하며 못 본 척, 또 알고도 모르는 척 하려 드는 것인가? 최근에는 고구려사의 중국편입의 시도와 관련하여 남북한이 공동으로 대응해야 한다는 인식이 퍼져가고 있다고 한다. 그러나 북측이 남측보다도 더 중국에 종속적 위치에 있는데 어떻게 공동대응이 가능하겠는가? …"

또 왜 중국의 명백한 국사침략과 왜곡을 보면서도 입을 꾹 다물며 무엇이 두려워서 바른말 하는 것도 자제하려는 것인가? 일본에 대해서는 50년, 100년 전의 사소한 문제를 물고 늘어지는 한국민족주의가 중국에 대해서는 눈앞에서 벌이는 비리 망발에 대해서도 못 본 체 또 모르는 체 외면하는 것이다. 이것 역시 반미통일전선을 구축함으로써 위기의 북한을 보호해 주려는 원대한 계략이 아닌지 의심하게 한다.

논문발표자가 연구한 한국민족주의란 것도 주체파(主體派) 학자들의 주장처럼 자주와는 거리가 멀다. 일본이나 미국이 아닌 인접국가에 대해서는 비굴할 정도로 저자세를 취하며 잔머리를 굴려대는 모습을 보게 된다. 중국에 대한 노예근성의 DNA가 아직도 남아 있기 때문인가. 이것도 요즘 젊은 세대를 누르는 모종의 정신적 압박이 있는 모양이다.

(2) 중국민족주의의 문제점

중국민족주의는 한(漢)나라 때부터 내려온 중화사상의 뿌리에서 나온 것이라고 필자는 말한다. 중국은 천하세계의 한가운데 위치하며 타인종이나 민족은 모두 변두리에 사는 미개지역의 야만인취급을 받아왔다.

미국이나 유럽은 물론 러시아나 일본도 중앙에서 멀리 떨어져 있어 가장 훌륭한 문명에서 벗어난 변방에 위치해 왔으나 한반도는 중국에 변함없이 신종(臣從)하며 조공(朝貢)을 바쳐온 종속국가이므로 중국의 분신이나 다름이 없었다. 특히 조선왕조시대가 그러했다.

그런 중심국가가 서세동점(西勢東漸)에 밀리다가 끝내 그 무력 앞에 무릎을 꿇었다. 이것은 오랑캐 출신인 청나라 때문이며, 그 못난 조정 때문에 국토가 서양 여러 나라에 의하여 분할 점거되어 반식민지 상태로 침몰되어 버린 것이다. 한족(漢族)이 단결하여 중국 안에 들어와 있는 외세를 몰아내 국가주권을 회복하려는 노력이 1904년 손문의 국민당혁명과 1948년 중국공산당에 의한 국가수립 등 두 번이다.

마오쩌둥이 죽은 다음 덩샤오핑이 정권을 잡자 공산당 지배의 골격만 유지했을 뿐 정책내용은 개혁 개방의 이름으로 민족주의 내용으로 급선회하였다. 중국의 5000년 역사상 민족주의가 오늘처럼 강력하며 철저하게 기승을 부렸던 시기는 없었다.

그러나 중국공산당이 진정 원하는 것이 무엇인지. 그들의 위협적인 부국강병정책이 궁극적으로 공산주의사회를 만들겠다는 것인지 아니면 중국민족주의를 최대화함으로써 세계제일의 패권국가로 군림하겠다는 것이 주목적인지. 아마도 중국의 통치권자들 자신도 알지 못하는 일일는지도 모른다.

이 글의 필자인 지은주 박사는 덩샤오핑이 1878년 개혁개방정책을 펴면서 한때 실용주의정책으로 인해 중화주의 중심의 민족주의가 완화되는 듯이 보였음을 지적한다. 심지어 미국과의 관계개선을 추구하며 세계시장으로 진출코자 1999년 WTO에 가입하였으며 일본과도 그 후 여러 방면으로 관계개선을 시도하는 듯이 보였다.

그러다가도 중국정부는 느닷없이 일본총리의 야스쿠니 신사참배나 일본역사교과서문제를 트집 잡으며 양국관계를 긴장케 하는가 하면 미국에 대해서도 대결의 결연한 자세를 보이려 하였다. 그렇게 냉전국면을 연출하다가도 곧 화해정책으로 돌아서는 이러한 변화를 빈번하게 보이는 이유는 중국정부가 국내사정으로 인해 대외강경정책과 온건정책을 번갈아가는 과정에서 대외긴장과 화해국면을 바꾸는 곡예를 부리고 있었기 때문인 것 같다.

이런 면에 관하여 필자는 다음과 같이 설명한다. "…1990년대 이후 재등장한 민족주의는 개혁개방 이후의 경제개발을 위한 유연한 민족정책을 자칫 체제붕괴와 국가분열이라는 최악의 사태에 이를 것을 염려한 때문인지 중국의 민족주의는 어떤 의미에서 '국가민족주의'(*state nationalism*)의 모습을 보여주고 있다. … 그러나 내부의 단결을 위해 강화되는 중국의 민족주의라도 주변 국가들에게는 한편으로는 위협으로 다가오기도 한다." 중국의 민족주의가 동아시아에서 평화보다도 긴장만 조성하고 있다는 감을 주는 이유는 민족주의의 성숙에 이르기에는 아직도 먼 상태에 있기 때문인 것 같다.

(3) 일본민족주의 문제점

일본은 민족주의란 말조차 사용하기를 꺼리면서 영어의 '내셔날리즘'이란 말로 대용하기를 좋아한다. 그 원인이 무엇인지 궁금해지는데 아마도 일본이 아시아의 다른 나라들이 민족주의를 내세우기 전에 너무 강도 높게 써먹다가 탈이 나고 말았던 역사의 아픈 경험을 반영하는 것이 아닌지. 일본이 민족주의를 내세우며 침략전쟁을 일으켰던 수치스러운 과거를 다시 상기시키지 않으려는 마음가짐 때문인 것 같다.

일본민족주의의 내용에 대하여 필자인 지은주 씨는 다음과 같이 요약한다. 일본의 민족주의 개념에는 국체(國體)주의, 국권(國權)주의, 국가주의, 일본주의, 정신주의, 제국주의, 국가사회주의, 전체주의의 다양한 요소들이 포함되어 있다. 또한 천황 및 국가에 대한 절대적인 충성, 공산주의와 사회주의에 대한 반대, 이론보다 행동의 중시, 일본의 민족적 전통 및 문화우월성 강조, 외래문화에 대한 경계, 민족적 사명감 등이 포함되어 있다.

일본에서 민족주의가 고개를 들기 시작한 것은 서구열강이 침략하던 19세기였다. 당시 모든 면에서 우월했던 서구에 대해서 일본은 열등감을 가지고 있었기에 서구에 대한 배타적 감정으로 민족주의를 추구하게 되었다. 그러나 이러한 일본민족주의는 20세기 초중반 자신감을 갖게 되자 스스로 아시아의 맹주가 되어 서양에 대항해야 한다는 팽창주의 민족주의로 전환하였다. 이러한 맥락에서 대동아공영권의 구상도 나오게 된 것이다.

일본의 민족주의는 일본주의적인 국가주의를 표방하는 데 천황을 중심으로 하는 대가족주의를 표방하는 유기체적인 성격을 강조한다. 그러나 이런 전통적인 사고방식이 얼마나 젊은 세대에 전수되었는지 알 수 없다. 전후 일본은 성공적인 경제성장으로 미국, 유럽과 함께 세계경제를 이끌어가는 경제적 초강대국으로 부상하였다.

그리하여 대외적으로는 대미협력을 강화함으로써 국제적인 안보협력을 추진하면서 대내적으로는 일본의 대외침략마저 정당화하려는 방향으로 발전하고 있다. 1980년대에 일본이 세계 제2위의 경제대국이 되자 일본의 평화헌법을 개정하여 일본도 보통국가처럼 군비를 갖춤으로써 자주국방능력을 가져야 한다, 또한 일본이 과거에 저지른 침략전쟁도 당시의 세태에서는 불가피한 행동이었으므로 지나치게 죄의식을 느낄 필요가 없다며 그런 인식을 역사교과서에 반영하는 풍조가 생겨나고 있는 것이다.

2000년대에 와서 중국이 새로운 초강대국으로 부상하여 군비를 강화하였으며 또 북한도 핵무기를 개발하여 핵실험을 하게 되자 일본도 재무장을 위해 군사비를 크게 증강하고 있다. 1999년 일본의 일장기를 국기(國旗)로 하고 기미가요를 국가(國歌)로 지정하는 법률을 제정하며 역사와 공민교육에서 애국심을 강조하도록 교육기본법을 개정하였다. 이런 움직임은 일본의 민족주의의 부활이며 과거의 군국주의나 침략주의의 재발을 유도하는 것이 아니냐는 의심을 받으며 이웃 나라들의 신경을 날카롭게 곤두세우고 있다.

2) 동북아 3국의 민족주의가 각자의 문제성에서 탈피하려면

본래 사람의 마음에는 선악의 양면이 있고 이기주의와 이타주의, 개인주의와 집단주의, 긍정적 측면과 부정적 측면 등 상반하는 요인들이 공존하고 있다. 민족주의도 그 예외가 아니다. 민족주의는 근대의 민족(국민)국가를 세우고 유지하는 활력소이며 보편적인 정치이데올로기임에는 틀림이 없다. 문제는 그 양면적인 요소의 구성 비율이 또 나라마다 다르며 또 시기마다 변화한다고 보아야 한다는 것이다.

지역공동체는 지역협력기구가 연합되어야 이루어지며 성장하는 것인데 그 기초단위가 각 국가마다 얼마나 튼튼하게 발달해 있는가? 과연 어느 수준으로 견실하며 또 성숙되어 있느냐에 따라서 그 지역공동체가 순조롭게 성숙하며 또 성장 발전할 수 있는 것이다.

동아시아에는 수많은 나라들이 있다. 인도, 파키스탄, 아프가니스탄, 미얀마, 타이, 말레이시아, 싱가포르, 인도네시아, 캄보디아, 라오스, 베트남, 필리핀, 타이완, 카자흐스탄, 키르기스스탄, 몽고 등이다. 앞으로는 범위를 확대하여 미국과 러시아도 태평양지역공동체로 포함시킴이 좋을 것이다. 경제나 문화수준도 각기 다른 이 지역공동체를 운영하고 경영하는 데 선도적인 역할을 할 수 있는 나라는 미국, 중국, 일본, 그리고 대한민국 정도라고 말할 수 있다.

여기서 가장 큰 영향력을 갖는 것이 중화인민공화국이다. 중국민족주의의 문제점은 지나친 우월의식과 지배욕이다. 그들의 민족주의는 패권주의적인 성격을 갖기 때문에 주변 국가들은 접촉하기 껄끄러우며 그들과 동일한 공동체에 소속하며 협력하기를 좋아할 나라는 거의 없다고 말할 수 있다.

자고로 중국은 유교문화를 앞에 내놓고 패도주의를 경계하며 자국의 이익만 취하려 하지 않는 사해동포(四海同胞)주의가 강조되어 왔다. 또 왕도정치와 덕치주의만 숭상하며 패도행위는 금기시되어 왔다. 그러나 이러한 문명적인 문화규범이나 행위방식을 공산당 치하에 와서 거의 찾아볼 수 없는 것이 문제이다. 그러니 중국도 이러한 전통과 도덕성을 다시 부활시켜서 실천해야만 다른 국민의 존경과 추종을 얻을 수 있다. 이것은 중국이 유교철학의 진수로 되돌아가야 가능한 일이다.

그에 비하면 일본은 패전 후에 와서 인접국가에 대한 우월의식이나 지배욕은 보이지 않게 된 것이 매우 다행스러운 일이었다. 또한 과거의 침략과 횡포를 반성하면서 아시아 각국에 가장 많은 자금지원과 유익한 문화 및 복지시설을 만들어주는 선행을 계속해 온 것이다. 그러나 과거에 일본 주도의 대동아공영권을 욕심내던 전력과 악업이 완전히 잊히지 않은 상태라 아직도 타 국가들의 경계대상에서 완전히 벗어나지 못하고 있다.

중국이 일본 제국주의를 규탄하며 일본이 중국이나 아시아에서 저질렀던 악행이나 만행을 자주 떠올리며 상기시키는 것이나, 또 그에 대한 일본의 사과를 거듭 요구하는 이유도 중국이 일본에 아시아 각국에다 벌이는 선행이나 덕업(德業)을 따라 할 수 없기 때문일 것이다. 중국이 세계적인 차원에서 국제적인 리더십을 발휘하려면 훨씬 더 많은 시간과 노력이 필요할 것 같다.

한국의 민족주의는 중국이나 일본과 같은 우월의식이나 패권욕을 과시한 일이 없다. 또 일본처럼 아시아 각국에다 선업을 베풀었던 예도 거의 없었다. 그러면서도 동아시아 지역공동체가 생겼을 때 그 조직을 이끌어 나가는 면에서 특이한 재능을 가지며 또 그 능력을 사용하는 데 매우 유리한 위치에 있다. 그래서 한국인들 자신뿐만 아니라 외국인들도 동아시아공동체에서 한국인의 리더십에 많은 기대를 걸고 있는 것처럼 보인다.

한 예를 들어서 일본의 前 동경대 교수인 와다 하루키(和田春樹)가 《동아시아 공동의 집》이라는 책(일조각, 2004)에서 한국이 동북아시아 공동의 집을 구성하는 데 최적의 주체가 될 수 있다고 평가하고 있는 것이 그 한 예이다. 일본사람들 이외에도 중국인, 동남아시아인들, 몽골인 그리고 시베리아인들도 한국인들에 대하여 중국인이나 일본인들보다도 훨씬 더 친근감을 표시하는 경향을 보여 왔다. 이런 호감이나 친근감도 천성적인 자연스러움(*spontaneity*)이나 인간적인 정겨움, 인정에 기인하는 면이 있다.

3) 남의 허물을 덮어주며 원한을 은혜로 갚을 수 있는 국민이 되어야

그러나 한국인들도 미국이나 러시아인들, 중국인들 그리고 일본인들에 대하여 적절하지 못한 태도나 수준이 낮은 행동을 보일 때가 적지 않았음을 반성하고 시정해야 한다. 예를 들어 대한민국을 세워주고 지켜주고 오늘까지 한반도의 평화와 번영을 이루게 하는 데 지대한 역할을 해온 미국에 대하여 노무현 대통령은 '할 말을 하겠다'며 불손하고 도전적인 태도를 보인다. 이것은 거리에서 벌어졌던 반미운동과 시위에 호응하려는 태도였다.

그러면서 왜 중국이 반한적인 행동을 하는 데 대해서는 당연히 할 수 있고 또 해야 하는 말도 삼가는지? 북한의 탈북인들이 잡혀가면 총살당함을 알면서도 강제 북송하는 비인도적인 태도나 동북공정의 역사 왜곡을 강행하는 태도 등이 그 한 예이다.

또 가장 가까운 이웃인 일본에 대하여는 기회만 있으면 적대감을 표시하는 데 주저하지 않아 왔다. 지리적으로 인접해 있다 보니 일본인들에게 손해나고 피해를 입는 경우가 적지 않았을 것이나 그들로 인하여 직간접적인 이익이나 혜택을 입는 경우도 훨씬 많았음을 간과해서는 안 된다.

민족주의에도 개방적이고 포용적, 우호적인 민족주의가 있고 반대로 배타적이고 폐쇄적이며 적대적인 민족주의가 있다. 전자가 수준이 높은 국민의 민족주의라면 후자 곧 배타적, 적대적인 민족주의는 아직도 낮은 수준의 저질성을 드러내는 것이 아닌지 염려가 된다. 더욱이 한국의 민족주의는 홍익인간의 이념을 받드는 민족주의이다. 그런 민족이념을 받들어서 우리 국민의 대다수가 이기주의로부터 이타주의나 박애주의로 격상되어야 한다. 난폭한 배타적 집단주의로부터 교양있고 예의바르며 포용적, 개방적인 집단주의로 진화하며 더 성숙되어야 한다. 한국의 민족주의도 과거의 도덕적인 저질성이나 유치함에서 벗어나야 하는 시기가 훨씬 지난 것이다.

이것은 민족주의의 높은 단계로 진입함을 뜻하는 것이며 한국국민의 진화와 성숙화를 증명하는 것이 된다. 현재로 보아서는 동아시아공동체운동을 앞장서 가며 타국민까지도 이런 성숙화의 길로 인도하는 것이 한민족의 존재이유라고 할 것이다. 우리가 앞으로 아시아태평양공동체운동을 벌여야 하는 이유가 여기에 있다.

7. 아시아공동체를 설계한다: 지역안보체제와 인권[11]

1) 동아시아의 지역거버넌스의 과제와 전망: 內田孟男(우치다 다케오)

세계화(*Globalization*)는 대조가 되는 지역화(*regionalization*)를 불러와서 상호 보안한다. Global governance라는 것은 세계적인 규모의 문제에 대한 세계적인 대응방법이다. 여기서는 국가만이 아니라 시민사회, 비정부조직(NGO), 기업체와 국제기구 또는 지역기구가 서로 협력하면서 문제해결에 나서게 된다. 예를 든다면 지구온난화나 오존층의 파괴 등의 문제가 생기는 경우 지구전체가 자신의 문제로 받아들여서 해결하려고 나서게 된다.

개발이나 빈곤퇴치, 전염병 등 문제도 지구의 전체적인 대응을 요구하지만 동시에 지역차원에서도 효과적으로 대응해 주지 않을 수 없다. 개발원조도 냉전시기에는 냉전의 도구구실을 했지만 그 후 세계화 시대에 와서는 경제사회개발이나 인류복지도 우선과제로 부상하였다. UN사무총장도 단순히 공공부분의 일로 다루려고 하지 않고 관련된 시민들의 참여를 기대하며 또 그것이 민주화의 과제로까지 격상되어 있다.

구체적으로 지구적인 규모의 환경, 개발, 인구, 지역분쟁과 같은 문제도 국가나 지방자치단체, 시민사회, NGO, 민간부문까지 모두가 관여하며 협력하는 글로벌 거버넌스(*global governance*)의 관심대상이 되는 것이다. 국내에는 공적인 행위자들 곧 국가, 정부, 지방자치체가 있지만 비국가 행위자들 곧 시민사회, NGO, 민간부분(섹터)들과 공동으로 참가해 협력해야 한다는 것이다. 여기에는 계층적인 우위나 서열이 없으며 다양한 행위자들이 수평적인 협력관계를 유지하면서 해결하려고 나서고 있다.

제2차 세계대전 후 국제정치 질서가 다국 간의 협력을 통하여 문제

---

11) 進藤榮一·平川均 編著, 《아시아공동체를 설계한다》, 日本經濟新聞社, 2006.

를 해결하는 추세로 바뀌어 왔다. 국제연합의 집단안보체제도 그와 같은 개념에 의해서 활동하게 되며 그 아래 지역적인 문제해결=통치장치에 의하여 보완되어 왔다. 일본이 동아시아 지역협력에 관여하는 원칙이 있다면 다음 네 가지를 들 수 있다.

① 아시아지역의 안전성을 확보하면서 아시아 전역의 근대화, 민주화를 추진한다. ② 이 통치수단은 단순히 정치적인 의사표명에 그치는 것이 아니라 실질적인 내용과 결과를 만들어내도록 힘쓴다. ③ 우선은 경제적인 협력으로 출발하지만 정치면에서의 문제까지도 해결되는 처리방법(거버넌스; *governance*, 官民協治방식)이라야 한다. ③ 경제협력으로부터 시작하지만 중장기에는 민주화의 방향으로 발전해야만 한다. ④ 세계적인 통제방식도 상충되지 않으며 상호 보완하는 방향으로 통제효과가 나타나야만 한다.

(1) 세계화와 지역주의의 내부관리

지역적 거버넌스는 지역마다 크게 다르다. 유럽에서는 단일 통화인 유로통화를 사용하며 공동외교 안보정책으로 나가고 있다. 또 유럽헌법에 전 가맹국들이 서명하였으며 각국 의회심의나 국민투표를 기다리고 있는 중이다. 아프리카도 AU의 이름으로 강력한 지역적 관민협치(官民協治)방식을 표방하고 있다.

지역적 관민협치의 입장에서 아시아를 보게 되면 다른 세계지역에 있는 전지역적인 조직이 없다는 점에서 특이하다. ASEAN이라든가 SAARC와 같은 하위지역기구는 있다. 또 APEC과 같은 아시아를 초월하는 기구도 있다. 10년 전에 설립된 ARF는 동남아시아, 동아시아, 러시아, 미국, 호주 등을 포함하며 ASEAN+3도 중국, 일본, 한국 간의 협력관계를 유지하는 기구역할을 해 왔다.

동아시아에 지역기구가 만들어지지 못한 이유는 ① 공통된 역사경험이나 현실인식이 없다. 근래에 와서 민족주의가 고양됨으로 인해 상호간 대화조차도 어려운 상태이다. ② 이 지역에는 중국과 대만의 대립, 남북한의 대립, 일본과 러시아의 영토분쟁 등이 남아 있다. ③

일본, 한국, 중국은 모두 다른 시기에 고도경제성장을 이룩하였다. 또 민주화를 수반하는 급격한 사회변동도 경험하였다. 특히 중국에 있어서는 통치방식이 아직도 유동적이다. 또 그것이 지역수준의 통치장치에도 어떠한 영향을 주고 있는지 분명하지 않다.

그럼에도 정치적인 대립 가운데에서도 '정치는 냉랭하고 경제는 뜨거움'(政冷經熱) 현상이 계속되고 있는데 이런 정경분리(政經分離)가 언제까지 계속될 것인가? 미트라니의 기능주의는 경제와 사회의 활성화는 장차 정치적 대립을 완화시키며 최종적으로는 국경이 필요 없게 된다고 하지만 동아시아에서 그런 일이 가능할 것인지? 또 경제에 대해서도 계속해서 장애요인으로 작용하지 않을는지도 알 수 없다.

(2) 세계와 지역을 연결하는 UN시스템

UN이 세계와 지역의 통치장치를 연결하는 역할을 하고 있다. 평화와 안전보장문제를 분석한 부트로스 갈리 전 UN사무총장은 UN과 지역기구의 협력원칙과 실제에 대하여 다음과 같이 제언하였다. ① 협의의 장치는 만들어져야 하나 공식적인 기구가 아니어도 된다. ② UN헌장에 있듯이 UN의 우위성은 존중되어야 한다. ③ UN과 지역기구 멤버의 완전성은 유지되어야 한다.

(3) 안전보장 분야

분쟁의 평화적 해결에 관하여 UN헌장은 UN기구에 앞서서 지역기구에 의해 해결하도록 요청해 놓았다. 또 강제조치를 취해야 하는 경우에도 안전보장이사회의 허가를 받아야 한다고 규정해 놓고 있다.

세계와 지역협의 강화를 위하여 UN은 1994년부터 정규적으로 지역기구와 협의를 계속해 왔다. 분쟁해결 수단에 관한 의제(議題)를 중심으로 다루어 왔다. 같은 해에 UN총회는 '국제평화와 안전유지를 위해 UN과 지역기관의 협력을 촉진하는 선언'을 채택한 바 있다. 그 선언은 UN 안보리(安保理)의 승인 없이 지역단체가 강제적인 행동을 취하지 못하게 되어 있다.

다만 협력의 방법으로서 ① 모든 정보교환과 협의, ② UN기관의 활동에 지역기구가 참가한다, ③ 필요한 경우에 요원, 물자 기타의 원조를 제공한다 등이 있다. 구체적인 활동으로는 예방외교, 평화조성과 유지, 평화구축에 도움이 되는 군인 내지 민간인의 감시, 사실조사, UN과 협의하여 평화유지군과 그 연수를 실시한다.

UN과 지방기구 간의 협력을 위한 정기협의는 1994년부터 2005년 동안 6회나 열려서 많은 성과를 냈다. 2004년에 공표된 "보다 더 안전한 세계를 위한 우리들의 공동책임"이라는 제하의 보고서는 그동안 지역기구가 지역 공동체에서 중요한 역할을 해왔음을 인정하면서 앞으로 UN과 지역기구 간의 협력관계를 더욱 강화하도록 권유하였다. 또 거기서 아난 UN총회 사무총장은 지역협력이 단순히 경제협력에 그치지 말고 정치적 대화와 합의형성을 위한 메커니즘이 되어야 함을 강조하였다.

(4) 개발분야

과거 6회의 UN과 지역기구의 협의는 평화와 안전문제에 관련된 것이나 최근에는 문명의 대화, 문화적 다양성 그리고 개발문제가 다루어졌다. 1992년 UN환경개발회의에서 채택된 '아젠다21' 이래로 그 행동계획에는 지역기구가 해야 할 역할이 명문화되어 있다. UN 지역위원회는 지역주의를 활성화할 이유를 다음과 같이 들고 있다. ① 지역주의 활동이 UN가맹국의 행동통일에 기여한다. ② 선진국을 뒤좇는 후진국의 공업화에 도움이 된다. ③ 선진국에 대한 의존성을 감소시키기 때문이다.

1990년대에 들어 와서 UN은 환경, 인권, 개발, 인구, 여성문제 등으로 세계회의를 주최해 왔다. 세계회의를 준비함에 있어서 여러 지역사회의 목소리를 세계회의에 반영시키려고 노력하였으며 UN의 여러 기관도 각 지역의 시민사회단체와 협의함으로써 세계적인 보편성과 지역의 특수성을 연계시키려고 노력해 왔다.

(5) 지역사회의 거버넌스(官民協治) 확립을 위하여

동아시아에서는 국가의 통치능력이 건실하고 경제시장도 건전한 편이다. 그래서 그 지역 거버넌스를 확립하려면 다음과 같은 면이 검토되어야 한다.

① 지역통치기구에서 가장 활동이 주목되는 것은 시민사회이며 거기서 조직되는 NGO들이다. 카르도소 사무총장은 UN은 그 업무수행을 위하여 강력한 파트너십을 시민사회와 유지해야 한다고 주장하였다.

② 시민사회도 성숙할수록 NGO들의 도움을 받아서 지역 차원의 환경, 개발, 분쟁해결, 인도적 원조 등 협력기구를 발전시키려고 할 것이다.

③ 지역차원에서도 민간외교를 통해 동아시아의 인적 교류를 촉진하여 서로 상대방의 문화를 이해하려고 힘쓰며 공통된 가치관, 윤리관을 토대로 장기적인 지역 거버넌스의 장치를 만들고 유지하려고 들 것이다.

④ 여기서 중요한 것이 거버넌스에 대한 지식인들의 적극 참여이다. 동아시아 지역에서는 시민사회와 NGO활동이 상대적으로 성숙되지 못한 편이므로 지역통치기구를 활성화하기 위해서는 국가기능을 보완하고 지방공공제의 공급과 발전을 이끌어 줄 사람들에 의존해야만 한다.

이것은 국내 거버넌스를 민주화하기 위해서도 필요하지만 특히 국제관계를 전문으로 하는 연구자나 학자들 간의 지적인 교류를 통하여 안정된 지역질서를 구축해 나가야 한다. 지역적인 공공정책을 형성함에 있어서 근시안적이면서 편협한 민족주의 감정에 사로잡혀 일을 그르치는 사람들을 계몽하여 계도해 주는 일이 중요하다.

⑤ 동아시아의 학자들이 역사교과서를 공동으로 집필할 필요가 있다. 세계사에도 관심을 가져야 할 것이나 동아시아에서의 역사를 고대부터 근대, 현대에 이르기까지 대화와 토론을 거치는 과정이 필요하다.

⑥ 동아시아 지역의 관민협치기구를 만들어 나가는 데 이 지역의 대국이라고 할 중국과 일본의 리더십이 중요한 역할을 해야 할 것이

다. 모든 일에 모든 나라의 합의와 행동통일을 기대할 수 없을 것이므로 준비가 되고 합의를 이룰 수 있는 분야부터 점진적으로 추진해 나가야 할 것이다.

⑦ 이 지역국가들의 정치가나 정책결정권자들은 열린 지역주의를 토대로 해 공통의 문제해결에 적극 나서야 할 것이다.

(6) 결론

동아시아에서는 냉전도 완전히 해소되지 않았다. 제2차 세계대전의 전후처리 문제도 완결되지 못한 상태이다. 따라서 이 지역에서의 관민협치기구를 확정하는 데는 어느 다른 지역보다도 어려운 도전을 극복해야만 했다. 그러나 적절한 거버넌스가 만들어지기만 한다면 그 많은 인구와 경제력 그리고 문화적 다양성 등을 보아 세계 관리장치의 중심으로 올라섬은 어렵지 않을 것이며 결과적으로 인류의 미래를 선도하게 될 것으로 전망할 수 있다.

동아시아공동체의 구상은 상당 수준의 지역 관민협치기구가 만들어짐으로써만 비로소 가능한 일이다. 이런 동아시아공동체의 구상이 출현하여 지역국가들과 모든 인민들에 의하여 받들어지려면 앞으로 수십 년의 세월이 필요할는지도 모른다. 그러나 세계화의 영향(임팩트)과 더불어 지역수준의 경제, 정치, 문화교류의 발전이 오늘의 지역 거버넌스의 수준을 높여 나가면서 동아시아공동체의 실현을 촉진해 나갈 것으로 전망된다.

2) 동아시아공동체 구상과 환경관민협치를 넘어서 환경공동체로: 호시노 사토시(星野智)

동아시아공동체라고는 하지만 EU처럼 국가연합체가 이미 형성되어 있는 것은 아니다. 다만 ASEAN+3의 기초 위에서 그 구상이 거론되고 있는 상태에 있을 뿐이다. 그러나 동아시아에서도 몇 개의 분야에서 거버넌스의 틀이 서서히 형성되어 가는 중이라고 말할 수 있다. 거버넌스(*governance*)라는 관민협치기구의 조직들이 법적인 구속력을 갖는 국제 레짐으로 강화되다가 공동체를 형성하게 된 것이 EU의 역사적 경험이다.

이런 선례를 비추어 보더라도 동아시아에서 여러 분야의 다국 간 관민협치의 형성이 동아시아공동체의 형성으로 귀착하게 됨을 전망해 볼 수 있다. 물론 환경이라는 특정분야에서의 다국 간 협력만으로 동아시아공동체가 형성된다는 것은 아니다. 그러나 에너지문제를 포함하여 환경안전보장을 위한 관민협치기구의 발전이 동아시아공동체의 구상과 밀접한 관계를 갖는다고 인식할 수는 있다.

(1) 동아시아의 환경문제

아시아 여러 나라의 경제성장으로 인하여 에너지의 수요가 급속하게 증가하는데 에너지 자원은 매우 부족한 상태이다. 일본을 비롯한 다른 나라들도 에너지 공급의 88%, 석유의 90%를 수입에 의존하는데 중국의 석유수요는 근래에 와서 크게 급증했다. 동북아시아는 중동과 러시아로부터의 공급이 안정되어 있는 편이라고 하지만 급격한 가격앙등에 대해서는 모두가 무방비 상태이며 이것은 정치 경제적으로 큰 악영향을 미칠 것이 틀림없다.

이와 함께 크게 심각해지는 것이 온실효과, 곧 가스의 배출량 문제이다. 현재 동아시아 지역 국가의 CO_2 배출량은 세계 전체의 4분의 1이며 배출량의 순서는 중국, 일본, 한국이다. 지구온난화의 악영향은 육상 생태계, 농림수산업, 수자원, 해양환경, 기후변동 등 다방면으로 확산되어 있다. 특히 기후변동으로 인해 계절비(몬순)나 태풍피해 등이 넓은 아시아 전 지역에 큰 영향을 미치고 있다. 특히 해안선에 접해 있는 동아시아 지역의 해면(海面) 상승으로 인하여 중국 연안부의 도시들이 큰 위협을 받고 있는 실정이다.

(2) 산림자원의 감소경향

2001년 UN 식량농업기관(FAO)의 통계에 의하면 세계전체의 삼림

률은 30%이다. 아시아 지역은 18%이므로 유럽 46%, 북중미 26%, 오세아니아 23%에 비교하면 낮은 편이다. 삼림(森林)의 소실은 상업주의적인 벌채나 연료채취, 농업개발 등 사회경제적 원인과 삼림화재 등 자연적 원인에 기인하고 있다. 동남아시아든 동북아시아든 삼림보호와 식림(植林)과 조림(造林)을 위한 행동계획이 필요하다.

산성비의 문제도 석탄이나 석유 등 에너지 소비의 증대로 인한 대기오염 물질 증가와 무관하지 않다. 그 외에 원자력 발전도 급속히 증가하고 있다. 동아시아도 멀지 않은 시기에 140기의 원자력 발전소를 가지게 된다. 여기에 원자력 사고의 우려가 없을 수 없으며 동아시아의 위험부담은 계속 커가고 있다.

(3) 동북아시아의 환경거버넌스

동북아시아는 자유무역협정(FTA)이나 안전보장을 위한 지역 간 협력도 부진한 편이나 환경협력은 그래도 매우 활발한 편이다. 1999년 제1회 한·중·일 3국의 환경장관회의(TEMM)가 서울에서 개최되어 ① 환경공동체의식의 강화 ② 정보교환의 활성화 ③ 환경연구협력 ④ 환경산업과 기술의 협력 ⑤ 대기오염방지, 해양환경보전 대책의 연구 ⑥ 지구환경문제 연구를 포함하여 6개의 우선협력분야의 사업을 선정하였다.

이러한 3개국의 환경장관회의는 2000년 2월에 제2회 회합이 북경에서, 2001년에는 제3회가 일본에서, 이와 같이 매년 회합을 거듭하여 그동안 10회 이상의 회합을 해왔다. 그동안 참가국의 수도 11개국으로 증가하였고 여기에 UN환경계획(UNEP), 세계은행, 유럽 모니터링 네트워크 등의 기구도 참가하였으며 여러 가지 환경문제가 집중적으로 논의되어 온 것이다.

이와 같이 동북아시아에서는 중·일·한 3개국 환경장관회의(TEMM), 동북아 지역환경협력 프로그램(NEASPEC), 환일본해환경회의(NEAC), 동아시아 산성비 모니터링 네트워크(EANET) 등 지역환경 거버넌스의 기구가 기능해 왔으며 이러한 환경협력이 수행하는 역할은 매우 크다고 말할 수 있다.

(4) 결론: 환경문제 관민협치의 확대와 발전이 동아시아공동체의 출현으로 귀결될까?

동아시아공동체의 형성과정을 돌아볼 때 EU가 유럽 석탄철강공동체와 원자력공동체(EURATM)와 같은 에너지공동체와 경제공동체로부터 출발했던 것처럼 아시아도 에너지와 환경문제와 같은 중요한 과제로부터 접근하는 것이 좋을 듯하다. 선례를 따라서 공통의 이해관계를 만들어내는 것이 크게 도움이 됨을 보여준다. 동아시아공동체도 ① 경제공동체 ② 안보공동체 ③ 통화공동체 ④ 문화공동체 ⑤ 환경공동체 등의 분야별 정책영역을 생각할 수 있으나 이 중에서 환경공동체의 형성가능성이 가장 높다고 말할 수 있다. 이런 환경문제 거버넌스의 체계가 형성되고 발전하기 때문이다.

3) 동아시아에 있어서 지역주의(*Regionalism*)는 공조체제(*Collaboration*)로부터 법제화로: 楊永明(양잉밍, 대만대학 정치학과 교수)

1990년대 후반에 이르기까지 동아시아 여러 나라는 APEC나 ARF와 같은 지역기구를 법제화하는 실천적인 행동을 보여왔다. 그러나 그런 행동을 보였다고 해서 지역기구의 법제화 방향으로 변하는 것은 아니다. 1997년 동아시아를 습격했던 금융위기 이후 동아시아 여러 나라에서는 지역경제나 무역을 공동체적인 틀로 법제화하는 것이 지역전체의 요구에 부합된다는 인식이 확산되었다.

그러면서 자유무역협정이 수없이 체결되었듯이 동아시아의 새로운 지역주의가 일어나는 움직임 속에서 지역 각국은 2국 간 협의나 지역의 여러 제도의 법제화를 받아들이는 방향으로 움직여 왔다.

이 글은 우선 첫째, APEC과 ARF 그리고 ASEAN+3이라는 동아시아의 세 가지 제도적 특징을 말하겠다. 둘째, 경제협력에 초점을 맞추면서 동아시아의 조직기구를 검증하겠다. 셋째, 이 지역에서 제도 설계상의 자유무역협정이나 법제화로의 움직임을 소개하고자 한다.

4) 북한의 핵문제와 동아시아의 평화: 김경민(한양대 교수)

북한의 핵무기개발을 저지하기 위한 6개국 협의가 한반도의 평화구축에 밝은 조짐을 보여 주고 있다. 북한의 핵문제를 역내 국가들이 모여서 대화를 나누게 된 것은 북한 행위의 허용범위를 좁혀준 것이므로 긍정적으로 평가할 일이다. 왜냐하면 미, 북 2국만의 협의가 아니라 역내의 관련 국가들이 핵문제를 둘러싼 안보문제를 협의하는 경우에는 북한이 함부로 보이콧 하지 못할 것이기 때문이다.

따라서 이 6개국 협의기구의 탄생은 북한 핵문제의 해결에 그치지 않고 장차 한반도 및 동북아시아에 있어서의 대립의 해소와 평화나 안정을 위한 제도적인 장치로서 귀중한 가치를 증명하게 될 것이다. 따라서 장차 동북아시아에서의 평화체제 구축에도 크게 이바지할 것으로 기대된다.

북핵문제의 해결방법으로 두 가지 방법을 생각할 수 있다. 하나는 6개국 협의의 틀에 의해서 평화적으로 해결하는 경우이다. 또 하나는 UN 안전보장이사회의 결의에 의하여 군사적, 경제적 압력을 동원하는 방법이다. 분명한 것은 군사적인 해결방법이 한반도에 전쟁을 일으키는 결과를 가져올 것이므로 바람직한 방법이 못 된다는 것이다.

6개국 협의의 방법은 앞으로 한반도의 평화체제구축과 동북아시아에 있어서의 다국가안보협의체의 창설로 이어져야 한다. 이러한 제도적인 틀이 중국과 일본 간의 대립도 방지하면서 동북아시아의 평화와 풍요를 만들어내는 기반이 될 수 있을 것으로 전망할 수 있다.

다만 이러한 과정은 상당한 시간을 요할 것이므로 그동안에 경제협력과 문화적, 사회적 교류를 통하여 상호이해와 협력의 기반을 튼튼히 하는 데 주력해야 한다. 그러는 과정에서 동아시아공동체의 출현이 앞당겨지기를 바라는 것이다.

냉전종결 후에도 동아시아에 있어서 中日양국 간의 대립은 더 심각해졌다. 동북아시아의 권력 시스템에 대한 양국의 인식이 19세기의 인식과 변한 바가 없다. 상호간의 불신감은 조금도 불식되지 않은 상태이다. 한반도는 동아시아에 평화를 조성할 가능성도 가지지만 中日양국의 정치전략의 대상으로 남아있을 수 있다는 것이다.

한반도는 과거처럼 주변강대국의 이익이 충돌하는 분쟁의 중심이 되어 있는 것이 아니다. 모든 주변 국가의 상호신뢰와 협력의 무대로 전환되며 그와 같이 인식되어야 한다는 주장도 나오고 있다. 이것은 강력한 믿음과 소망의 메시지라고 보아야 할 것이다. 오랫동안 강대국 간의 상호불신과, 증오 그리고 적대 투쟁의 중심지가 어떻게 갑자기 믿음, 사랑 그리고 소망의 땅으로 전변할 수 있기를 바랄 수 있을까? "… 한국은 조선반도의 긴장 완화에 그치지 않고 동아시아의 평화를 조성할 중심 플레이어로서 역할을 해야 하며, 그 지역의 군비삭감과 신뢰조성을 리드하는 나라가 되어야 한다. 이것은 남북한이 예수나 커다란 성령(聖靈)에 감응하여 하나님이 한국에 재림하시고 천국이 한반도에 재현되었을 때라야 가능할 수 있는 일이다." 이것이 과연 현실적으로 가능한 일이겠는가? 필자는 6개국 협의가 남북한의 갈등 문제만이 아니라 각국 간 안보협의체의 기능도 충분히 실현될 수 있기를 바라고 있다.

5) 논평

북한의 김정일 체제는 수많은 북한주민의 자유와 권리를 박탈하며 학대하거나 굶겨 죽이면서 핵무기를 개발하고 핵실험을 강행하는 불량국가의 악을 계속해 왔다. 그러면서도 그런 나라나 통치권자가 오늘까지 오랫동안 살아남을 수 있었던 것은 중국과 남한의 정부가 북한을 은연중 지원하고 도와줘 왔기 때문이다. 일부 정치인들이 그렇게 떳떳하지 못한 행동을 계속해온 이유는 미국과 일본에 대한 질시와 반감이 작용해 왔기 때문이다.

그러나 이러한 반미와 반일감정의 지속은 동아시아의 평화와 번영을 위태롭게 하는 소행이다. 이러한 행위는 어느 모로 보나 또 누구에 대해서나 정당화될 수 없으며 더 이상 지속되어서도 안 될 악행이다. 이러한 중국이나 남한의 일부 정치인들의 단견과 사견(邪見)은 시정 폐기되어야 하는데 오늘의 현실에서 얼마나 낙관할 수 있겠는가?

특히 아시아의 지도국가로서 자처하는 초강대국이 바람직하지 못한 우견(愚見)이나 단견, 악견(惡見), 사견에서 벗어나지 못할 때 아시아 공동체의 출현은 기대할 수 없다. 어떤 사람들은 중국과 한국 좌파정권이 그처럼 행동해 온 원인이 미국이나 일본의 비윤리적인 처신과 죄악적인 패권주의의 야욕 때문이라고 책임을 전가한다.

김경민 교수는 동아시아에서 중국과 일본의 패권대립과 경쟁이 전통시대 때부터 계속되어 왔으며 현재도 두 나라의 군사전략과 전쟁준비가 어떻게 준비되어 왔는가를 서술 분석하는 데 고도의 전문지식을 과시하였다. 그러던 사람이 한반도와 동아시아의 미래의 말에는 갑자기 열성적인 신앙인으로 돌변하였음을 목격하였다. 이것은 동아시아 지역의 강대국 간 대립을 수습할 길이 없으며 따라서 지역공동체의 출현을 기대할 수 없음을 단언한 것임을 알아들어야 한다.

김경민 교수의 비전인지 구상이 현실적으로 실현가능성이 없다는 것을 시사하는 것이 아니겠는가? 그러나 다국 간 안보협의체의 성장과 확대로 인한 동아시아의 평화와 번영은 구세주의 강림에 의해서보다는 동아시아인들, 특히 남북한의 선구적 지식인들의 도덕적인 각성과 꾸준한 노력, 그리고 그에 호응하는 6개국 시민운동자들의 헌신적이며 꾸준한 노력으로 이루어질 것이라고 기대하는 것이 더 확실하다. 그런 노력 없이는 동아시아공동체의 결성과 출범은 불가능하다고 보는 것이다. 적어도 국가 간의 합의는 기대할 수 없다. 그런 경우에 어떻게 하나. NGO나 NPO 등 민간단체끼리 그 과업에 접근해 보는 수밖에 없다. 이런 정치현실을 인식하면서 본인이 이 책을 저술하게 되었음을 다시 밝혀두고자 하는 것이다.

8. 일본인 학자들의 지역공동체 비전

1) 일본이 할 수 있는 일이 무엇인가[12)]

모리시마(森嶋) 교수는 경도대학교 경제학부를 졸업하여 맑스경제학을 비롯한 이론경제학을 전공하여 다년간 대학교수생활을 하며 많은 저술을 간행하였다. 그에게 특기할 점이 있다면 일본과 그 국민, 특히 태평양전쟁에 대해서는 물론 전후의 경제복구와 일미동맹에 대해서도 드물다고 할 만큼 비판적인 눈으로 보고 있다는 것이다. 그러므로 좌파적인 시각을 갖는 한국인이나 중국인 학자들이 매우 좋아할 타입의 학자라고 하겠다.

그는 일찍이 오사카 대학교 경제학 교수라는 직함을 유지하였으나 영국의 London School of Economics에서도 오랫동안 가르쳤다가 그 후는 중국에 가서 중국 남경대학 등을 비롯한 여러 대학에서 강의하며 또 강연을 하고 다녔다. 그런 글들을 묶어서 동아시아공동체에 관한 영문서적을 런던에서 간행하였으며 그 일어판이 2001년 암파서점(岩波書店)에서 간행되었다.

모리시마 교수는 일본이 전후의 경제복구에 의하여 세계적인 경제대국으로 부상한 후 미국과 손을 잡아 중국과 대결하는 정세변화를 불안하게 생각하는 것 같다. 또 한편 중국도 아시아 최강의 자리로 올라서서 미국이나 일본에 대하여 패권경쟁을 벌이는 것도 이 지역의 평화를 어지럽히는 행위로 보면서 동아시아공동체를 창건함으로써 아시아의 평화와 번영을 이룩할 것을 제안하고 있는 것이다.

모리시마 교수는 19세기 말부터 일본이 한국이나 중국에 대하여 침략주의 정책을 선택하여 많은 죄악을 저질렀다 하여 일본의 정치인, 군부 특히 천황제도를 떠받들어 온 보수우익의 정치인들에 대하여 매

---

12) 森嶋通夫, 《日本이 할 수 있는 일이 무엇인가: 東아시아共同體를 제안한다》, 岩波書店, 2001.

우 비판적이다. 그리고 아시아인들 중에서 중국의 역사와 그 국민을 가장 신뢰하는 말투로 보아서 진보적인 자유주의자의 면모를 보게 된다. 장차 이 세계의 모든 나라는 세계정부에 의하여 다스려져야 하지만 그에 앞서서 EU와 같이 아시아도 동아시아의 지역공동체를 결성하는 과정을 겪어야 한다고 보고 있는 것이다.

(1) 국가의 변천과정과 지역공동체 출현의 필연성

사회집단에는 가족이나 교회 또는 민족과 같은 공동체(*Gemeinschaft*) 집단이 있다. 또 사람이 각자의 이해관계에 의하여 가입하거나 탈퇴하기도 하는 이익사회(*Gesellschaft*) 집단이 있다. 국가는 그 두 유형의 혼합된 형태라는 것이다. 국가는 겉보기에는 이익사회와 같은 인공적 결사체(結社體) 같이 보이지만 또 현실적으로는 개인의 자유와 권리를 제한하거나 병역 조세 또는 봉사 및 복종을 강요하는 등 공동체적인 요소도 다분하다고 본다.

개별국가와 미래의 세계정부 중간에는 국가연합체 내지 지역공동체가 있다. 유럽의 역사를 보아도 도시연합을 통해서 민족국가를 출현케 하였는데 이제 한 지역의 민족국가가 연합하여 지역공동체를 형성하는 단계에 와 있다. 경제공동체로부터 출발하였던 유럽연합체(EU)도 동아시아공동체 출현의 좋은 선례이며 모범이 된다.

이와 같이 광역의 국가연합체가 생겨나게 된 원인은 교통과 운수 그리고 의사전달의 통신기술이 발달했기 때문이다. 그로 인하여 지구가 상대적으로 작아지고 좁아져서 이웃 나라와의 접촉이 많아짐에 따라 갈등조종의 필요성이 증가했기 때문이었다. 예를 들어서 핵시설이나 발전소의 사고가 단순히 한 나라의 피해에 그치는 것이 아니며 그 지역 전체에도 영향을 미치게 된다.

지구온난화로 인한 기상이변이나 자연재해도 그 지역이나 지구전체의 공동대처를 필요로 한다. 사회학에서는 현대사회에서 공동체적인 성격은 차츰 약해져 가는 한편 이익사회적인 요소가 확대된다고 주장한다. 이런 의식은 19세기 말 시대정신을 반영하였으나 현재는 지구전체가 운명공동체적인 성격을 보여준다. 현재의 국제적 분쟁이나 환경오염으로 인한 문제나 경제불황 및 위기의 문제도 한 국가사회를 초월한 광범한 지역국가에 영향을 주게 된다. 이런 추세가 지역공동체 내지 국가연합의 출현에 자극요인이 된다는 것이다.

강대국들도 요즘은 노골적인 제국주의정책이나 행동을 자제한다. 그렇게 해서 얻는 이익보다도 잃게 될 손해가 훨씬 더 많다고 생각하는 세태 때문일 것이다. 과거에 후진국에 대하여 식민지를 가장 많이 보유했던 대영제국도 식민지 보유를 회피하며 오히려 과거의 식민지를 독립시켜서 대영연방 안으로 편입하기를 좋아한다. 대영국, 북아일랜드국가연방(Commonwealth of Great Britain and Northern Ireland) 등으로 이름을 바꾸었다가 여기에다가 호주, 뉴질랜드 심지어 인도 등의 나라들도 가입케 하였다.

과거의 식민지 국민들도 각기 독립운동을 하기 위해 많은 피를 흘리며 투쟁하였다. 그렇게 해서 독립을 쟁취한 나라도 국가안보나 경제성장이 쉬운 일이 아님을 절감하고 있다. 그래서 가난하고 후진적인 독립국가로 남아 있기보다는 대영연방의 회원국이 되거나 선진국의 보호와 지원을 받으며 더 고도의 문명을 누리는 기회를 얻기 위해 지역공동체의 형성을 환영하는 경향이 생겨났다.

과거에 오랫동안 앙숙 관계에 있었던 영국(England)과 스코틀랜드(Scotland)인이 융합하여 영국인으로 통합되었다. 미국도 한때 북부와 남부로 갈라져서 전쟁까지 치렀다. 흑백인종 갈등도 심각한 정도였지만 현재는 아무런 문제가 없을 정도로 수습되었다. 일본에서도 동부의 도쿠가와(德川) 막부(幕府)의 추종세력과 서남부의 반막부(사쓰마 조슈)세력이 병합되어서 일본민족으로 태어났다. 유럽의 여러 나라도 상호작용을 거듭하는 과거의 앙금과 상호불신을 씻어버리고 유럽민족으로 통합되어 있다.

이런 역사로 미루어 볼 때 장차 한국과 일본 그리고 중국인들도 접촉을 늘려 나가는 과정에서 언젠가는 서서히 변모를 거듭하다가 동북아시아 민족으로 통합될 것이라고 보아도 틀린 추측이 아닐 것이다.

교통이나 운수, 의사소통 기술의 혁명으로 말미암아 20세기 초까지 세계의 대세였던 민족국가도 차츰 현실에 들어맞지 않는 국가형태로 바뀌어 간다. 제1차 세계대전 후 케인즈(Keynes)는 민족국가를 초월한 유럽의 철광석탄연맹의 설립을 주창하였다. 그러나 민족의식이 강하였던 당시의 유럽에서는 그런 제안이 받아들여지지 않았다. 그 결과로 독일의 히틀러, 이탈리아의 무솔리니, 일본의 군국주의가 대두하여 세계를 제2차 세계대전으로 휘몰아 넣었던 것이다.

동아시아에 국가연합이 출현하면 일본의 우월감이나 침략주의의 충동은 물론 천황제(天皇制)도 존속할 근거를 상실한다. 일본이 그 지역공동체에 참가하기를 거부하는 경우 일본의 경제기술이나 생산력은 생장력을 잃고 위축되는 수밖에 없고 세계에서 일본도 설자리를 잃어버린다. 처음에는 억지로 어색하게 출발하는 아시아의 국가연합이나 지역공동체도 초기에는 이익사회의 형태로 출발하지만 차츰 광범한 지역공동체로서의 성격을 갖추게 된다. 이것도 과거의 세계사가 증명해준다.

칸트(Immanuel Kant)는 그의 영구평화론에서 인간은 ① 무규율사회의 단계 ② 타율적 지배의 단계 ③ 자율의 단계를 거쳐서 발달한다고 논하였다. 아시아는 그동안 무규율의 단계에 있었기에 나라마다 군사력을 강화하는 데 주력하였다. 그러나 동아시아에 국가연합의 시대가 오게 되면 나라마다 군사력을 증강하는 명분을 잃게 되며 타율적 감시와 지배를 받게 된다. 이처럼 아시아가 민족국가를 넘어서면 경제융합과 문화융합이 진행되며 그 토대 위에서 정치적인 융합현상이 진행되다가 결국은 세계정부의 시대로 귀결하게 된다.

일본은 태평양전쟁의 와중에서 대동아공영권이란 지역협력구상을 발표하였다. 이 구상은 일본의 아시아지배를 전제하면서 일본의 군사력으로 강행하려는 것이었다. 그러나 일본이 패전함으로써 민주연합국에 무조건 항복하였으니 자연 소실되었다. 앞으로 동아시아공동체가 출현하게 되면 개별국가는 경찰과 방위 그리고 주민복지 이외의 독립국가 기능은 연합기구에게 넘겨주게 된다. 그래서 독재자의 출현도 또 군사적인 침략행위도 자취를 감추게 된다.

(2) 아시아의 여명

일본은 패전으로 인하여 군사력을 가질 수 없게 되었다. 대외적인 침략도 생각할 수 없다. 뿐만 아니라 국내의 쿠데타도 할 수 없는 형편이다. 이런 경우에 본격적인 정치가가 못되는 정치인들이 하는 일이란 자신들이 일구어 놓은 성과를 자신들끼리 나누어 먹는 것뿐이다. 일본의 정치계는 새로운 가치를 창조함이 없이 그 성과들이나 탈취하려는 행위로 시종(始終)하므로 비천(卑賤)해져 있다. 이런 상황에서 가급적이면 욕을 덜 먹으면서 이익을 빼앗아 차지하는 자라야 유능한 정치인이란 말을 들을 수 있다. 이런 곳에는 정치적인 창의성(*innovation*)이 나올 수 없다. 그래서 일본에서도 가장 비활동적인 사람들이 수상자리를 차지하는 경향도 생겨났다. 1987년 이후가 특히 그러했다.

이에 반하여 중화인민공화국에는 창의적인(*innovative*) 정치인들을 배출해 냈지만 강력한 야당은 육성되지 못했다. 하기는 창의적인 정치인들이 배출되므로 야당이란 것이 존재할 필요가 없을는지도 모른다. 그래서 강력한 야당이 출현하여 정권교체를 이룩하는 영국식 민주주의는 중국에서는 오랫동안 뿌리를 내리기 어려울 것 같다.

동아시아는 국체가 변화하지 않을 두 나라가 있는데다가 북한까지 여기에 가세하기 때문에 공산국가와 군주국가의 양극단이 정면 대립하는 지역이 된다. 이런 여건에서 어떻게 공동체가 성립할 수 있겠느냐고 의심도 날 만하다. 그러나 저자는 동아시아공동체(EAC)가 그러하기 때문에 역으로 동아시아문제의 구원수단이 될 수 있다고 본다.

그 이유가 무엇이냐? 공동체라는 기구는 그 회원국가에게 두 개 단계의 의사결정을 요구한다. 하나는 국내 분야에서의 의사결정이며 또 하나는 공동체 차원에서의 의사결정이다. 그 양자가 상충 모순 하는 경우 후자인 공동체의 의사결정이 우선하게 된다. 개별적인 각국정부는 마땅히 공동체정부에 복속하며 협조해야만 한다. 공동체 문제에서 선배격인 EU가 그와 같이 해왔으므로 동아시아공동체도 그런 방식을 따르게 될 것이다.

이러한 관계는 한 나라의 상원과 하원의 관계, 공식정부와 그의 그림자라고 할 비공식적인 정부의 관계로 비유해 볼 수 있다. 공동체의회 안에서 그 회원국가의 정부는 타 회원국가와 협의하지만 타 국가는 비판세력의 견제적 역할에 직면한다. 일본의 정치인들은 창의적인 머리를 갖지 못하며 국제무대에 나가서도 활발하게 발언도 하지 못한다. 그러나 동아시아공동체라는 무대에 오르게 되면 많은 것을 배우고 또 훈련을 받게 되며 그런 적응 과정에서 일본의 세계적인 지위도 향상되며 많은 도움을 얻게 된다.

중국에는 중화사상이 있고 또 일본은 일본정신을 중요시하는데 여기에 충돌이 없겠는가? 이런 염려도 있겠지만 동아시아공동체 안에서는 다른 나라와 그 국민들이 얼마나 받들고 추종하는가 하는 것이 중요하다. 중국이나 일본도 그들의 정치사상을 어느 누구에게도 강제하지 못할 것이므로 염려하지 않아도 된다.

동아시아공동체는 우선 경제공동체 또는 환경운동공동체로 출발하게 될 것이다. 그래서 정치공동체나 문화공동체의 역할은 처음에는 크게 기대하지 못한다. 그러나 EEC가 성공하여 EU가 탄생한 것처럼 동아시아공동체가 점진적으로 포괄적인 공동체로의 모습을 갖추게 되는 것도 시간문제이다.

(3) 동아시아의 장래

중세유럽의 군소국들은 자본주의 경제의 발달로 인하여 보다 더 큰 규모로 통합되어 민족국가들이 출현하였다. 맑스는 그 후에 노동계급의 국제적인 단결이 민족국가를 압도한 후 국가는 소멸할 것이라고 예견하였다. 그러나 그가 예견했던 프롤레타리아 계급의 국제적 연대는 끝내 민족국가의 힘을 넘어서지 못하였다. 오히려 공산주의운동이 민족주의 등을 타야 했고 그 속에 생존을 유지하다가 국가연합의 추세 속에 용해되어 그 힘을 잃어버렸다. 중국이나 러시아는 이러한 추세를 역행하며 어떻게 변모하면서 살아남을 것인가?

동아시아공동체의 출현에서 주축을 이룰 수 있는 나라는 중국, 일본, 남북한, 대만이다. 여기에 미국과 러시아의 개입도 불가피해질 것이다. 중국과 일본의 정신문화적인 에토스가 다르기는 하지만 같은 유교문화권이며 여기에 인도의 불교문화의 영향이 첨가된다고 할지라도 정신문화적인 차이가 지역협력을 어렵게 하거나 공동체의 존속과 발전을 위태롭게 만들지는 못할 것이다.

중국의 경우는 공산주의의 이데올로기와 국가자본주의의 정책이 상호 모순 한다. 또 중국의 거대 인구와 영토에서 솟아나는 패권주의 의식이나 또 급속한 성장발전으로 인하여 조성되는 사회적 긴장과 정치적 대립의 위기를 처리해야만 한다. 중국의 정치지도자들이 이데올로기와 현실적 정책노선의 부조화를 실용주의, 실증주의 정신으로 해결해 나갈 수 있는 능력을 발휘할 수 있겠는지 두고 볼 일이다.

중국의 패권주의와 중국내륙 오지의 후진성, 그 지역주민들의 상대적 빈곤의 심각성이 지역공동체의 창건과 순조로운 발전에 걸림돌로 작용할 것이다. 이 책의 저자인 모리시마 교수는 이런 문제에 대하여 누구의 착상이라는 시사도 없고, 또 어떻게 추진하겠다는 시사도 없이 다음과 같은 희망적 해법을 제시하였다. 이것은 아마도 주변 국가나 초국가적인 지식인들의 우정 있는 설득에 의존할 수밖에 없을 것 같다.

거대 대륙국가인 중국을 다음 5개 지역 곧, ① 중국대륙의 해안 및 근린지역 ② 중국대륙의 내륙지대와 오지 ③ 만주와 내몽고 ④ 청도(青島) 또는 신강지역 ⑤ 티베트 서장(西藏) 지역으로 분할하여 별도의 해결방법을 구상해야 한다.

(1) 중국의 해안이나 근린지역은 일본이나 한국에 크게 뒤지지 않을 것이며 빠르게 변화 발전하는 부분이다. 이 지역주민의 연간 개인소득이라고 하면 1만5천 달러를 넘어서는 것도 시간문제일 것 같다. 그렇지만 이런 지역주민들은 다른 지역을 개발하고 후원해 주느라고 힘써야 하지만 이 지역주민들이 중국 전체 인구나 영토의 개발을 전부 떠맡을 수 없지 않을까?

(2) 이 내륙지역의 거대인구 때문에 중국의 개인소득이 2천 달러 정

도로 낮아져 있다. 중국은 이 지역을 개발하고 공해문제를 해결하는데 전력하지만 너무 힘이 부칠 것이므로 다른 선진국의 지원과 지도를 받아들이는 방안도 생각해 내야 한다.

(3) 만주와 내몽고도 개발하면 크게 발전할 수 있는 지역이다. 내몽고는 사막화되어 가서 황사를 주변 국가에게 뿌려대는 공해발생 지역이다. 이 지역은 한국과 러시아의 도움을 받아들여야 개발을 앞당길 수 있을 것 같다.

(4) 이 지역도 러시아나 일본의 자본이나 기술 원조를 받아서 그 지역을 개발하며 공해문제를 해결해 나가는 것이다. (5) 티베트는 사실상 독립을 허용해 주고 인도나 유럽제국의 지원을 받아서 개발시켜도 중국으로서는 손해날 일이 없다. 티베트나 신강에 독립을 허용해도 어차피 동아시아 국가연합의 회원국이 될 것이고 중국이 그 지역공동체의 지도국가로서 막강한 영향력을 행사한다면 중국은 잃은 것이 하나도 없는 것이 된다.

(4) 논평

평자인 필자는 모리시마 교수가 내놓은 중국 5등분 논의를 탁견이라고 생각하여 찬성한다. 그 구상의 실현을 소망하는 바이나 그런 제안을 중국정부가 받아들이겠는가 하며 반대하고 나서는 사람들도 적지 않을 것이다. 중국이 동아시아공동체의 회원국이 되는 경우에 다른 나라가 1국 1표를 행사하는 경우에도 1국 5~6표의 투표권을 행사하는 이점을 갖는 것이 어찌 나쁜 일이겠는가?

중국의 정치지도자나 국민들 중에는 중국이 미국을 능가하는 유일초강대국이 되어 세계를 지배할 수 있는 국력이나 국가지위를 탐내는 사람들도 있을 것이나, 이것은 21세기 세계의 성격을 모르기에 가질 수 있는 환상에 지나지 않는다. 오늘의 세계는 중국이 세계최강의 군사력이나 세계 제1위의 경제력을 갖는다고 해서 중국을 무서워하고 복종할 나라가 별로 없다는 것을 알아야 한다.

세계가 중국을 존경하고 협조해 주기를 바란다면 방법은 세계 제1

위의 정신도덕성과 문화역량을 보이는 길뿐이다. 그러나 그것이 1~2 백 년 안에 가능한 일일까? 차라리 세계최고, 최강, 세계정상이란 허영심이나 세계지배의 야망을 버리고 중국 5등분 계획을 받아들이며 모든 사람, 모든 나라를 자유롭게 만들어주는 것이 현명한 방법인 듯 싶다.

이런 초연함과 도덕성의 우위만이 중국의 국가위신을 높여주면서 동아시아공동체 안과 밖에서 중국의 국가위신과 품위를 높이는 방법일 것이다. 중국 측이 이런 위엄을 보여주도록 설득하고 백방의 노력을 다하는 것이 또 누구이겠는가? 이런 설득은 미국, 러시아, 일본이 할 수 없는 일일 것이나 차라리 한국과 그 국민이 맡아서 할 수 있는 일이 아닌가 생각이 드는 것이다.

2) 지금 왜 동아시아공동체를 말하는가[13]

동아시아공동체 시대가 지금 발소리를 울리면서 접근해 오고 있다. 지난 몇 해 동안 공동체에 관한 논의도 크게 달라졌다. 현재의 논의는 공동체가 될 것이냐 또는 안 될 것이냐 하는 가능성의 문제가 아니다. 어떻게 실현할 것이며 어떤 내용을 담을 것인가 하는 제도설계의 단계 또는 어떤 정책과제를 추구할 것이냐 하는 문제로 변해가고 있다. 그동안 공동체의 설립을 가로막았던 세 가지의 장벽들이 무너져 내리기 시작했기 때문이다.

(1) 무너져 내리는 세 개의 장벽

첫째는 지리의 장벽이다. 공동체란 동북아시아를 말하는지 동남아시아를 말하는지, 또 남아시아, 아시아태평양경제협력회의(APEC)를 어떻게 하느냐 등 공동체의 범위를 논의하는 문제이다. 1997년 아시아 통화위기 이후 오늘의 국제관계에서 아시안+3을 공동체의 핵으로

---

13) 신도에이치(進藤榮一), “지금 왜 동아시아공동체를 말하는가”, 筑摩書房, 2007.

만들어 간다는 것, 달리 말해서 AFTA[14]를 공동체의 핵으로 한다는 것이 관계 국가들의 공통된 양해사항이 되어 있다.

ASEAN[15]은 위기극복의 전략으로 아시아자유무역협정(AFTA)을 도모하며 AFTA를 축으로 하는 정상회담 또는 각료나 실무자 수준의 모임을 정기화하려고 하기 시작하였다. 중국, 한국이 여기에 적극 참가하고 일본도 지원하고 있다. 그리고 통합추진의 움직임으로 통상 금융영역에서 범죄방지나 해적테러 대책, 환경 에너지 등 지역 거버넌스의 모든 영역에 이르기까지 AFTA를 중심축으로 하여 계속 추진되고 있는 것이다.

구성국의 지리적인 범위는 호주, 뉴질랜드, 인도를 포함하여 이른바 A+3+3도 있고 거기에다 러시아와 미국도 포함시켜야 한다는 말도 나오고 있다. 그러나 이러한 결정과 관련하여 2005년 12월 쿠알라룸푸르 회의에서 인도 등 3개국을 추가하여 역사상 최초의 아시아정상회의가 열리게 되었다. 여기서도 ASEAN은 통합을 위한 성실한 중개자일 뿐이며 A+3, 즉 AFTA를 동아시아공동체의 핵으로 한다는 것이 확인되었다.

A+3+3에 기초된 동아시아정상회의는 바로 APT를 떠받치는 지원 모체의 역할을 하겠다는 것이다. 때때로 논의되는 APEC도 전 미국 통상부대표 밧세프스키의 말처럼 단순한 '파티장소화'된 것을 볼 때 APT를 공동체의 골격으로 하자는 흐름은 앞으로도 강화는 되어도 약화되는 일은 없을 것이다.

둘째, 역사의 벽이 무너졌다. 유럽연합(EU)과는 달리 아시아는 나라마다 경제적, 정치적 차이가 너무 크다는 것이 문제였다. 게다가 오늘의 아시아는 EU를 만들어냈던 어제의 유럽이 아니라는 등 역사 발전의 차이로 인한 벽이 있었다.

그러나 냉전종결 이후 20년 동안에 역내무역과 투자의 의존도가 높

14) Association of Free Trade Agreement.

15) Association of South East Nations.

아졌다. 2000년에는 동아시아 역내수출입 비율은 57.6%를 기록하고 있으며 이미 북미자유무역협정(NAFTA)을 능가하여 EU의 62.2%에 접근하고 있고 1985년에는 EU 수준도 이미 능가하고 있다. 역내대외 직접투자액은 85년에 41억 달러로부터 98년 699억 달러로 20배나 되는 신장을 기록했으며 오늘날 그 액수가 900억 달러를 초과하고 있다.

이러한 무역과 투자의 상호의존성 심화는 단순히 아시아 신흥공업국가(NIES)만이 아니라 ASEAN과 중국의 경제발전을 만들어내어 역내의 경제격차도 축소하고 있다. 또 한편에는 그런 경제발전이 시민사회를 강화시키며 정치적 민주화의 흐름을 가속화시켜서 정치격차도 축소시켜 왔다. 사회경제적 상호의존성 심화는 경제발전을 촉진하고 정치발전으로 연동되어서 역사의 벽을 무너뜨려 간다는 논리이다. 예를 들어 싱가포르와 미얀마처럼 소득격차가 크다고 하나 지역 내 여러 나라 간에는 아직도 3단계의 경제격차가 남아 있다. 그러나 지역통합을 이끌어 가는 중심 국가들의 격차는 축소되어 가고 있다.

전 세계 경제발전의 단계로 본다면 1인당 GDP가 1천 달러로부터 3천 달러까지의 단계에서는 정치와 경제가 매우 불안전하다. 현재 중국이 바로 그 단계로 진입한 상태이다. 2004년 4월 BoA(Bank of America) 아시아경제포럼에서 자칭린(賈慶林) 중국정치협상회의 의장도 그렇게 말하였다. 이 말은 공산당지배든 군부독재든 권위주의체제는 경제발전에 의해 내부로부터 무너져 내려서 시민주의체제로 전환함으로써 정치발전과 연동되어 나가지 않을 수 없는 현실을 말해주고 있는 것이다.

중국의 정치지도부가 과격한 전환(*hard landing*)을 통제하여 국가를 변혁시킨 공산주의 전철을 밟지 않고 전환의 소프트랜딩을 향하여 치밀하게 준비를 추진하고 있는 것이 이런 현실을 말해주고 있다.

마지막 셋째가 정체감의 장벽이다. 베네딕트 앤더슨이 말하는 '상상의 공동체'를 현실의 공동체로 전환하려면 공동체의식의 형성을 필요로 한다. 그러자면 공통의 위협이나 프로젝트가 불가결하다.

제2차 대전 후의 서유럽은 소련공산주의의 위협과 더불어 전후 부흥프로젝트라는 공통의 발판을 통하여 구주공동체(EC)의 길을 준비하였다. 왕년의 적수였던 프랑스, 독일, 이탈리아 등이 베네룩스3국을 중개역으로 하여 1951년 구주석탄철광공동체를 만들어냈다. 57년에는 구주(歐洲) 원자력공동체와 구주 모임의 설립을 경과하여 67년 구주경제공동체(EC)의 결성도 일궈냈다.

냉전 종결 후 아시아는 달러와 헤지펀드를 도약 발판으로 하는 이른바 카지노 글로벌리즘, 1997년 아시아통화위기를 계기로 현실화하여 우선 공통의 위협을 만들어냈다. 그리고 그에 대처하여 위기를 탈출하려는 경제부흥계획을 공통의 프로젝트로 만들어낸 것이었다.

실제로 통화위기 하에 아시아제국에 대한 일본의 금융지원 계획, 이른바 아시아통화기금 구상에 대하여 워싱턴과 IMF가 강경하게 반대하고 나온 것이 공통의 위협을 드러낸 것이었다. 더구나 99년에 세계무역기구(WTO) 시애틀 각료회의의 실패, 새 다변적 무역교섭(도하 라운드)의 교착도 글로벌리즘에 대한 WTO체제의 한계를 노출한 것이었으며 그 한계를 보완하는 지역주의의 움직임도 촉구한 것이었다.

그 움직임 속에서 중국, 한국의 협력을 얻어 일본 주도의 통화상호융통(스와프)협정, 첸마이 이니셔티브(계획) 등이 2000년 5월 협정 합의를 이룩해 낸 것이다. 그 합의는 동아시아 채권시장 창설로의 공동작업을 연동시켰다. 풍요로운 아시아가 외화를 넉넉하게 손에 넣고 그것으로 미국국채를 구입하는 데 그치지 않고 지역 내 인프라구축 준비에도 사용하도록 배려하며 통화채권시장의 발달을 촉진하였다. 역내제국이 동아시아 공통통화제도(ACU)를 구상하기 시작한 것이다.

왕년의 숙적이었던 일본, 한국, 중국이 아시안(10개국)을 중개하면서 APT를 주축으로 하는 일련의 프로젝트를 추진하고 있으며 이것이 공통된 정체감을 만들어내고 공동체 형성으로 향하는 역학작용을 하고 있다. 그 역학은 2003년 12월 일본 ASEAN 동경특별정상회담에서 아시아공동체 창설을 제창한 동경선언에 집약되어 있다. 이것이 2005년 12월에는 쿠알라룸푸르에 APT회의와 동아시아 정상회담으로 연결되었던 것이다.

아직은 약체라고 하나 지역공통의 위협은 테러나 해적, 쓰나미(해일), 황사나 산림화재 등 환경악화, 사스(급성감염증)와 조류인플루엔자 등 이른바 비전통안전보장의 위협과 연동하면서 공통의 프로젝트를 만들어내고 아시아 정체성(*identity*)을 만들어가고 있는 중이다.

(2) 정보혁명이 밀어주는 동아시아공동체

20세기 정보혁명의 진전은 거리의 비용(코스트)을 크게 줄였으며 글로벌리즘의 파도를 만들어내어 산업국제관계의 모습도 세 가지로 변화시키면서 지역주의를 작동시키고 있다.

① 통신운반수단의 발달이 역내무역뿐만 아니라 기업의 공장 이전 등 직접투자를 급증시켰다. 그래서 경제적 상호의존만이 아니라 인적, 지역적 사회관계와 사회문화의 상호의존도를 심화시켰으며 전쟁의 코스트가 커짐에 따라 세계전쟁의 시대를 종결시켜 가고 있다.

작금 일본과 중국에 불고 있는 한류붐은 물론 한국에서의 중국붐, 동남아시아에서의 일본팝(JPOP)의 유행, 중국에서 볼 수 있는 무라카미 하루키(村上春樹) 현상 등은 그런 경향의 심화를 상징한다. 일중관계, 한일관계의 악화에도 불구하고 관계악화를 내면적으로 저지 내지 소멸시키는 구조변화의 일면이라고 하겠다.

② 국제분업의 주요형태도 이제 19세기의 수직분업도 아니고 20세기류의 수평분업도 아니며 생산공정이 여러 국경을 넘나드는 네트워크분업으로 변화하고 있다. 디자인설계로부터 부품생산, 조립가공, 판매전략이나 금융공학에 이르기까지 여러 나라의의 공정을 거쳐야 하는 "생산과정 대분업의 시대"(사카야 다이이치의 책 참조)가 도래한 것이다.

그 새로운 공정과 방식의 도래가 현재 모즐라(부품)생산을 연속케 하는 공정으로 발전하였고 부가가치연쇄(발류체인) 공정의 기업 내 분업을 보편화시키고 있다. 더구나 모즐라화는 PC(퍼스널 컴퓨터)나 휴

대전화 등 부품접합의 표준화가 용이한(조합형) 디지털기기에 그치지 않고 오늘 자동차나 일반기기 등의 접합공정에도 침투하고 있다. 이것이 ASEAN과 중국경제발전을 일궈내며 동아시아 역내통합의 움직임을 가속화시키고 있는 것이다.

③ 정보혁명의 발달은 생산요소에서 점하는 자본(C), 노동(L), 자원(R)의 상대적 비중을 낮추어주며 반대로 지식과 이노베이션(혁신) 계수(I)의 비중을 크게 높임으로써 지식기반형 사회를 등장케 하고 있는 것이다. 중화학공업을 중심으로 하는 중후장대형(重厚長大型) 생산구조로부터 하이테크 정보화 산업을 중심으로 하는 경박단소형(輕薄短小型) 산업구조로 전환이 이루어지고 있다. 이런 변화가 고등교육의 보급과 과학기술의 발달에 의하여 광범한 시민층을 만들어 냈으며 아시아 신흥공업국가(NIES)로부터 중국, 베트남, 인도에 이르기까지 광범한 중간층을 증가시켜서 시민사회를 강화하고 있다. 이런 시민사회화는 시차는 있더라도 민주화과정을 촉진하며 민주화로의 길을 거스를 수 없는 추세로 만들어가고 있는 것이다.

다시 중국에 대해서 말한다면 정보혁명의 파도는 도시를 중심으로 현재 8천만 이상의 중간소득층을 만들어 냈다. 그 숫자는 2008년 북경올림픽과 2010년 상해만국박람회를 계기로 착실하게 증가해 나갈 것 같다. 과거의 한국이나 대만처럼 또 오늘의 말레이시아와 태국과 같이 민주주의 제3 파도가 형태를 바꾸면서 대륙중국 쪽으로 물밀 듯이 파급될 것이다. 그때 확대되는 중간층도 민주화의 충격파를 흡수하는 완충판 역할을 하게 될 것이다.

(3) 개방된 지역주의로

반세기 전 균질화된 서구사회는 공업화사회의 요청에 호응하여 석탄철광의 공동생산을 제도화하기 시작하였다. 농산물을 축으로 역내 공통관세를 만들어 폐쇄된 지역을 통합의 길로 나서게 했다. 반세기 후 오늘 격차는 아직 남아있으나 "균질 되지 못한 동아시아"는 정보화

사회의 요청에 밀려서 금융과 통화, 인적이동과 기술이전, 환경보전의 공동관리 제도화로 나아가게 되었으며 투자와 통산을 축으로 포괄적 자유무역협정을 확산함으로써 개방화된 기업통합의 길로 나서게끔 만들고 있다.

여기서 생겨나는 지역안전보장의 구조는 과거 서구와는 달리 병력균형론이나 군비억지에 의한 군사동맹 방식이 아니다. 무력개입이나 제재에 의한 집단안전보장 방식도 아니다. 사회경제적 힘으로 엮어진 협력적 안전보장방식, "합작안전"인 것이다.

이 새로운 안전보장의 형태는 개발도상국의 빈곤이나 기아가 분쟁과 테러를 만들어낸다고 이해하며 그에 대처하는 인간안전보장론으로 내통하게 된다. 80년대 일본의 종합안전보장 구상으로부터 90년의 김대중의 햇볕정책을 거쳐서 오늘의 주변외교(상해협력기구)나 6개국 협의 등을 추진하는 중국의 새 안전관으로 그 형태도 바뀌고 있다.

이 새로운 안전보장관은 현재 다양한 형태로 동아시아 세계의 지역협력을 촉진하는 개방적 지역주의의 길을 구상해내기 시작했다. 예를 들어 1990년 중엽 지구이상기후로 인한 산림화재를 계기로 생겨난 인도차이나 식량위기에 대처하기 위한 2001년의 동아시아 미곡비축시스템(EARR)과 그것을 보완하는 ASEAN 식료안전보장 정보시스템이 구축되었다. 과거의 79년 ASEAN 식료안보비축협정의 구체화라고 생각할 수 있다.

그 안전보장정책은 일본, 한국 등 선진국 농업에 의하여 비효율적인 제1차 산업부분으로 잘라버리는 구식 원리주의적 자유무역정책이 아니다. 과거에 EC가 높은 공통관세를 부가함으로써 역내농업을 보호했던 서구식 농업보호정책도 아니다. 지역 내 기술상호무역과 환경보전의 불가결한 지식집약적 제3차 산업으로서의 농업을 설정하여 중국과 ASEAN제국의 성숙한 소비자시장을 전제하여 개발도상국 농업과 공생하는 새로운 공통농업정책으로 발전하고 있다.

더구나 동아시아제국이 지향하기 시작한 협력형 안전보장의 형태는 강력한 군사력을 보유한 근대유럽을 기점(起點)으로 하는 웨스트팔리아(*westphalia*) 체제도 아니다. 제2차 대전 후 정치경제적으로 불안정한 독립직후의 아시아 아프리카의 형태를 가진 이른바 포스트 웨스트팔리아(*post westphalia*) 체제를 뜻하는 것이다. 그러므로 여기서는 주권존중, 내정불간섭, 무력불행사, 분쟁의 평화적 해결, 호혜평등 등이 외교와 국제관계의 새로운 공리(公理)로 설정되어 있다. 그 공리가 국내적, 역내적인 강인성을 안쪽에서 조이면서 영토분쟁도 중재기관을 통하여 비군사적으로 해결하는 것이다.

아시아적 방식(*Asian way*)으로 집약된 것이 1994년 ARF(ASEAN지역포럼)로 결실하였다. 그리고 그 외교방식은 이제 동아시아지역통합의 외교메커니즘으로 유연한 방식으로 변모하기 시작하였다. 군사공격에 의하여 서로 "물어뜯기" 방식이 아니라 "짖어대기"로 하는 방식이다(이것은 영어로 협의한다는 뜻이다).

그리고 98년 그러한 방식을 가지고 지역 외 멤버들에게도 개방되었는데 TAC(ASEAN 우호협력조약)에 2000년 이후 중국, 인도, 일본, 한국 등이 참가함으로써 동아시아지역이 공생하는 형태를 만들기 시작한 것이다.

그때는 돈도 물자도 아니고 사람과 기술, 지식이 국경을 넘나들며 자유롭게 개방된 동아시아의 풍요로운 미래상을 볼 수 있을 것이다.

과거에 19세기 산업혁명이 유럽의 시대를 만들어내고, 20세기 공업혁명이 미국의 시대를 만들어냈다. 마찬가지로 21세기 정보혁명도 이제 "아시아의 시대" 속에서 동아시아공동체의 등장을 촉구하는 이유가 여기에 있다.

3 동아시아공동체에 대한 진보좌파적 시각

1. 〈한겨레〉 신문 사설 2편

1) 유럽합중국 출범, 동아시아의 교훈으로[1)]

유럽합중국 시대의 본격적 개막을 알리는 리스본조약이 오늘 발효한다. 유럽연합(EU)의 초대 대통령으로 불리는 헤르만 판 롬파위 유럽연합 정상회의 상임의장 당선자는 오늘 포르투갈 리스본에서 이를 축하하는 기념식을 하고 '새로운 유럽연합의 탄생'을 선포할 계획이다. 이로써 1951년 독일, 프랑스, 벨기에 등 6개국이 유럽석탄철강공동체(ESCE)를 창설함으로써 시작된 유럽통합 움직임이 58년 만에 미니 헌법을 갖춘 정치공동체로 결실을 보게 됐다.

유럽을 폐허로 만든 1·2차 대전에 대한 반성에서 출발한 통합 노력이 여기까지 오는 데는 수많은 우여곡절이 있었다. 프랑스와 독일이 주도하는 통합에 비판적이었던 영국을 끌어들이는 일이나, 유럽경제공동체를 유럽연합으로 확대시키는 일, 그리고 단일통화 유로를 도입하는 일에 이르기까지 어느 것 하나 쉬운 일이 없었다.

---

1) 2009년 11월 30일자 〈한겨레〉 신문 사설.

특히 동유럽의 옛 사회주의권 국가 10개국을 받아들인 2004년에는 정상회의에서 유럽 장래문제협의회가 마련한 헌법조약을 합의했음에도, 개별 회원국의 정체성을 퇴색시키는 내용이라는 반발에 직면해 프랑스와 네덜란드에서 비준동의안이 부결되는 우여곡절을 겪기도 했다. 이에 따라 2007년 12월 국기 등 초국가적 내용을 뺀 새로운 리스본조약을 채택해야 했고, 체코가 지난달 3일에야 비준 대열에 참여해 3년 만에 헌법 채택 과정을 마무리할 수 있었다. 참여국들의 타협의 정신과 인내가 없었더라면 이런 지난한 과정을 58년간 이어오는 일은 불가능했을 것이다.

유럽통합은 우리에게도 새로운 과제를 던져준다. 우선 27개국의 결사체로 더욱 단단해진 유럽연합과 새로운 관계를 맺는 일이다. 그들이 대외교역이나 대외정책에서 27개국 공통의 목소리로 더 큰 영향력을 행사할 것에 대비해야 한다. 다른 하나는 유럽통합의 교훈을 동아시아공동체 논의로 발전시키는 일이다. 그동안 다양한 층위에서 동아시아공동체가 논의됐지만, 이념과 체제의 차이 등을 이유로 제대로 진전되지 못했다. 그러나 정치, 경제적으로 상호의존성이 심화되고 있는 이 지역 나라들엔 북한을 국제사회에 편입시킴으로써 안보불안을 해소해야 할 공통의 이해관계가 있다. 동아시아공동체를 공약으로 내걸고 있는 일본 하토야마 정권의 등장을 계기로 논의의 실질적 진전을 가져오기 위한 노력을 시작할 때다.

(1) 논평

유럽연합의 출범에서 교훈을 얻어서 동아시아공동체 논의를 발전시키자는 말을 필자는 크게 환영한다. 북한을 국제사회에 편입시킴으로써 안보불안을 해소하자는 말도 받아들일 수 있는 이야기이다. 그러나 오늘의 그 지독한 김정일 독재정권과 사방에다 핵무기를 휘둘러대며 협박을 일삼는 선군정치체제를 그대로 놓아두고 국제사회에다 편입시킨다고 할 때 많은 사람들이 동의하려고 들지 않을 것 같다. 좌파들은 김정일 정권을 하나의 정상국가이며 평화애호체제로 착각하는 것일까?

2) 시민이 선도하는 한·중·일 공동체와 정부 책임[2)]

한국의 '아시아평화와 역사교육연대'를 비롯한 한·중·일 시민단체가 해마다 늘어나고 있다. 세 나라를 돌아가며 여는 '역사인식과 동아시아의 평화포럼'이 그제까지 사흘 동안 도쿄에서 열렸다. 2002년 일본에서 극우성향 단체 '새 역사교과서를 만드는 모임'이 편찬한 역사왜곡 교과서가 출현한 것을 계기로, 중국 난징에서 첫 회의를 한 뒤 벌써 8회째다. 2005년에는 이 포럼에 참가하는 연구자, 교사들이 3국 공동 역사편찬위원회를 꾸려 《미래를 여는 역사》라는 동아시아 근현대사 책을 펴낸 바 있다. 시민 차원에서 평화와 화해의 동아시아공동체 형성을 선도해온 셈이다.

올해 포럼의 주제는 '동아시아사의 가능성과 평화를 만드는 힘'이었다. 연구자, 교사, 시민운동활동가 등 발표자들은 평화와 번영의 동아시아공동체를 만들기 위해선 우선 자국중심주의 역사 인식과 서술, 교육을 넘어서야 한다는 점을 강조했다. 세 나라가 지금처럼 경제제일주의, 물질만능주의, 부국강병책을 고수하고 이를 역사인식에 반영하는 한 동아시아의 밝은 미래는 기대하기 어렵다는 것이다. 나아가 세 나라가 전쟁과 식민지 지배로 얼룩진 과거사에 대한 인식을 공유하고 이를 극복하기 위한 실천에 나서는 것이 미래를 여는 원동력이 될 것이라는 점에 의견을 같이했다.

포럼에서 가장 주목받은 것은 역사인식에서 진전된 태도를 보인 일본 민주당 정권의 등장이었다. 한·중·일 공동 역사인식에 가장 큰 장애물이었던 일본이 태도를 크게 바꾸고 있는 데 대한 기대감의 반영이다. 자민당 정권 땐 역사 왜곡 교과서를 검정에서 통과시켜주는 바람에 채택 반대 운동을 할 수밖에 없었다. 그러나 '과거를 직시할

---

2) 2009년 11월 24일자 〈한겨레〉 신문 사설.

용기가 있다'고 밝힌 하토야마 정권에서는 검정 단계에서 역사 왜곡 교과서가 탄생하지 못하도록 봉쇄할 여지가 생겼기 때문일 것이다.

일본은 오는 2011년 봄 중학교용 교과서 검정을 발표할 예정이다. 애국심을 강조한 신교육기본법에 따른 첫 검정이어서 그대로 방치할 경우 이전보다 더 큰 분란이 예상된다. 우리 정부는 시민단체의 노력에만 맡기지 말고, 지금부터 하토야마 정권의 역사인식에 대한 신사고를 적극 활용해 왜곡된 역사교과서가 아예 나오지 못하도록 철저히 대처해야 한다.

(1) 논평

앞에서 말했듯이 현재는 상극투쟁의 선천시대가 아니라 해원상생의 후천시대이다. 따라서 일본도 과거의 군국주의적인 침략전쟁을 참회하고 아시아와 세계 평화를 위하여 가일층의 열의와 성심을 가지고 기여할 마음의 자세를 보여야 한다는 주장에는 필자도 공감한다. 그러나 한 주권국가의 국민들에게 당신네 역사를 이렇게 또 저렇게 써라, 죄악상을 더 자세히 길게 서술해야 하며 과거의 죄악을 100% 인정하며 사과하며 참회하는 취지의 역사교과서를 만들어서 후대를 교육하라는 것은 과거사에 집착하는 태도가 아닌지, 해원(解冤)이라는 것은 집념과 앙심을 풀어내라는 뜻인데 왜 그렇게 집착하며 하심(下心)을 거부하는 것일까.

이렇게 일본에게 국제사회에서 늘 죄인처럼 거동하라고 강요하는 것은 평화애호의 마음이라기보다 보복적, 적대적인 해악행위이다. 일본이 참회와 개과천선의 태도를 보이지 않으면 당신네들은 상대하지 않을 것이며 국제사회에서 영구히 외면 배제하겠다는 비우호적, 적대적인 정신태도를 견지하면서 어떻게 지역공동체를 만들겠다는 것인가? 과거 갈등과 상극의 선천시대에는 어느 나라를 막론하고 모두가 동물적이며 탐욕적이며 야비한 행동을 일삼았다. 그런데 오로지 일본만이 나쁜 족속들이었다는 식으로 역사교과서를 쓰도록 강요함은 사리에 맞지 않는다.

2. 판본의화(坂本義和)의 동아시아를 넘어선 동아시아공동체를 구상하자[3)]

우리가 사는 '21세기'는 두 가지 의미를 갖는다고 볼 수 있다. 하나는 두 번의 세계대전, 냉전의 시대와 미국의 세기, '팍스 아메리카나'가 끝나고 있다는 의미로 세기적 전환을 뜻하며 한마디로 20세기가 아니다. 그렇다면 21세기는 어떠한 시대인가? 세계적으로 전쟁이 국지화하여 세계는 전쟁지역과 평화지역으로 분리되어 있으며 전쟁지역의 난민들은 각지각처에서 차별대우 또는 냉대를 받고 있다. 극소전쟁이라고 할 테러리즘이 핵무기를 이용하여 평화지역을 포함한 다른 지역까지 위협하고 있다.

그러므로 이미 일극지배가 아니라 다변적이며 다극화한 체제가 생겨나고 있다. 이로 인하여 앞으로 국제협조가 강화될 것인지 아니면 세계의 무정부화가 재현되려는지 21세기는 불투명한 전망을 보이고 있다. 그러므로 우리가 21세기란 말을 할 때 앞으로 어떠한 세계를 만들어 나갈 것인지, 금후 100년의 전망을 염두에 두면서 생각해야만 한다. 이것이 21세기라는 말이 함축하는 의미이다.

21세기의 도전을 어떻게 맞이할 것이며 어떠한 조건이 충족되어야 한다는 것인가. 제 1조건은 평화의 세계화(*global*)이다. 평화란 무엇인가? 평화는 비참한 역사로 충만한 세계를 인간존엄성이 풍만해진 세계로 만들어 나가는 투쟁의 과정이라는 인식이다. 제 2의 조건은 무엇인가? 모든 인간이 기아와 빈곤에서 해방될 수 있도록 공정한 자원분배를 달성하는 일이다. 사람이 동물인 것은 맞지만 자신의 비참함을 알면서 그것을 극복하려고 애쓰는 존재라는 인식이 필요하며 이것은 바로 공정과 정의의 실현을 추구하는 존재라는 뜻이다.

제 3조건의 문제의식은 20세기에서부터 계속되나 아직도 해결하지

---

3) 坂本義和, "21세기의 동아시아를 구상한다", 〈月刊 世界〉, 2010년 1월호, 日本, 2010.

못했던 자연환경의 문제를 해결하며 에콜로지(*ecology*; 생태학적) 공생을 이룩하는 과업이다. 제 4의 조건은 남들을 대등한 인간으로 인정하지 않고 대우하기를 거부하는 사상이나 종교, 관습, 편견 등을 극복해야 한다는 의식이다. 나는 이것을 보편적인 인간성(*humanity*) 존중의 사상이라고 믿는다. 인간은 근본적으로 존엄의 존재라는 점에서 평등하다는 인식에서 문화적 다양성이나 인간생존양식의 다양성을 서로 존중하게 되는 것이다. 이러한 21세기의 도전이 본 회의의 주제인 21세기 동아시아의 구상에 어떠한 의미를 갖는 것일까?

1) 아시아공동체의 조건

동아시아공동체의 이념이나 정책제안에 대해서는 지금까지 많은 논의가 있어 왔다. 그러나 그 대부분은 한중일을 중심으로 하는 동북아시아의 협력조직과 ASEAN이 대표하는 동남아시아 지역조직을 연결하려는 구상을 넘어서지 못했다. 그중에서도 동북아시아의 협력에 중점을 두고자 하는 것은 건설적인 구상이라고 하겠으나 의도적으로 북한의 참가를 뒤로 미루며 사실상 북한을 포위하는 국제체제를 만들려는 것 같은 결과가 되었다. 그러므로 나는 오히려 북한을 중심에 두고 어떻게 해결할 것인지 21세기의 동아시아를 설계하는 문제를 제기하고자 한다. 남북한 전쟁의 깊은 상처를 치유하는 것도 쉬운 일이 아니지만 더구나 북한의 핵무장은 분단 독일이나 베트남에도 없었던 문제였다.

이런 문제를 해결하는 데 필요한 것이 핵무기의 개발과 보유를 반대하고 금지하는 것이다. 이것이 동북아시아공동체를 만들 수 있는가 없는가를 결정하는 첫 관문이며 시금석이다. 그러나 그에 앞서서 핵무기를 필요로 하는 전쟁이나 그 가능성을 제거하는 정치상황을 만들어내야 한다. 그러므로 안보공동체를 만드는 것이 동북아시아공동체의 필수적인 전제이다.

현실을 보면 미국과 한국이 일본의 군사기지를 이용하여 북한을 포위 봉쇄하고 있다. 그래서 북한은 할 수 없이 핵무장을 하게 된 것이다. 그러므로 북한의 국가적인 안전보장과 체제의 안전보장을 확실하게 해주는 것이 필요하다. 현재 미국은 북한이 먼저 비핵화하라, 그러면 휴전협정을 평화협정으로 바꾸고 경제지원을 계속함으로써 미북의 관계를 정상화 해줄 것이라고 말하고 있다. 그러나 미국이 먼저 미북관계 정상화를 위해 평화협정체결을 확실하게 해주어야만 북한의 비핵화도 용이해지며 상호간의 군축도 진전될 수 있다. 일본과 한국은 미국이 북한과의 무력충돌 가능성을 줄이고 긴장완화와 평화공존의 노선으로 나가도록 할 수 있느냐 없느냐? 이것이 동북아시아공동체의 출현여부를 결정하는 요인이며 가부간의 시금석이다.

2) 체제개혁의 이니셔티브

그러나 이것도 북한 현 체제의 안전보장을 목표로 하는 것이 아니다. 왜냐하면 정치체제의 안전은 체제유지를 위한 개혁을 전제로 한다. 일본과 한국은 북한의 그러한 개혁을 촉진하도록 도움을 주기 위해서도 자기 개혁이 불가피하다. 20세기 경제발전의 지도원리는 자유시장경제지상주의와 국가사회주의였다. 그 두 가지가 모두 파탄 나버린 상황에서 출발했던 21세기는 앞으로 어떠한 선택을 할 것이냐. 이 문제를 풀기 위해 일본과 한국이 협력하면서 새로운 구상을 만들어내야 한다.

여기서 우리의 기본구상에 대하여 두 가지만 말하겠다. 하나는 한일 간의 경제사회적 격차를 최소화해야 한다는 것이다. 공산주의적인 획일적 평등을 따를 것이 아니라 존 롤스(John Rawls)의 격차원리를 따라야 한다. 사회, 경제적 불평등을 완전히 제거는 못하더라도 최저변 사람들의 생활수준은 끌어올릴 수 있어야 한다. 특히 현재는 한 나라의 힘으로 대처하기 어려운 문제들이 증가하고 있다. 일본과 한국 양국이 협력체제를 만들어서 격차 없는 사회를 구상하는 것이 동북아시아공동체를 창설하는 명분이 된다. 일본과 한국이 협력하여 격차와 불평등을 최소화하게 되면 중장기적으로 북한의 정부와 국민에게도 좋은 영향을 미치게 된다.

또 하나는 약자구제를 국가단위로만 실시할 것이 아니라 일본, 한국 양국이 공동으로 북한에 대해서도 인도적인 지원을 실시해야 한다는 것이다. 일본은 02년 일조평양(日朝平壤)선언을 통하여 경제협력을 위해 '성실한' 협의를 약속하였음에도 전혀 지키지 않고 있다. 07년의 6자 협의에서도 한, 미, 중, 러 4국이 중유지원에 합의하였는데 일본만 납치문제를 이유로 거부하였다. 이러한 사례는 일본에는 보편적인 인간성 존중(휴머니티)관념이 빈약하다는 증거이다. 환경문제에서 일본인들의 환경이나 지구에 대한 관심은 증가하여 '에코'란 말을 여기저기에 붙여 쓰는 것이 유행처럼 되어있다. 북한에서도 호우, 토사붕괴, 한발(旱魃) 등 환경변화나 자원고갈, 에너지 자원부족 등이 심각한 문제로 인식되고 있다. 그러므로 동북아시아의 환경보전분야에서도 일본, 한국 양국의 협력과 아울러 북한 측에 대한 협력을 소홀히 할 수 없다.

일본은 생태문제에 대한 관심이 지구온난화 규제에 대한 각국의 자국중심주의적 반응과 같이 환경파괴가 자국에게 가져오는 이해관계를 중시한다. 예를 든다면, 중국에서 발생하는 산성비나 사막화 경향을 억제하기 위한 일본 관민에 의한 원조가 시행되고 있다. 그러나 이것은 일본인 자신에 대한 악영향을 염려해서 그러는 것이지 북한의 홍수나 한발에 대해서는 아무런 관심도 보이지 않는다. 이것도 '동아시아 공동체'에 대한 연대의식이 없다는 증거이다.

3) 국경선을 초월한 공동체의식

위에서 나는 동아시아공동체란 말과 관념 속에 얼마나 많은 허구나 왜곡이 들어있는가를 지적하였다. 오늘날 동아시아 위기의 중심에 있는 북한문제에다 조명을 비추면서 일본과 한국 양국의 협력을 주제로 할 것도 지적하였다. 그러나 나는 일본과 한국의 협력과 연대만을 생각하려는 것이 아니다. 북한을 비롯한 다른 아시아국가에다 일본과 한국을 축으로 하는 '공동체'를 확대할 수 있는가를 보기 위한 것이다. 한일공동체가 중핵이 되지 않으면 공동체의 확대는 불가능할 것이다.

본래 지역공동체의 창설은 국가의 단위를 초월하여 국경을 넘어선 협력활동을 한다는 전제 하에서 가능한 일이다. 여기서 필자가 말하는 공동체는 평화, 복지, 정의 등 인간으로서의 기본적 가치관을 공유하여 일국을 넘어선 공동행동을 하는 주체를 의미한다. 국가란 조직은 본래 목숨을 걸고 국경을 지키려는 성향을 보인다. 그러므로 국가의 틀을 넘어서는 행동은 국가만 가지고는 안 되는 것이며 시민들이 국경을 초월한 협력과 연대를 이끌어 가지 않는 한 지역공동체는 불가능하다. 시민사회가 자율성을 행사하지 못하는 중국도 환경오염에 관련해서는 시민사회의 자발적 활동이 뿌리 깊게 정착되어 있다. 또 최근의 지진재해를 계기로 시민들의 자발적 협력행동도 크게 증가하고 있다.

4) 동아시아의 정체성(*idendity*)

이와 같이 국가조직만으로 해내지 못하는 일들을 초민족적인 시민사회나 NGO가 해내고 있다는 것은 오늘의 상식이다. 여기서 중국이나 북한 또 일본과 한국에 국한되지 않는 '동아시아' 전체의 의미를 생각할 때 제기될 중요한 과제가 있다. 원래 동아시아란 무엇인가? 그것은 동남아시아와 동북아시아를 합친 이름이다. 이 지역에 사는 사람들 간에도 본래부터 공통된 정체성(아이덴티티)이 있었던 것도 아니었다. 과거에는 중화문명의 영향을 받았던 예전의 화이(華夷) 질서란 개념도 근대국가로 구성되는 '공동체'와는 이질적인 개념이었다. 더욱이 이 지역에는 문화적, 종교적 다양성이 심하다.

동아시아란 외부세력에 의한 전쟁과 식민지화로 인한 자의적인 산물이 아니며 고유의 정체성을 가졌던 공동체도 아니었다. 이 지역의 민족주의는 서양에 대해서만이 아니고 아시아국가 상호간에도 전쟁과 지배가 행해졌던 역사를 가지고 있다. 근래에 와서 동아시아의 지역공동체가 논의되기에 이른 것은 지역국가 상호 간에 경제관계가 긴밀해졌기 때문이다. 또 다른 지역에서 국가기구를 초월한 국제관계가 생겨났으므로 세계각지에 국가단위만이 아닌 지역화(*regionalization*)의 과정이 필요해졌으며 그에 대한 반사적인 행동으로 생겨난 것이었다.

물론 나는 동아시아공동체가 비주체적이며 오로지 반사적으로 생겨났다고 주장하려는 것은 아니다. 내가 말하고자 하는 것은 오로지 왜 동아시아공동체가 주체적으로 북한을 포섭하면서 구상되지 못하느냐이다. 남북한의 통일이 민족으로서 당연한 권리임은 알겠으나 민족통일로 인하여 새로운 국경선의 확장만을 목표로 하는 것이라면 그런 공동체는 매우 불완전한 것이 아니냐는 문제가 다시 생겨나게 된다.

(1) 논평

사카모토 교수의 이 글은 2009년 9월 18일 서울의 서남재단이 주최한 국제심포지엄에서 '21세기의 동아시아를 구상한다'는 제목으로 발표된 기조논문에 가필한 것이라고 한다. 이 논문은 일본의 월간지 〈세계〉(2010년 1월호)에 게재된 것을 필자가 발췌 요약한 것이다. 사카모토 교수는 국제정치학을 전공한 동경대의 명예교수이며 이 글을 읽으면서 학식과 논조는 매우 우수하며 또 성숙된 학문의 깊이도 느낄 수 있었다. 다만 학문이 아닌 국제정치의 현실에 대해서는 너무 순진한 것이 아니냐는 걱정이 생겨났다.

21세기는 세계화로 지향하는데 (1) 어떻게 비인간적인 세계화를 인간성을 높이는 세계화로 이끌어 가느냐. (2) 모든 사람이 기아와 빈곤으로부터 해방되어서 격차 없는 공정한 자원배분의 사회를 만들어 가느냐? (3) 자연환경과 생태학적인 공생을 달성하느냐? (4) 자신과 다르다는 이유로 남을 대등한 인간으로 인정하지 않는 사상, 종교, 습관, 편견을 어떻게 극복하고 불식해 나가느냐? 동아시아공동체를 만드는 데 있어서 이러한 네 가지 요건을 충족시킬 수 있어야 한다고 주장한다.

그리고 이러한 요건을 충족시키는 동아시아공동체를 만드는 데 그 중심이 되는 것은 일본과 한국이다. 그런데 북한을 이 중심에 추가하지 않으면 마치 북한을 포위 공격하는 인상을 주게 된다. 그러니 북한을 여기에 포함시켜서 이 3국주체로 동아시아공동체가 타 국가를 포섭하며 확대해 나가야 한다고 역설한다. 동아시아공동체는 물론 비핵, 평화(비전쟁), 보편적인 인간존중 사상에 기초한 중도적인 체제개혁의 성향을 충족할 수 있는 공동체여야 한다.

북한이 핵무장을 해제함이 옳다. 그러나 북한이 왜 핵무장을 하였겠는가? 북한이 미국이나 남한으로부터 포위공격 위협을 받고 있으므로 자기 방위를 위해 마지못한 조치였음을 이해해야 한다. 북한의 위치는 적대적인 거대한 아랍국가군에 포위되어있는 상황에서 자기방어를 위해 핵무기를 고수하는 이스라엘의 처지나 다름없다. 그러므로 북한이 요구하는바 곧 휴전협정을 평화협정으로 바꾸어주며 북한인민이 모두 풍요롭게 잘살 수 있도록 경제를 지원해 주면 핵무기를 포기할 것이 아니냐.

일본과 한국은 북한을 철저하게 또 잘 돌봐주는 역할을 할 수 있는 지역공동체를 만드는 것이 동아시아공동체의 성공을 보장하는 길이라고 결론을 맺고 있다. 좌파성향의 지식인들 중에는 심성이 깨끗하고 착하며 약자에 대한 동정심과 정의감이 강한 사람들이 많음을 인정한다. 그들은 자신들이 양심적이며 매우 선량하기 때문에 모든 다른 사람들도 그에 못지않게 착하며 선량할 것으로 짐작하며 그들의 허위와 거짓 그리고 악심(惡心)에 대하여 알지 못할 뿐만 아니라 남들이 말해주어도 받아들이려고 들지 않는다.

북한이 핵무장을 하지 않도록 또는 폐기할 수 있도록 휴전협정을 평화협정으로 바꾸라는 의도는 무엇인가. 주한미군을 철수시키기 위한 것이다. 주한미군이 모두 철수하게 되면 남한을 평화롭고 정겹게 잘살게 놓아둘 것으로 생각하는가? 그들은 남한을 공산주의, 특히 김일성사상으로 일색화할 것이며 공산당독재에 저항해 온 사람들을 월남전쟁 후 라오스, 캄보디아, 남베트남에서 그랬듯이 모두 잡아 죽이거나 강제수용소에 넣지 않을 것이라고 장담하는가?

마지막으로 한마디 하겠다. 사카모토 교수는 인간존중 휴머니티 사상을 동아시아공동체 구상의 최고가치로 설정하였다. 우리도 그런 발상과 가치를 받드는 데 이의를 제기하지 않는다. 그런데 북한에서 김정일정권에 학대받으며 지옥고를 겪는 북한주민, 특히 정치수용소에 갇혀있는 사람들을 보면서 반미친북 언설(言說)을 계속할 수 있는가? 여기서 죽어 없어져야 하는 것은 북한체제인가 아니면 미국의 자유인권사상인가. 사카모토 교수는 환상에서 깨어나야 하지 않을까?

3. 이수훈의 동북아시아 공동체 제안[4)]

"동북아시아의 평화와 번영을 위한 한국의 이니셔티브" 라는 글을 기고한 이수훈 경남대학교 교수는 노무현 정권의 브레인이라는 점에서 김대중 정권의 브레인으로 활약했던 문정인 교수와 대비해 볼 수 있다. 그는 쓰기를 노무현 정부의 목표 중 하나는 한국정부가 보다 더 적극적인 역할을 함으로써 동북아시아 협력 이니셔티브를 실행하려는 것이었다. 그 공동체 개념 자체는 1990년대 초기 이래로 세계질서의 구조적인 변화와 특성, 그리고 동북아시아의 중요성이 점차로 커지고 있음을 반영하고 있다.

노무현 대통령과 그 행정부가 사용한 '동북아시아'의 개념은 이전의 개념과는 구별되는 특징을 가지고 있다. 노무현 정부는 이 개념을 내놓음으로써 이전의 정권과 구별하려고 들었으며 그 스스로의 정체성까지 찾으려 했다는 것이다. 현재는 평화와 안보에 대한 위협도 점차로 가중되고 있는 상황이다. 한반도가 그 분단을 극복하고 안보위협의 원천을 제거하는 평화레짐을 구축하지 않으면 동북아시아의 지속

---

4) 이수훈, "동북아시아의 평화와 번영을 위한 한국의 이니셔티브", 《동북아공동체: 평화와 번영의 담론》, 제주발전연구원·동아시아재단 공편, 연세대학교 출판부, 2006.

적인 평화와 안정도 거의 불가능하다. 그래서 단순히 경제협력에 머물 것이 아니라 북한을 이 지역적인 틀 안에 포함시켜서 동북아시아의 협력사업을 진행시키려 하며 북한문제도 해결하려고 하였다.

1) 동북아시아 이니셔티브에서의 한국의 역할

동북아시아에서 평화와 번영을 이룩하려는 노무현 정부의 새로운 정책노선은 단순한 중심경제 프로젝트가 아니었다. 그 정책노선이 갖는 경제적 비중을 본다면 '중심국가'가 되는 비전은 물론이고 그 이상의 의지도 보여준다. 이 지역의 역사는 공통적으로 식민주의, 갈등, 압박 그리고 유혈사태로 얼룩져 있다. 그래서 이 지역의 공통된 역사를 다시 씀으로써 과거를 재정립하려는 것이었다. 평화와 번영을 위한 이 작업은 앞으로 태어날 세대의 미래와 우리 모두의 공유해야 할 환경을 목표로 하고 있다.

동아시아의 미래를 어둡게 하는 장애물 중에서 반드시 제거해야 할 가장 중요한 장애물은 일본과 중국 간의 경쟁의식이다. 20세기의 일본제국주의와 일본군의 중국점령은 중국인의 심리에 3도 정도의 화상자국을 입혔다. 이로 인하여 양국 간의 상호불신은 앞으로도 안개처럼 잔존할 것이며 또 어떤 형태로 재연될는지 아무도 예측하지 못한다. 한국인도 일본으로 인하여 받은 상처로 고생해 왔으며 그래서 일본에 대한 불신으로부터 아직 다 벗어나지 못하고 있다. 한국도 그 때문에 지난 10여 년 동안 일본보다도 중국에 더 친밀하고 굳건한 관계를 구축해 왔다.

그러나 한국은 일본과 화해한 기간이 중국보다도 훨씬 길기 때문에 현실적으로 중일의 대립관계를 완화하고 중재할 수 있는 중재자로서의 역할을 할 좋은 위치에 놓여 있다. 그래서 대륙세력과 해양세력이 동북아시아의 공동체로 통합된다면 한국의 역할은 가장 중심적인 지위에 서게 된다. 이러한 중심적 역할을 수행하면서도 만약 한국이 '번영하는 초국가적 중심지'로 성장하길 원한다면 여기에 반드시 북한을 끌어들여야 한다.

결론을 말한다면 한국은 동북아시아를 하나의 공동체로 묶을 수 있는 유일한 국가이다. 그러나 이러한 역할을 수용하려면 다음 두 가지 요건을 반드시 충족시켜야 한다. 첫째 우리의 통합 촉진의 역할을 감당하기 위해서는 한국과 북한을 계속해서 화해와 협력의 과정으로 심화시켜 나가야 한다. 둘째 지역의 이웃 국가들로부터의 도움을 구하고 그 자신의 정체성을 영속화하기 위해서라도 한국은 중립성을 유지해 나가야 한다. 중립은 결국 전 세계 모두에게 번영을 가져다줄 수 있는 수단이 될 것이다.

위에 요약한 이수훈 교수의 글을 읽으면서 젊은 학자의 친북적인 소신과 의욕에 가득 찬 논문임을 알아차릴 수 있었다. 뒤에 있는 장원링의 글과 마찬가지로 동아시아공동체를 창설하려는 열정 때문인지 자신의 주장에 너무 흥분한 나머지 그런 주장이 어떠한 의미와 한계 그리고 문제점을 내포하고 있는지 분간하지 못하는 감이 있다. 필자가 보는 동북아시아의 국제질서가 그러하다면 일본은 이런 동북아 질서와 공동체의 구성과 기능에 관해서 묵종만 할 수 있겠는가?

필자는 친중(親中)·친북(親北)적인 입장에서 논하고자 하는 의도 때문에 일본의 역할은 한중(韓中)의 중심국가를 추종하는 행위자 내지 협력적 동조자 이상의 존재가 되어서는 안 된다는 말투처럼 받아들여졌다. 이것은 동아시아공동체의 주역은 중국이며 한국은 그 수석보필자 구실을 해야 하는 위치에 있어야 하며, 일본은 죄가 많은 탓으로 그 아래 마당쇠나 노비처럼 열심히 일이나 하고 순종하라 하는 뜻이다. 일본이 그런 역할을 이의 없이 받아들이겠는가. 미국에 대해서도 아니오, 라고 반항한 일본이 동북아시아공동체에 대해서도 no하며 나서지는 않을 것을 기대하는가? 이 세 나라가 합심 협력하여 동아시아의 평화와 번영으로 이끌어간다고 할 때 이것이 거의 전통사회의 pax Sinica의 세계질서로 회귀하자는 주장과 무엇이 다른가? 이수훈 교수의 글은 필자 자신이 너무 흥분 격앙되어 있는 것 같아서 신빙성이 적어 보이는 것이 유감이었다.

어느 역사적 상황이든 지나친 선입견이나 거부감정 또는 적대감정은 역사적 현실에 대한 공정하고 객관적인 인식이나 사리판단에 도움이 되지 않는다. 불교에서는 세간지(世間智)와 유위법(有爲法)을 허망한 것으로 여기고 출세간지(出世間智)와 무위법(無爲法)으로 구제받아야 함을 강조한다. 좌뇌우세의 지식인은 우뇌우세의 선지식(善知識)으로부터 다시 교육받아야 한다. 자기를 망치고 나라를 망치는 짓을 그만하려면 이렇게 다시 공부시키는 수밖에 없다.

4. 장원링, 동북아시아공동체 — 비전에서 현실로[5)]

장원링은 중국사회과학원 아시아태평양연구소 소장이다. 그는 이 논문에서 지당하고도 의미 있는 말을 했다. 동북아시아공동체라고 해도 유럽식의 지역적 업무관리를 위한 권력조직체를 갖자는 것이 아니다. 동북아시아 지역의 문화적 다양성과 특징 때문에 불가능하므로 이 공동체의 목적은 이 역내의 모든 국가들이 평화롭게 살아갈 수 있는 환경을 만들어내자는 데 있는 것이다.

동북아시아공동체의 성격도 초국가적 지역통합조직체를 구상하자는 것이 아니다. 협의를 통해서 만들어진 규칙과 표준에 의해 지역경제활동을 하는 것을 의미할 뿐이다. 지역기구는 협의와 조정을 위한 것만으로도 충분하다. 공동체로서 지역은 환경, 교통, 에너지와 같이 경제적으로 덜 발전된 국가들을 돕기 위해서 공동의 문제를 해결하려는 협력의 정신을 목표로 해야 한다.

정치적으로 공동체구축은 동북아시아 지역을 협력을 통해 더욱더 신뢰할 수 있는 공간으로 만들기 위한 것이다. 다양성은 이 지역의 현실이다. 차이점은 역내의 어떤 국가가 공동체 안으로 소속되지 못하

5) 장원링, "동북아시아공동체 — 비전에서 현실로", 《동북아공동체: 평화와 번영의 담론》, 제주발전연구원 · 동아시아재단 공편, 연세대학교 출판부, 2006.

는 이유가 되어서는 안 된다. 따라서 정치적 존중과 관용의 정신이 공동체의 문화가 되어야 한다.

매스미디어와 새로운 정보통신수단은 특히 현대사회에서 공유되고 있는 문화와 가치를 창출하는 데 도움을 준다. 특히 주요 삼국(한중일) 간의 실질적인 협력은 이 지역을 공동체로 만들어 나가는 데 가장 필수적인 요소이다. 안보적인 측면에서 이 지역의 항구적인 평화를 구축해야 한다. 동북아시아는 아직 둘로 분단되어 있다. 공동체 구축은 한반도의 대결상황을 해결하는 데 도움을 주어야 한다. 그러자면 기존의 6자회담보다도 더 통합적인 안보의 틀을 개발할 수 있어야 한다. 그러자면 잔존하는 문제들과 현재 생기는 문제를 협의와 조정에 의해서 해결할 수 있는 정신이 개발되어야 한다.

동아시아의 통합을 가로 막는 장애물을 극복하기 위해서는 첫째 지역협력과 신뢰의 정신을 개발해야 하는데 이것은 단순히 정부차원에서 이루어지는 것이 아니라 사회전체와 국민들 간의 일이 되어야 한다. 바람직한 미래는 단순히 그 비전이 실행되기를 기다린다고 해서 생겨나는 것이 아니라 우리가 얼마나 노력을 기울이느냐에 달려 있다.

장원링 소장의 글은 총론, 경제협력과 통합의 진전, 정치적인 신뢰문제 그리고 중국과 한국의 경제 협력 등 4부분으로 구성되어 있다. 이 4개 부분 중에서 3개 부분은 매우 이지적(理智的)이고 예리한 분석과 서술을 함으로써 매우 감동적이며 우수한 설득력을 과시하였다.

그런데 5장 '허약한 정치적 신뢰'에서는 어딘지 어설프며 납득이 덜 가는 논지를 폈다는 인상을 받았다. 그의 말인즉 중국, 한국, 일본의 3개국은 2000년 전부터 10+3의 틀을 통해 고위지도자들 간의 정치적인 대화를 통하여 3국 간의 이해와 신뢰를 증진시키는 데 기여해 왔다고 하지만 3국 간의 정치적인 화해가 아직도 충분하지 못한 상태에 있다. 그 이유를 일본 측이 아직도 응분한 역사에 대한 반성도 없이 역사를 왜곡하려는 기도를 버리지 않기 때문이라고 하면서 책임을 일본 측에 떠넘기고 있음을 본다. 일본이 어떻게 역사왜곡을 하였기에 중국이나 한국과의 관계를 경색되게 만들었다는 것인가?

우리가 아는 한 일본이 현대사를 서술함에 있어서 자국이 한국이나 중국을 침략하여 많은 해악을 끼쳤음을 감추려고 한 바는 없었다. 또 일본의 침략이 정당했다고 변명한 일도 없었다. 또 일본은 자국의 침략행위로 인하여 인접국가에게 심대한 해악을 미쳤다는 이유로 정부 차원에서 공적인 사과도 여러 번 했다. 그런데 왜 일본의 반성 부족을 탓하며 다시 침략주의 정책을 답습하려고 한다 하여 3국 간의 정치적인 신뢰의 결여를 일본 측 책임으로 돌려대는 것일까? 일본 수상이 일본 전몰장병의 위패도 안치되어 있는 야스쿠니 신사에 참배했다는 것이 왜 아시아공동체의 창건을 가로막는 장애요인이 되며 일본불신의 이유가 되는 것일까?

이러한 인식과 태도는 앞 장에서 인용한 문정인 교수와 이수훈 교수의 글에도 똑같이 나타나 있었다. 평자는 이것이 중국과 한국이 일본의 거대한 국력과 우월한 선진적인 지위에 대하여 겁을 먹으며 미리 트집을 걸어 깎아내려서 자국 앞에 머리를 더 깊이 숙이며 굴종케 하려는 저의에서 나온 것이 아닌가 의심하게 된다. 장원링 연구원장이 앞에서 강조한 아시아공동체를 만들어내는 정신적 요인의 부재 내지 결여를 말했는데 이것이 바로 그것이 아닌가. 필자의 추측으로는 이런 말은 그가 하고 싶어서 하는 것이 아니라 아마도 당의 지시에 따라서 말하고 있는 것이 아닌가 의심하게 된다.

왜냐. 이것은 앞에서 말한 해원상생에 정반대의 정신태도인 것으로 판단된다. 해원상생의 정신은 상대국이 잘못해도 그에 직접 응징 보복하는 것이 아니라 악을 선으로 대응하고 원한을 은혜로 되갚는 정신이다. 그런데 장원링, 이수훈을 비롯한 좌파의 지식인들은 악을 보다 큰 악이나 교묘한 배제의 수법으로 응징하려는 대응태도를 보여준다. 상대방이 잘 몰랐거나 소박한 악감정이나 의도로 한 행동을 응징으로 대처하려는 태도와 대응방법은 해원상생의 태도가 아니다. 이런 데에서 평화가 나올 수 없음을 알아야 한다. 동아시아공동체이건 아시아태평양공동체이건 이런 정신자세나 정신태도로는 탄생될 수 없을 것이며 더구나 성공할 가능성은 영원히 없다는 것을 알아야 한다.

동아시아공동체가 설립되어서 일본이 여러 면에서 앞서 나가거나 영향력을 미치는 꼴을 앉아서 보기 어렵다는 태도는 지역공동체의 정신자세에서 멀리 벗어나 있다. 원칙적으로 공동체라 하면 전체 조직이 중요하며 개별적 회원은 종속되어야 한다. 공동체 안의 자타의 차별이나 경쟁은 없으며 자타는 모두 평등하며 우열이나 차별이 인정되지 않는다. 개별 국가는 전체 속에 용해되어 없어져야만 한다. 자기보다도 우월한 자를 불신하고 몰아내거나 의도적으로 깎아 내려서 자기 아래 잡아두려는 정신을 가진다면 그런 공동체는 애초에 설립될 리도 없고 더구나 유지되지 못하며 또 성장 발전하지도 못한다.[6)]

마지막으로 장 소장은 중국과 한국 간의 특별한 우의와 협력을 강조한다. "양국은 한반도 관계의 점진적 개선에 기반을 두고 평화를 유지하는 데 인식과 이해를 같이한다. 또 북한문제에 개입하여 북한을 지역공동체 구축에 통합시키는 데 있어서도 중요한 역할을 할 수 있다. 한중 양국의 협력은 한국과 일본 간의 관계 개선에도 도움이 될 것이며 중국, 한국 양국이 일본을 3국의 중심체 안으로 끌어들여서 앞으로 동북아시아공동체를 구축하는 데도 주도적인 역할을 할 수 있게 되어야 한다"고 글을 맺고 있다. 사회과학원의 연구소장 자리도 정치적으로 머리를 굴려가며 움직여야 하는 자리인 모양이다.

6) 일본에 의한 조선합방은 한국인들이 원하는 바가 아니었으며 민족적 불행이었음은 틀림이 없으나 또 한편에는 서양의 문물에 대한 조야(朝野)의 저항이나 산업화, 사회적 근대화에 대한 저항과 장애를 없애 준 점에는 결코 손실만 있었던 것이 아니었다. 19세기 말과 20세기 초에 구천상제로 조선의 미래를 위한 천지공사에 종사하였던 강증산의 다음과 같은 말에 주목하라. "이제 동양 형세가 위급함이 누란과 같아서 재가 붙잡지 아니하면 영원히 서양에 넘어가리라.", "깊이 우려하시어 종도들에게 계묘년 여름에 '내가 러일전쟁을 붙여 일본을 도와서 러시아를 물리치리라'고 말씀하셨도다." 〈典經〉 예시편 23, 대순진리회 출판부, 1989, pp. 316~317.

5. 최장집의 동아시아공동체의 이념적 기초[7]

고려대학교의 최장집 교수는 동아시아공동체 논의 중에서도 가장 근본적이며 이념적인 당론을 제시하였다. 그동안 동아시아공동체 논의는 역내의 경제통합, 자유무역세대의 도래, 아시아공동통화의 필요성, 환경보호협약과 같은 비정치적, 실증적인 차원에서 그 필요성이나 전제과정이 논의되어 왔다. 정치적, 군사적인 측면을 포함하여 아시아공동체 문제의 가장 근본적이며 핵심적인 문제를 제기한 사람은 거의 없었다.

오늘과 같은 시기에 논의의 정체성을 타개하기 위해서는 문제의 공동체가 어떤 영역에서, 어떤 목적을 가지고 왜 그런 지역조직을 발전케 해야 하는지 그의 근본적인 문제부터 다루어져야 한다는 것이 필자의 집필의도인 것 같다. 동아시아공동체의 이념적, 이론적 기초가 어떤 것인지, 어떤 제도와 정책이 이를 위해 바람직하며 또 한국이 취해야 할 대외관계가 어떻게 변해야 하는지를 본격적으로 다룬 이는 거의 없었는데 이런 문제의식을 가지고 최장집 교수가 나선 것 같다.

이런 문제를 다루는 과정에서 필자는 평화지향적인 지역공동체의 이념적 기초를 탐색해 보며 탈냉전시기에 평화와 공동안보를 안정적으로 유지할 수 있는 동아시아의 바람직한 국제관계가 어떠해야 하는지 또 동아시아 평화공동체의 틀이 어떻게 만들어져야 하는지 설명하고 있다.

1) 탈냉전시기 동아시아 국제관계에 대한 도전들

북한문제는 냉전 이후 세계질서의 역사적 전환기에서 중요한 문제로 부상하고 있다. 과거 냉전시기에 전쟁의 진원지(震源地)였던 한반

7) 최장집, "동아시아공동체의 이념적 기초: 공존과 평화를 위한 공동의 의미지평", 〈아세아연구〉 통권 118호, 고대 아연, 2004. 12.

도가 탈냉전시기에 들어와서도 또다시 동아시아 평화를 위협하는 진원지로 남을 것인가 아니면 평화질서를 구축하는 평화의 발원지(發源地)로 바뀔 것인가 그 갈림길에 서 있다는 것이다.

동아시아의 냉전구조는 워싱턴-동경-서울을 한편으로 하고, 다른 편에는 모스크바-북경-평양으로 이어지는 동맹의 대립으로 이루어져 왔다. 그러한 구질서가 아직도 여전히 근본적으로 해체되지 않고 있는 것이 오늘의 문제이다. 물론 오늘의 상황은 과거 냉전구조와는 현저하게 다른 것이라고 하나 냉전시기의 군사정치적 경쟁과 나아가서는 적대적 관계구조를 재생시킬 수 있는 잠재성을 아직도 안고 있다는 것이다.

아시아 냉전구조의 특징은 ① 미국과 동아시아-동남아국가들 간의 쌍무적 안보조약, ② 유럽에 상응하는 경제통합이 없다, ③ 이데올로기를 초월하여 적대진영까지 포함하는 인권문제를 다룰 수 있는 공동인식이 없다, ④ 미일동맹을 중심으로 하는 아시아 대공방망(對攻防網)의 공고화에 기초해 있다는 것이다.

유럽에서는 독일이 민족주의와 유럽에서의 군사패권적 지위를 포기하고 이를 통해 유럽의 평화질서 창출에 중심적 역할을 해냈다. 그런데 일본은 전전(戰前)과 같은 패권적 지위를 유지하여 여전히 세계 2위의 경제 강국에 위치하며 국내적으로도 보수적 기득권구조를 상당 수준으로 온전하고 있다. 결과적으로 중국이나 한국은 일본의 패권주의 부활에 두려움을 떨쳐버리지 못한 상태이다.

과거에 영국은 유럽에서 떨어져 있으면서 유럽각국의 대립에 대하여 균형자적인 자세를 유지했었다. 현재는 미국이 아시아의 여러 나라에 대하여 또 중국과 일본 간에서 '분리통치'(*divide and rule*) 정책으로 패권적 지위를 누리고 있다. 현재 미국과 중국은 과거 어느 때보다도 우호적인 관계를 유지한다고 하나 동아시아의 국제관계가 대부분 미국과 동아시아 개별국가 간 쌍무적 관계로 유지되고 있다. 그러므로 이 지역의 국제관계가 장기간 안정적으로 유지되리라는 보장이 없다는 것이다.

세계화라는 환경에서 평화, 통합, 협력이라는 시대정신도 미국의 대외정책이 패권주의 유일초강대국을 지향하는 네오콘에 의하여 주도되고 있음으로 제대로 구현되기 어려운 상태이다. 네오콘의 철학적 기조를 제공하고 있는 것이 프란시스 후쿠야마이다. 그는 세계를 갈등과 대립으로 이끌었던 시대가 이제 끝났으며 미국을 정점으로 하는 자유주의적 자본주의의 질서 하에서 평화와 번영의 세계로 들어섰다고 선언하였다.

그러나 그 후 이러한 사태들이 역전되어서 탈냉전기가 반드시 평화의 시대가 되지 못함을 보여주고 있다. 전통적 국가구조와 시장구조도 급변하고 있고 또 한편으로는 빈번한 테러와 소규모 전쟁 등 폭력의 세계적 분산화, 일상화, 핵확산 등으로 인하여 평화는 더욱 위협을 받고 있는 상태이다.

동아시아의 대립과 갈등의 구조도 한반도가 분쟁의 진앙지로 남아 있는 한 시정될 수 없을 것이다. 동아시아공동체는 이 지역의 평화를 안정적으로 관리하는 체제를 지칭해야만 한다. 구체적으로 한반도의 평화, 북한문제를 평화적으로 해결하는 것부터 시작하여 이를 제도화하자는 것이며 동아시아의 평화공동체를 의미하는 것이 되어야 한다. 우리는 무엇에 대항하는 안보가 아니라 스스로 평화를 만들기 위한 공동체이어야 한다.

2) 동아시아의 평화문제와 북한

북핵위기로 인한 북핵문제는 1980년대 구소련의 해체로 국제정치적, 경제적 곤경으로 직면하게 된 북한체제의 존립문제로 생겨났다. 미국의 고립화정책과 그와 관련된 북한 압박조치에 기인한다. 대북온건파가 북한고립화를 풀고 체제생존을 보장해주면서 북한 핵을 포기하게 만들려는 데 비하여 강경파는 북한이 핵을 포기해야만 북한의 체제생존을 보장해 주겠다고 약속하겠다는 것이다.

첫째, 미국이 강경정책을 선택하게 된다면 아시아지역 전체의 파국적, 충격적 결과를 가져온다. 그러므로 북한문제에 대한 평화적 해결은 모든 지역국가에 있어서 절대명제일 수밖에 없다. 둘째, 미국이 무력사용을 하는 것이 아니라 북한의 정권교체 내지 체제변화를 기도하는 경우는 어떠한가? 이러한 압박은 북한으로 하여금 핵 포기를 더욱 어렵게 만들 뿐이다.

그러므로 강제력과 협박으로 북한의 핵을 포기시키려고 들기보다는 북한도 동의하고 협력할 수 있는 평화공존의 틀을 만들어내는 것이 중요하다. 여기에 두 가지 방법을 생각할 수 있다. 첫째는 남북한 간의 평화공존의 틀이다. 종전협정을 맺는 절차가 필요하다는 것이다. 이런 경우도 평화공존이 통일의 문제보다도 더욱 강조되어야 한다. 둘째는 평화공동체를 만들어내는 것이 무엇보다도 중요한데 현재 진행되고 있는 6자 회담이 문제해결의 출발점이 될 수 있다.

3) 동아시아공동체의 이념적 기초

국가 간의 분쟁과 갈등을 해결할 수 있는 평화공동체의 필요성은 모두 인정하면서도 그것이 왜 그렇게 어려우며 제도화가 계속 지연되고 있는가? 그 원인은 여러 가지이지만 첫째는 국가구조의 비대칭성 때문이다. 나라와 인구의 크기나 경제발전의 정도가 고르지 못한 것이 그 한 요인이다. 둘째는 각 국가의 민족주의가 지역통합의 장애요인이 되어 있다. 이것은 한 국민국가를 넘어서서 공동의 목적과 이익의 실현을 위하여 연대할 수 있는 아시아적 아이덴티티가 세워지지 못했기 때문이다.

최장집 교수는 동아시아 각 국가가 민족주의를 버리지 못해서가 아니라 미국과 일본이 냉전 시 형성해 왔던 냉전의식을 버리지 못하고 그 구조를 온존시켜 왔기 때문이라고 진단한다. 이 지역에서 냉전을 주도해 왔던 패권국가로서 미국과 그에 의존적 파트너로서의 일본 간의 동맹체제가 아시아의 지역통합을 저애하는 근본요인이라는 것이다. 이러한 동맹구조가 일본의 과거사 청산을 거부하게 만들고 그로 인한 국가 간의 상호불신이 나라마다 민족주의를 조장하는 결과를 가져왔다.

최장집 교수는 아시아에서 평화를 위한 공동체형성의 문제가 제기되기 위해서는 나라마다 공동의 의미지평(*common space of meaning*)을 발전시켜야 한다고 강조한다. 그것이 무슨 말이냐 하면 지역 내 국가관계를 이데올로기적으로 보거나 적대관계로 보려고 들지 말고 이 지역이 공통적으로 대면하고 있는 위험과 이해관계가 무엇인가 하는 것에 대한 인식을 개발해야 한다는 것이다. 그래야 미국적 관점에서 벗어날 수도 있게 되고 합리적 논의의 공통기반이 열리고 커질 수도 있는 것이다.

이런 의식의 형성은 엘리트 또는 정부나 정책결정자들만이 아니라 시민사회의 대중들이 그러한 인식을 공유하는 것이 중요하다. 예컨대 한일관계에서 이 문제를 바라보면 다음과 같다. 한일관계는 '가깝고도 먼 나라'로 알려져 왔다. 냉전시기를 통하여 경제교류와 협력관계는 밀접했으나 정치적, 사회 심리적 관계는 가깝지 못하였다.

실제로 아시아 금융위기 동안 일본과 타이완은 위기에 처한 아시아 국가들에 100만 달러 기금을 마련해 주는 결의를 보였다. 미국이 개입하지 않았더라면 아시아공동통화로 발전할 수 있는 계기가 될 수 있었을 것이다(Johnson, 2004, p. 211). 이것은 문화적, 인적교류의 급증이나 경제적 네트워크의 증대가 지역의 통화를 가져온다는 기능주의적인 설명을 부정하는 것이다. 한일관계의 개선도 경제관계 이외에 평화와 안보를 위한 한일연대가 별도로 맺어져야 한다. 그러지 않고서는 원활하게 진전되지 못한다는 사실을 알아야 한다.

4) 합성적 접근과 한미·한일관계 그리고 동아시아 평화공동체

평화와 공동안보를 지향하는 동아시아의 공동체를 형성하려면 한국이 취해야 할 대외정책과 정책방향은 어떤 것이 되어야 하나? 최 교수는 '합성적 접근'(*compositive approach*)이라고 말한다. 이것은 한미관계,

한일관계 그리고 남북관계를 전일적(專一的), 일괴암석(一塊巖石)으로 보는 것이 아니라, 또는 총체적인 관계로 보거나 양자택일, 흑백논리로 보는 것이 아니라 상황에 따라 그때그때 견해와 태도를 달리하는 혼합적인 형태로 보아야 한다는 뜻이다.

두 가지의 상황변화가 한국의 대외관계에 새로운 접근을 요구한다. 하나는 민주화이다. 이로 인하여 한미관계, 한국에서의 미국의 역할, 부시정부의 대북정책을 새로운 차원에서 돌아보게 했다. 자의식을 가지고 한미관계를 바라보는 것을 반미라고 규정해서는 안 된다.

두 번째가 부시정책의 대외정책을 어떻게 하느냐? 부시정부의 일방주의와 네오콘에 의하여 주도되는 군사주의적인 비전이나 이라크전쟁은 미국사회는 물론 세계여론을 양분시킬 정도로 반향이 좋지 못하다. 합성적 접근에 의하여 한일관계를 보면 어떻게 될까? 동아시아 평화공동체를 형성하는 견지에서 한일관계를 다루게 되며 일본의 대미추종정책을 저지하도록 노력한다.

북한은 중국과 이미 냉전시기를 통하여 동맹관계를 유지해 왔다. 대북강경정책을 취하는 것은 동아시아에서 냉전의 기본구조를 재현하는 것을 의미한다. 그러므로 일본은 선택해야 한다. 냉전구조를 재현함으로써 기존질서를 따르는 쉬운 선택을 할 것인가? 일본의 우경화에 편승하여 펜타곤의 대북강경정책을 적극 추종함으로써 동아시아의 갈등관계를 조장할 것인가? 그러면 한국도 일본의 지역패권주의의 재현으로 보면서 배격할 것이므로 한일관계의 미래는 좋을 수 없다.

두 번째는 어려운 선택이다. 아시아의 냉전적 대립구조를 벗어나서 동아시아의 평화공동체를 형성하려는 입장을 분명하게 하는 일이다. 이것은 일본이 위계적인 미일공조체제로부터 벗어나는 것을 의미한다. 그러면 한국의 민주적인 시민사회 부분이나 민주정부와도 평화를 위한 동맹관계를 형성하는 것이 된다.

다시 한 번 의미지평(공동의 이념성향)의 중요성을 강조하고자 한다. 최 교수는 다음과 같은 글로 그의 길고 긴 논문을 마무리하였으므로 그 원문을 그대로 인용하겠다.

> "이는 평화의 요구와 가치에 대한 목적의식적 행위를 요구하며 동아시아의 관련당사국들이 이를 실천하는 과정에서 비용을 지불할 용의를 보여줄 때 상호신뢰가 구축되고 그 기반 위에서 동아시아의 시민들이 이해관계를 공유하고 있다는 인식을 갖게 된다.
> 이를 실천하는 평화라는 핵심의 가치와 수단에 대한 인식이 공유되는 공간, 담론, 공동의 행위, 집단적 해결책을 얻고자 하는 정부들의 협력 등을 의미지평이라고 부른다. 의미지평을 통해 바라본 아시아평화공동체 형성노력은 정의로울 뿐만 아니라 그것이 오늘날 탈냉전시기 시대에 지역의 안전과 공영의 실현에 더 잘 부합한다는 현실적 전망을 갖는 것이다.
> … 아시아평화공동체에 대한 접근은 선택이라고 말했는데 그것도 공백 속에서 만들어지는 것이 아니다. 현실의 폭력성과 지배를 극복하려는 노력과 미래의 불확실성에도 불구하고 그것이 정의롭고 도덕적이기 때문에 헌신한다는 의미를 포함한다."

5) 논평

평자가 아는 한 최장집 교수는 한국의 진보적 (좌파) 학자 지식인 중에서도 매우 존경받는 중량급의 학자이다. 가끔 김대중·노무현 정부나 그 대변자들이 좌경사상을 잘못 집거나 원용하려고 드는 경우에 비판을 서슴지 않았다. 최 교수는 좌파이데올로기의 해석이나 정책에 대해서는 비교적 자주 참견하고 훈수도 하는 것 같았으나 한반도를 둘러싼 국제관계 문제에 관련해서는 글을 쓰는 일이 거의 없었다. 그럼에도 이번에 동아시아공동체에 대한 매우 장황한 글을 힘들여서 쓴 것을 보니 동아시아공동체의 문제가 대단히 중요한 문제라고 보아서 그 문제에 개략적인 지침을 주려고 한 것이라는 생각이 든다.

최장집 교수는 한반도를 둘러싼 국제관계 문제를 다루는 데 있어서 다음 세 가지 요령을 제시하고 있다. 첫째 일반 사람들이나 학자들이 아시아공동체를 비정치적으로 접근하여 경제, 문화, 환경 분야부터 다루려고 하지만 최 교수는 오히려 정치적인 분야부터 접근할 것을 제안하였다. 특히 미국이나 보수적인 일본 정치세력의 유대와 공조를 강조하면서 그 두 나라의 대북 강경정책을 좌절시킬 수 있도록 동아시아공동체를 평화공동체로 키워나갈 것을 제안하고 있다.

둘째는 미국과 일본의 대 아시아정책에 대한 경각심을 불러일으키며 두 나라의 대 아시아정책을 저지하기 위하여 한국과 일본의 반미·반보수(좌파)세력과의 행동통일과 단결의 필요성을 강조하였다. 또 그 논문을 읽어보면 구구절절 일본의 정치세력을 설득하고 동맹으로 끌어들이려는 열의와 성의를 감지할 수 있었다. 북한체제에 대한 협박과 압력을 염려하며 그 걱정의 간절함이 여기서 역력하게 드러나 있다. 또한 일본입장에 관한 정치분석과 충고 조언이 유난히 길고 상세하여 논문의 반 이상을 차지하고 있음을 본다.

6. 和田春樹의 신지역주의 선언[8)]

전 일본 동경대 교수 와다 하루키(和田春樹)는 2003년 동경에서 《동북아시아 공동의 집》이라는 책을 출간하였는데 이것이 그 다음 해인 2004년 한국어로 번역되어 서울에서 간행된 것을 보니 좌파의 민첩성이 놀라울 정도이다. 이 책의 내용이 다른 책들보다도 출중하다고 판단되어서 여기에 소개하려는 것은 아니다. 다만 특이한 내용이고 우리의 눈길을 끄는 지적들이 있어서 소개하며 논평하려는 것이다.

첫째는 그 저자는 일본인으로 김일성이나 북한정치를 많이 연구한 결과 《유격대국가론》이라는 저술을 냄으로써 유명해졌다. 그는 북한체제를 선의나 호감을 가지고 긍정적으로 서술하였을 뿐만 아니라 기회가 있을 때마다 북한의 체제나 정책을 적극 옹호하려는 등 친북활동을 하기 위해 미친 사람처럼 나서는 데 주저하지 않는 선의의 사람이다. 그 때문에 보수우파의 지식인들 사회에서는 외면당하거나 폄하

8) 和田春樹, 《東北아시아 共同의 집》, 일본 동경, 2003.

되어 왔는데 그에 반비례하듯 진보좌파의 지식인들로부터는 크게 환영받으며 후한 대접을 받아온 셈이다.

그가 일본인이면서도 일본제국주의를 미워하며 일본에 침략을 받은 나라, 특히 북한이나 한국의 좌파를 적극 편들며 두둔해 왔다는 점에서 그가 매우 양심적이며 목사나 스님처럼 여리고 착한 마음가짐의 소유자라는 인상을 줘왔다. 그래서 평자는 와다 교수가 거친 정치현실을 냉철하게 보기에는 너무 여리고 순진한 종교인 같은 사람이라고 판단해 온 것이다. 와다 교수가 오랫동안 김일성, 김정일을 존경하며 북한체제를 선의로 보아온 이유가 무엇일까. 나 혼자의 생각을 말하자면 순진한 사람은 공산주의자들의 선전과 선동을 액면 그대로 믿고 받아들이며 따르는 경향이 있어 그렇게 되기 쉬운 것이다.

와다 교수는 또 김대중 전 대통령을 존경하며 그의 햇볕정책을 적극적으로 지지해 왔다. 그 이유는 햇볕정책이 그 자신이 왠지 모르게 호감을 가져 온 북한체제를 도와주기 위하여 적극 포용하며 많은 반대와 비판을 무릅쓰고 아낌없이 퍼주기 정책을 계속해 온 것을 지지하며 격려하기 때문일 것이다. 그러나 햇볕정책이 궁지에 빠져버린 북한을 개혁개방의 길로 이끌 것이라는 주장도 완전한 허위이며 어림없는 속임수였음이 드러났다. 그렇다면 와다 교수도 북한의 김정일 체제에 대한 동정이나 김대중의 햇볕정책에 대한 지지도 철회해야 할 터인데 그 교수는 너무 순진한 탓에 차마 그렇게 할 수도 없었던 모양이다.

둘째, 와다 교수의 정치색깔을 말하자면 중도좌파로 보아야 할 것 같다. 그 자신이 광적인 공산주의자도 아니면서 북한체제나 지도층에 대해서는 너무나 선의적(善意的)이며 포용적인 자세를 보여 온 것이 무엇 때문인지? 김일성과 북한을 연구하다 보니 그만 정이 들어버렸던가? 그는 또 김대중 전 대통령을 크게 존경하고 따랐으며 한국의 좌파세력에 대해서도 매우 호의적이며 대북정책에서도 햇볕정책을 열렬히 지지해 왔다. 이것은 남의 말을 의심할 줄 모르고 받아들이며 성심으로 추종하거나 받아들이는 그 사람됨의 순진함 때문일 것이다. 너무 착하고 순진하면 세상에서는 칠푼이 대접을 받는 것인데 말이다.

와다 교수가 《동북아시아 공동의 집》이란 책을 쓰게 된 동기도 노무현 전 대통령의 대통령 취임사에서 동아시아 구상에 크게 감명을 받았기 때문이라고 말한다. 그래서 노무현의 동아시아 구상과 이런 노선에 자기 나름의 기여를 할 뜻을 가지고 동아시아의 지역협력 구상을 펴고 있는 것이다. 그에게 크게 감동을 주었다고 볼 수 있는 대통령 취임사의 일부를 여기에 다시 인용해 보겠다.

> "… 존경하는 국민 여러분, 이제 우리의 미래는 한반도에 갇혀있을 수만은 없습니다. 우리 앞에는 동북아시대가 도래하고 있습니다. … 21세기는 동북아시대가 될 것이라는 세계 석학들의 예측이 착착 현실로 나타나고 있습니다. 동북아시아의 경제규모는 세계의 5분의 1을 차지하고 있으나, 장차 3분의 1에 도달할 것이라고 합니다. 한중일 3국에만 유럽연합의 네 배가 넘는 인구가 살고 있습니다. 우리 한반도는 동북아의 중심에 자리 잡고 있습니다. 한반도는 중국과 일본 그리고 대륙과 해양을 연결하는 다리입니다. 이런 지정학적 위치가 지난날에는 우리에게 숱한 고통을 안겨 주었습니다. 그러나 오늘날에는 오히려 기회를 주고 있습니다. 21세기 동북아시대의 중심적 역할을 우리에게 요구하고 있는 것입니다.
>
> 우리는 고급두뇌와 창의저력 그리고 세계 일류의 절호의 기회나 기반을 갖추어 가고 있습니다. 인천공항, 부산항, 광양항과 고속철도 등 하늘과 바다와 땅의 물류기반도 착착 구비해 가고 있습니다. 한반도는 동북아의 물류와 금융의 중심지로 거듭날 것입니다. 동북아 시대는 경쟁에서 먼저 출발합니다. 동북아에 '번영의 공동체'를 이룩하고 이를 통해 세계의 번영에 기여해야 할 것입니다. 그리고 머지않아 '평화의 공동체'로 발전해갈 것입니다. 지금의 유럽연합과 같은 평화와 공생의 질서가 동북아에도 구축되게 하는 것이 저의 오랜 꿈입니다. 그렇게 되어야 동북아 시대는 완성됩니다. 그런 날이 가까워지도록 저는 혼신의 노력을 다할 것을 굳게 약속드립니다…."

와다 교수가 노무현 대통령 취임사 중 지역공동체 부문을 길게 인용한 것을 보니 이런 부분에 대단히 깊은 감동을 받았던 모양이었다. 그러나 정치인들의 말들, 특히 좌경정치인의 말을 그대로 믿고 받아들이는 사람은 좋게 말해서 어린이처럼 순진한 사람이다. 그러나 어른이라면 현실감각이 전혀 없는 사람으로 보아야 한다. 나는 와다 교수가 바로 그런 유형의 사람이 아닌가 생각해 왔다.

실제로 이 평자가 아는 한 노무현 대통령이 동아시아공동체의 창설을 위해서 한 일이라고는 써준 것을 읽은 것 이외에 아무런 실천도 없었던 사람이다. 그가 그런 지역공동체를 창설하거나 주도하려면 미국과 일본을 잘 설득하고 움직여야 하는데 노무현은 오히려 반미・반일 발언들을 계속 모질게 뱉어냄으로써 동아시아공동체의 실현 가능성을 더 멀리 밀어낸 사람이었다.

셋째로 말할 요점은 와다(和田) 교수의 동아시아 구상의 내용이 어떻게 형성되었으며 그 내용이 어떤 것이냐고 하는 문제이다. 와다는 1990년 7월 서울에서 〈동아일보〉와 〈아사히신문〉 공동주최로 "21세기 세계와 한일관계"라는 심포지엄에서 동북아시아에서의 한국과 일본의 역할이라는 분과에서 러일관계의 개선, 북일국교교섭, 남북한과 미국, 중국의 4자회담을 통한 평화조약의 필요성을 역설하였다.

유럽에서 고르바초프가 유럽공동의 집을 만들자는 제안을 본받아서 동북아시아에서도 인간미 있는 유럽민주적이며 다민족 공생의 원리에 기초한 다국가간지역협력체를 만들자는 제안이 있었다. 동북아시아가 평화적으로 상호협력 하에 살 수 있게 되면 전 세계도 그렇게 살아갈 수 있지 않겠느냐? 민주주의를 기초로 한 남북한의 접근과 융합이 핵심이 되어 동북아시아는 '인류공생의 집'으로 발전할 수 있다는 입장이다.

> "지리적으로 보아도 통일한국은 동북아시아의 중심임이 분명합니다. 일본은 지금껏 경제성장에만 힘써 왔습니다. 이제는 이웃 나라와의 관계를 바로잡기 위해 성실히 노력하고 '동북아시아 인류공생의 집' 구축에 응분의 공헌을 해나가야 할 때입니다."

이런 사상에 더 큰 힘을 실어준 것이 일본 맑스주의사상의 거두인 히로마쓰 와다루가 1994년 3월 16일자 〈아사히신문〉에 기고한 글 '동북아시아 역사의 주역으로: 중일을 중심으로 한 동아(東亞)의 신체제를' 이라는 글이었던 모양이다. 동유럽에서 공산주의가 붕괴되고 유럽의 산업주의도 끝머리에 온 것이 아니냐. 그러니 가까운 미래에 사회주의는 동북아시아가 주도적으로 발전시켜 나가야 한다는 주장이었다.

이제는 일본의 공산주의운동도 시들어버렸으며 좌파사상도 분열로 인하여 소멸할 지경에 이르렀다. 앞으로 세계의 사회주의운동 내지 좌파사상도 한중일 중심의 동아시아로 옮겨와야 하지 않느냐는 새로운 문제의식이 여기에 깔려 있는 것이다.

와다 교수는 어이없다고 할 정도로 재일조선인들을 좋아해온 사람이다. 북한의 김정일 정권은 이미 쇠퇴기에 들었고 일본 내의 조총련 조직도 거의 망조(亡兆)에 들어버렸으니 와다는 강상중 교수와 의논하여 중일과 남북한이 중심이 되는 동아시아의 지역공동체를 만들어야겠다는 문제의식을 가져온 것 같다.

특히 재미있는 것은 조선인(교포)들의 힘으로 일본과 북한의 관계를 붙여주도록 일본이 노력하고 또 중국에 있는 조선족을 이용하여 한국과 중국의 관계를 밀착시키면 이런 일본과 중국에 있는 한국디아스포라〔유민(流民)〕들의 주동적인 역할에 의하여 동아시아공동체 또는 '공동의 집'이 이루어질 수 있다는 발상이다.

위에서 말한 것을 다시 요약한다면 와다 하루키 교수의 '동아시아 공동의 집' 구상은 일본의 온건좌파의 지역공동체 구상이라는 점에서 다른 정파의 동아시아공동체론과 구별이 된다. 이런 지역공동체구상을 타 지역의 동아시아공동체와 비교하면서 검토해 볼 필요가 있을 것 같았다.

넷째, 와다 하루키 교수의 사상 중에서 놀라운 통찰이 있다. 앞으로 출현하게 될 동아시아의 공동체는 다양한 과거의 문화와 현재의 복잡한 문제를 안고 있는 여러 민족을 하나의 공생의 터로 이끌고 갈 수 있는 사람들이어야 한다. 이런 동아시아의 지역사회를 평화적 상호협력으로 유지하는 인류공생의 집으로 만들 수 있다면 전 세계도 그런 공생의 장으로 만들어낼 수 있다고 믿을 수 있다.

그렇다면 어느 누구 또 어느 민족이 오늘의 현실적인 난제를 해결할 수 있을 것으로 보이느냐? 그 이질적인 역사와 문화 그리고 사상과 체제를 그 여러 민족국가와 인종들을 통합하는 어려운 과업을 성취할 수 있을 것으로 기대하는가? 이미 산업화와 민주화를 가장 단시일 안에 해결하며 성취할 수 있었음에 그치지 않고 주변강대국의 대립까지 아우르며 협력과 공생으로 이끌어 갈 수 있는 사람들은 다름 아닌 한민족 그리고 남북한일 것이라는 통찰이다.

지리적으로 보아도 통일한국은 동북아시아의 중심임이 분명하다. 한반도는 미국과 일본을 비롯한 해양세력과 러시아와 중국을 비롯한 대륙세력과 그 문화가 충돌하며 완충하는 위치에 놓여 있다. 주변강대국의 식민통치도 겪었고 또 독재정권 하에 시달림도 겪어보았기에 가난하고 억압받은 민족의 서러움도 충분히 경험하였다.

그 어려웠던 시절에 과거 유대인들처럼 외국으로 유랑해 나가야 했던 외지 유랑민(디아스포라) 약 500만 명이 거의 전 세계에 퍼져 있고 때가 되고 기회가 오면 한반도 정부를 도우며 전 세계 인민들을 돕고 봉사할 수 있다는 것도 너무나 희망적인 견해이기는 하나 가능성 없는 말은 아닐 성싶다.

그러한 특성이나 성격을 갖는 사람들이 중국인, 일본인, 미국인들 중에 있을 수 있으나 지역공동체의 창조와 유지는 모든 아시아 지역민들의 참여와 협력 없이는 이루어질 수 없다. 이런 점을 감안한다면 한국국민들이 그러한 봉사활동이나 기여를 하는 데 가장 적합할 수 있다.

그러한 특성이나 성향 때문에 와다 교수는 한국인과 그 민족이 동아시아공동체를 만드는 일에 앞장서는 것이 적합하며 그런 특성으로 인하여 한국이 앞으로 세계평화와 번영을 가져오는 운동에 앞장서 주기를 바라고 있는 것이다.

1) 논평

와다 교수나 최장집 교수의 글에 대한 논평은 진보좌파 성향의 글에 대한 논평과 다르지 않으므로 같은 말을 되풀이 하지 않기 위해 생략하겠다.

어떤 이는 미국과 한국을 선으로, 북한과 종북(從北)좌파를 악으로 비유하는 것은 지나치다고 항의할 것이다. 남북한은 본래 한 나라, 한 겨레였다. 그런데 분단 후 남이 자유롭고 잘살게 된 반면에 북한은 억압된 데다가 아주 못살게 되었다면 어느 쪽이 선이며 어느 쪽을 악이라 보아야 하나? 또 그런 차이를 누구의 탓으로 돌려야 할까? 미국과 남한의 보수 탓인가? 북한과 남한종북세력의 진보 때문인가? 이런 엄연한 사실을 외면하면서 선악의 판정을 시비하는 것은 상식 이하의 사고일 것이다.

선은 선을 가장하는 악을 이기지 못한다. 그러나 악은 모두를 이기고 난 다음에 자멸(自滅)한다. 선을 부수고 이기는 재미로 살아온 그들은 싸울 상대가 없어지니까 자멸로 자신을 청산하는 것이다.

7. 진보좌파성향의 공동체 담론의 문제점

제2부에서는 필자의 소견을 미루고 한중일 학자들의 아시아공동체 관련 담론을 소개하며 그 말미에 본인의 논평을 짤막하게 개진하였다. 여기서 일본학자들의 논문이나 저술의 소개가 가장 많았던 이유는 이 방면의 연구에서 일본의 연구기간이 가장 오래되었을 뿐만 아니라 양적으로 가장 많았기 때문이다. 중국 측의 연구가 가장 적었던 이유는 중국학자들의 연구가 한국어나 일본어로 번역된 자료가 적었던 관계로 접할 기회가 비교적으로 적었기 때문이다.

여기서 소개된 논문의 성격을 개관해 보면 보수계의 논문은 거의 없고 진보, 좌파의 담론이 과반수를 이루고 있음이 눈에 뜨인다. 진보 내지 좌파학자들의 동아시아공동체론도 그것이 위에서 본 사카모토(坂本) 교수가 말하는 것 같은 21세기 세계화의 조건, 곧 ① 평화의 글로벌화, ② 모든 사람이 기아와 빈곤에서 해방돼 차별 없이 공정한 자원배분의 달성, ③ 자연환경과 생태학적인 공생의 달성, ④ 남들을 대등한 인간으로 인정하기를 거부하는 사상이나 편견, 종교신앙과 관습의 극복을 실천하려는 것이라면 반대하거나 방해할 이유가 없다. 그러나 이런 가치는 보수우익진영도 찬성 지지하는 가치이기 때문에 진보좌파인사들의 전유물이 아니다.

다만 그 외에 진보좌파학자들의 소견이나 주장에 일관해서 흐르는 이념적 공통성이 있다면 반미주의와 반일감정의 정서와 행태정향이다. 동아시아공동체를 창설하는 목적이 아시아에서 미국의 영향력을 배제하며 미국과 친밀한 관계를 유지해온 일본도 지역공동체에서 활개 칠 수 없게끔 눌러놓으려는 의도가 일본의 과거를 계속 들먹거리는 중국 측의 언행에서 파악되는 것이다. 그러다 보니 아시아공동체의 창설을 주장하는 의도도 아시아에서 반미 반일의 공동전선을 펴려는 의도가 담겨져 있는 것이 아닌가 하는 느낌이 들 정도로 한중일 학자들의 사상과 행동 그리고 말투가 일치되어 있었다.

최장집 교수 이외 세 사람의 글에는 미국에 대한 노골적인 비난이나 비방이 없고 한국에 대한 직접적인 비난 공격도 없었다. 그러나 일본에 대해서는 집중적인 시비와 공격이 불을 뿜고 있었다. 말인즉 일본이 과거 역사에 대한 반성이 부족하다는 것이다. 일본이 앞으로도 침략주의 정책을 재연할 의도가 있는 것이 아니라면 역사상 과거 일본의 죄악을 들춰내는 데 열심인 그들의 속마음은 너무나 뻔하다. 그들이 일본을 집중 공격해대는 이유는 일본이 자기들이 따라잡기 어려울 정도로 선진화되어 있는 데 대한 선망과 열등감 때문에 일본을 미리 눌러놓기 위하여 과거사를 들먹이고 있는 것이 아닌지.

동아시아공동체를 만드는 의도 중의 하나가 초강대국이라는 미국의 영향을 배제하고 아시아에서 가장 부유한 일본을 눌러놓는 데 있다면 이것은 못사는 빈민대중을 단결시켜서 지배층, 부유층과 대결하려던 과거의 공산주의 수법과 무엇이 다른 것인가? 상대적으로 못사는 사람들은 성공했거나 부유한 이웃을 존경하며 그들로부터 많은 도움을 받으며 또 배워서 자기들도 성공하고 잘사는 사람들의 대열에 낄 생각을 해야지 그들을 미워하고 비난 악구하면 그런 업보로 인하여 더 못살게 된다는 것이 인과론을 강조하는 불교적 시각이다.

미국이나 일본이 과거에 범했던 과오가 없었다거나 도발적인 악행이 없었다는 것이 아니다. 그러나 중국이나 북한 또는 남한 측도 도발적인 행동이나 악업을 지었던 일이 전혀 없었던가? 만일 없었다면 그것은 고차원의 도덕심 때문인가 아니면 악행을 할 수 있는 능력이 없었기 때문이었던가? 그렇다면 힘이 넘쳐서 한때 철없이 죄를 지었던 상대보다도 도덕적으로 우수하다고 자랑하며 그들의 논죄(論罪)를 계속해 댈 필요도 없는 것이 아닌가?

중국이나 북한도 나라를 세우고 내외의 위기와 난관을 극복하며 국가권력을 유지해야 하는 상황에서 범했던 과오나 죄업은 미국이나 일본 못지않을 뿐만 아니라 훨씬 더 심했다고 말할 수 있다. 중국이나 북한 측의 과오나 도발적 행동, 숱하게 많이 저질렀던 죄악들도 반성하고 회개하면서 그리고 그들 특유의 패권주의 의지나 정책에 대해서도 언급하면서 상호 시정하고 개혁하는 방안을 제시했어야 하는 것이 아닌가? 그들의 역사를 뒤돌아보면 어두운 면, 정의롭지 못했던 면이 미국이나 일본보다도 적었던 것이 아니었다.

또한 일본이 지었던 죄업이나 범했던 과오는 거의가 120~160년 이전에 지었던 죄업(罪業)이며 과오였다. 그에 비하면 중국이나 북한은 최근에 이르기까지 인민의 대학살, 반민주적 인권침해와 억압을 과거 60년 전부터 30년 전에 이르기까지 아니 21세기의 베이징올림픽에 이르기까지 또는 최근에 이르기까지 끊이지 않고 계속해 오고 있다. 특히 그 두 나라에서는 현재는 물론 앞으로도 상당 기간 동안 인민의 자유와 인권을 수호해야 한다는 인권의식이나 포용의 철학이나 사상이 통용되지도 허용되지도 않는 상태가 지속될 것이다.

사람은 누구나 이 세상에서 알게 모르게 많은 죄를 지으며 살아간다. 죄를 짓고 그로 인하여 벌을 받고 때로는 선행을 함으로써 복을 받기도 하지만 죄짓고 벌받는 것이 훨씬 많은 것이 중생이다. 그런데 진보좌파라는 사람들은 모든 악과 죄는 보수우파가 옹호하는 자본주의와 부르주아 국가가 짓고 있으며 진보좌파는 선행과 정의만 실천하는 것처럼 주장하는데 이는 분명 위선이며 너무나 정치적인 역사왜곡인 것이다.

미국과 일본을 일방적으로 비난 공격하면서 과거에 마오쩌둥의 중국공산주의의 전략전술이 그러했듯이 농촌에 기반을 두고 도시를 포위 공격하는 식으로 동아시아의 가난하고 후진적인 지역을 중국의 휘하로 끌어들여서 부유한 나라 선진국가들을 포위 공격하여 멸망으로 이르게 하려는 사람들이 어떠한 성격의 평화공동체를 창설하겠다는 것인가?

8. 사회공동체의 사상과 공산주의의 이데올로기

본래 공산주의사상은 사회공동체사상의 뿌리에서 나온 사상이다. 인간사회는 크게 보아서 이익사회(*Gesellschaft*)와 공동체사회(*Gemeinschaft*)로 나누어지는데 영미사회에 있어서 Community는 독일어나 학술용어에서 말하는 공동체사회처럼 엄격하게 차별화되는 것은 아니나 그래도 Gemeinschaft에 가까운 개념으로 이해된다. 이것은 개개인의 이해관계에 의해서 맺어지는 이익사회가 아니라 운명적으로 결합된 공생공사의 평등사회를 지칭한다. 그래서 사회집단 안에서도 누구는 잘살고 누구는 못사는 불평등사회가 아니라 모두가 평등하게 잘사는 공산주의 사회의 개념은 Gemeinschaft의 사상적 뿌리에서 나온 것이다. 다만 진정한 공동체사회는 천상에나 있는 것이지 지상에서는 기대하기 어려운 이상이라고 말해야 할 것이다.

그래서 동아시아공동체도 좌파사상을 갖는 사람들이 만들고 관여하는 것이 옳다는 주장도 일리가 있다. 다만 맑스-레닌(Marx-Lenin)주의로 나타난 현대공산주의 내지 좌파사상을 본래의 공동체사상과 똑같은 가치를 갖는다고 생각해서는 안 된다. 계급투쟁을 통하여 노동자계급 혁명을 선동하며 프롤레타리아 독재체제를 만들어서 노동자계급이 지배하는 사회주의사회를 이룩한다는 사상은 이미 공신력을 잃은 상태이다. 한국의 많은 좌파지식인들은 공산주의까지는 가지 않더라도 사회주의사회는 건설해야 한다는 집념을 가지고 움직이는 것 같다.

4 아시아학자들의 동아시아공동체의 여러 담론에 대한 고찰

《동북아시아 공동체로의 길》, 松野周治·徐勝·夏剛 편저[1)]

이 책은 입명관대학(立命館大學) 국제지역연구소에서 발행된 문헌이며 2004~2006년 '동북아시아공동체의 기초조건에 관한 연구'라는 주제로 국제심포지엄의 결과를 책으로 엮어낸 연구물이다. 그중 몇 편만 골라서 요약 소개하고자 한다.

그 편자의 한 사람인 마쓰노 스치(松野周治)는 '동북아시아 공동체의 역사적 의의와 과제'라는 제하에서 서론 부분을 썼다. 지역경제협력과 지역안전보장은 국제적인 적대관계의 해소가 전제되어야 하는데 이 기초부터 다져져 있지 않다. 당장은 북한 핵문제가 문제해결의 걸림돌이 되어 있는데 이 문제는 현재 6개국 협의가 북경에서 진행 중이므로 그 결과를 기다려 보아야 할 일이다.

2003년 가을 중국은 아시아지역경제와 그 협력을 촉진하기 위하여 동북등로공업기지진흥전략(東北等老工業基地振興戰略)을 발표하였고 대규모의 국가자본을 투자하고 또 타 지역자본과 외자유치 그리고 세제조치를 발표하였다. 한국에서도 같은 시기에 동북아시아시대와 그 안

---

1) 松野周治·徐勝·夏剛 편저, 《동북아시아 공동체로의 길》, 中國 立命館大學 國際地域研究所, 2006, 東京 文眞堂.

에서의 허브역할을 하겠다는 기본방침을 발표하였다. 남북한의 경제교류를 활성화하는 한편 아시아의 금융과 물류의 중심지 역할을 하겠다는 계획이었다. 한국이 주도하는 아시아공동체가 출현하지 않는 한 그런 말은 내실을 기하기 어려울 것 같다.

1. 동북아시아 지역협력과 한중일 관계: 김희덕[2)]

이 글의 필자인 김희덕 연구원은 중국사회과학원 일본연구소 소속의 중국 조선족 학자인지 또는 입명관대학 국제지역연구소 소속의 재일교포 학자인지 밝혀져 있지 않다. 다만 그가 집필한 '동북아시아 지역협력과 한중일 관계'라는 글에서 온건하면서도 객관적인 자세를 유지하고 있는 점으로 보아 아마도 후자가 아닌가 하는 감이 들었다. 그는 동북아시아의 주요국가인 이 세 나라가 이 지역협력을 제대로 추진하지 못하는 원인을 언급하였는데 삼국 간의 정치체제의 차이나 경제발전 단계의 차이로 인하여 수습되기 어려운 실정을 지적했다.

그러나 21세기 초두에 와서는 이 3국관계도 큰 전환점을 맞이한 듯이 보인다. 경제적으로는 상호 간에 상호의존이 깊어져 있으며 정치안보 면에서도 재조정기에 들어와 있다는 것이다. 경제관계나 북핵문제의 해결을 위한 대화와 협력도 매우 활발하게 진행되고 있다.

한일관계를 중국의 입장에서 조명해 본다. 한국은 대북정책에서 포용정책을 취하면서 강경한 봉쇄정책을 반대하는 입장이다. 북한에 대하여 경제제재는 물론 군사적인 압력도 반대하므로 미국의 대북정책을 지지하는 일본과는 입장이 다르다. 일본은 정치적으로 크게 보수화되어 가며 젊은 세대의 정치적 무관심도 퍼져간다. 한국은 좌파 혁신세력이 강화되어 있으며 젊은 세대의 반미성향도 짙어져 가고 있다. 또한 역사교육문제에서 한일 간의 간극도 확대되어 간다. 경제와

---

2) 金熙德, "동북아시아 地域協力과 中日韓 關係", 앞의 책.

정치면에서 양국이 공동보조를 취하는 면도 보이나 역사문제에서 피차간에 양보하고 화합하려는 의지가 보이지 않는다. 한국경제의 대일의존과 무역상의 적자는 계속 커져가며 해소되지 못하고 있다. 그래서 이런 문제를 위한 양국 간의 협의 조정이 필요할 것인데 역사문제나 영토갈등의 문제로 가려져서 진척되지 못하는 형편이다. 한일 간의 경제교류도 중국과의 경제협력이 늘어가는 데 비하면 상대적으로 계속 후퇴하는 추세이다.

한일양국 간의 문화교류나 국민여론은 물론 감정면에서도 낙관할 수 없는 입장이다. 과거의 식민지 지배로 인한 감정적인 앙금이 짙게 남아 있다. 일본문화에 대하여 개방조치를 취하고 있는 중국과는 형편이 매우 다르다. 2005년을 한일우정의 해로 선포하여 관·민 차원에서 여러 교류사업이 준비되는 것 같았는데 그 실행이 보류되어 있는 형편이다.

어느 일본 재계인사의 말에 의하면 한일양국관계는 2002년의 월드컵축구대회의 공동주체를 통해서 매우 가까워졌다. 그래서 이제는 '가깝고도 먼 나라'가 아니라 서로가 매우 가까운 이웃이 되었다고 공언하였다. 그러나 이런 말이 과장이었음이 드러난다.

보도에 의하면 노무현 대통령은 모스크바에서 아난 UN 사무총장을 만난 자리에서 일본이 UN 안보이사회 상임이사국이 되는 것을 정식으로 반대하였다고 한다. 이것을 보면 양국은 협력할 때는 하지만 충돌할 때는 상충 마찰도 서슴지 않는 관계임을 볼 수 있다. 한중일 3국관계는 역사 면에서 또 경제관계나 군사 안보관계에서 복잡 미묘한 삼각관계를 유지하고 있는데 아직도 그 정체의 굴레를 벗어나지 못하고 있다.

1) 지역협력에서 보는 한중일 관계

그동안 오랜 역사를 통하여 한중일 3국이 협력체제를 형성했던 일은 일찍이 없었다. 그 오랜 동북아시아의 역사 속에서 한중일 3국이 협력하기 시작한 것은 처음 있는 일이다. 이러한 3국 간의 협력관계는 ASEAN이라는 기존조직의 권유에 의해서 이루어진 것이나 그 협력분야는 급속하게 다른 분야로 확대되고 있다.

중국, 일본, 한국은 모두 경제력에서 세계의 상위권에 위치한 나라들인데도 아직 어떤 지역경제협력협정도 맺지 않고 있다. 그 이유는 이 지역 나라들이 미국에 대한 의존도가 높았다는 사실과 함께 중일 양국이 동아시아 경제협력에는 어떠한 합의도 이룩한 적이 없었다는 데 있다.

동아시아의 지정학적인 환경 속에서는 어느 한 대국도 이 지역협력을 해나가기 어렵게 되어 있다. 중국과 일본이 상호 간에 역사문제를 가지고 있으며 경쟁심이 너무 강하기 때문에 상대방의 주도적인 역할을 받아들일 수 없기 때문이다. 이런 이유로 한중일 3국 관계에서는 한국의 조정역할이 대단히 중요하다는 사실을 알아야 한다.

2) 앞으로의 한중일 협력과 그 과제

삼국 간의 협력은 모두에게 매우 유익할 뿐만 아니라 지역의 평화와 번영을 위해서도 매우 중요하다. 그를 위한 기본조건도 모두 갖추어져 있다. 이러한 잠재적인 가능성을 현실화하기 위해서는 우선적으로 발상의 전환이 필요하다. 그런 발상의 전환에 이어서 정책의 전환이란 또 무엇을 말하는가?

⑴ 개방성이다. 이 지역 협력은 아시아 태평양협력, 동아시아협력, 2국 간 협력과 국지(局地)협력을 포함한 5개의 다중적, 다층적인 협력체제의 동시 진행이라야 발전이 기약될 수 있다.

⑵ 대등성이다. 이 지역 내 체제나 발전단계의 차이를 확대함이 없이 대등원칙을 관철한다는 것이다.

⑶ 협력성. 주도권 경쟁으로 중국과 일본이 다툼으로써 에너지를 소모함이 없이 집단적인 리더십을 실행하도록 추진해야 할 것이다. 현실여건을 보아서는 한국이 리더십을 갖는 것이 합리적이며 일본과

한국, 중국과 일본은 지역협력의 추진을 위하여 신뢰조성과 컨센서스(합의)를 촉진할 필요가 있다.

이러한 기본방향을 유지하면서 구체적으로 다음과 같은 과제를 추진함이 바람직하다. 첫째는 북한 핵문제의 평화적 해결이 일본과 한국의 급선무이다. 그러므로 한중일 세 나라는 북한 핵의 불안정 요인을 하루 빨리 해결하도록 공동노력할 필요가 있다.

둘째는 한중일 3국 간의 안보문제에 관한 신뢰조성이 선행되어야만 한다. 미국과의 동맹문제, 북한핵문제나 대만문제에 대한 일본과 한국의 자세가 조율되는 것이 중요하다.

셋째는 동북아 안보협력과 경제협력은 때로는 전반적으로 또 때로는 개별적으로 추진되어야 하나 현재 진행되는 6자회담은 단순한 북핵문제 해결을 초월한 보다 큰 가능성을 가지고 있음을 유의해야 한다.

ASEAN+3도 중요하나 그중에서도 한일협력과 한중일 3국가의 대화와 협력이 특히 중요함을 인식해야 한다. 어찌되었건 한중일 관계는 현재 커다란 전환점에 다다라 있다. 이 3국이 동북아시아 협력에 관하여 어떤 기본인식과 정책선택을 하려는 것인가가 앞으로의 동북아시아의 전도를 크게 좌우하게 될 것이다.

현재 진행되는 6자 회담은 단순히 핵문제 해결에만 그치는 것이 아니라 앞으로 군사적 차원을 넘어선 거대한 가능성을 보이고 있음을 의식해야 한다. 이 지역 안보의 주요 당사자들이 모두 참가한다는 것이 중요하므로 앞으로 이 지역의 안보협력체제로 발전할 수 있는 가능성을 내포하고 있다.

어찌했든 한중일 관계는 이제야 큰 전환점에 와 있다. 이런 기본인식과 정책선택이 동북아시아의 장래를 크게 좌우하고 나갈 것이다.

2. 동북아시아 공동체 결성의 구심력과 원심력[3]: 夏剛

동북아시아의 특수성과 공동체 창출의 애로로 동북아시아의 융합은 필요하나 이루어지기가 곤란하다. 미영연합군이 이라크를 침공한 후 동남아 지역에 사스(Sars) 유행병이 전파되자 세계가 전율하였다. 북한의 핵문제를 협의하기 위하여 6개국의 협의가 베이징에서 열리고 있다. 이러한 사건들도 동아시아공동체의 출현을 재촉하는 요인이 되고 있지만 한중일의 상호관계는 역사의식의 문제에다가 영토문제까지 겹쳐서 알력과 마찰이 빚어지고 있다.

2004년 ASEAN+3 정상회의에서 동아시아의 아시아 정상회의가 창설되었다. 동아시아지역은 동북아시아 지역과 동남지역으로 구분되는데 동북지역은 한중일 3국 간의 균열 대립이 심각해 동아시아 전역의 통합이 무한정으로 지연되고 있다는 것이 오늘의 실정이다. 동북아시아가 통합되기 어려운 이유는 중일 간의 우위다툼과 남북한의 긴장 대립 때문이다. 여기에 중국과 일본의 수뇌들 간의 감정적인 발언들로 인하여 동북아시아의 중심국가로 자임해 온 한국도 손을 놓고 있는 실정이다.

말레이시아가 주동하여 1990년 동아시아 경제권의 통합을 추진하였으나 미국의 압력으로 인하여 좌절되고 말았다. 일본도 한국도 미국이 반대하는 일에는 나서기를 꺼린다. 그럼에도 불구하고 동아시아공동체 출현에 대한 요망은 ASEAN 국가들의 추진력에 의하여 계속 불타오르고 있다. 이것이 夏剛 교수의 논문 앞부분의 요점이다. 하 교수의 글은 매우 좋은 글임이 분명하며 많은 공을 들여서 자료를 모으고 200자 원고지이면 근 250매에 가까운 긴 논문이다. 여기서 그 내용을 일일이 요약 소개하기는 어려우므로 생략하겠다.

삼국 간의 역사적인 원한이나 현실적인 저항심이 아시아지역의 공

---

3) 夏剛, "東北아시아 共同體 結成의 求心力과 遠心力—文化緣·文化溝·文化力에 관련된 보고", 앞의 책.

동체형성의 의욕을 계속 무산시키고 있음을 지적하였다. 그리고 3국 간의 문화적, 심리적인 간극(*gap*)으로 인한 상호오해와 부정심리를 소상하게 서술하였다. 문화의 소프트 파워(*soft power*)는 공동체형성의 욕구에 대한 저애요인들을 계속 녹이는 힘으로 작용할 것이다.

이 필자는 삼국 간의 내부사정을 정냉(政冷), 경열(經熱), 문온(文溫)이란 말로 표현했다. 지역공동체에 대한 입장은 정치적으로는 차고, 경제적으로는 뜨거운 사태이다. 그래서 태도의 차이는 뚜렷하나 문화는 비교적 따듯한 편이므로 동아시아의 지역통합은 시간이 걸리더라도 문화적인 접근에 기대를 거는 수밖에 없지 않느냐는 논지인 것처럼 보인다.

하 교수의 글은 매우 냉정하며 객관적인 수술이며 분석인 듯이 보이지만 내용적으로는 중국에 편드는 저의에서 쓰인 것이라는 느낌을 지울 수 없었다. 한중일의 냉랭한 3각 관계는 어디서 연유하느냐? 일본이 무슨 침략의지를 갖고 있느냐? 그것은 과거 일본의 침략주의정책이 만들어낸 결과이다.

미국이 동아시아의 지역결속을 저애하기 때문이지만 일본은 미국 쪽으로만 편들며 중국에 대결할 자세를 고수해 왔다. 한국은 국력이 약해서 미국을 반대하거나 저항할 능력이 없으니 그럴 수밖에 없으나 일본은 중국을 견제할 심산으로 미국 쪽만 편들고 있다는 것이다. 하 교수는 동아시아의 갈등해소를 문화적인 방법에 기대하고 있으나 일본과는 달리 중국은 문화를 지배하고 통제할 수 있다. 그러므로 중일 간의 문화적 갈등과 심리상태를 조정하는 것도 오히려 중국 측이 아닐까?

중국 측은 현재 힘의 균형에서 미국을 이길 수 없기 때문에 노골적으로 반미 반일로 나가지 못한다. 그래서 문화를 이용하여 정면충돌의 기회를 되풀이하고 있으나 중국이 압도적으로 더 강해질 때 대결을 지연시키면서 문화투쟁의 방법으로 중국이 바라는 결과를 얻을 때까지 사태를 지연시키고 있는 것이 아니냐?

동아시아에서 지역공동체가 생기지 않는 이유가 왜 미국과 일본만의 책임이겠는가? 중국이 패권주의의 야망이라든지 아시아를 지배하려는 심리적 동기에서 미국이나 일본 측의 뿌리 깊은 불신과 같은 비우호적인 반응을 일으키는 면은 없는 것인가? 더 구체적으로 말한다면 중국이나 한국의 반일정서에는 일본에 대한 탐(貪), 진(瞋), 치(痴)가 작용하고 있는 것이 아닌가 성찰해볼 만하다.

종전 후 일본은 군국주의와 함께 침략주의정책을 포기한 지 이미 오래이다. 그런데 일본의 과거를 들추면서 역사교과서나 야스쿠니신사(靖國神社) 참배 문제를 가지고 계속 시비하는 이면의 동기에는 패전국가이면서 자기들보다도 월등하게 잘사는 일본에 대한 시기와 노여움이 잠재되어 있는 것이 아닌지?

그뿐만이 아니다. 중국은 반일민족주의를 이용하여 중국 변경의 소수민족을 완전히 통제하려는 의도가 있는 것 같다. 북한이나 한국 내 좌파세력은 좌파민족주의를 고취함으로써 보수 우익세력의 권력기반을 무너뜨리려는 음모가 작용하고 있는 것이 아닌지 의심되는 바가 없지 않다.

이 논문의 필자는 매우 객관적이며 엄정한 학문적인 자세를 가지고 분석을 한 것처럼 글을 쓰고 있다. 그러나 그는 중국사회과학원 일본연구소의 학자이다. 현재는 일본의 오사카대학에서 교편을 잡고는 있지만 그 글의 내용으로 보아서는 중국공산주의의 대일본 태도와 인식에서 조금도 벗어나 있지 않음을 느끼게 된다.

한중일 3국은 정치적으로는 차가운 관계를 유지하나 문화는 따듯한 관계를 유지하고 있으므로 지역공동체의 미래전망은 완전히 어둡지 않다고 말하려는 것 같다. 그 말의 저의에도 의심이 가는 이유가 무엇인가? 반일감정을 부추겨 온 측의 자기반성이나 태도변경의 자세는 전혀 보이지 않는데 어떻게 지역공동체의 미래가 밝다고 말할 수 있다는 것일까?

3. 양안관계에 관한 포스트 국족주의적 사고[4]: 陳宜中

진의중(陳宜中)이란 필자가 어떤 사람인지 이 책은 전혀 밝히고 있지 않다. 이것은 이런 저술을 발간한 입명관대학의 불찰인지 편집자 3인의 우연한 실수인지 분명치가 않다. 그래도 위에서 인용한 夏剛氏는 편저자 중의 한 사람이어서 그런지 그의 소속이나 전·현직을 밝히고 있는데 이 글의 필자인 陳宜中은 중국 본토인인지 또는 중국 아닌 어느 지역에 사는 중국교포인지 또 그의 소속이 어디인지도 밝혀져 있지 않다. 다만 그가 쓴 글의 내용으로 보아서 중국정부의 공식 입장을 적극 지지하는 입장이라는 것만 알 수 있을 뿐이다.

우선 그 글의 내용을 요약하며 판단해 보자. 글의 앞머리에 영국의 *New Left Review*(신좌익평론)의 편집장 페리 앤더슨(Perry Anderson)의 대만 독립문제에 대한 주장을 소개했다. 만일 대만이 중국의 반대를 무릅쓰고 일방적으로 독립을 선언하는 경우에는 다음 세 가지 시나리오를 생각할 수 있다. 첫째는 독립운동에 대한 지지세력이 강하여 독립국가를 세우는 단계까지 가려고 하는데 미국이 그런 움직임을 묵인하는 경우이다. 둘째는 대만이 일방적으로 독립국가를 세웠는데도 미국이 그것을 군사적으로 보호하려고 드는 경우. 셋째는 대만이 독립국가를 세워도 중국 측의 압력으로 인하여 국제적인 승인을 얻지 못하므로 두 중국 간의 새로운 통합을 기다리는 경우이다. 대만 안에는 대만의 독립을 주장하는 언설이 많으나 외부세계에서는 앤더슨처럼 생각하는 사람들이 많지 않다.

본 논문에서는 앤더슨의 분리주의적 사고방법의 정당성 여부, 대만의 냉전적 강박관념, 진보적인 대만의 자주의식 그리고 양안(兩岸)평화의 가능성 및 동아시아의 평화문제를 전망해 보겠다.

대만독립은 분리주의자들의 요구이며 주장이다. 제2차 세계대전 후 민족자결주의의 입장에서 분리주의운동이 여러 곳에서 일어났으며

4) 陳宜中, "兩岸관계에 관한 포스트 國族主義的 사고", 앞의 책.

그 때문에 유혈극도 벌어졌지만 이민족도 아닌 여건에서 분리주의를 요구해서 허용된 예가 거의 없었다. 미국에서도 남북전쟁 당시에 남부의 분리주의 요구를 링컨 대통령이 무력으로 저지하였던 선례가 있다.

대만에 인민의 자결주의(自決主義)와 자유선택을 지지하는 여론이 많은 것은 사실이나 중국이 대만독립을 단호하게 반대하는데 국민들이 과연 모든 위험과 불리함을 무릅쓰고 대만독립을 강행하기를 원하겠는가? 미국도 그로 인한 무력개입을 좋아하지 않을 것이다. 무엇보다도 중국 양안에 전쟁이 일어나는 것을 환영하는 사람은 아무도 없다.

중국은 대만의 정치적 자주를 존중해 줄 뿐만 아니라 대만의 국제사회로의 복귀를 도와주며 동아시아의 화해와 지역통합을 추진하고 있다. 그런데 대만이 굳이 독립하려고 들겠느냐? 중국은 부흥하고 있는 중이며 패권국가의 지위에 오름이 확실한데 이런 중국의 장기전략에 저항하며 미국의 속국으로 남아 있으려는 사람들도 극소수일 것이다.

더구나 중국은 주권국가의 안전을 넘어서서 동아시아공동체를 실현하려고 노력하고 있다. 이에 반대하고 저항하는 것은 냉전의식의 잔재일 것이며 중국위협이라는 잘못된 강박관념에 사로잡혀 있기 때문이다. 이런 사고방식은 대만을 식민지화하려는 일본 우익강경파들의 사고방식이며 미국의 보수파세력이 중국을 포위 봉쇄하려는 정책의 산물이다.

대만은 현재 중국과 미국의 상호견제로 인하여 통일도 독립도 이룩하지 못하는 상태에 있다. 우리는 양안의 정치적인 교착상태에서 벗어나서 군비확장 경쟁을 종식시키며 화해와 교류를 확대하기 위하여 또 하나의 중국 아래 평등한 협상을 위하여 적대상태의 종결, 군사적 상호신뢰의 구축, 외교휴전, 대만의 국제사회로의 복귀, 대만의 정치적 자주를 위한 단계적인 정치협상을 계속할 필요가 있다.

중국은 국적(國籍)주의의 이념을 지키려고 하기 때문에 대만의 독립을 허용할 생각이 전혀 없다. 뿐만 아니라 국가연합제(*confederation*)—공산주의자들은 국가연합제와 연방제를 의도적으로 혼동하려고 드는 것이 문제이다—의 형태로 대만의 정치적인 자주나 국제관계를 허용할 의사도 없다. 앞으로 중국이 할 일은 전통적 주권국가의 안전이라는 논리를 초월하여 '안전난국'(安全難局) — 안보위협이라는 뜻인 듯 — 의 수렁에서 탈피하여 아시아 지역평화의 이념을 좇아서 동아시아 제국의 평화적 공존을 도모하는 일이다.

그러기 위해 통일의 기한을 강요하지 말고 양안의 진보, 화해에 이바지하는 교류를 촉진해야 한다. 대만의 정치적 자주와 국제적 전개를 극대화함으로써 모두 함께 동아시아의 평화를 위하여 진력해야 한다.

4. 논평

위의 말 중에서 대만의 정치적 자주를 존중한다, 양안의 평화를 유지하겠다, 동아시아 지역공동체를 이룩하기 위하여 함께 노력하자는 주장에 굳이 반대하는 사람은 극히 드물다. 그러나 논지에 논리적으로 납득이 안 가는 점이 한두 가지가 아니어서 다음과 같이 지적하겠다.

(1) 정치적 자주는 존중하지만 대만독립이나 분리주의는 허용될 수 없다는 입장. 자주를 존중한다면 대만주민들이 원하는 것은 분리주의이든 독립이든 허용 내지 묵인이라도 해야 한다. 그런데 독립은 안 된다, 국가연합도 안 된다, 대만의 독자적인 외교활동은 허용하지 않겠다는 것은 대만인들의 정치적인 자주를 근본적으로 부인하는 것이 아니냐는 것이다. 더구나 중국 측의 반대나 경고를 무시하고 행동하면 가만두지 않겠다, 평화도 박탈하겠다면 이것은 대만의 정치적 자주권을 인정하지 않겠다는 뜻이다.

1948년 중공군이 정부군을 대륙에서 몰아내었을 때 대만주민들의 생활수준은 대륙에서 피난해 온 대륙사람들보다도 훨씬 못사는 형편이었다. 그러나 그 후 반세기가 지난 지금은 대만주민들의 개인당 국민소득은 35,000달러 이상이며 중국본토인들의 국민소득에 비한다면 거의 20배에 달하는 상태이다. 그래서 모두가 상당한 자유와 풍요를 누리며 살고 있는데 부자유와 빈곤에서 탈피하지 못한 중국본토와 합병되기를 원치 않음은 당연한 일이 아니겠는가?

대만인들 중 상당수가 대만독립에 적극적이지 않은 이유도 중국의 군사적인 응징 협박 때문이다. 중국이 지금까지 양안의 평화를 깨트리지 않았던 이유도 주로 대만의 군사적인 보복능력과 미국의 군사적 보호 및 지원을 겁내어 자제해 왔기 때문이었다.

⑵ 중국이 대만의 독립을 허용할 수 없는 근거로 드는 것이 국족(國族)주의의 이데올로기이다. 국족주의란 우리에게는 매우 생소한 개념이다. 그것을 영어로 번역하면 nationalism이라고 한다. 중국인이면 대륙에 있든 대만에 있든 또는 신강이나 서장(西藏) 티베트 지역에 있든 모두 한 민족인가? 아니다. 그러니까 그 모든 소수민족까지 묶어서 중국의 국적을 갖도록 함으로써 그들을 통제하는 수단으로 국족주의를 내세우고 있는 모양이다.

대만주민에게 중국의 국적을 강요하면서 분리나 독립을 요구하면 가만두지 않겠다는 것은 어딘가 억지스러운 인상을 준다. 하기는 중국은 홍콩이나 또 이웃 항구 아모이 등을 외부 달러를 벌어들이는 수단으로 자본주의체제로 남겨두면서 1국 2체제라는 명분을 합리화하였다. 대만도 당분간 이런 형식으로 남겨두겠다는 것이지만 어디까지나 임시적인 과도적 조치일 뿐 중국의 정치이데올로기를 보아서는 그런 체제가 영구화된다는 보장이 없다.

⑶ 통일의 기한을 강요하지 말고 양안의 진보 화해에 이바지하는 교류를 촉진한다. 대만의 정치적 자주와 국제적 전개를 극대화함으로써 모두 함께 동아시아의 평화를 위하여 진력해야 한다는 주장도 듣기에는 좋으나 많은 문제의 소지를 안고 있다. 양안의 진보 화해란 무엇을 뜻하는가? 두 지역의 진보세력을 연합시킨다는 뜻이며 또 국제적인 전개를 극대화한다는 말은 대만의 반미·반일세력과 일본이나 미국의 진보세력을 연합시킴으로써 중국공산주의의 통일전선을 완성시키겠다는 뜻이다. 그렇다면 중국이 추진하는 아시아지역의 공동체도 중국 주도의 아시아공동체를 만들겠다는 뜻이 아닌가 의심하게 된다.

평자의 소견을 말한다면 중국이 아시아공동체를 위하여 활동하는 것은 매우 바람직스러운 일이나 아시아공동체가 중국을 위하여 만들어진다는 것은 목적과 수단의 전도(顚倒)를 의미하는 것임을 깨닫고 그런 억지를 부리지 않았으면 좋겠다. 중국인 식자들의 사고방식의 전환이 필요하다는 뜻이다.

5. 공동체 논의는 도덕성의 기초 위에서만 현실화될 수 있다

도덕문제가 나오면 많은 사람들이 지루해하며 그 논의에 흥미를 잃는다. 그래서 필자는 여기서 많은 사람이 들어 보지 못했던 한국사상과 새로운 후천세계의 비전을 제시하고자 한다. 사람들은 19세기 후엽, 서세(西勢)가 한반도로 밀려들어오는 시기에 한국에서는 최제우의 동학사상을 비롯한 수많은 민중신앙이 우후죽순처럼 자라나서 혹세무민(惑世誣民)하는 현상이 벌어졌다는 사실을 알고 있을 것이다. 그중의 하나가 강증산(1871~1909)의 신흥종교였는데 그 교리의 핵심이 되는 것이 선후천(先後天)의 시운질대론(時運迭代論)과 그를 위한 천지공사(天地工事) 및 해원상생의 사상이었다. 그 사상의 요점은 과거 3000년은 중국을 중심으로 하는 선천의 주역(周易)시대였는데 그 시기는 하절기(夏節期) 성장의 시기이며 불신과 쟁투(爭鬪)의 시대였다. 그러나 앞으로는 시운이 한반도를 중심으로 하는 정역시대로 바뀜에 따라 후천시대가 도래하는데 이 시대는 가을철 수렴과 성숙의 시대로 들어서고 이것이 앞으로 3000년을 이어서 간다는 사상내용이다.

이 우주의 가을철 후천시대를 이끌어가는 철학사상이 해원상생의 사상이다. 세계의 어느 나라나 중세와 근대기를 지내오는 동안 사람마다, 계급마다, 또 국가마다 우승(優勝) 열패(劣敗)의 쟁투의 과정을 겪었으므로 나라마다 이웃 나라들에 대한 앙금과 원한이 쌓여있는 상태이다. 그러므로 사람들의 가슴에 맺혀있는 앙금과 원한을 풀어주는 것이 화해와 협력으로 방향을 전환하고 또 아시아의 공동체를 창건하는 일에 앞서 전개되어야 한다는 것이다. 대순진리회에서는 해원상생의 사상[5]을 다음과 같이 풀이하여 해설하고 있으므로 그 글을 다음에 요약하여 인용해 보고자 한다.

해원상생을 사회적으로 실천하는 데는 다음 다섯 가지의 요건 내지 조목이 필요하다. 첫째는 무자기(無自欺; 자기 마음을 속이지 않는 것). 남에게 거짓이나 가색(假色)으로 대하지 않는다는 뜻이며 이것이 가장 기본적인 요건이다. 둘째는 언덕(言德)을 잘 닦아야 한다. 누구에게도 악한 말을 하지 않으며 특히 남에게 상처를 입히는 말을 삼간다는 뜻이다. 남을 악하게 말하면 남에게 해가 될 뿐만 아니라 그 여운이 밀려와서 내 몸에도 해가 미친다. 셋째는 척(戚)을 지지 않는 것이다. 척은 나에 대한 남의 원한이나 부정적인 감정을 뜻한다. 작게는 남을 섭섭하게 함으로써 크고 작은 피해를 입게 된다. 또 그렇게 응수하면 그 피해가 계속 커질 수 있다. 넷째는 은혜를 저버리지 않는다는 것이다. 모든 사람은 언제나 부모나 친지 또는 이웃들, 부부나 형제들의 보살핌을 받으며 살아간다. 이렇게 많은 은덕에 보답하는 삶을 살아나가는 지혜를 지니며 또 크고 작은 은혜를 갚는 데 소홀함이 없어야 복 받는 사람이 되는 것이다. 다섯째, 남을 잘되게 하라는 말. 자기가 아는 사람은 물론 모르는 사람들까지 될수록 잘되게 함은 모든 척을 풀고 후천선경(後天仙境)을 이루기 위한 중요한 첩경이다. 남을 잘되게 하는 것이 곧 내가 잘되는 길이며 나의 모든 소원을 성취하기 위해서도 필요한 길이다.

위에서 말한 다섯 가지 요건을 충족시키는 경우 우리 사회의 대립과 갈등은 지속되지 않으며 더구나 확대 재생산되는 일이 없다. 위의 다섯 가지 요건을 충족시켰는데도 나에 대한 해악이나 원한이 지속된다면 그것은 과거 내지 전생에 지은 죄업이나 쌓인 업장 때문이며 또 자기는 아니라도 자신이 속하는 집단이나 이웃 권속들이 지어놓은 과오나 죄악 때문이다. 그런 원인에 의한 원망이나 해악은 그저 감수하며 참아내는 방법밖에 없다. 이것이 인욕(忍辱)이다.

---

5) 정대진, '해원상생사상', 앞의 책.

이런 원리는 개인생활에도 해당되지만 집단 간의 관계 특히 국제관계에도 바로 적용된다. 국제관계 전반에도 해당이 되지만 특히 이웃나라 간에 은혜와 원한관계가 많을 수밖에 없다. 국경을 접하거나 상호접촉이 많을수록 은원(恩怨)관계가 누적된다. 흔히들 은혜는 쉽게 잊히지만 원한관계는 아무리 오래되어도 잊기 어렵다고 한다. 특히 국제사회가 더 그러하다. 우리가 국제관계의 개선이나 평화를 희구한다면 이러한 인접국가에 대한 인식과 태도의 전환이 반드시 검토되고 개선됨이 필수적이다. 아시아태평양공동체를 창건할 때 이러한 철학사상이 진보·좌파사상을 대치해야만 성공할 수 있는 것이 아닌가 생각해 보는 것이다.

필자는 또 불교의 고전인 《육조단경》(六祖壇經)이라는 책에서 육조대사가 설하는 무상송(無相頌)[6]의 구절을 인용해 보겠다.

> "마음이 평등하니 어찌 힘써 계 지키며(지키지 않아도 된다는 뜻), 행실이 정직하니 참선하여 무엇하랴(하지 않아도 된다는 뜻). 은혜로우면 부모를 잘 봉양하는 것이 은혜를 갚는 방법, 의로우면 상하가 서로 불쌍히 여기며(상하가 서로 사랑하는 것이 좋은 사회라는 뜻), 사양하면 존귀하고 비천한 이가 서로 화목하고 인욕하면 대중들이 미워해도 떠들 것 없으리(떠들 필요가 없다는 뜻) … 입에 쓴 것은 반드시 양약이요 귀에 거슬리는 것이 반드시 충언이니, 허물을 고치면 반드시 지혜가 생기고 단점을 욕하면 그 마음 현명하지 않네 … 설법 듣고 이를 의지하여 수행하면 천당이 다만 목전에 있느니라."

위의 구절은 진정한 이상사회가 어떤 모습을 보이며, 천상극락이 어떻게 만들어지는가를 시사한 것이다. 이러한 사상과 철학은 아시아태평양지역공동체를 만들고 유지하는 데도 큰 보탬이 되리라 믿어서 여기에 인용해 보았다. 모두 참고해 주시기 바란다.

---

6) 육조대사, 《육조법보단경》, 금강선원, 2009.

이 책을 ••• 마무리하며

현시점에서 아시아태평양공동체 문제를 말하면 무슨 꿈같은 소리를 하는가 하며 생뚱맞은 소견으로 받아들이는 사람들이 적지 않을 것이다. 우리의 가족 또는 친구 간의 갈등도 해결하기 어려운 참인데 어떻게 국가 간의 이해관계나 갈등이 수습되어 머지 않은 장래에 동아시아국가연합의 틀이 짜이기를 기대하겠는가? 될 성싶지 않은 소리를 한다고 핀잔을 주거나 아니면 전혀 흥미조차도 가지려고 들지 않을 것이다.

그러나 '뜻이 있는 곳에 길이 있다'는 말과 같이 한민족이 결심하여 세계평화라는 커다란 원력을 세워서 노력한다면 결코 불가능한 일이 아니다. 이것이 필자의 소신이다. 필자가 이러한 원대한 꿈을 가지고 많은 사람들의 찬성이나 격려가 없는 가운데 소수인이나마 힘을 모아서 실현에 옮겨보려고 발심(發心)하게 된 몇 가지 이유를 말하겠다. 미국, 러시아, 중국, 일본과 같이 서로 화합하기 매우 어려워 보이는 세계강대국들이 참여하는 아시아태평양공동체 문제를 논의하고 의논하려는 목적이 무엇인가? 이에 대하여 독자들의 견해를 경청하고자 한다.

첫째는 지구 생태계의 변화로 인한 기상이변과 자연재해의 빈발에 대응하려는 것이며 여러 지역 내 국가들의 공동대처와 국제적인 협조를 체계화 효율화하기 위해서이다. 최근 2011년 3월 11일에는 대규모

지진과 미증유의 해일이 일본의 동북부를 강타하여 엄청난 파괴와 인명피해를 초래하였다. 많은 나라들이 구호의 손길을 내밀었으나 원자력발전소의 원자로가 파괴되면서 유출된 방사능 물질이 세계 각 지역으로 뻗쳐서 많은 위해와 불안을 야기하고 있다.

이러한 지진이나 해일 등의 자연재해가 일본에만 오는 것은 아닐 것이다. 언제 어느 나라 어느 지역으로 퍼지게 될는지 예측이 불가능한 상태라고 한다면 이와 같이 빈발하는 자연재해에 대해서는 이웃나라는 물론 지역 내의 모든 나라가 구호와 재건을 위해 상설기구를 만들어서 신속하게 대응할 필요가 있는 것이다. 이런 일은 가까운 인접국가끼리만 의논하면 된다는 사람들도 있을 것이나 현재 지구촌에 사는 모든 나라는 거리의 원근(遠近)과는 무관하게 상호관계를 강화해야 할 필요가 있다. 이런 일이 일차적으로 지역공동체의 구성을 요구하는 것이 아닌가?

둘째는 아랍-이슬람세계와 서방 기독교사회의 대립과 불화현상이 계속 불거지고 있다는 점이다. 최근 이슬람세계에서 튀니지, 이집트, 리비아, 예멘 등에서 민중봉기가 일어나고 그에 대한 정부 측의 억압조치에 대하여 서방사회가 크게 관심을 갖게 된 결과 영국과 프랑스가 군사적으로 개입하는 사태가 벌어졌다. 이것이 아랍-이슬람세계와 서방 기독교 사회의 감정대립을 더 부추길 우려가 없지 않다.

이런 사태가 생기기 전부터 예루살렘의 문제로 이스라엘과 이슬람권 간에 전쟁이 재발할 우려가 있어 왔다. 이러한 감정대립이 격화되는 가운데 이란이나 기타 나라가 핵무기 개발에 성공하는 최악의 경우, 중동 아랍지역에서 핵전쟁이 일어날 우려가 크다는 점을 염려하지 않을 수 없다.

우리가 상정하는 아시아태평양지역에는 중앙아시아와 인도네시아 등 여러 나라에 2~3억의 이슬람인구들이 거주하고 있다. 아랍지역이든 중앙아시아나 동남아시아든 이슬람국가들의 단결과 결속력이 매우 강하기 때문에 이슬람교와 기독교 간에 성서에서 예언된 지구종말과 인류멸종의 전쟁으로 치닫지 않도록 해야 한다. 따라서 인류화해와 협력의 방향으로 세계를 이끄는 활동이 아시아태평양공동체의 주요과업으로 추진되어야 한다. 그러기 위하여 이미 10년 이상 계속되어온 아프가니스탄전쟁을 하루속히 종결시키는 과업이 중요하며 이것도 아시아태평양공동체가 공동으로 해결해야 할 최우선 과업일 것이다.

셋째는 남북한의 대립과 한반도 평화의 문제이다. 동북아시아 지역 중에서도 한반도는 세계 4강이 서로를 마주 보는 지역이다. 또한 북한의 도발적이며 모험주의적인 대남정책으로 세계의 문제지역, 위험지역으로 이목을 끌어온 곳이며 또 긴장을 조성해 온 지역이다. 남북대화는 할 때마다 빗나가며 남북관계를 조절하기 위한 6자회담을 아무리 열어도 긴장완화의 조짐을 보여주지 못했다. 이런 지역의 만성적인 위기에 대처하려면 아시아태평양 지역공동체를 만들어서 대처하는 것이 한결 안전할 것 같다.

한반도 문제에서 가장 신경을 곤두세우게 하는 것이 그들의 잦은 무력도발이며 핵무기의 위협이다. 북한의 핵을 폐기케 하지 못하면 그 통제와 관리를 지역공동체에 맡겨야만 한다. 북한은 세계 어느 나라의 말도 들으려고 하지 않을 것이나 아시아태평양공동체는 두려워하지 않을 수 없다. 그 이유는 이 공동체로부터 밉게 보이는 경우 국가로서 살아남을 수 없을 것이기 때문이다.

민족통일 문제는 아무도 외면할 수 없는 우리 민족의 과제이긴 하나 아무리 소중하더라도 공산화 통일이라면 받아들일 수 없는 것이 남한과 우방국의 입장이다. 반대로 남한이 북한을 통합하려 들면 중국이 용납하려 들지 않을 것이다. 이와 같이 주변국가들의 이해관계와 밀접하게 연결되어 있는 일이기에 남북한의 통일도 동북아시아의 공동체에 의하여 객관적으로 통제 관리되어야 한다.

넷째는 국가 간의 상호의존성 증가추세이다. 현대세계는 세계화, 국제화의 추세로 인하여 남들이 잘 못 사는 상황이나 환경에서 나 홀로 잘 살 수 없게 되어 있다. 우리가 살고 있는 세계는 서로가 유기적으로 연결되어 있어서 나 홀로 잘 살 수는 없는 것이다. 이러한 시대적인 상황에서는 공동체적인 결합은 선택의 문제가 아니라 필수적인 생존요건이다.

그런 이유로 어느 나라나 앞으로 평화롭게 잘 살 수 있으려면 주변국가들이 모두 평화롭고 풍요로운 환경여건이 조성되어야만 한다. '내 나라가 잘되려면 먼저 이웃 나라부터 잘 살게 또 잘되게 하라'는 격언이 공동체 존속의 새로운 계명으로 받아들여져야 한다. 그런 의미에서 우리가 세우고자 하는 지역공동체가 평화의 공동체이며 또 가치의 공동체라는 인식을 공유해야만 한다.

이 책을 읽는 과정에서 독자들은 필자가 동아시아 또는 동북아시아란 말을 했다가 또 아시아태평양공동체란 말을 사용하여 혼란스러움을 느꼈을 것이다. 동아시아, 동북아시아란 말은 그동안 많은 사람들이 사용해 온 용어이고 우리 입에 붙어 있기 때문에 그런 용어를 습관적으로 말한 것뿐이다. 아시아태평양공동체가 필자가 생각하는 지역공동체의 정확한 명칭이다. 이것이 중국을 견제하려는 수작이 아니냐는 말도 나올 수 있다. 중국으로서도 그러한 견제장치를 주변에 두는 것이 중국의 건전한 발전을 보장하는 것이므로 이익이 되는 것이지 손해가 되는 것이 아니다.

이러한 아시아태평양공동체라는 이름의 평화공동체는 어느 국민, 어느 정치세력의 주도로 추진될 것인가? 본래 한민족의 국가이념은 홍익인간의 이념이다. 이것은 단군에 의한 개국 초기부터 한민족의 숙원이며 비전이었다. 과거 어느 때보다도 민족의 역량이 갖추어진 지금, 특히 21세기에 와서 우리의 위대한 민족이념을 외면해서 되겠는가.

이런 우리의 보배로운 사명을 저버리거나 포기함은 우리 조상에 대한 배신일 것이다. 사람이나 민족성의 가치나 크기도 그들의 꿈이나 원력의 크기나 높이에 비례하는 법이다. 그러니 큰 꿈과 원력을 가지고 살자는 말이다.

이 저술은 필자가 평소에 생각해 온 바를 한국사회와 국제사회에 제안해 보려는 의도에서 쓰여진 것이다. 이 책에 수록된 글들은 지난 10여 년 동안 필자가 틈틈이 써서 모아놓은 글들이다. 써놓은 글들은 훨씬 더 많은데 너무 두꺼우면 독자에게 부담이 될 것 같아 많이 빼내서 다음 제 2권에 게재할 생각이다.

평소에 여러 모로 부족한 사람이지만 필자의 말에 일리가 있는지 아니면 잘못 생각했거나 모자란 소견인지 읽어보신 분들은 자유롭게 한마디씩 충고해 주시기 바라며 저의 미망(迷妄)과 부족을 기탄없이 일깨워 주시기를 바라는 바이다.

찾아보기

(용어)

ㄱ~ㄴ

ㄷ

ㄹ~ㅂ

ㅅ

ㅇ

ㅈ~ㅋ

ㅌ～ㅎ

기타

찾아보기
(인명)

ㄱ~ㄹ

ㅁ~ㅅ

ㅇ

ㅈ~ㅎ

저자약력

한승조(本名: 己植)

학력

고려대학교 정경대학 정치외교학과
고려대학교 대학원 정치외교학과
미국 UC Berkeley(정치학 박사)

주요경력

고려대학교 정치외교학과 교수
남북대화사무국 자문위원
한국국민윤리학회 회장
〈民族知性〉(월간) 발행인
고려대학교 정경대학장
현재 고려대학교 명예교수, 대불총 상임고문,
종교사회단체협의회 공동회장

주요저서

《韓國民主主義와 政治發展》
《韓國民主主義의 指導理念》
《韓國民主主義-理論과 실제》
《韓國의 政治思想》
《韓國政治-오늘과 내일》
《韓國政治의 指導者들》

《人類歷史와 世界文明》
《朴正熙 붐, 우연인가 필연인가》

편저

《리더십이론과 韓國政治》
《해방전후사의 쟁점과 평가 1·2》
《21世紀의 挑戰과 韓國의 대응》
《東北亞의 정세변화와 한일관계》
《南北韓의 人性思想敎育比較》

공저

《韓國政治論》
《韓國現代政治論》